BTV

2015 BEIJING TELEVISION

YEARBOOK

2015
北京电视台
年鉴

BTV 2015 BEIJING TELEVISION YEARBOOK

《北京电视台年鉴》编辑部　编

北京日报出版社

编辑说明

一、《北京电视台年鉴》以较翔实的图文资料，客观记述北京电视台在宣传业务、技术工作、队伍建设、事业发展、产业经营等各个方面的基本情况，反映电视事业产业的发展变化，是一部综合性资料工具书和史料文献的大型年刊。

二、本年鉴于2008年创刊，每年编印一卷，主要记录和反映北京电视台上一年度的宣传情况和各项事业产业发展成果。

三、本年鉴以马克思列宁主义、毛泽东思想、邓小平理论、“三个代表”重要思想、科学发展观为指导，坚持实事求是的编辑方针，坚持“贴近实际、贴近生活、贴近群众”的宣传原则，为广大电视工作者以及社会各界了解和研究北京电视台提供可靠信息。

四、对本年鉴有关栏目的几点说明。

图片——主要收录反映2014年北京电视台各方面情况的照片。

特载——收录上级领导对本台的批示及台领导撰写的有关文章和重要讲话。

概况——概要记录全台各部门一年中主要的工作情况。

典型经验——选录有关业务工作的经验、体会文章。

专项纪事——较详细介绍有关重大宣传报道活动。

频道·栏目——介绍各频道的基本情况、栏目设置、优秀栏目。

五、《北京电视台年鉴》的编辑工作得到本台各级领导及有关部门的关心和大力支持，在此一并表示感谢。对本书的疏漏之处与不足，恳请批评指正。

北京电视台史志办（本刊编辑部）

《2015北京电视台年鉴》编辑委员会

张　庆　新闻节目中心主任
袁子勇　青少年节目中心主任
潘全心　文艺节目中心主任
杜　研　科教节目中心主任
张　恒　影视剧中心主任
宗燕红　财经节目中心主任
焦少波　体育节目中心主任
赵　彤　生活节目中心主任
张　帆　动画节目中心主任
陈大立　纪实频道节目中心主任
蒋　虎　新媒体发展中心主任
王　方　播出部主任
郑　星　制作部主任
朱雨稼　转播传送部主任
王晓龙　动力部主任
刘晓光　技术设备管理部主任
周旭辉　信息网络管理部主任
刘绍芬　老干部工作办公室主任
朱晓宇　招投标管理工作领导小组办公室主任
齐学耕　北京卡酷传媒有限公司总经理
刘方平　北京电视产业发展集团总经理
史小东　北京京视传媒有限责任公司总经理
许建海　北京紫禁城影业有限责任公司总经理
刘洪昆　北京电视台黄金海岸培训中心总经理
王　喆　北京北视英特维文化传播有限公司总经理
牛振青　北京京视卫星传媒有限责任公司总经理
郭　斐　北京京视体育发展有限责任公司总经理
赵峥铮　北京京视电广传媒有限责任公司总经理
曹　征　新纪实（北京）传媒投资有限公司总经理

《2015北京电视台年鉴》编辑部

主　　编： 赵福明（兼）

副 主 编： 闫军才

编　　辑： 谷　松　茹一娟　唐晓燕　魏向东

特约编辑： 陈　庆　党委办公室

李　卓　党委办公室

秦　爽　办公室

严　芳　办公室

王　瑾　总编室

李　玲　研究发展部

张婷婷　监察审计办公室

张兰岚　人事部

陆　勤　人事部

史楠楠　计划财务部

崔国飞　行政部

陶小群　保卫部

王晓薇　广告部

张向华　基建办公室

杨　播　经营管理部

孙　涛　卫视节目中心

张文天　新闻节目中心

张驰平　新闻节目中心

杨东晓　文艺节目中心

鲁　盾　科教节目中心

贾晋平　影视剧中心

孙慕瑶　财经节目中心

赵　硕　财经节目中心
汪　荦　体育节目中心
唐　荦　生活节目中心
康　健　青少·海外节目中心
李菲菲　动画节目中心
王一鸣　纪实频道节目中心
尚　宁　新媒体发展中心
王安琪　总工程师办公室
高剑虹　播出部
王建业　制作部
余婷婷　制作部
姜世杰　转播传送部
段　然　转播传送部
孙少英　动力部
付　谦　技术设备管理部
许之明　信息网络管理部
于　玮　老干部工作办公室
李　莉　北京电视产业发展集团
陈　妍　北京卡酷传媒有限公司
韩　乔　北京京视传媒有限责任公司
刘　敏　北京紫禁城影业有限责任公司

▲ 2014年1月20日，市人大常委会主任杜德印在市委常委、宣传部长李伟，市人大常委会副主任梁伟、秘书长赵义在北京电视台台长赵多佳陪同下，到BTV“两会”演播室慰问编辑、记者

▲ 2014年5月30日上午，市委常委、宣传部长李伟，副市长程红等到北京电视台位于第三届京交会举办地——国家会议中心的现场演播室看望慰问了京交会直播工作人员，台长赵多佳陪同

◀ 2014年1月13日晚，参加政协开幕式的市政协领导沈宝昌、闫仲秋进行了直播前的试镜准备工作，台长赵多佳、副总编辑艾冬云参加

◀ 6月14日，中央文史馆馆员李炳华来北京电视台参观台史展，北京电视台台长赵多佳、副台长李岭涛陪同参观

◀ 市发改委副主任、新闻发言人赵磊和市政协委员连玉明做客BTV“两会”演播室，主持人范奕和两位嘉宾就首都城市发展问题进行了探讨

◀ 11月4日，市委宣传部副部长严力强参加北京电视台节目创新会

▶ 2014 年 1 月 14 日，北京市第十四届人民代表大会第二次会议开幕式举行，北京电视台直播开幕式

▶ 2014 年 1 月 14 日，北京市第十四届人民代表大会第二次会议开幕式举行，总工程师田方、副总编艾冬云现场指导直播工作

▶ 2014 年 3 月 10 日，在十二届全国人大二次会议记者会上，本台记者曹一楠就履职问题向全国人大代表王亮提问

▶ 2014 年 1 月 14 日，市政协十二届委员会第二次会议开幕，本台卫视频道直播了大会开幕盛况。台长赵多佳作为市政协委员出席了大会开幕式

▲ 2014 年 10 月 1 日，北京电视台 12 小时大直播——《家国梦　岁月情——新中国成立 65 周年抒怀》

▲ 台领导在直播机房指导工作

▲ 台领导在外景地检查工作

▲ 台领导检查直播准备工作

◀ 主持人直播前认真做好准备工作

◀ 2014年4月11日，北京电视台新闻中心与北京市科委共同组织了“牵手蓝天”系列行动。图为相关人员来到朝阳区来广营茉藜园社区开展“牵手蓝天”——低碳减排社区科普活动

▶ 2014年4月26日，“牵手蓝天·首都环保10年影像志”摄影展在国家游泳中心“水立方”开幕

▲ 2014年5月17日，由北京电视台新闻节目中心、新媒体中心（BRTN）和中国人民大学联合举办的“牵手蓝天”之“我是环保明星”现场征集活动在人民大学启动

▶ 2014 年 12 月 28 日，新闻中心大型直播“开向 2015 的地铁”历时 4 小时

▲ 2014 年 12 月 18 日，副总编艾冬云和新闻中心负责人以及部分制片人、记者来到北京市轨道交通指挥中心，对本市即将开通的四条地铁新线和将实施的公共交通票制票价改革准备情况，进行前期实地采访

▲ 2014 年 12 月 28 日，新闻频道对四条地铁新线开通和票制票价调整进行长达四小时直播报道。直播过程中，台长赵多佳和新闻中心、总编室的记者走出演播大楼，走进宣武门、西单地铁站，全面详细地了解票价调整情况

▶ 2014年4月16日，北京电视台建台35周年系列宣传报道活动暨“心语小亭”启动仪式在东城区史家胡同博物馆举行

◀ 2014年3月24日晚10点，马来西亚总理纳吉布在马航发布会上确认MH370落入南印度洋，北京电视台新闻节目中心迅速启动应急预案，开始MH370特别直播报道

◀ 2014年5月28日，第三届京交会如期而至，北京电视台新闻频道对京交会进行直播报道

▶ 2014年8月22日，历经五天四夜不眠不休，两岸健儿成功泳渡台湾海峡。北京电视台新闻中心在各档新闻中进行了行进式的海陆空直播报道

▲ 2014 北京国际电影节闭幕式暨颁奖仪式

▲ 2014年“水立方杯”海外华裔青少年中文歌曲大赛

▲ 2014 喜剧幽默大赛

▲ 国粹生香——北京京剧票友段位评授季举行

▲ “天才宝贝　追梦春晚” 海选活动举行

▲ “美丽乡村 筑梦有我”大型公益活动启动

▲ “筑梦有我——为美丽北京加油” 北京电视台主持人大型年度公益新闻行动收官仪式举行

▲ “筑梦有我——为美丽北京加油” 北京电视台主持人大型年度公益新闻行动收官仪式之“华夏梦·环卫情”

▲ “筑梦有我——为美丽北京加油” 北京电视台主持人大型年度公益新闻行动收官仪式之“环保‘艺’起来”

▲ “筑梦有我——为美丽北京加油” 北京电视台主持人大型年度公益新闻行动收官仪式之合唱

▲ “筑梦有我——为美丽北京加油” 北京电视台主持人大型年度公益新闻行动之“环保‘艺’起来”赠送作品

▲ 全国金话筒奖颁奖典礼在北京电视台大剧院举行

▲ 庆祝北京电视台建台 35 周年台史展揭幕仪式举行

▲ 市委常委、宣传部长李伟参观北京电视台台史展

▲ 台史展前言

▲ 台长赵多佳审看台史展

▲ 台领导集体审看台史展

▲ 北京电视台 2015 年春节联欢晚会现场

▲北京电视台 2015 年环球春晚现场

▲ 北京电视台 2015 年动画春晚现场

▲ 2014 年“北京榜样”颁奖晚会现场

▲ 2014 年“京张心连心　携手申冬奥”大型文艺演出

▲ 青海国际水与生命音乐之旅——2014 世界防治荒漠化和干旱日主题音乐会

▲ 节目录制中

◀ 舞台搭建

▲ “天才宝贝　追梦春晚”颁奖晚会

▲ 北京金隅男篮第二次夺得 CBA 总决赛冠军

▲ 北京电视台记者现场采访金隅队球员马布里

▲ 北京电视台制作北京金隅队夺冠特别节目

▲ 球员马布里在特别节目现场展示他获得的礼物

◀ BTV 体育记者在拍摄李娜训练画面

▶ BTV 体育记者在现场拍摄高温下的澳网球迷

◀ 球员高温中暑，赛场暂停比赛

▶ 西班牙著名球员沃达斯科接受 BTV 体育记者采访

◀ 2016 年里约奥运会乒乓球赛制作信号由北京电视台承担，台长赵多佳和视达众乐（北京）传媒有限公司总裁马国力签署协议

◀ 北京电视台副总编辑朱江在签约仪式上讲话

▶ 签约仪式现场

◀ 签约后领导嘉宾合影

▲ 北京电视台报道索契奥林匹克冬季运动会

◀ 北京电视台直播“2014 年环北京职业公路自行车赛”

▲ 直播现场

▶ 航拍比赛现场

▲ 北京电视台派出报道团队对韩国仁川举办的第十七届亚运会进行报道

▲ 北京电视台体育记者与射箭队员合影

▲ 制作节目

▲ 北京电视台体育记者与射击运动员合影

▲ 现场报道

▲ 北京电视台在 2014 年足球世界杯期间制作特别节目《最强战队》

▲ 北京电视台记者在巴西进行现场报道

▲ 北京电视台记者使用便携切换台实现多机位现场切换

▲ 录制节目

▲ 北京电视台直播“第四届北京国际自行车骑游大会”

▲ 现场采访骑游队员

▲ 使用无人机现场拍摄

▲ 现场拍摄

▲《北平无战事》

▲《大丈夫》

▲《刀客家族的女人》

▶《红高粱》

▲《姥爷的抗战》

▲《美丽的契约》

◀《青年医生》

▶《我的儿子是奇葩》

◀《神机妙算刘伯温》

▲《狼图腾》

◀《永不低头》

▲ 赵多佳台长、田方总工程师国庆节前带队检查各个岗位的安全情况

▲ 北京市新闻出版广电局杨培丽副局长带领市局检查组对北京电视台的安全播出工作进行现场检查。北京电视台田方总工程师、毕江副总工程师和有关部门领导汇报工作并陪同检查

▲ 制作部全力保障体育频道世界杯特别节目直播

▲ 制作部派员外出制作节目现场

▲ 制作部音频团队顺利完成北京国际电影节闭幕式直播音频保障工作

▶ 制作部全力做好新闻直播工作

▲ 北京电视台 2014 年工作会议

▲ 北京电视台召开庆祝中国共产党成立 93 周年大会

▲ 办公室党支部到双井街道九龙社区参加党员进社区服务活动

▲ 科教频道党支部到西城区倡导文明出行有序乘车

▲ 老干部支部志愿者服务团开展扶贫捐赠活动

▲ 生活节目中心党支部凌晨与环卫工一起清扫城市

▲ 网络广播电视台支部开展“我是环保明星”活动

动力部党支部到南郎家园社区开展党员为社区群众服务活动

10 月，北京电视台举办马克思主义新闻观培训班，全台 2000 余名编辑记者分两批参加培训

2 月 19 日，党委中心组（扩大）学习，研讨电视媒体与新媒体融合发展创新机制

4 月 9 日，中层干部竞聘答辩会

◀ 8月27日，北京广播电视台八项规定检查组到北京电视台进行检查

▶ 10月24日，首都文明单位考评组在北京电视台召开座谈会

▲ 赵多佳台长代表领导班子看望苏州街工作区职工

▲ 北京电视台副书记彭司海代表领导班子看望职工

◀ 北京电视台总工程师田方代表领导班子看望职工

▲ 北京电视台副台长李岭涛代表领导班子看望职工

▲ 北京电视台副总编辑艾冬云代表领导班子看望职工

▶ 北京电视台举办《广播电视安全播出管理规定》培训，副总工程师毕江主持讲座

▲ 北京电视台举办记者站培训会

▲ 8月19日，北京电视台青年创新工作站中期汇报会

▲ 北京电视台举办电视新闻主编、责编培训班

▶ 北京电视台举办网站内容选择与编辑思路培训班

▲ 北京电视台举办主持人志愿服务主题培训班

▲ 北京电视台举办综艺节目类主编、责编培训班

▲ 北京电视台举办 2014 年度安全员培训班

▲ 北京电视台举办科长、制片人岗位能力培训班

▲ 北京电视台举办 2014 年度新员工入职教育和岗位培训班

▲ 1 月 15 日，北京市对口援建地区什邡市领导到北京电视台进行座谈与参观

▲ 11 月 25 日，新疆和田广电局来北京电视台座谈交流

▲ 4 月 28 日，意大利互动传媒集团来北京电视台参观

▲ 6 月 5 日，玉树州委宣传部领导来北京电视台座谈交流

▶ 3月7日，广东电视台领导来北京电视台交流

▲ 6月9日，安哥拉代表团来北京电视台参观

▲ 6月16日，发展中国家代表团来北京电视台参观

◀ 6月18日，俄罗斯国家电视台来北京电视台参观

◀ 9 月 22 日，俄罗斯媒体代表团来北京电视台参观

▶ 9 月 24 日，巴西新闻代表团来北京电视台考察

▲ 1 月 28 日，北京电视台领导与中国银行北京市分行领导研讨合作事项

▲ 3 月 19 日，浙江广播电视集团领导到北京电视台参观交流

▲ 7月24日，上海广播电视台、上海文化广播影视集团有限公司领导来北京电视台交流座谈

▲ 7月29日，台湾旺旺中时媒体集团总裁来北京电视台参观

▲ 7月8日，隆安律师事务所来北京电视台参观交流

▲ 3月18日，新疆生产建设兵团广播电视台领导来北京电视台考察

▲ 4月15日，纳米比亚研修班参观北京电视台新媒体基地

目　录

特　载

概　况

专项纪事

技术管理和新技术应用

典型经验

组织机构

频道 · 栏目

调研报告

获奖·表彰

节目播出时间表

广告价目表

大事记

索引

特　　载

中央和市委领导作出一系列批示 充分肯定北京电视台节目

2014年，中央、国家广电总局和市委领导作出一系列批示，对北京电视台的一些节目给予充分肯定。现将这些批示刊发于此。

中央领导同志在《光明日报》关于北京电视台《生命缘》女记者团队事迹情况材料上作出批示

北京电视台推出的原创医疗纪实节目《生命缘》播出后引发社会强烈反响。《光明日报》在2014年10月15日的头版头条位置刊发《只追寻有价值的收视率——北京电视台〈生命缘〉妈妈记者团的故事》，并在10月15日之后先后通过《记者动真情 报道带露珠》《用心讲故事 群众真认可》《白衣天使深情讲述妈妈团的故事》等文章报道了相关领导、专家学者、一线编辑记者和医护工作者对这篇报道的反应。日前，这组报道及光明日报编委会向中央领导报送的《关于光明日报推出“北京电视台〈生命缘〉女记者团队”系列报道引发强烈社会反响的报告》引起中央领导同志高度重视并作出重要批示。

中共中央政治局常委、中央书记处书记刘云山11月21日批示：奇葆、名照、东平同志阅。记者好形象，社会正能量。媒体应多挖掘这样的典型。

中共中央政治局委员、中央书记处书记、中央宣传部部长刘奇葆11月23日批示：坚持“走转改”是出好新闻、好记者的有效途径。

《光明日报》文章

只追寻有价值的收视率

——北京电视台《生命缘》妈妈记者团的故事

（《光明日报》2014年10月15日第一版刊发）

2014年第三季度，一档名为《生命缘》的电视纪录片经北京电视台卫视频道播出后引起强烈反响。一部讲述小人物故事的纪录片能在周六黄金时段同大腕扎堆的综艺和真人秀节目同台竞争，本身就是故事。

更有意思的是，《生命缘》记者团队是由一群年轻的妈妈组成的。

电视台来了吃奶娃

2013年冬天，北京卫视女记者赵菲菲的儿子皮皮降生。

2014年5月19日8点30分，一直觉得自己最能体会怀胎分娩辛苦的赵菲菲，在走进北京妇产医院第一手术室的那一刻，发现自己错了。

出现在自己面前的，是个叫杨珂的产妇。这位年轻母亲怀上了双胞胎，然而，较小的孩子在母体中发生严重的先天性膈疝。

这意味着在孩子诞生的那一刻，母子之间、兄弟之间即将永别。

北京妇产医院、首都儿研所两大三甲医院的几十位医护人员严阵以待；范玲教授、玛丽霜教授两位国内妇儿专科顶尖专家同时出手；手术室内鸦雀无声，每个人都在祈祷……

一切，只为了救活孩子。

手术非常成功！然而，几天后，过于虚弱的孩子没有扛过术后并发症，还是走了。

完成拍摄，赵菲菲再也忍不住了，眼泪不住地流，此刻的她心中装了太多的感动与思考，急于通过镜头告诉她的观众。

要在100多盘总时长80多个小时的素材中，剪辑出一段不足50分钟的成片，《生命缘》的编辑比高达100：1。争分夺秒、熬夜加班的后期工作，完全颠覆了赵菲菲一家老小的作息和生活。

炎热的夏天，不见妈妈不睡觉的小皮皮一直在等妈妈。先在楼下的车里等，然后在走廊等，后来干脆睡到机房里。小皮皮可能会想，无论在哪，只要妈妈在，心里就踏实。

摄像机架进重症监护室

“你出来，出来！”

一声断喝过后，女医生怒目圆睁地出现在镜头中。她是在训病人的家属——一个一脸茫然的农村老太太。

北京协和医院重症监护室主治医生崔娜没想到，自己抢救肺动脉高压重症患者曲立园的过程，被摄像机无一遗漏地记录了下来。她更没想到，自己第一次上电视，就在发脾气。

“我不允许她出事，没有任何原因，就是不许！”两分钟过后，崔娜再次出现在镜头里，眼圈红红的，没说几句，眼泪就流了下来。

曲立园的故事是《生命缘》女记者马婷在北京协和医院白天黑夜蹲点了3周才发现的。这家以医术精湛著称于世的大医院，是唯一允许她将摄像机同时架进急诊室、手术室和重症监护室的医院。第一次拍摄手术室里的故事，马婷感到前所未有的紧张和压力。

那天，曲立园的母亲第一次获准进重症监护室去看女儿。看到妈妈，连续昏睡6天的曲立园一下子躁动起来，心率从120瞬间升到150。再让母女在一起，情况将十分危险，崔娜真急了，立即厉声打断了会面。

直到节目播出的前一刻，《生命缘》女记者马婷还在反复思忖，该不该把这一段播出去。

早在2014年7月26日，《生命缘》第一期《母子求生记》在北京卫视播出，一炮打响。完整视频播出，崔娜被观众誉为业界良心。而在这千万观众之中，马婷就是其中之一，一边给孩子喂奶一边看电视。

“女汉子”背后的汉子们

《生命缘》是一个幕后团队，其中隐藏最深的，一位是照顾着6位女同事的唯一男记者秦晓明，一位是唯一没生孩子，承担最多任务和急活的王彦。

《生命缘》记者团队总共7人，6位女性，5位是正在哺乳的妈妈。她们背后，5个大男人日子过得怎样可想而知。

《生命缘》女记者闫一可的老公于菲，有段时间天天找茬跟媳妇吵架。妻子夜以继日忘我工作，孩子嗷嗷待哺经常生病，于菲觉得太憋屈了，甚至恨上了《生命缘》。此时，闫一可也到了崩溃的边缘。

转折来了。

9月13日，《生命缘》播出了闫一可拍摄的癫痫儿童毛毛的故事。当看到毛毛进手术室前与妈妈告别的情景，于菲哭了。节目结束时，于菲意味深长地看了妻子一眼，满是柔情。

《生命缘》第6期讲述的是手术室里的生死博弈。女记者韩靖同医护人员一起35个小时不睡觉、不回家。病人大哥的最终离世让韩靖备受打击，她陪着家属一起痛哭。事后一个月，她又与家属一起商量怎样给逝者的孩子做工作，再次泪流不止。

酷暑的7月初，"85后"女记者刘书含进入工作最紧张的日子。就在此时，刚满一周岁的儿子两次发高烧到40℃，一度滴水不进，只能吃母乳。工作实在放不下，刘书含把孩子带到医院附近的宾馆住下，趁拍片的间隙跑步往返给孩子喂奶。其间刚好赶上拍摄一场关键手术，老公咬牙请了两天假，带着生病的孩子在医院和妻子一起工作了两天。孩子康复了，老父亲突然又在家晕倒，被120救护车送到医院。成天在大医院采访大专家、大教授的女儿，连一个号都没有顾得上为父亲挂。

记者沉下去，境界升上来。这，就是北京电视台《生命缘》妈妈记者团的故事。

系列微纪录片《中国梦365个故事》得到中央领导同志肯定

光明日报社《情况反映》第174期刊发了由光明日报社北京记者站采写的内参材料《系列微纪录片〈中国梦365个故事〉引发热烈反响》。文章称，《中国梦365个故事》在北京电视台播出，生动展示蕴含在普通百姓中的真善美。播出半年多来，不仅取得良好收视表现，也引发观众热烈反响，产生了"小故事做大文章、全媒体聚正能量"的效果。文章认为，"深入总结《中国梦365个故事》的经验做法，对社会主义核心价值观更加通俗化、形象化宣传有启示作用。"

当期内参引起中央、中宣部和北京市委领导高度重视，刘云山、刘奇葆、郭金龙、王世明、李伟等同志先后作出批示，对《中国梦365个故事》在宣传社会主义核心价值观方面的经验予以肯定，并要求相关单位研究借鉴。

刘奇葆同志对系列节目《于丹　品味汉字》的批示

中共中央政治局委员、中央书记处书记、中央宣传部部长刘奇葆5月7日批示：请世明同志阅。于丹老师通过品味汉字、诠释优秀传统文化来传播社会主义核心价值观，这是很有意义的做法，值得借鉴和推广。

中国记协书记处书记翟惠生5月15日批示：①请各书记传阅；②请国内部、国际部、台港澳部考虑多做一些从新闻界来，到新闻界去，在新闻界有影响的引导式活动；③可告诉北京电视台和于丹老师。

2014年4月22日，中国记协简报以"传承中国文化　助推中国梦"为题刊发文章，肯定北京电视台制作并播出的《于丹　品味汉字》系列节目通过解读汉字，在诠释优秀传统文化，创新社会主义核心价值观传播方面所做的探索和创新。刘奇葆同志阅读简报后作了上述批示。

刘奇葆同志对动画片《戚继光》作出批示

由北京电视台创作出品的原创中国梦

主题动画片《戚继光》播出后，得到中央领导的批示。

中共中央政治局委员、中央宣传部部长刘奇葆批示：题材、思想内容及运作方式都很好，应总结推广。

国家新闻出版广电总局局长蔡赴朝批示：作品创作水准高，播出效果好。请采取措施进一步加大推广力度，同时抓好明年重点选题。

国家新闻出版广电总局副局长聂辰席批示：再接再厉，乘势而上，着力推广已有作品，深度谋划明年重点选题，强力打造动画片、纪录片精品力作。

26 集 3D 动画片《戚继光》是由国家广电总局扶持、北京电视台承制创作的中国梦主题重点作品，2014 年 10 月 10 日在 BTV 卡酷少儿卫视首播。这部动画片，是北京电视台动画节目中心仅用 7 个月时间就完成的作品。该片播出后引发社会各界的广泛好评。

《戚继光》讲述的是明朝嘉靖年间抗倭英雄戚继光驱除沿海倭寇、恢复海疆宁静的英雄事迹。通过动画形式展现史实，依托于一个个奇特有趣的故事，将民族英雄的爱国主义和创新精神传递给当代的年轻观众，用孩子们听得懂的语言、喜欢看的故事传递和弘扬中国精神。

目前，《戚继光》作为爱国主义动画创作的典型在全国范围着力推广。国家新闻出版广电总局下发通知，确定《戚继光》等三部爱国主义动画片在包括中央电视台在内的全国 50 余家省级卫视，以及全国动画、少儿频道进行展播。该片还被国家新闻出版广电总局确定为对外宣传动画片，将被翻译为英文版向世界推广。

郭金龙同志对《新闻阅评》“北京卫视《伟大的抗美援朝》以史服人”点评文章作出批示

3 月 21 日，市委书记郭金龙在中宣部《新闻阅评》第 68 期（2014 年 3 月 18 日）“北京卫视《伟大的抗美援朝》以史服人”一文上作出批示：请市委常委阅。

王安顺同志对《听民意　解民忧》专栏作出批示

市长王安顺对北京电视台新闻节目中心《听民意　解民忧》专栏作出批示：是听取意见的渠道，是接受教育的平台，是转变作风的监督站，是密切联系群众的好形式。办好用好，促进工作。

李伟同志对 APEC 会议第三次高官会市政府招待会及专场文艺演出作出批示

市委常委、宣传部部长李伟对 2014 年 APEC 会议北京市筹备工作领导小组第三次高官会现场指挥部《关于第三次高官会市政府招待会及专场文艺演出圆满成功并获高官赞誉的报告》作出批示：海平、力强、陈冬、多佳同志阅。感谢大剧院、电视台导演及相关团队所作的出色努力。

8 月 20 日晚，APEC 会议第三次高官会市政府招待会及“花开北京”专场文艺演出在国家大剧院成功举行。APEC 秘书处执行主任艾伦·波拉德博士及来自美国、韩国、马来西亚、泰国、新西兰、秘鲁、中国香港等经济体的高官现场观看了演出，并对演出给予高度评价，表示演出非常完美，如梦如幻，艺术家们天赋异禀，舞蹈、器乐等中国传统艺术表演精彩绝伦，俏花旦抖空竹等杂技表演尤其令人震撼，展现了力与美的结合；哑剧《照镜子》、舞蹈《千手观音》、马头琴演奏《万马奔腾》等节目令人印象深刻；演出的时间并不长，但每分钟都是精华，充满了东方风韵和异国风情，体现了高质量和高水准。

《生命缘》女记者团队获上级领导赞誉

市委常委、宣传部部长李伟等领导在《关于〈光明日报〉突出报道北京电视台〈生命缘〉女记者团队典型情况报告》上作出批示：

李伟部长10月28日批示：感谢《光明日报》对北京新闻宣传工作支持和对新闻队伍建设的鼓励。新闻处、电视台亦应宣传好“女记者”团队事迹。

严力强副部长10月29日批示：请多佳同志阅。这个团队应注意培养，使之成为先进榜样。

崔耀中副部长10月27日批示：请宣传处阅研提意见。

10月15日，《光明日报》在头版头条刊发《只追寻有价值的收视率——北京电视台〈生命缘〉妈妈记者团的故事》一文。就此，光明日报北京记者站于10月23日向市委宣传部作了“关于《光明日报》突出报道北京电视台《生命缘》女记者团队典型情况的报告”。报告中说：

10月15日出版的《光明日报》在头版头条刊发《只追寻有价值的收视率——北京电视台〈生命缘〉妈妈记者团的故事》，该报道是《光明日报》落实中央领导同志指示精神，推出的新闻界一个重要典型。光明日报总编辑何东平同志亲自指挥了这次报道工作。

我们认为，北京电视台卫视频道在“明星大腕、真人秀扎堆的”周末黄金时段播出构建和谐医患关系为主题，讲述小人物故事的纪录片《生命缘》，取得极高收视率，获得经济效益、社会效益双丰收，充分印证了总书记“讲好故事、事半功倍”重要批示精神的无穷力量，充分印证了社会主义核心价值观是植根人民之中的深刻道理。

同时，《生命缘》团队几乎都是年轻记者，6人中有5人正在哺乳，她们在家人的大力支持下，妥善处理事业与家庭的关系，扎根基层开展采访报道工作，展现了崇高的精神品格，印证了当代新闻工作者的主流是为人民服务的。

报道刊发当日，中宣部副部长、中央网信办主任鲁炜同志即在我站工作报告上作出批示。当晚，中央网信办新闻协调局专门部署对这篇报道予以“全网转载”。目前，全国百余家中央和地方重点商业网站、新闻网站均转载了这篇报道。在市委宣传部的大力支持下，市属主要媒体对这篇文章进行了转载、转播。

这篇报道刊发后，也在社会上引起较为强烈的反响。中国记协党组成员、书记处书记王冬梅，首都女记协主席赵晨伃，京华时报记者李显峰，北京广播电视台台长赵多佳，北京市妇联副主席周志军，中国妇女报编委金勇，中国传媒大学教授哈艳秋，北京市委讲师团团长贺亚兰纷纷发表了自己的看法。

10月16日、10月20日出版的《光明日报》连续以“记者动真情　报道带露珠——首都新闻战线热议本报10月15日一版头条报道”“用心讲故事　群众真认可——本报《只追寻有价值的收视率》持续引起热烈反响”为题报道了相关领导、专家学者和一线编辑记者对这篇报道的反应。光明日报报业集团所属，全国发行量最大的文摘类报刊《文摘报》进行了全文转载。

下一步，报社编委会计划以专题形式向中央领导同志反映报道及反响情况，争取列入全国重大典型，继续做好这一北京新闻战线典型的宣传报道工作。

李伟同志对《宣传系统快报》“人民日报海外版刊发评论点评北京卫视《私人订制》栏目”作出批示

4 月 10 日，市委常委、宣传部部长李伟同志对市委宣传部《宣传系统快报》第 65 期（2014 年 4 月 8 日）“人民日报海外版刊发评论点评北京卫视《私人订制》栏目”作出批示：这档节目我看了若干期，坚守价值观，传播真善美，望保持特点，越做越好。

《人民日报海外版》文章

《私人订制》拒绝作秀（观察）

（《人民日报海外版》2014 年 4 月 2 日第 5 版刊发）

转眼间，北京卫视梦想真人秀《私人订制》已播至第 5 期，随着剧组在全国各地奔走劳顿，投入巨大的人力物力为小人物圆梦，人们也开始正视这档节目的现实意义。从第 3 期为留守儿童找妈妈、游海洋馆，第 4 期为病人征集爱心面卡，到第 5 期为山村孩子挽留支教老师，明星梦想订制团一次次深入市井山村，通过亲身体验，把这些个体的梦想凝聚成一个扎根现实的中国梦，给观众送上一份发自肺腑的温暖和启示。

明星亲身体验　不作秀的真人秀

从近几期节目不难看出，所有参与《私人订制》的明星和剧组成员都不惜劳苦，李成儒以 59 岁的“高龄”在郑州街头扛起面袋；喜剧明星贾玲、白凯南在寒风中奔走街头；方青卓在云南山村体验支教老师为 200 名孩子做饭的艰巨任务；王念先一边吸氧一边给孩子上课，这些打动人心的真实情节，体现了节目组面对梦想的敬畏，对圆梦者和观众的真诚态度。

一碗面能够温暖一座城市，一支铅笔或许能改变一个孩子的人生，明星通过行动，把自然的能量和诚意传递给每一位观众，注解着梦想的真正含义，而绝非简单的借助公共资源完成任务，这也是《私人订制》与其他真人秀节目的最大区别。

和那些歌舞升平猎取奇观的综艺节目完全不同，《私人订制》虽然只是一档真人秀节目，却体现了媒体的社会职责，从本质上就与作秀划清了界线，正是剧组上下的身体力行，用热忱且诚恳的创作，给平常百姓打开一扇通往梦想的大门。

聚小梦成大梦　扎根现实的中国梦

其实，《私人订制》的核心价值并非“圆梦”，而是通过一次次富有现实意义的圆梦行动，给社会注入正能量，体现媒体的现实职责。节目中实现的每一个梦想都不仅仅是基于圆梦者本人的情感或物质需求，而是投射出亿万国人正在经历或关注的现实问题，留守儿童的情感寄托和生活困境，重病人士的医疗保障体系，支教老师的存留问题，以及近几期节目都触及到的慈善，受援助者的尊严和心理重建，《私人订制》都投入了极大的关注。

面对这些大众关注的现实问题，《私人订制》以正面、积极的态度面对，以生动、鲜活的方式展现，呼唤的是每一位公民的参与意识，弘扬的是全体公民的中国梦。众所周知，真正实现中国梦要面对一条宏大而遥远的理想之路，却又是一个近在眼前不可回避的现实问题，《私人订制》没有卖弄明星的光环、豪华的资源，而是脚踏实地向梦想出发，承担起向社会输送正能量的责任，而越来越多的明星加入，收视率的稳步提升，说明了《私人订制》正在影响越来越多的人，聚小梦成大梦，扎根现实的中国梦并不遥远。

李伟同志对“北京卫视《档案》栏目传播主流价值”一文作出批示

市委宣传部部长李伟、副部长严力强等同志对中宣部《宣传工作》第63期登载的“北京卫视《档案》栏目传播主流价值”一文作出批示：

李伟同志12月9日批示：力强、春良、多佳同志阅。

严力强同志12月9日批示：《档案》所做的这些工作，是承担历史责任的工作，也是确定北京电视台文化高度的工作。应该坚持，值得坚持。

把握新机遇　适应新常态　开创新局面

——在北京电视台2015年工作会议上的报告

北京电视台台长　赵多佳

今天，我们在这里召开一年一度的全台工作会议，总结去年工作，部署今年任务。下面，我代表台党委，从四个方面向大家报告工作：

一、回顾一年工作，总结发展成绩

2014年，是北京电视台发展史上很有价值、很不平凡的一年。我们认真贯彻落实中央、市委的要求，全面贯彻全国、全市宣传思想工作会议精神，围绕中心，服务大局，把握导向，深化改革，较为圆满地完成了全年各项工作任务，进一步增强了北京电视台的传播力、公信力和影响力，为推进首都文化建设、为建设国际一流和谐宜居之都做出了重要贡献。总的来看，主要有五个特点：

1. 深化改革，成效初显。

我们认真贯彻落实十八届三中全会精神，正视问题，深化改革，加强领导，明确思路，在思想认识、生产经营、流程机制、发展模式等方面做了大量开创性的工作，改革共识不断形成，改革成效初步显现。

2. 迎难而上，提振收视。

面对激烈的行业竞争，我们始终坚守有价值的传播，创新节目形态，确保内容质量，提升节目品位，扩大收视影响，全面完成了全年收视的目标任务。

3. 打造精品，提升品质。

我们着力打造了一批思想性、艺术性、观赏性俱佳的纪录片、专题片、动画片和文艺晚会，受到社会各界的广泛好评，得到了中央和市委领导的充分肯定。

4. 融合发展，拓展空间。

节目与经营融合发展成为新常态，电视与新媒体融合发展迈出新步伐，生产与技术的融合、部门与部门的融合、内部与外部的融合全面推开，融合出效率、融合出效益、融合出合力的局面不断形成。

5. 推进整改，强化管理。

深入落实党的群众路线教育实践活动整改方案，完善选人用人机制，推进制度废、改、立工作，成立招投标管理工作办公室，加强风险防控，强化监督执纪问责，为改革发展创造了良好条件。

总结2014年的工作，我们至少有以下十大亮点：

一是重大主题宣传报道浓墨重彩。顺利完成了包括新中国成立65周年、APEC领导人会议、南水北调中线工程竣工、京津冀协同发展、巴西世界杯、仁川亚运会、南京青奥会以及中央、北京市重要会议和活动在内的一系列重大宣传报道任务，推出了一批有特色、有深度、有影响的专题专栏、直播报道、系列节目、公益广告，保持了新闻宣传的突出优势。

二是全台频道组年度收视目标圆满完成。北京电视台频道组在北京地区的收视份额提前一个多月达到了39%的年度目标，无论是北京卫视还是其他频道，几乎全部达到了收视考核指标，呈现出了整体的良性发展态势，文艺、体育等频道更是实现高位增长，巩固保持了北京地区电视频道收视第一阵营的地位。

三是北京卫视全年收视稳居全国第四。卫视的全国市场开拓步伐明显加快，外地收视贡献率首次超过北京地区收视贡献率，是全国省级卫视前五名阵营中收视增幅最大的。特别是全年有39天取得单日收视冠军，这是重大的突破。除了保持电视剧、新闻类节目的优势，《最美和声》《妈妈听我说》《勇敢的心》《我是演说家》等8个季播项目成长迅速，已经迅速跻身到抢占省级卫视栏目竞争制高点的行列。

四是一系列精品力作广受赞誉。北京卫视推出的专题纪录片《档案——伟大的抗美援朝》得到习近平总书记的重要批示，这是近年来北京电视台节目第一次受到党和国家最高领导人的肯定。大型微纪录片《中国梦——365个故事》、专题纪录片《砥柱中流——伟大的敌后抗战》、原创动画系列片《戚继光》、纪录片《甲午推想》等受到各方好评，春晚系列节目带保持高位增长，《我是大医生》等新的品牌栏目引起广泛关注。

五是频道和广告经营改革全面推开。分别形成了北京卫视、体育频道、纪实频道独立经营改革方案和广告经营机制调整改革方案，京视卫星、京视体育、京视电广、新纪实公司组建或改制到位，为下一步改革提供了平台。同时，我们改变了前几年广告经营过程中寅吃卯粮的状况，不再预收广告款，为今后的广告经营打了基础、卸了包袱。

六是实施“大媒体”战略迈出新步伐。北京网络广播电视台网站上线一年来，在全国省级网络台中排名第一，访问量、影响力节节攀升，运营架构、工作机制、生产模式基本到位，“大编辑部”的格局逐步推开，在国庆65周年、北京“两会”、APEC等宣传战役中实现整体联动、融合创新，引起了高度关注和广泛好评。

七是工作机制调整取得新突破。首次实现节目收视和广告经营的捆绑考核，成立绩效考核委员会，设立频道发展基金，推动节目与经营融合发展取得新的成效。加快推动薪酬与绩效管理体系建设，明确薪酬改革分步实施方案，为全面构建新的薪酬体系奠定重要基础。启动了全台制度废、改、立工作，对干部选任办法进行调整完善，提高了各方面工作的科学性、规范性、针对性。

八是各种业内评奖捷报频传。一年来，《房山长沟大墓发掘进行时》、《都市晚高峰》等获得中国新闻奖等国家级和省部级节目奖项65个，高清制播网建设等获得金帆奖等技术奖项47个《虎口脱险》栏目等获得中广协等行业协会颁发的奖项近100个。北京电视台顺利通过了首都文明单位、北京市建设学习型党组织工作示范点的验收评审。

九是连续为职工办了一系列好事实事。全面启动职工住房补贴发放工作，新建职工活动场地，办好乒乓球、羽毛球团体赛，设立方便哺乳期女职工的“妈咪屋”，为工会会员集中办理京卡互助卡、参与互助保障计划，组织开展对部分患重大疾病、家庭困难职工的捐助和慰问，提出了设立职工互助基金的初步设想。

十是争创了全台历史上的多个第一。成功获得2016年里约奥运会乒乓球项目公共信号制作任务，得到第一次走出国门开展奥运赛事制作的机会；隆重庆祝建台35周年，推出了北京电视台历史上第一个永久性的台史展；老干部志愿服务团获得全国离退休干部先进集体称号，这是北京电视台的第一次，也是全市宣传系统近些年第一次获得这项殊荣。

二、把握新形势，适应新常态

做好今年北京电视台的工作，必须从总体上把握当前面临的新形势、新任务、新情况，充分利用好对我们有利的条件，想方设法克服不利因素，牢牢把握工作主动权。

当前，我国经济发展进入了新常态。去年12月召开的中央经济工作会议对新常态作了系统性分析，主要提出了四个特征：一是发展速度从高速增长转向中高速增长；二是发展方式从规模速度型粗放增长转向质量效率型集约增长；三是经济结构从增量扩能为主转向调整存量、做优增量并存的深度调整；四是发展动力从传统增长点转向新的增长点。这四个特征，对于我们把握形势具有很强的指导意义。我们一定要主动适应这个新常态，积极应对这个新常态。

在我国经济发展进入新常态的大背景下，我们广电行业、我们北京电视台也面临着一些新形势新挑战，概括起来，至少有“五个新常态”。

一是进入了思想解放、观念更新的新常态。随着文化体制改革的不断深入，特别是十八届三中全会吹响了深化改革的号角，整个广电行业，包括我们北京电视台，进入了以改革求生存、以改革促发展的关键期。面对日益激烈的市场竞争，不改革就是死路一条，而要改革就必须冲破思想障碍，打破观念束缚。几年来，我们针对问题的症结所在，不断强化市场意识、创新意识、改革意识，特别是去年实质性地推动了广告经营、薪酬体系改革等举措，推动了干部职工的思想解放。但也必须看到，思想保守、观念滞后的问题仍然制约着全台改革的深入进行。在我们的干部职工中，不想改革、不愿改革的有之，畏手畏脚、瞻前顾后的有之，驻足观望、坐等靠要的有之，冷嘲热讽、阻挠反对的也有之。在这种情况下，我们必须围绕深化改革打一场思想解放的攻坚战，而且只能赢，不能输。因此，我们统一思想、凝聚共识的任务非常艰巨。

二是进入了版本升级、过关迈坎的新常态。北京电视台的改革发展是一场持久战，也是一场升级战。我们的目标就是要从1.0、2.0的低版本，层层突破、层层过关，逐步升级到3.0、4.0、5.0的高版本。每个版本的升级和跨越，都必然伴随着深层次的阵痛，这是我们必须承受的改革代价。那种想安安稳稳、舒舒服服过日子的，想不面对矛盾、不触动利益、不推进改革的，只能让我们低空徘徊，最终落到被淘汰的结局。当前，北京电视台正在围绕升级过关积蓄能量、大胆探索、破解难题，但也要看到，与先进的省级台相比，北京电视台目前的发展版本站位还不够高，运营模式还不先进，很多工作还没做到位。特别是有的人宁愿守着自己的“一亩三分地”过日子，有的人怕担责任、推推躲躲，甚至有的人到处“唱衰”改革、“唱衰”北京电视台。这就要求我们咬紧牙关、坚定信心，不摇摆，不犹豫，不松劲，不放弃，一锤接着一锤敲，一步接着一步走，一关接着一关过。在此过程中，大家要准备比别人付出更多的努力、更多的心血、更多的汗水。

三是进入了统筹协调、融合发展的新常态。当今时代，融合发展已经成为时代潮流，这一趋势在传媒行业表现得尤为突出，融合发展催生出了新业态、新模式、新产品，激发了传媒行业发展的巨大活力。北京电视台主动适应融合发展的时代潮流，大力推进生产与经营的融合、电视与新媒体的融合、技术创新与管理生产的融合、台内业务与台外力量的融合，不断提高了效益效率，取得了良好效果。在昨天的党委会上，我们对产业发展中的几个台属一级企业的深度融合也提出了明确的要求，要求像频道间融合一样开展业务。但也要看到，我们的融合意识还不够强，业务融合的广度和深度不够，融合发展的弱点和盲点还不少。这就要求我们积极适应融合发展的新常态，坚持统筹协调，强化融合发展理念，在思想上、程序上、方法上、机制上包括干部人才的配备上，积极主动地进行调整和对接，打牢融合发展的基础，拓展融合广度，加大融合力度，促进融合深度，努力克服“两张皮”“三张皮”现象，奋力开创融合发展的新局面。

四是进入了壮大主业、多元经营的新常态。这些年来，北京电视台一直处在靠广告经营“一条腿走路”的状态，广告收入占到全台经营收入的90%以上。我们看到，在一些先进的省级台，对于硬广的依赖早就被认为不可持续了，2013年，上海的东方购物频道营业收入就超过了80个亿，远远超过上海当年53个亿的电视广告收入，湖南的“快乐购”那一年的营业收入也超过了30个亿。去年12月，李伟部长在听取电台、电视台经营工作汇报时，特别要求我们在坚持内容为王、干好主业、确保结构优化和核心竞争力的前提下，不断拓展媒体周边业务领域、开发衍生产品，推动经营工作取得新成绩、迈上新台阶。经营形势的发展和上级领导的期望，要求我们必须转变观念，既要做大广告主业，又要深入挖掘潜力，积极开展多元经营。这就要求我们的台属企业充分发挥优势、调整策略、打开思路、盘活存量、开拓增量，不断提高企业的效益和实力。

五是进入了从严治台、正风肃纪的新常态。十八大以来，中央加大党风廉政建设和反腐败斗争力度，仅2014年，中央纪委对涉嫌违纪的中管干部立案审查68人，其中涉嫌犯罪被移送司法机关处理30人；北京市纪检监察机关一年来查处大要案717起，对26名局级干部、246名处级干部给予了党纪政纪处分。根据部署，今年文化领域、广电行业的“潜规则”也将会成为查处的重点。北京电视台高度重视党风廉政建设，这两年我们深化审计监督，开展对全台财务运行状况和台属企业的定期审计以及对领导干部的离任审计，加大廉政风险防控力度，规范节目外协制作、招投标管理等工作，严肃查处了个别党员干部的违纪违规问题，教育、监督、惩治的措施都在不断加强。但也要看到，有的干部在外违规经商办企业、利用手中权力套取节目经费，有的干部顶风违纪、私设“小金库”、巧立名目赚取额外收入，有的干部对公车私用、公款吃喝等问题屡教不改、屡禁不止，党风廉政建设任务依然艰巨。这就要求我们必须对从严治台、正风肃纪始终保持高压态势，加大违纪违规问题查处力度，做到发现一起、查办一起，发现多少、查办多少，用铁的纪律保护好干部职工，为全台的改革发展保驾护航。

三、深化改革创新，推进重点工作

今年是在2014年基础上进一步深化改革的关键一年，今年我们如果能够让改革顺利推进、任务顺利完成、目标顺利实现，将为今后几年发展打开一个新的局面，对打造北京电视台改革发展的升级版意义重大。

2015年工作的总体要求，概括起来有五条：第一条是“三个全面贯彻”，要全面贯彻党的十八大和十八届三中、四中全会，全面贯彻习近平总书记系列重要讲话精神，全面贯彻市委十一届四次、五次、六次全会精神；第二条是“三个新”，要适应新常态、迎接新挑战、谋求新发展；第三条是“六个着力”，要着力加强舆论宣传引导，着力提升节目内容品质，着力推进深化改革，着力实施大媒体战略，着力加强技术保障，着力开创经营发展新局面；第四条是“24字要求”，要围绕中心、服务大局，稳中求进、改革创新，勇于担当、攻坚克难；第五条是“一个目标”，要大力彰显主流媒体传播力、公信力、影响力，为建设国际一流的和谐宜居之都提供有力的思想保证、舆论支持和文化条件。

为落实好上述总体要求，我们要重点抓好六个方面工作：

1. 强化舆论宣传，大力营造首都经济社会发展的良好舆论环境。

舆论宣传是我们的立台之本，是新闻媒介必须完成的硬任务。要充分认识当前社会思潮和传播格局对舆论宣传工作提出的新要求，重点围绕习近平总书记指出的全面建成小康社会、全面深化改革、全面推进依法治国、全面从严治党这“四个全面”，做好规定动作，做精自选动作，切实提高舆论引导和传播能力。要打牢四种基本功：

一是驾驭重大宣传报道的基本功。要精心组织策划纪念抗战爆发78周年、中国人民抗日战争暨世界反法西斯战争胜利70周年等大型主题报道，抓好全国和北京市“两会”“十二五”发展成就、申办冬奥会等重点报道，做好突发事件应对报道，合理纾解社会矛盾。

二是传递正能量的基本功。要大力弘扬社会主义核心价值观，用中国特色社会主义凝聚思想共识，紧紧围绕中央和市委的新精神、新部署、新要求，唱响主旋律，打好主动仗，对中央和市委每一次发出来新的声音，都要能够跟得上去、接得下来、拿得起来、传得出去，用正能量压住杂音，牢牢占据社会舆论阵地，发挥好主流媒体的舆论中枢作用。

三是讲好故事的基本功。要深入挖掘报道题材，围绕大事、难事、突发事、紧要事，利用好节庆假日、纪念活动等资源，转变视角、延伸触角、放开手脚，做有分量的新闻、有品位的节目、有深度的报道，特别是现在已经确定的长征、西藏、“一带一路”等题材宣传，要做深、做细、做精、做出特色。

四是创新报道方式的基本功。要在增强舆论宣传的吸引力和感染力上下功夫，用好新闻直播、新闻评论、系列报道等宣传方式，打好电视新闻传播和新媒体信息传播的组合拳，在语言表达、画面效果、新闻编排等方面做一些新的探索和实践。要强化“走转改”，深入基层挖掘素材，使群众爱听爱看，让受众对我们的传播内容更加信任、更加认同。

2. 强化内容生产，大力提高节目产品的品牌影响力和市场影响力。

内容生产是我们的王牌。所有的机制改革，所有的战略调整，所有的模式选择，归根到底都是为了出好节目。我们要全力以赴创作生产优秀产品，确保完成39.5%的收视份额目标。要把握四个环节：

一是生产环节。要用足人力、物力、财力、精力，把最多最好的资源用到节目的选题策划、拍摄制作、包装宣传上，从中心主任到骨干团队，都要沉下心去研究节目、思考节目、做好节目，每个频道都要推出几档符合频道定位、达到同类频道顶尖标准的拳头产品，提升节目的精品化水平。

二是维护环节。要保护好、维持好、呵护好品牌节目，各个中心都要建立品牌节目的延续发展机制，把握好内部、外部的各种变化因素，定期换换脑、换换血、换换思路，提早做一些研究、预判、更新工作，防止把品牌节目当成固定套路，不求新、不求变，让生命力逐渐消耗掉，把忠实观众的耐心消磨掉。

三是更新换代环节。要加强节目创新，鼓励新节目、新形式、新样态的培育和成长，每个节目中心都要储备几个短期内就可以上线播出的新节目形态，储备一批节目创新创意的好点子，储备一支创新节目的研发团队，节目中心领导班子要对老节目的淘汰升级、新节目的亮相推出作出阶段性的规划。

四是管理考核环节。要加快出台新的节目综合考评体系，重点解决好标准不鲜明、针对性不强、与市场不接轨、有奖不罚的问题，相关职能部门要做好推出前的分析、预判、演算等工作，尽可能提前考虑和解决问题，确保大家都能认同和接受。要加强管理机制的调整优化，试行独立制片人制和工作室模式，实现管理下移、责任下移、权力下移，进行台内适度制播分离的试点，把栏目这个基本生产单位的动力和活力激发出来、调动起来。

3. 强化广告经营，大力增强对广告市场的吸引力、辐射力、影响力。

广告经营是北京电视台最重要的资源增值手段。要用好去年频道独立经营和广告机制改革为我们带来的新鲜动力、输入的新鲜血液，全面提高市场开拓能力、资源集聚能力、品牌增值能力，确保实现33亿元的经营目标。要调整三个关系：

一是广告与节目的关系。独立经营频道要迅速走上正轨、理清头绪、理顺关系，京视卫星、京视体育、京视电广、新纪实四个经营主体要瞄准、扣牢频道的定位和需求，既能把好的节目卖得好，又能把什么样的节目可以卖得好及时反馈给生产线，形成频道与公司的良性互动关系，齐心协力打一个漂亮的翻身仗。

二是广告与市场的关系。公司化是为了市场化、为了出成果、为了出效益。要进一步增强市场意识，把过去做节目的思维和现在做市场的思维结合起来，强化对市场的判断、分析、把握，在广告市场的开拓方面、经营资源的挖掘方面、广告客户的服务方面，拿出新的办法，提出新的思路，用广告的资源做大市场，用市场的办法做强广告。

三是管理与经营的关系。大家要适应广告经营机制的调整，尽快转变观念、转变角色、找准站位、把好方向。广告部要学会管理、严格管理，适应从运动员向裁判员的身份转换，定规矩、定政策、定制度、定程序，同时也要做好指导和服务。经营主体要遵守规矩、服从管理、维护大局，放得开、收得住，依法依规有序地做好经营管理工作。

4. 强化产业发展，开创多元经营、多元开发、多元创收的新局面。

产业经营是我们现在的短板，也是最有希望、最有前景、最有潜力的保值增值平台。要下大力气延伸开拓产业经营，整合调整台属企业，培育打造经营团队，改变那种该管不管、该放不放、该奖不奖、该罚不罚的局面，让产业发展的活力真正迸发出来。要抓好三个方面：

一是调整方面。要继续深化产业布局的调整和企业的关停并转，有潜力的要扶持好、维护好，没有潜力的要尽快淘汰掉、消解掉。北京电视台没有必要、也没有能力搞大而全的产业经营，要逐步向规模适中、附加值高、能出效益的方向转变。

二是开拓方面。要确立每一个企业的功能定位，明确主业、辅业的方向，加快培育产业发展新的增长点，比如对于我们的培训中心资源、版权经营资源、演艺经纪资源等等，要用新的思路去开发利用，做大、做强、做精，使它们形成规模、形成特色、形成品牌。台属企业既要学会背靠大树，又要学会面向森林，在内部资源利用和外部资源挖掘之间寻找平衡点，要在市场海洋中学习游泳。

三是优化方面。要重点对卡酷和紫禁城两大产业品牌进行深加工，引进投资，调整结构，用市场化的举措、市场化的套路，扶持我们的优秀品牌，要在资本市场中寻求突破。其他台属企业也要苦练内功、挖掘潜力、增强本领，把自己的优势产业做优、做强。

5. 深化媒介融合，牢牢占据“大媒体”格局下的优势地位。

市委、市政府决定以北京电视台新媒体工作基地为基础，在全市层面构建新型媒体平台、组建北京新媒体集团，这是对北京电视台近五年新媒体发展工作的高度认可，也是我们下一步推动媒体融合发展的重要机遇。我们要因势利导、顺势而为，把这个宝贵机遇用足用好，打造富有特色的新型传播平台和新型主流媒体。要健全三个平台：

一是集团平台。要全力支持北京新媒体集团的组建和发展，作为集团的主要参与者，我们投入的越多、融入的越多、付出的越多，话语权、主导性也就越大。要通过这个平台，把内外部的内容、市场、政策、人才等方面资源整合到一起，以我为主、借助外力，推动新媒体平台又好又快发展。

二是融合平台。要继续唱好电视与新媒体融合发展这台戏，各节目中心都要学会用互联网思维做节目、做宣传、做推广，大胆把一些节目环节放到新媒体平台上去做、去试。今年春晚网络剧透直播就是一次有益尝试，反响非常好。新媒体发展中心要更加主动地做好与节目中心的对接和服务，帮助节目生产团队适应新媒体、融入新媒体、利用新媒体，努力培养一批全媒体记者，形成一批有影响的融合成果。

三是市场平台。要积极探索开拓新媒体的经营渠道，不要局限于今年与合作伙伴谈下来的2000万经营盘子。在市场开拓上，要有新的办法、新的思路。要抓紧推进与战略合作伙伴的合作，借力发力，用好互联网市场上有价值的跳板和杠杆，实现我们新媒体的跳跃式发展。

6. 强化技术创新，提高技术对改革发展的服务保障能力。

北京电视台有很好的技术发展基础，无论是技术条件、技术设备还是技术能力、技术程序，都有很大的优势。但是，技术安全是大问题，技术创新是大趋势，我们要把现有的优势保持下去，千万不能掉以轻心。要抓好三项工作：

一是确保安全万无一失。要把握好安全生产、安全播出这根生命线，认真吸取去年“11·11”播出事故和过去几次播出事故的深刻教训。安全播出的目标只有一个，就是零事故。大事故不能出，小事故也不能出。要用好人、建好流程、搭好制度，明确责任制，绷紧安全播出这根弦。

二是强化服务生产应用。要加强技术创新，做好技术服务，技术部门要与内容生产一线紧密结合，帮助解决技术问题、实现技术功能、提高技术质量，特别是像现在一些新的影像技术，技术部门要及时了解、及时学习，提出转化应用的办法，为节目部门提供好的技术建议。

三是积极探索资源利用。要管好用好技术资源，充分利用好北视英特维这个平台，探索技术资源市场化的模式和办法，找几个有条件的技术模块进行大胆试验，开拓出一条市场化的运营渠道，实现对技术资源的更大利用。

上面提到的六个方面工作，是北京电视台2015年的重点任务。另外还有三项工作，我要专门提出来。第一，薪酬改革工作，要按照台党委已经明确下来的分步实施方案，抓紧研究矛盾、解决问题，有针对性地做好思想工作和解释工作，确保6月底前完成岗位工资套改，8月底前全面启动绩效工资套改；第二，招投标管理工作，要在组建机构的基础上，抓紧开展制度完善、职责划分、资源整合工作，明确管理与被管理、监督与被监督的关系，形成完整的工作架构，6月底前进入规范有序的运行状态，涉及招投标工作的全台各部门都要全力支持；第三，职工住房补贴的发放工作，目前已经进入到具体细致的操作环节，要克服困难、排除障碍，尽快落实各项安排，确保今年6月底之前发放到位。这三项工作关系广大职工的切身利益，关系北京电视台的长远发展，必须高度重视、抓紧抓好。

四、强化工作要求，确保任务落实

今年的工作任务多、难度大、战线长，我们要拿出比过去更大的拼劲、更多的力气、更好的办法。全台干部职工要团结一致、奋发有为，广大党员干部要带头拼搏、率先垂范，齐心协力把今年工作做好。在这里，我再强调四点要求：

一是保持良好精神状态。要进一步增强推动改革发展的信心、耐心、决心，振奋精神，开动脑筋，多一点学习、少一点盲目，多一点投入、少一点懈怠，多一点大局、少一点本位，多一点担当、少一点推脱，多一点包容、少一点计较，确保各项任务上下贯通、落地生根。

二是不断增强服务意识。全台职能部门和管理服务岗位的同志要牢固树立为一线服务、为生产服务、为改革服务的观念，寓管理于服务中，主动帮助一线的同志想办法、出主意、找机会，转变那些陈旧的、刻板的、生硬的管理手段，切实提高管理服务的质量。

三是大力推进开源节流。要清醒认识当前北京电视台财务运行状况的严峻性和复杂性，在压力和困难面前，全台干部职工都要想方设法开辟增收渠道，想方设法提高成本意识，想方设法降低不必要的开支，把各种形式的资源用足、用好、用到位。

四是着力整顿办台风气。要坚持破与立并举，双管齐下。“破”，就是要加大党风廉政建设工作力度，从严从实，敢抓敢管，依法依规，坚决与那些匿名诬告、诋毁中伤、造谣传谣等不良行为作斗争。“立”，就是要通过表彰激励的杠杆，挖掘和培育一批有道德、有能力、有作为的先进典型，构建和谐有序的团队氛围和人际关系。

同志们，新常态带来新机遇，新机遇推动新发展。让我们团结一致，开拓奋进，把握新机遇，适应新常态，以良好的精神面貌和务实的工作状态，全面做好2015年的各项工作，进一步展现好、巩固好、延续好BTV人的精神内核，努力开创北京电视台改革发展的新局面，为构建国际一流的和谐宜居之都做出新的更大贡献！

（2015年2月10日）

凝聚改革共识，形成改革合力 全面落实深化改革各项任务

——在北京电视台庆祝中国共产党成立93周年大会上的讲话

北京电视台台长　赵多佳

今天，我们在这里举行隆重集会，共同庆祝中国共产党93岁华诞。刚才，我们对19个先进党组织、146名优秀共产党员和35名优秀党务工作者进行了表彰，34名新党员庄严宣誓入党。这些受到表彰和新加入党组织的同志，集中体现了北京电视台党建工作的新成果。在这里，我代表台党委，向受到表彰的先进集体和个人表示热烈的祝贺，向全台共产党员表示亲切的问候！

93年来，中国共产党顺应环境变化，顺应时代潮流，顺应人民期盼，成为拥有8000多万党员、世界上规模最大的执政党。顺势而为、应势而行，是我们党成长壮大、巩固政权的关键所在，也是党的事业承前启后、继往开来的关键所在。今年“七一”前夕，台党委作出了实施深化改革举措的重大战略决策，这是我们发扬党的优良传统、顺势而为、应势而行，推动北京电视台迈上发展新台阶的具体体现。

利用今天的大会，我想围绕顺势而为、应势而行这个关键，就全面深化北京电视台改革作一个动员，希望全体职工特别是在座的党员干部切实把思想统一到台党委的决策部署上来，把行动统一到深化改革的各项工作中来。下面，我讲三个问题。

第一个问题，为什么要改革？

习近平总书记在党的十八届三中全会上强调：“面对未来，要破解发展面临的各种难题，化解来自各方面的风险和挑战，更好发挥中国特色社会主义制度优势，推动经济社会持续健康发展，除了深化改革开放，别无他途。”在北京电视台30多年的发展历程中，改革与我们相伴始终，今天我们再提改革，对于北京电视台来说，至少有四个层面的意义。

1. 改革是对党中央重大决策部署的积极响应。

去年11月召开的十八届三中全会，作出了全面深化改革的重大决定。全会结束后，从中央到市委，对贯彻落实全会精神作出了一系列重要部署。郭金龙书记特别指出：“全面深化改革是历史必然，是大势所趋，是推进首都发展的唯一正确选择。我们有幸生逢其时，一定不要辜负这个伟大的时代。”台党委、台领导班子对于贯彻落实三中全会精神高度重视，认真传达学习，深入调查研究。现在提出的深化改革，是与我们贯彻落实三中全会精神一脉相承的，是作为党和国家主流媒体的严肃政治责任。

2. 改革是对文化产业大发展大繁荣的全面顺应。

最近十几年来，文化产业发生了翻天覆

地的变化。党的十七届六中全会作出了关于深化文化体制改革、推动社会主义文化大发展大繁荣若干重大问题的决定，市委也及时出台了关于发挥文化中心作用、加快建设中国特色社会主义先进文化之都的意见。在政策的激励下，当前，文化产业的生产总值已经占到北京全市GDP的12%以上，超过房地产业，成为排名第二的支柱产业，仅次于金融业。这就是改革的结果，文化体制机制的改革、政策措施的改革、发展模式的改革，都对文化产业发展产生了巨大影响。

特别是以互联网为代表的新媒体，在很短的时间里面从一道端上来给大家尝新尝鲜的菜，成为我们生活中离不开的血液、空气、阳光和水，成为社会生活的必需品。我想一个很重要的原因是新媒体本身的海量化生产能力及其由此形成的常态化改革势头。到去年年底，网站归属北京的互联网企业已经有24家在美国上市，总市值超过1100亿美元，占到全国38家在美上市互联网企业总市值的84.3%。像乐视、土豆、搜狐视频这样的视频网站迅速崛起，原来的电视广告客户正在不断向视频网站转移。在没有世界杯转播权的情况下，乐视网凭借与世界杯相关的衍生节目，获得的世界杯广告收入可以达到亿元级。

3. 改革是对电视传媒领域发展态势的正面呼应。

十几年前，欧阳常林在给湖南卫视确立“快乐”这个主题的同时，也把很多改革的理念、思路、文化带进了湖南台。正是改革精神的培育、市场价值的拓展，才有了从《快乐大本营》到《超级女声》再到《我是歌手》《爸爸去哪儿》这么一轮又一轮“现象级”节目的出现。“湖南模式”是改革的产物，同样，“江苏模式”“浙江模式”“上海模式”也与市场化的改革密不可分。《非诚勿扰》《中国好声音》《中国达人秀》等“卖点”大大提升了平台的市场价值。特别是《最强大脑》，在几天前举行的“金鹰奖”评选中被评为一等奖，对于一档电视节目来说是非常难得的。2013年中国电视广告收入平均增幅9.6%，而省级卫视的增幅高达22.8%，湖南卫视的广告收入更是达到63.52亿元。广告预算向强势媒体集中、强者愈强、弱者愈弱的马太效应十分明显。上海文广经历了由分到合、由合到分，黎瑞刚回归后再次作了大幅度的资源整合，建立了“内部独立制片人制”，让节目制片人不但需要在外部招架市场竞争，而且还要在内部感受、参与、融入市场环境。前两天我在上海与王建军等上海广播电视台领导交流时，深刻地感受到上海广电的发展思路、发展理念十分超前，考虑的问题已经远远超过了我们的问题范畴。我们才刚刚从1.0版本走向2.0版本，人家已经到了5.0版本，这就是差距。与此相应的，吕焕斌更是提出要让制片人向互联网企业的“产品经理人”转型，用对待产品、对待项目的市场态度来推动节目的创新升级，这就离市场又近了一步。无论是“独立制片人”还是“产品经理人”，他们的目的无疑都是用改革的力量加速与市场的融合。连我们的老大哥央视也深刻认识到了改革的紧迫性，今年，央视拿出综合和纪录这两个频道，分别对应组建了央视创造和央视纪录两家公司实体，首次将民营背景的梦想云文化产业基金引进来，迈开了市场化改革的实质性步伐。

4. 改革是对北京电视台自身面临矛盾问题的必要回应。

我说过，北京电视台目前进入了发展

过程中的一个低谷阶段，这是由多方面的原因造成的，不是一个人两个人的责任问题。我们既要正视陷入低谷这个现实，又要仔细查找、分析原因，努力发现症结所在，进而形成与之相对应的解决思路。我想，目前，我们主要存在四方面问题。

首先，我们离市场太远了。这两年，北京电视台的市场意识在不断增强，但是差距还是不小。当别人开始从海量的大数据当中挖掘新的适销对路产品、根据前一天甚至几小时前的市场变动情况研究调整目标受众和目标客户的时候，我们可能还在拿着一个月前的市场资料琢磨怎么完成收视任务。甚至有些人拿着十几年前制定的制度文件告诉我，哪些事做不了、不能做。我们要知道，用1.0版本的管理办法来处理2.0版本的发展问题，根本走不通。很多同志对市场敏感度太低、反应速度太慢，没有花费足够的时间和精力去了解市场随时发生的变化现象，招架起来很吃亏。

其次，我们的机制太老了。比如说，我们的节目中心和广告经营部门分割清晰，虽然一直在改，但是，根子上的融合机制还没到位，物理变化还没有达到化学裂变的程度，生产部门和经营部门本质上还是在各管一摊、各自为政。我们的用人机制过于强调科层化，对于制片人这样的一线生产管理岗位，挑选的标准太分散、设定的要求太复杂，注重能力、注重实绩的原则没有得到很好的体现。目前我们还只是电视台本身的内部改革，上海的改革实现了“大文广”产业实体与上海广播电视台事业实体的高度整合，步子要快很多。王建军告诉我，在他们的观念里，党委的作用是推动大家走向市场的道路。

还有，我们的作风、文化、风气还有很多的提升空间。机关化作风非常明显，做什么事都习惯于等、靠、要，领导推一推才能动一动，有的时候推也推不动。有些人安于现状、够吃够喝就好，把北京电视台当作一个大机关大食堂，对市场的变化、形势的变化漠不关心，发钱的时候还一分钱不能少，小毛小利一点都不能错过，需要冲锋陷阵的时候躲得远远的。看到别人做了些事、取得了些成绩，还要在背后说三道四的。有这种风气在，我们怎么能发展得起来，怎么能适应市场的变化呢？

再有，我们发展模式的版本太低了。我们每年都要做一次两次的大改版，但是这种改变主要还是在现有资源、现有模式、现有思路下面的调整。当我们还只能在讨论频道独立经营问题的时候，别的电视台已经认为频道制走到了尽头，上海东方娱乐传媒有限公司把上海6个频道的娱乐资源整合在一起，进行娱乐节目的独立创意和独立生产，进行着制播分离的深度实践。

只有通过改革，给北京电视台提供一个新的机会、打开一个新的空间，强化市场意识，调整发展机制，改变思维习惯，升级发展模式，北京电视台发展的升级版才能指日可待。

归根到底，我想说的是，对于北京电视台来说，要不要改革不是选项，借用朱江同志的话来说，不改革就是穷途末路。

第二个问题，怎么样推进改革？

三中全会召开后，台党委、台领导班子一直在研究怎样推进改革的问题。去年12月27日和今年1月3日，台领导班子连续召开了两次务虚会，形成了很多改革共识，从可操作的层面上对北京电视台穿什么鞋、迈什么步、走什么路，进行了深入细致的谋划。

1. 改革的目标。

我们改革的最终落脚点，是要把北京电视台建成一个现代化传媒集团。归纳起来就是四句话：处于市场前沿、发展机制灵活、适应传媒变革、具有再生能力。

处于市场前沿：就是具备强烈的市场意识和快速的市场反应能力，能够及时把握受众市场和客户市场的现实需求和潜在需求，我们的节目产品、技术变化、品牌形象、资本积累水平都能与市场环境相适应，保持对市场的新鲜度和敏感度，不会错过重要的，或者各种可能的市场机遇。

发展机制灵活：就是人、财、物的配置过程和运转过程，能够很好地适应发展的起承转合，生产机制、管理机制、经营机制总是能够与发展阶段的变化同步转变，消除那些冗长繁琐、没有必要甚至阻碍手脚的制度设定，为发展创造一个良好的环境。

适应传媒变革：就是充分尊重传媒发展规律和发展态势，尤其要对新兴媒体的发展给予密切的跟踪和关注，能够及时、准确地寻找到自己在新的传媒生态环境中的位置，在传媒领域的主要发展进步过程中能有所作为、有所收获，成为成熟的传媒市场驾驭者。

具有再生能力：就是在发展过程中，不断积累我们的产品储备、人才储备、观念储备、资本储备，夯实发展的根基，无论遇到什么样的现实困难，都能有跌倒再来的条件、机会和勇气。这也就是风险管理能力。

2. 改革的任务。

深化改革的任务，从目前来说，主要就探索一种模式、推进三个试点、把握五个问题、配套四项改革。

探索一种模式：就是开展频道独立经营改革。我们的改革不同于频道制，是以频道为责任主体，以公司化运作为依托，以节目经营“一站到底”为基本手段，将包括硬广、软广、活动在内的所有资源统一协调、配合，来全面提升频道的生产能力、运营能力和资源价值，为下一步在资本市场寻找更大空间奠定基础。

推进三个试点：就是在北京卫视、体育频道、纪实频道进行改革试点。北京卫视是北京电视台最重要的内容生产和价值传播平台，也是市场化要求最高的地方，处在竞争的最前沿，卫视的改革需求最紧迫，改革的影响力和带动力也是其他频道无法比拟的。体育频道作为一个很有分量的专业化地面频道，实行了多年的广告经营外包政策，有一定的市场化基础，目标受众和目标客户相对比较明确，现在刚刚拿回来自己经营，从基础条件来看是比较理想的。纪实频道是这两年建立起来的新频道，虽然没有什么市场基础，但也没有历史包袱，在白纸上画画，把它作为试验田，有很大的想象空间和探索空间。

把握五个问题：

一是要尊重市场规律，真正摆脱原来的枷锁，建立市场关系，对内看成一个相对独立的生产运营部门，对外当作一个具有平台资源的市场参与主体，用市场方式去谈生意、做买卖、拉资源，减少对非市场手段的应用，培养完整的市场能力。

二是要明确责、权、利的关系，与三个试点部门相对应的是三家企业，从管理上要接受经营管理部的指导，从产权关系上要对上一级出资企业负责，但根本上还是要与所在节目中心形成市场共同体和利益共同体。经营管理部和出资企业要从建立现代企业制度、提供市场对接平台、搭建规范化的企业管理体系的角度为他们提供建设性的帮助，但绝不能妨碍企业与中心之间的捆绑关系，确保企业在重大决策问题上承担对节目中心的责任，坚决不能把中心和企业搞成“两张皮”。

三是要妥善处理好广告定价问题，目前的独立经营试点频道毕竟只是北京电视台发展的一部分，还有那么多频道还是统一经营的，所以，绝不能破坏我们的广告价格体系，造成恶性的内耗。试点频道必须遵守广告定价标准，搞不清的问题要及时与改革领导小组沟通。如果试点频道的收入上升了，北京电视台的总体收入却下降了，这不是成功的改革。当然同时，广告部也要多为试点频道提供专业人才的支持、政策的指导和客户资源的推介，全台各部门都要在改革过程中树立“一盘棋”的思维模式。

四是要建立清晰明确的用人体系，针对生产、经营的双重责任，总编室、研发部、人事部等部门要与三个频道的改革试点过程充分对接，人的考评标准怎么建立、企业的用人方式怎么确定、薪酬体系怎么与改革相对接，对于这些问题，不能“一刀切”，要根据三个频道的实际，一个一个研究，提出有针对性的解决方案。

五是要及时对试点过程中的经验教训进行总结分析，试点的目的是为其他频道的改革趟水探路，水有多深、路有多宽，希望试点频道和相关的职能部门多分析、多了解、多总结，把试点真正试出效果来。

配套四项改革：

一是薪酬改革，这项工作已经进行了很长时间，目前已经拿出了比较可行的方案，必须尽快完善好，尽快推进下去。薪酬问题涉及人的实际利益，矛盾当然会不少，但也必须敢于推进、不怕得罪人，实现身份管理向岗位管理的彻底转变。薪酬改革过程中，不能给大家造成一种平衡感，认为改革是给所有人普涨工资的观点是不对的。

二是考核机制改革，现在的绩效考核办法很难真正体现劳动价值和劳动成果，有的人长期不上班，在外面干自己的事、挣自己的钱，考核结果跟很多天天加班加点的同志一样，年底年中的奖金分配也都不差，长此以往对努力工作的人是很大的伤害，必须通过考核杠杆，建立有奖有罚、重奖重罚、工作业绩与奖励相匹配的机制。

三是财务制度改革，要想方设法提高财务运行机制对改革发展的适应性，在现在的事业财务体制基础上，构建一套平行的、具备市场化适应能力的财务解决方案，为我们自己的生存发展创造条件。动不动就用各种大帽子告诉我行不通，为什么其他同行的改革就能行得通呢？

四是产业经营改革，解决现在台属企业存在的散、乱、弱的问题，把产业和事业两个部分有机结合起来，按照事业部分的资源门类整合打造几个产业集群，发挥事业对产业的资源支撑和产业对事业的延伸拓展双重作用，这就是我所说的“一源多用”，通过产业经营实现资源和产品的多元价值。

3. 改革的原则。

为了确保改革的顺利推进，必须坚持四点基本原则：

一是党委统一领导。改革要“一盘棋”，不能各自为政、自作主张。对于改革过程中涉及的重大问题，必须由台党委、台领导班子集体决策，必要的问题要请示市委宣传部和北京广播电视台。我们的改革要解决“一管就死”的问题，但也要千万避免走到“一放就乱”的另一个极端。

二是循序渐进。我们的改革是摸着石头过河，这既是因为我们的体量太大，不能冒着十几个播出平台、几千名职工的利益风险去打赌下注，同时又是因为矛盾问题确实千头万绪，必须一步一步走、一个一个理，才能解开结、找到路。所以，必须亦步亦趋，成熟一个，推进一个，确保改革是可管、可控的。

三是精心设计。改革光靠热情是不够的，不能为了改革而改革，而是真正要通过改革创造新空间、实现大发展。改革的每一步都要紧锣密鼓，但一定不能离开专业化的设计。不管是现在正在制定的三个频道独立经营改革的试点方案，还是其他的改革方案，都要着眼当前、着眼实际、着眼长远，认真推敲可行性，对每个环节都要慎重研究、做细做实。

四是广泛参与。我们的改革与北京电视台的每一个部门、每一个岗位、每一名职工都息息相关，改革的成败取决于大家，改革的成果也最终惠及于大家。因此，改革是对所有人开放的。改革过程中，任何时候、任何环节，我们真诚地欢迎每一名有想法、有创意甚至有看法、有意见的职工表达观点、参与改革、自我推荐。只有大家都参与进来，改革才能达到最好的效果。我们要把赞成改革、愿意改革、投身改革的同志送上重要岗位，把不适应改革、不会改革甚至阻碍改革的人交流到别的岗位上去。

4. 改革要处理好的几组关系。

我在这里重点强调四组关系：

一是历史和现实的关系。北京电视台35年的发展为今天的改革打下了坚实基础。改革不是要批评、否定、推翻前几任台领导班子和老一代BTV人的发展思路和发展实践，而是立足现实的社会环境、传媒发展、自身情况进行的。要继承历史发展积累下来的宝贵经验，比如频道独立经营可能遇到的问题和可行的解决办法，我们是有经验、有积淀的。也要用改革的态度来对待和处理历史遗留下来的矛盾问题，大刀阔斧地进行调整、推动变革，下定决心、真抓实干，把摆在我们面前的障碍一个个地搬除掉。

二是借鉴先进和自我创新的关系。从央视到一些先进的省级台，这些年来进行了许多改革探索，形成了大量被实践证明符合电视传播特点和受众市场需求的有效做法，我们完全可以认真借鉴，有些成熟的做法甚至可以直接搞“拿来主义”。同时，北京电视台作为有影响力的媒体，我们也要结合自己的实际特点，在节目上、形态上、机制上找到几把自己的刷子，探索北京特色，推出“北京模式”，在改革大潮中不能甘为人后。

三是坚守规则和放开手脚的关系。没有规矩，不成方圆。要发挥好规定、规则、规矩的作用，构建科学化、规范化、制度化的管理体系。改革过程中，哪些可以改、哪些不能改，哪些需要这样改、哪些需要那样改，哪些由这些人来改、哪些由那些人来改，都是要用规则确立下来的。当然，规则的制定和操作要充分尊重传播规律、尊重改革实践，把改革进程中应该放开的手脚全部放开，应该管好的手脚妥善管好。

四是首都意识和市场意识的关系。要充分利用好首都的市场资源优势，把北京特有的大制作公司、大传播渠道、大广告客户、大产业集群等等资源整合起来、为我所用，开辟我们自己的市场化发展通道。同时，也要从政治敏感性的角度认识做好首都舆论引导工作的特殊重要性，在改革过程中提高警惕，对市场化的产品、市场化的模式、市场化的合作方多把一道关、多留一份警醒，确保舆论引导权牢牢掌握在我们自己手中。

通过深化改革，北京电视台要打开发展局面，形成出精品、出效益、出人才的良好态势。在改革过程中，我们也要把能不能出精品、会不会出效益、是不是出人才作为判断改革成败的根本标准，推动改革目标顺利实现。

第三个问题，党员干部在改革过程中要发挥什么作用？

今天，利用我们的“七一”大会进行改革动员，面对的是党员干部。党员干部是北京电视台整个职工队伍的主力军，也一定要成为这场改革大战的主力军。只要把党员干部的力量调动起来了，北京电视台改革的步伐就真正迈开了，新一轮的发展进步就有希望了。

我希望，在改革过程中，党员干部要发挥好三个作用：

1. 带头示范作用。

要带头增强改革意识，坚定不移地高举改革的旗帜，树立正确的改革观和发展观。要带头参与改革实践，主动到改革矛盾最多、困难最大、任务最重的地方去，要正确对待改革中出现的利益问题。要带头贡献改革的智慧，大胆地想、大胆地试，出更多的主意、想更多的办法。

2. 沟通协调作用。

要全面加强思想政治工作，强化对重大改革决策和改革举措的宣传阐释，一定要把工作做到大家普遍能够理解、能够接受。要及时、动态地了解把握一线群众对改革的看法和想法，包括对每一个具体细节的意见和建议，以便于我们对改革举措的适应性和可行性进行进一步研究调整。要充分掌握和反馈改革的实际效果，增强信息收集意识和分析能力，保持正确的改革方向。

3. 服务保障作用。

改革就一定要有突破，有突破就必须要有担当。党员干部要多一些担当，多一些服务。要为改革的推进鼓劲加油，引导周围的群众把思想和行动统一到完成改革的各项任务上来，增强改革成功的信心，营造有利于改革的氛围。要更加积极主动地关心群众，包括他们的身体健康、心理健康、家庭健康。要合理调配安排工作节奏，既要保证大家的工作状态和工作心情，又要让改革的进度能够推进得更加扎实。

同志们，今天，我从三个问题出发，跟大家作了一个改革的交底，也是进行改革的总动员。北京电视台的这场改革，现在刚刚进入起步阶段，未来改革可能涉及的问题之多、范围之广、情况之复杂，很有可能是空前的。通过这次动员，我希望从我们的党员干部到全体职工，都能有一个思想上的充分准备。当改革全面推开以后，这样充分谈想法、谈思路的机会也许就不多了。

我相信，凭借我们的资源禀赋，凭借我们的人才潜力，凭借我们的改革态度，只要我们坚定信心、团结一致、扎实奋斗，北京电视台的改革目标一定能够实现，北京电视台的明天一定更加美好！

（2014 年 6 月 27 日）

在北京电视台机制创新研讨会上的讲话

北京电视台台长　赵多佳

今天，我们用了整整一天的时间围绕我台“机制创新”这一主题，进行了务实、坦诚、深入的交流。在我台发展的关键节点上，大家坐在一起，共议改革举措，共谋创新良策，对当下和未来一段时期来说意义重大。大家的发言有很多对于北京电视台事业发展具有建设性价值的内容，体现了紧跟时代步伐的主动要求，从被动改，到我要改，我要积极改，这种心态的变化和决心，对于改革向纵深推进非常重要。应该说，很多人的发言既有理论的高度，又有分析的深度，更有同志们期盼改革的热度，这些必将凝聚成推进改革的动力、合力。下面我结合大家的发言，谈三个方面的感受。

一、夯实机制创新的三个基础

机制创新，实际上是系统性创新的过程。如果我们仅仅是在单点、局部环节上实施创新，不能够与整体机制进行对接，就不可能使整体运转产生高效能；只有全局联动，才能见到实效。因此，我们一定要统一认识，形成共识，把握规律，找准路径，构建推动机制创新的坚实平台。我想重点提及夯实机制创新的“三个基础”。

1. 理念创新。

一定要用新思维、新理念和新观点去解决我们现在改革发生的所有问题。我在北广传媒集团的时候，推动北艺改革，阻力非常大，2007 年、2008 年，当时电视剧的生产已经非常市场化了，但是很多人还在用陈旧的思维模式来思考完全市场化生态环境下的改革，结果，无论是在整个管理层面，还是用人，以及影视创作的理念和受众的关系，根本就走不通。

改革必须要有新的理念、新的思维去适应当下媒介竞争的生态环境。用过去 1.0 的改革版本，来应对现在 2.0，或者是 3.0、4.0、5.0 的这种生态环境，怎么可能成功？在形成新思维、新理念上，要认真研究整个传媒行业竞争环境，认识发展变化趋势，深刻理解市场。现在已经不是改和不改的问题了，而是必须改，并且必须要用新理念来改。面对激烈的市场竞争环境，我台现在跟一些南方省台差距这么大，在追赶、超越的路径选择上，并没有太大的空间。我们唯有用新理念提升改革效率，用新思维突破改革瓶颈，加快步伐，构建有效挖掘资源、利用资源、放大资源的良性运行机制，培育围绕核心资源、打通产业链条的有效推动机制。改革不能脱离我们的资源能力，要立足主业，通过机制创新，把自身资源用到极致，把主业优势做到极致，真正把资源优势转化为全方位的市场价值。

2. 手段创新。

方法、手段是推动机制创新的工具。用农耕时代的工具，怎么可能在互联网时代生产生存。机制创新，要依赖新理念，也要应用新方法。新媒体时代，受众都过河了，传媒人还在河里头摸石头，然后声称找到了机制创新的工具，这哪里是可笑，简直是迂腐。互联网、大数据本身就是工具，就是方法、手段。在如此激烈的变革趋势面前，如果我们还无动于衷、因循守旧，只能是大浪淘沙。台党委推进改革的决心十分坚定，但是真正的操作层面和中坚力量是在整个中层，如果你们没有理念的创新，没有手段的创新，怎么可能跟得上改革的步伐、时代的脚步？没有新工具，怎么能撬动阻碍机制活力的磐石？置互联网思维、大数据营销思维于一边，仍然用传统媒体一统天下时的理论推动机制创新，即便建立起这样的机制，也难以对抗新的媒介生态环境下的全新营销机制。放着火器不用，非用冷兵器打仗，只有损兵折将以至全军覆没。平台生态正在发生根本性的变化，没有这个概念，还用传统的思维模式来改造我们现有的机制，肯定没法成功。因此，手段必须要创新。

知识的更新、传媒环境的认识必须要加快，这个市场的最大特点就是它根本不等你。最近，习总书记在主持召开的中央全面深化改革领导小组第四次会议上指出："要推动传统媒体和新兴媒体融合发展，着力打造一批形态多样、手段先进、具有竞争力的新型主流媒体，建成几家拥有强大实力和传播力、公信力、影响力的新型媒体集团。"两个"新型"，这对我们的手段创新提出了更高要求。

3. 基础创新。

北京电视台是一个基层单位，是直接生产精神产品、内容产品的实体单位，成果的体现都是实实在在的产品。有了坚实的基础创新，才能形成承载快速发展的稳定平台；每个人点点滴滴的创新，才能垒建成坚实的大厦。基础创新就是要求每一个人都要有创新的意识、创新的动力、创新的本领。

今天的发言，每个人都有很多有价值的想法，但是有很多具体问题需要在实际工作过程当中解决。比如有人提出制定新的管理流程，如果新的思路是和现有办法、现有规定相冲突的，那就需要作深入的调查研究。做调研就是一项基础工作，在基础调研当中实现基础创新，所以我要求，各相关部门从现在起要开始更加深入地对接、调研，深入研究问题、解决问题。比如跟市场体制对接的财务、预算机制怎样建立起来，等等，应该提出更加具有建设性、可行性的思路和措施。

基础平台的价值提升也是一个重要问题。平台资源只有通过整体收视的稳定和提升，影响力才能整体释放出来，才能形成稳定、有力的品牌；有了品牌才能在市场上兑现资源的综合价值。我们在耕种"土地"的过程中，一定要涵养、养护这片"土地"；我们要在涵养平台的过程中，提升 BTV 平台的整个价值。

二、推进机制创新的六个重点

对接市场，就要找到机制创新与培育高市场价值的内容产品的结合点，找到机制创新与升级发展模式的结合点，找到机制创新与释放生产力的结合点，找到机制创新与打通内外资源的结合点。在此，我着重从六个方面谈一下机制创新建设。

1. 以内容价值提升为核心，健全流畅运转的系统化运营机制。

过去我们从来没有把台属公司、不同职能、不同业务口的部门，统一召集在一起交流研讨，今天大家全都坐在一起，目的就是要联通整个机制，我们的相关部门要拿出一个全运营的总体规划来。我们现在谈论“变现、变钱”，这只是一个浅层次的说法，只有实现整个国有资产的整体保值、增值，这才是根本目的；只有通过将资源整体变强大，我们事业才能真正地做强做大。北京电视台、BTV，是一个统一的品牌，是在整个传播市场上拥有巨大价值的品牌。我们一定要以内容价值为核心，健全全流程的系统化运营机制，其目的和宗旨就是要保证内容、生产、经营的办法、措施，和市场形成充分的对接。

价值提升是一个系统工程。一档“现象级”节目的出现，是全系统配置支撑的结果。因此，我台的运营机制要形成联动链条，贯通内容策划、生产、营销的全流程。重点要推进三个深化：

一是深化内容生产与经营融合，在现有措施、政策基础上，内容生产端与市场营销端要充分对接、充分互动。

二是深化产业与事业的结合，坚持按照事业的资源能力，培育产业集群。独立经营试点实际上就是这个方向的改革，把事业资源与市场能力深度捆绑。

三是深化管理机制与生产运营的融合。我们经常讲要变管理为服务，什么是服务？服务的目的是什么？从管理运营的角度讲，服务不是一种躬身的姿态，而是通过科学、系统、畅通、高效的管理架构，协助、支持被服务者共同抵达目标的能力。这种管理架构必须适应高水平、市场化的运营需要，形成内部人财物的配置与外部市场运营的对接机制，努力走出一条既符合事业体制又适应市场化改革方向的道路。到了今天这样一个时代我们需要的是什么，是全系统的运营这样一个机制。

今年2月，习近平总书记在中央深化改革领导小组第二次会议上说，“凡属重大改革都要于法有据，确保在法治轨道上推进改革。”我们要认真研究各项法律、法规，确保机制创新等各项改革在法律框架下进行。我们也要对照法律、法规，破除或者修改阻碍发展的内部规章。按照有利于运营便利化的原则，要全面梳理管理流程，保留中心流程，提升流程效率，减少管理成本。

2. 以效益提升为着力点，健全适配改革发展的财务运行机制。

关于财务管理创新已经提过多次。随着我台改革的深入推进，财务机制的创新愈发刻不容缓。资金的运转机制、成本效益的核算机制、财务的分配机制，等等，这些财务活动体系都需要在法律法规的框架下，根据发展的需要进行重新梳理架构。这里要重点解决两个变革。

一是财务管理观念的变革。管钱不仅是如何控制花钱，更要发挥资金的杠杆作用，使其产生更大的效益。我们讲建立打通事业和产业的财务机制，最根本的是激发生产力。再比如全成本核算，这些财务管理技术，也是不分事业、产业的。先进的财务管理技术、技巧、方法，要大胆地尝试和利用。同时，要全方位理解相关法律法规，加强与上级财政管理机关的沟通，不要自我设限、畏葸不前。

二是财务管理必须跟上变革发展的步伐。现有的财务制度是在传统内容生产模式背景下建立起来的，某些方面，已经不适应升级版的内容生产运营需求了，因此，财务管理必须要研究当前内容生产的运营模式，特别是那些取得高价值的节目。内容生产和营销模式正在向内外资源打通、资源与资本打通的方向快速演进。

我台的频道独立经营试点，也是在摸索建立内外资源融合的新模式。这就要求财务管理要适应新形势、新变化，创新管理手段和管理模式，提高资金使用效率，提高资本运作水平，促进财务管理从“核算型”向“经营型”转变。财务运营的思维模式必须更新，要跟上发展模式的变革需要。我们是事业单位，也是市场化运行的媒体，一定要大胆地尝试先进的财务管理技术，在不违反国家财务政策的前提下，进行探索创新，这是我对财务工作提的一个要求。

党和人民把宝贵的频道资源交给了我们，如果这些频道资源不能得到应有的回报、不能保值增值，就是国有资产的最大流失。我们的改革就是要确保国有资产保值增值，对此，每一个干部都应该有清醒的认识。

3. 以加强人才队伍建设为拉动，健全人事管理机制。

人才竞争归根到底是人才制度的竞争，电视媒体面临的最大挑战就是如何利用科学的人力资源管理制度来确保人力资本的增值。这里核心要思考如下问题：

一是如何确保人与事的高度匹配。即每个岗位是否做到人尽其才，人尽其用；每个人的工作能力是否应适配相应的岗位等级。

二是如何解决人多与人少的矛盾。一方面，北京电视台的队伍在不断壮大，人员支出不断增加；另一方面，核心岗位、关键岗位又存在着严重的人员短缺，能人匮乏。

三是如何解决贡献大与贡献小的问题。对于贡献大的人是否能够重奖，让人才激励机制真正发挥人才队伍建设的杠杆作用。

4. 以资源价值提升为目的，健全事业产业贯通、面向市场的经营机制。

经营机制的创新要围绕产品价值的实现和资源价值的提升。这里重点谈三个打通：

一是内容产品与广告产品的打通。广告经营与内容生产一样面临升级的要求，比较集中地表现在投播企业与内容产品的高度捆绑或者融合打通，提升内容营销价值。

二是内部资源与外部市场的打通。资源只有充分进入市场，价值才得以体现。当下“现象级”节目带来的“现象级”经营，都是内外资源打通带来的效应。

三是事业经营与产业经营打通。最近看到一条信息，旅游卫视计划3到5年实现广告经营与产业收入持平，其核心的做法就是利用事业资源开拓有效率的产业经营，比如做电影、旅游周边产品等等。我们的频道独立经营能否成功，关键也在于事业经营与产业经营能否高效打通。

在产业化运作中，我认为北京台慢了很大一拍，这个原因有理念问题，也有不知道怎么操作的问题。市场有市场的规律，事业有事业的规律，如何把握好“两个规律”，这就是我们现在改革的难点，也是突破点所在。我们不是纯企业，也不是纯事业，我们要找到共通的、规律性的东西，应用到我们现在的改革当中来，推进整个市场化的进程。“现象级”的节目带来“现象级”的经营，《最美和声》带给我们的不仅仅是收视上的提高，而是它在整个经营理念、经营手段上的领先，值得我们学习。

坦白地说，北京电视台坐拥优质资源，过去大家都来找你，现在是强者越强，弱者越弱，马太效应。在这个市场上，如果我们还是固步自封，就只能坐等大浪淘沙，被无情淘汰。

5. *以数据管理提升为基础，健全媒体运行全流程监测评估机制。*

数据的开掘和应用对媒体的管理机制、生产机制、运营机制正在产生广泛而深刻的影响，为解读用户行为、了解市场需求、把脉运营方向提供着有力的判断和支持。面对急剧变化的市场格局和已经启动的内部改革，数据服务与支持系统必须做出积极的响应和升级。

首先，要加强数据研究创新，增强收视数据分析的广度和深度，加强数据外延性分析研究，增强自身资源价值保护意识，使数据研究成为提升资源价值的重要手段。

其次，要加强数据服务的支持能力，研发部门要与一线部门形成有效的对接机制，与总编室、计财部、广告部形成统筹联动，为节目创新、生产、编排、营销提供全流程、全覆盖、多维度的数据分析与支持。

再次，要针对我台推进的频道独立运营改革工作，研究建立分类管理、分类评估、分类考核的相关办法，促进不同类型频道的目标达成，形成科学、完善、有效的评价标准和评估体系。这个评估体系，实际上是北京电视台下一步经营工作走向市场的一个很重要的服务提供平台，对我们发展升级意义重大。现在的数据，市场化运作程度非常高。对我们自身数据的保护，对我们资源的保护，一定要有跟进市场的手段。

6. *以深化技术应用为抓手，健全内容生产与技术支持融合机制。*

谈到技术应用对内容生产的决定性作用就不能不提《最美和声》和 *Rising Star* 这两档节目。前者通过精心研制的“智能机械手”构筑了节目的亮点，后者通过专用的 APP 平台的支持，增强了观众的参与度，这两档节目都高度体现了技术对于电视节目内容的重要性。站在更宏观的层面来看，技术既能帮助媒体构建基于数据支持的统一、高效的管理平台，又能深度嵌入到节目策划、生产、营销的所有环节，助力内容传播跨上一个新台阶，同时还能在产业拓展当中寻找新的增值空间。但是，这一切都需要我们建立起面向市场的危机意识和面向生产的服务意识。随着频道独立运行机制的推行，技术部门也必须思考如何建立与内容生产机制调整相匹配的服务支持机制，寻找技术应用与内容生产无缝连接的有效方法，技术部门需要更加积极主动地融入到节目生产的前端，以技术推动创意，以技术支持节目研发生产，以技术扩大节目的营销渠道。

三、推进机制创新的两个关键问题

今天的研讨会也是一个动员大会，在座的都是中层干部、科长、制片人，是推进机制创新的中坚，你们的价值观、行为规范等等，是会渗透到运行机制中的，也会制约和影响整体机制的运行。毫无疑问，机制改革是会影响到每个人、每个部门的利益，从台级层面来讲要有序、科学、合理推进，对于个人、部门来说也要胸怀全局，着眼长远。最后我跟大家再说两个关键问题。

1. *放眼全局，敢于责任担当。*

机制改革与创新是对既有管理模式的突破，是对运行流程的再造，是对利益分配的调整，具有全局性和挑战性。需要我们的管理人员要有胸怀和视野，要有胆识和担当。机制创新不可避免要带来新问题，产生新矛盾。一方面，它会冲击我们长期形成的制度依赖、路径依赖，会带来心理和行为的不适和抵触；另一方面，人们会本能地从自身利益、局部利益出发，思考问题，讨价还价。显然，机制创新不是谋取一城一池，不是顺风顺水没有险阻。因此，每位干部都要树立大局意识、责任意识，从全局出发，着眼长远，克服本位主义、狭隘思想，求同化异、勇于担当。只有全台的思想和意志统一了，只有真正站在战略的高度设计路径，才能形成改革的合力，才能破解发展的难题。

同志们，没有担当精神，没有你们的支持，北京电视台的改革不可能成功，我希望大家每个人的肩膀都要坚强有力，应该首先努力通过自身找到解决问题的办法。

2. 加强沟通，坚持求同化异。

在一个大型现代化媒体的运转中，加强沟通非常重要。如果不能有效、及时地沟通，就会存在信息不对称、语境不一致的情况。在相互沟通当中，很多误解就化解了，很多矛盾就解决了。

改革过程中，每个管理者都要加强对重大决策、重大改革举措的说明解释，也要及时了解各个层级的不同意见，不断地增进改革共识，形成全台一盘棋；要充分掌握和反馈改革的实际效果，增强信息搜集意识和分析能力，保持正确的改革方向。用习总书记的话说就是“共同为改革出谋划策”。

今天的会议提出了很多问题、办法，大家一定会想，这些问题能够解决吗？这些办法能够落实吗？我要说的是，这次会议是机制创新研究的起点而不是终点。研发部会后要细致梳理，集结成册；重点问题、难点问题要联手相关部门深入研究，并拿出切实的意见、建议、思路，报台党委研究决策。

同志们，我台的改革正在积极的探索与推进当中，需要勇气，更需要智慧。我们必须以紧迫的意识、清醒的头脑、积极的行动，让改革在深度、广度上突破，在效果、成果上放大，在探索、求索中推进。

（2014 年 8 月 20 日）

关于北京电视台
加强廉政风险防控的实践与思考

北京电视台党委副书记 彭司海

近年来，北京电视台在廉政风险防控方面进行了一些有益的探索，积累了一些经验，对推进党风廉政建设乃至全台改革发展起到了重要作用。同时，随着形势的发展变化，也出现了一些新情况、新问题，需要认真研究解决。

一、加强廉政风险防控的主要做法

台党委、纪委紧密结合实际，先后开展排查风险点、制定防控措施、清权确权等工作，从重点层面加大风险管控力度，推出了一系列行之有效的防控措施。

1. 建立五大防控机制。

一是党委亲自抓防控的机制。每年制定党风廉政建设和反腐败任务分工，定期召开会议部署相关工作，分解工作任务，明确工作责任；主要领导做到“五个亲自”，每年层层签订党风廉政建设责任书，把党委主体责任和纪委监督责任落到实处。

二是“三重一大”决策机制。制定了贯彻“三重一大”集体决策议事规则，按照民主集中制原则，明确规定重大决策、重要干部任免、重大项目安排和大额度资金使用的决策程序，提高了规范化管理决策水平。

三是网络管理机制。搭建并完善了网上办公 OA 系统，规范了相关工作的审批程序和监管流程。比如，实行了员工工资、劳务发放、出国（境）审批、公文流转的网上办理等，提高了管理效率。

四是审计监督机制。全方位推进审计工作，形成了年度审计、专项审计、干部离任审计等多种审计方式相结合的审计工作体系，同时狠抓审计整改落实，加强了对资金使用的监管。

五是法务监管机制。设立专门的法务部门，充分发挥其职能作用，加强合同审核，为全台各部门开展工作提供法律咨询，从法律层面有效预防风险。

2. 严堵广告经营风险。

2014 年广告经营机制改革前，主要从三个方面加强管理：

一是实行收支两条线，广告经营与节目生产相对分开。

二是采用系统化管理流程，运用计算机管理广告业务，从报批、签约、收款、签单、审核到编播，每个环节都通过格式化的业务系统进行操作，在一定程度上杜绝了违纪操作空间。在流程上，广告项目的业务执行、收款统计、编排播出三个环节分属不同的部门进行管理操作，委派专人收取广告款和开票，互不交叉，各司其职，相互制约。

三是完善管理制度，针对广告经营重点环节，先后制定了一系列管理办法。去年广告经营机制改革后，广告管理和广告经营相对分开，明确了广告管理部的监督管理职责。

3. 加强大型节目活动制播管理。

一是加强立项管理。要求大型节目活动实施部门制定节目策划案、预算案、经营建议案，按规定报台编委会、党委会申请立项。

二是严格预算审批，实行支出备案。对不同额度和不同预算类别的项目，分别制定了严格的批准程序。大型节目活动预算经批准后，由实施部门到监审部门备案后方能拨付经费。

三是坚持逐级审看播出。对于重大节庆和重大题材节目，实行制片人、分管主任、主任、总编辑四级审看，明确工作责任，进行严格把关。

四是加强审计监督。节目播出并完成财务结算后，由监审部门进行抽查审计，对发现的问题提出责任追究意见并进行限期整改。

4. 构建影视剧购销管理体系。

一是采取“集中型”购片运作模式。电视剧购买是由影视剧中心统一购买、统筹排播，减少了电视剧购销环节，提高了购播效率。

二是实行中心“三级审片制”和“项目负责制”两大基本管理机制。“三级审片制”包括项目部初审、审评科二审及编排会审片会联合三审，“项目负责制”根据岗位明确责任，实行制片人、科长、正副主任分级管理，责、权、利到人，量化管理考核目标。

三是建立电视剧多样化评估体系。包括内部资深电视剧审看团队、外部专家顾问团、观众测评团等，根据三种审议测评方式产生的结果得出评估意见。

四是实行“以点论价”购片制度。把收视情况与电视剧支付价格相挂钩，同时依据收视预估指标完成情况对影视剧中心进行考核。

五是实施影视剧购买与钱款支付分离制度。影视剧中心只负责对电视剧项目的前端筛选、质量审看、签订合同，不直接负责购片款项的支付，避免权力过分集中。

5. 加强招投标管理。

相继制定了《工程建设和大宗物资采购招标投标管理暂行规定》《技术设备及服务采购招投标管理实施细则》及《执行政府采购实施管理办法》等规章制度，有效规范了此类招投标行为。

一是采取归口管理、各负其责的原则，技术设备和服务的采购招标、工程建设的招投标、生活保障及节目生产等方面的招投标分别由相关归口部门组织实施，归口部门按照各自职责开展各类招标投标、竞价和谈判活动。

二是公开遴选社会招标代理机构。采用综合评分法，综合评判代理机构的价格、人员状况、服务方案、业绩、信誉等，通过招标方式遴选产生了5家社会招标代理机构，采取轮流代理的方式参与招投标项目，并对各代理公司代理的项目及招投标现场进行不定期检查。

三是建立评标专家库。比如，对于技术设备的采购，评标专家由台内具有工程系列高级职称的业务骨干担任，必要时随机抽取专家组成评标小组。

四是建立外协准入制度。制定了《外协制作公司准入管理办法》，建立了外协公司名录。坚持“能自己做的，不用外协制作”，所有外协原则上只能在名录范围内选择，并按程序报批。

6. 完善台属企业经营管理制度。

一是实行重大事项报告制度。对于企

业对外提供担保、企业股权转让、对外发布的重要信息必须及时上报，经批准后方可实施。

二是强化预算管理。一级企业的预算管理权在台里，台里对一级企业进行预算考核，一级企业对其下属企业进行预算考核，严格进行把关，降低了经营决策风险。

三是建立财务月报制度。对企业资产负债、利润、现金流量、经营收入明细、资金明细、人力成本等主要数据每月及时汇总，向台领导汇报，提供决策参考。

四是严格执行企业负责人任期经济责任审计和离任审计制度，认真开展企业年度审计，推动了台属企业的风险管理。

二、存在的主要问题和不足

随着北京电视台各项事业的不断发展，随着相关业务的丰富和拓展，随着行业竞争的日益加剧，目前北京电视台在廉政风险防控方面仍然存在一些问题和不足。

一是思想认识还不到位。部分从业人员的风险意识、法律观念淡薄，制度意识不强，不能自觉用法律和制度约束自己的从业行为。从近年执纪问责情况来看，绝大多数当事人表示平时忙于工作，对相关法律法规学习不够，对相关制度不了解，对相关规定不清楚。有的人收受贿赂后居然认为退了就没事了，可以免除处罚。在实际工作中，有的管理人员怕得罪人，对违规违纪行为“睁一只眼闭一只眼”，损害了制度的严肃性和权威性。有的人认为业务过硬才是硬道理，有点儿违规违纪不算啥，没多大事。

二是一些环节管理失之于宽、失之于软。在预算管理上，预算编制粗放的问题未得到有效解决，与精细化预算要求还有较大差距，个别项目存在执行预算不严、不经批准就突破预算的问题。在“四费”发放管理上，虽然实行了归口管理，但演员费、演出费发放多采取台外企业代发方式，并且代发企业数量多、管理参差不齐，监管有待加强。在外协单位准入上，虽然实行了内部评议认定措施，但仍难以杜绝“关系户”，没有很好地解决“节目制作经费审核难”的问题。另外，还有少数节目的制作外包还没有纳入招投标管理。这些潜在的风险点必须加以规范。

三是内部监管职能需要进一步厘清。比较突出的是台内关于招投标工作的监督管理问题。北京电视台目前每年招投标项目约150项左右，金额高达两三亿元，招投标工作呈现点多、面广、量大的特点，监管任务繁重。多年来，由于缺乏专门的招投标管理工作机构，台监察审计办公室一直参与招投标工作，既当运动员又当裁判员，过多地参与了招投标工作的过程性监督，偏离了其本身的主业主责。诸如此类的机制性漏洞，迫切需要研究解决。

四是台属企业管理亟待加强。台属企业作为北京电视台产业发展的主要平台，这些年来坚持围绕经营抓管理，为电视台的建设发展提供了重要支撑。但也要看到，台属企业仍然存在“重经营、轻管理”的问题，企业管理人员风险意识薄弱，廉洁从业风险没有从根本上杜绝。比如，有的企业管理制度缺失，日常管理无规可依；有的企业内控制度不完善，财务管理混乱，存在随意开支和浪费现象；有的企业重钱不重物，固定资产管理薄弱；有的企业仍然存在违规发福利，甚至私立“小金库”的问题，必须下大力气解决。

五是监督管理手段不适应。主要有两大问题：

（1）被动监管。目前我们的监管大多是事后监管，事前预防不足，主动出击不够。当问题发生后，错误已经铸成，损失和影响已难以挽回。

（2）融入不够。相关职能部门的监督管理重点不够突出，不够具体，监督上大而化之，缺乏具体的抓手，在一定程度上存在着与实际工作结合不够、流于表面的问题，监督效果往往大打折扣。

三、几点对策建议

廉政风险防范是一项长期而艰巨的工作任务，也是一项非常紧迫的现实使命。针对上述问题，结合落实中央和市委有关精神，提出以下建议：

1. 深入推进廉政谈话工作。

通过一对一、面对面的贴心沟通、谈话交流，提高廉政教育的针对性。

一是要让廉政谈话制度化。建立专门的廉政谈话制度，明确廉政谈话的内容、范围和形式等，使之成为全台从制度层面进行源头倡廉的重要支撑。

二是扩大谈话范围。可以考虑廉政谈话不光局限在中层干部，还可以扩大到科长、制片人、主持人、台属企业负责人等，根据实际情况分别由纪委书记、监审办正副主任谈话。

三是选好谈话时机。要抓住干部任职的有利时机进行谈话，在出现苗头性倾向性问题时及时提醒警示和批评教育。

2. 设立招投标工作管理机构。

目前已建立我台招投标管理工作领导小组及办公室，并着手开始运行。要重点解决三个问题：

一是加强统一管理和监督。这个专门机构具体监督管理各招投标归口部门的工作。

二是理顺工作职能。改变台监审办过多参与招投标管理工作的状况，从根本上解决监审办的职能错位问题，从而形成归口部门、招投标办公室、监审办各负其责的“三层监督”网。

三是提高监管工作的专业化水平。选用既懂电视台业务工作又懂招投标管理规范的人员参与招投标管理工作办公室的工作，完善全台招投标管理的相关流程和制度，建立完善评标专家库，提高专业化管理水平，有效堵塞风险漏洞。

3. 改进外协外包服务管理。

主要从三个方面入手：

一是把外协服务纳入招投标管理，严格按照招投标程序开展外协工作。可以采取公开招标、邀标、谈判等多种方式，从而避免由需求部门直接指定外协单位可能带来的问题风险。

二是先试点后推开。首先抓好常规栏目节目外协服务招投标工作，特别是对于其中使用大屏、后期制作、节目包装、灯光、舞美等，可以先期试点，定期招投标，在总结经验的基础上逐步推广。

三是探索季播节目、规范性节目外包服务管理方式。凡符合招标条件的，都要纳入招标管理，做到应招尽招。

4. 尽快推出广告经营机制改革配套管理办法。

积极配合台里广告经营机制改革，坚持服务和管理并重，进一步完善广告经营有关管理制度。关键要把握几点：

一是明确主体责任，特别是明确广告管理部和各广告经营主体的职责，确保各负其责，防止推诿扯皮。

二是加强业务系统管理，广告经营和管理工作须纳入广告业务系统统一管理，各经营主体须严格按照业务系统流程操作。

三是规范合同签订，明确各方的责任，严格按合同执行，原则上须播前付款。

四是加强从业人员管理，加强对广告从业人员的培训。

5. 完善台内人员参与台外经营性活动规定。

针对目前主持人、制片人等参与台外商业活动增多的问题，进一步完善相关规定，既维护台里利益，调动个人积极性，又防止违规风险。相关规定应明确：

一是严禁私自参加台外活动，必须个人提出申请并经台里批准。

二是所得收入由个人与台里分成，可根据不同情况确定分成比例。

三是个人参与台外活动应提供相应合同。

四是此项工作应由相关部门统一管理，台属企业统一运作。

6. 强化审计监督。

一是加强对基建项目、大型节目活动、常规栏目制作、广告经营等各方面工作的审计监督，综合利用年度审计、专项审计、干部离任审计等多种审计方式，实现审计范围全覆盖。

二是抓住问题整改不放松，对审计中发现的问题，责任落实到部门、落实到人，确保问题逐步得到解决。对于历史遗留问题，也要积极推动、逐步解决。

三是加强责任追究，认真梳理审计中发现的问题，对于多次强调、应该杜绝而没有杜绝的问题，对相关责任人员及管理人员要进行相应的处罚。为此，可制定专门的责任追究和处罚办法。

7. 切实加大监察工作力度。

充分发挥监审办的监察职能，坚持关口前移，加大事前、事中监督，每年结合廉政风险防控的任务和要求，围绕相关工作中风险易发多发环节，围绕落实风险防控的重点措施，围绕防范风险发生的关键性制度，选准切入点，集中开展专题监察，通过集中巡视巡查、明察暗访等手段，查找问题，加强警示，督促改进，切实维护上级要求和各项制度的权威性和严肃性，推动工作化被动为主动，改变监管工作疲于应付的状况。

8. 充分发挥技术监管优势。

继续推进廉政风险防控信息化建设，逐步完善我台OA系统，将重点领域、重要岗位、重大事项纳入计算机自动管理，建立廉政风险信息收集、识别、评估、预警和处置机制，实现对关键岗位、关键环节的实时监测、动态监督、全程跟踪，实现对权力运行的有效监控。

整合资源 顺应形势 推进北京电视台技术体系的融合发展

北京电视台总工程师 田 方

北京电视台于2009年迁入大北窑新台址，以标清网络化制播体系为主的技术架构投入使用。2009年9月实现首个高清频道播出，2010年至2013年分两期完成高清化改造。2011年至2013年完成苏州街台址新媒体基地技术体系的建设，2014年初正式投入运行。概括地说，我台技术体系总体处于大规模建设和改造之后的成熟稳定期，节目生产、业务管理和新媒体应用三个技术系统群相对独立、互联互通的技术格局已经形成。

一是覆盖全面的网络化节目制播体系。该体系能够兼容支持高标清节目全流程网络化的生产，其中高清占比60%以上，无论在系统设备规模、业务复杂程度，还是技术先进性、节目生产能力等方面，在国内电视台中都名列前茅。从采编播存管的一体化流程来看，“采”包括300余台前期摄像机、近30个演播室、9辆转播车；“编”包括后期制作网12个、共享服务系统10个，含各类后期编辑站点500余个，日均生产节目约130小时；“播”包括15个频道的播出传输，日均播出节目330小时；“存”有约13PB、68.5万小时媒资，日均增量约140小时。

二是应用多样的自动化办公管理体系。迁入新台址后，自动化办公体系开始逐步上线推广，现已能够支持台内大部分业务流程和管理职能，如人事、财务、广告、节目生产管理、技术资源管理等职能业务；呈文、设备维修/购置、外协制作、请销假等审批流程；车辆、会议室、通讯业务等资源申请；内网发布、邮箱等通讯应用。通过这一系列OA应用，极大地增强了办公便利性，提高了流程透明度和运行效率。

三是多渠道、多终端的新媒体传播体系。IPTV于2013年开始试商用，至今推广用户约40万户。BRTN网站于2014年初正式上线，最高世界排名2200名，在国内省级电视台网站中仅次于湖南和江苏。此外，2013年初推出了官方微博和微信公众号，2013年底推出了官方微视，2014年初推出了移动APP“BTV大媒体”，通过这些新媒体传播方式聚集了较大规模的粉丝量和关注度，提升了BTV品牌和平台的影响力。

从目前广播电视技术行业的发展形势来看，全媒体、云计算、大数据、信息化、超高清、标准化运维、管理类应用等关键词，已经替代高清化、网络化、文件化成为业界关注的热点和研讨的焦点。就我台技术体系而言，节目制播系统已经投入运行近六年，技术架构向虚拟化平台和云计算/云存储模式转型，维护体系向标准化IT服务机制过渡；办公信息化系统从追求电子化流程驱动和应用功能覆盖向突出管理效果和决策支撑过渡；新媒体技术平台刚刚起步，希望尝试更加开放、灵活、智能的思路。就技术体系管理思路来说，我台将逐步向架构统筹布局、资源动态调配、业务融合发展的应用场景过渡，针对台内大规模业务数据的综合治理将成为现实。在演进过程中，运转、管理、维护、安全替代系统建设和功能实现成为技术工作重心。

在“十二五”即将收官、“十三五”开始规划的阶段，我台的技术发展至少要从以下几个方向去考虑：

一是整合技术资源构建生产私有云，推进制播系统IT架构转型。在资源精细化管理的基础上，开展制播网系统底层资源的整合池化，支持资源根据应用负载动态调配，提供上层应用灵活部署和使用，加强媒体内容生产正常生命周期内的管理和使用力度，在功能与流程脱钩的基础上促进内容与流程的绑定。

二是加快信息化建设步伐，逐步提升管理水平精细化和决策支持智能化水平。在处理好总体与局部关系的基础上，将目前孤岛化信息系统的公共数据外化，建立全局数据共享库，在保证信息安全和应用隔离的条件下逐渐尝试开展台内数据治理服务，扩大信息系统应用的深度和广度，增强其在服务内容生产、优化管理流程和支持科学决策中的数据支撑作用。

三是积极应对新媒体潮流，促进现有节目制播与新媒体系统的融合发展。一方面通过新媒体基地技术系统的建设和完善，在视音频网站、IPTV集成播控、APP移动客户端和微博微信互动上继续发展，建设以云存储/云计算、用户行为数据分析、内容智能识别、绑定和推送为基础的智慧媒体服务平台；另一方面在台内现有技术体系的新媒体元素融入方面多下功夫，以演播、转播为重点实践场景，丰富节目展现和传播手段、增强观众黏性，提升全媒体制作、传播、互动水平。

四是加强系统及其运行的技术管理、安全防护和运行维护工作，合理平衡质量、效能、成本和风险因素。针对制播网、办公网、新媒体三大技术系统，通过整合、改造，形成统一标准的信息安全防护体系、设备/业务监控系统和运维管理平台，完善与之相关的管理制度和工作流程，推动全局一体化进程。

五是跟进3D、4K、超高清等高新技术发展，保持一定规模且可持续发展的高端生产力。本着使用一代、储备一代的技术发展战略，推动现有3D、4K系统的常规化运行和维护进程，从以往的项目制运作方式纳入全台统一管理和运维机制，跟踪相关技术和产品发展的同时探索适合电视节目的拍摄、制作流程和模式。

以上方向将在后续由下述重点技改项目予以支撑：

一是生产私有云建设项目，拟以目前竖井式架构的一个大型后期制作网络为试点，进行云化改造，在更新换代过程中实现技术架构转型，并为下一步十余个生产制作类应用系统的逐步转型奠定基础。

二是网络电视台智慧媒体项目群，以云计算、云存储和大数据分析技术为依托，以新媒体业务需求为主导，聚焦智慧、着力构建公共服务平台，为传统媒体和新兴媒体融合发展构建信息化支撑。

三是技术资源管理系统项目，从覆盖完整生命周期的数据整合与治理、资产管理类功能应用开发、资源运营智能分析与展现等方面，推动我台资产管理和资源运营工作的信息化发展。

四是全媒体演播应用平台项目，采用统一数据交互平台加模块化、可移动演播室互动应用的架构，以演播室应用的全媒体化作为台内现有技术体系新媒体元素融入的着手点。

五是制播网运维服务管理研究白皮书项目，和兄弟单位一起以电视台 IT 技术系统运维管理为研究对象，结合国家信息技术服务标准 ITSS 落地，为系统运维工作的标准化、规范化和服务指标量化提供理论依据。

关于传统媒体和新媒体融合发展的主题发言

北京电视台副总编辑　朱　江

北京电视台的新媒体建设这几年有了较快速度的发展，但是，我们的探索依然还处于起步阶段，今后的困难和问题恐怕会很多，重要的是我们要规划好战略，要找对定位和路径。下面，我从媒体融合的重要性、北京电视台新媒体建设的基本情况、台网融合的具体做法以及媒体融合的未来思考四个方面，谈谈我们的做法和认识。

一、媒体融合发展不仅关系传统媒体的兴衰发展，更关系舆论主导权的掌握

在技术革新的推动下，媒体格局和舆论生态正在发生深刻变化，新闻传播正处于一个重要的历史分界点。推动传统媒体和新兴媒体融合发展，是党中央着眼巩固宣传思想文化阵地、壮大主流思想舆论作出的重大战略部署。习近平总书记对此有过专门论述。十八届三中全会也提出，要整合新闻媒体资源，推动传统媒体和新兴媒体融合发展。

为什么中央把媒体融合发展当作一项紧迫的战略任务呢？首先，当前我国正处于社会转型期、改革攻坚期，舆论传播更为活跃，舆论冲突更为多发，以网络为代表的新兴媒体，日趋成为舆论生成的策源地、舆论传播的集散地、舆论交锋的主阵地；其次，传统媒体正在面临严重的发展危机，存在丧失舆论主导权的危险。传统媒体要在“两个舆论场”中继续发挥主导作用，就必须主动与新媒体融合发展，利用品牌影响力和内容生产等方面的优势，继续发挥领衔作用，夺回和保有主流话语权。

二、北京电视台新媒体建设的基本情况

北京电视台很早开始了网台融合的实践，一些栏目将自身优质的节目资源搬到互联网上，通过各种方式与观众、网民开展互动。2010年，我们建成集成播控分平台，完成了与中央集成总平台的对接。2011年，我们制定了《北京电视台新媒体与传统媒体发展战略规划》，确定了“台网实质融合，全台共同办网”的原则。2014年1月8日，北京网络电视台网站（www. brtn. cn）上线开播，标志着我台已经初步搭建完成四大新媒体平台：北京网络广播电视台网站、北京IPTV、BTV大媒体移动客户端、BTV官方微平台。

几年来，我们台的新媒体实践取得了一些成绩，截至2013年底，全台所有频道均开办了微博，包括各栏目和编辑、记者、主持人在内，BTV认证的微博账号（新浪、腾讯）共计1300多个；全台建立重大事件微博矩阵发布制度，实现全台微博矩阵、移动端的统一管理；巴西世界杯期间，BRTN网站不断刷新着网站开播以来的单日点击量纪录，Alex全球排名达到了2159位的历史高位；截至2014年6月底，BRTN网站单周排名位居全国省级网络台首位，“BTV大媒体客户端”（APP）下载量超过68万次，微平台粉丝增加总

计超过430万。

三、北京电视台台网融合的具体做法

在“大媒体”思路的指导下，我们在全台性的重大宣传报道活动中，主动出击，探索台网融合的新路子。

在去年“4·20”四川芦山地震中，我台在地震当天中午就建立了“雅安地震报道”微信群，台领导、前方报道组、后方支持保障人员等90余人通过微信平台快速传达信息、沟通工作。前方记者在微信群中发布的抗震救灾照片，编辑后在电视平台和官方微信平台发布。这是我台首次将微信群运用于宣传报道工作，创新运用新技术推进台网融合。

在我台推出的“2013中国时尚大典特别发布全民票选”活动中，超过八百万网友线上投票，推选自己心目中的“年度时尚影响力人物”和“年度时尚影响力事件”，我台“时尚大典”的品牌影响力延伸到网络。

为预热今年《环球春晚》，我台推出第一档全媒体互动直播节目《环球神奇炫》，并通过全台矩阵微博、微信的一键发布功能，实现覆盖人群过亿，通过微信幸运大转盘抽奖、BTV大媒体APP等开展多屏互动，扩大了《环球春晚》的全球影响力。

今年春节期间，我台在全媒体平台制作播出北京电视台“春节特献”产品，将北京台20年来的春晚优秀节目等内容重新编辑聚合，形成24小时播出的春节陪伴式频道以及1300余个碎片化点播节目。我台春晚直播结束后，BRTN网站的ALEXA全球排名、独立访问用户量达建站以来的历史峰值，BTV大媒体用户互动量达到了日常的15倍。

北京卫视2014年季播栏目《星兵报到》《私人订制》《最美和声》《妈妈听我说》通过微博话题、微信传播、游戏推广、APP合作等方式开展新媒体推广，其中《最美和声》第二季在央视索福瑞新近推出的“微博电视指数”中排名第二，仅次于《爸爸去哪儿》；播出期间《最美和声》的微博阅读量高达4.2亿，为同期全国卫视播出所有电视栏目的最高。

此外，我台在北京市“两会”、全国“两会”、马航客机失联、平谷桃花节、农业嘉年华、巴西世界杯等宣传报道中，采用了台网联合、实时互动的方式，取得了良好的用户体验。

总结我们的做法，主要有这么几点经验：

一是领导重视，统一管理。新媒体建设和媒体融合工作由台主要领导亲自挂帅，台党委多次研究讨论，台里拨付了大量资金。同时，各频道明确新媒体分管主任，新媒体发展中心成立了12个产品项目组，分别与各频道对接，双方共同策划新媒体推广方案，利用各自渠道互推互宣。

二是鼓励创新，敢吃螃蟹。“幸福绽放”活动是我台与市总工会每年推出的五一劳动节品牌活动，今年“五一”期间，我台创新推出“五一”敬·爱传递快闪活动，视频网络总点击播放量超过900万次，获得青年受众的追捧。

三是引入考核，绩效挂钩。我们把新媒体传播力作为每个节目中心的考核指标，考核结果直接与中心主任的年终绩效挂钩，促使各中心重视新媒体工作。

今后，我台还将依托自身的节目制作能力，为BRTN网站量身定做符合网络传播、尤其是移动互联传播的新媒体节目，打造新的经营增长点。目前，生活频道同新媒体中心正在策划一档多屏播出的健康互动类节目《健康到家》，足球世界杯后即将上线，同时在电视、PC和移动终端推出，并由大量互动环节，诠释“网台合一”整合播出的媒介新概念。青年频道同新媒体中心正在研究将《手机猜猜猜》栏目移植到新媒体平台，设想开发专用APP，与网络电商进行合作，打造节目衍生品产业链。

四、关于媒体融合的未来思考

总的来看，现今传统媒体和新媒体的融合还处于探索阶段。新旧媒体的融合，不是简单的“拿来主义”，重要的是以互联网思维，对自身的传播模式、组织架构、盈利模式、内容生产等进行改造。

作为以内容制作者、产品提供商为核心业务的传播机构应该是一个中央厨房的概念，根据不同客户需要和不同媒体终端，提供个性化的定制产品，也就是“一个云端，多屏传播”。

这就要求我们在内容生产方面，要注重用户体验，适应新兴媒体平等交流、互动传播的特点，满足多样化、个性化的信息需求，提高市场营销和产品推介能力，寻找新的盈利增长点。

在传统媒体和新兴媒体优势互补、一体发展的过程中，尤其要重视运用先进技术，把握未来的传播走势。比如我们要利用大数据和云计算技术，重新思考全媒体环境下的发展路径。再比如，传统媒体如何把握移动互联网和4G技术发展的机遇，实现弯道超车，这些都是我们需要思考的问题。

美国媒介分析家亨利·詹金斯说：“不管我们是否准备好了，我们已经身处融合文化之中。”在媒体融合时代，传统媒体的改革与转型，总是伴随着行政与市场的博弈，伴随着眼前利益与长远利益的取舍。对传统媒体来说，这是一个救亡图存的过程，也是一场浴火重生的蜕变。

（2014年7月8日）

关于地面频道广告经营的思考

北京电视台副台长　王　澎

近年来，电视媒体之间的竞争日趋惨烈，省级卫视呈现马太效应，越来越多的广告客户流向一线的省级卫视。在此背景下，地面频道的广告经营就变得越来越艰难。

如何才能发挥地面频道的平台优势，形成真正的平台价值？本文将从三个方面进行论述，以期抛砖引玉。

第一部分　地面频道的现状与发展方向

什么是地面频道？最简单的理解就是不上星播出，只在本省覆盖的电视频道。地面频道可以说有几个特点：1. 内容小而精，体制相对灵活；2. 贴地飞行，与本地民生贴近性强；3. 与本地域经济和消费密切相关。近年来，随着省级卫视的异军突起、高举高打，大多数的地面频道收视份额都受到了蚕食，广告经营也普遍面临着一定的困境，各台纷纷在寻求地面区域市场上的创新与突围。

1. 卫视频道的马太效应与地面频道的突出重围。

近年来省级卫视的竞争可以用惨烈来形容，在“大投入、高产出”的强刺激下，卫视频道通过不断推出吸引眼球的季播节目，在带来高收视的同时，也吸引了大量的广告客户预算流向卫视。刚刚结束的各大卫视招标会上，立白3亿继续锁定《我是歌手》；伊利5亿元冠名《爸爸去哪儿3》，又花了2.16亿拿下《奔跑吧兄弟2》独家冠名权……这种现象级节目的投资额和吸金能力越来越大，是地面频道很难直接抗衡的。

这些广告预算，有的来自于客户的全国预算，也有很多来自于不同地区的地面预算，客户通过卫视频道的交叉覆盖，达到了在某一地区投放的效果，这种发展趋势的结果就造成了卫视频道的“马太效应”，也就是强者愈强。

姑且不论省级卫视的前三甲，湖南、江苏、浙江，就拿北京卫视举例，经过这几年的不断发展，也开始进入了这种发展轨道上。2014年，陆续推出了《最美和声》《妈妈听我说》《勇敢的心》《我是演说家》等季播节目，每个投资动辄都是数千万元，即将在年底播出的《造梦者》，投资预算2亿元，像这样的投入规模，任何一个地面频道都望尘莫及。

在这样一种大环境中，地面频道确实面临着覆盖局限、经费紧张、人员短缺的困境，但也并非就毫无还手之力了。广告部前一段到上海、深圳、湖南、江苏、广东等地多家地面频道进行了调研，一个非常共同的感受就是：地面频道的突围必须避重就轻，根植市场，走专业化细分路线，在营销传播上精细下沉。中央号召新闻工作者要三贴近，无论是地面频道制作节目，还是广告营销，都可以用贴近市场、贴近受众、贴近客户的三贴近理念来推进，加强与本地域的黏性，寻找有特色的发展之路。

2. “专”而“精”，坚守频道定位的差异化思路。

近年来，地面频道专业化特色日益明确，频道风格定位更具针对性，依靠频道独特风格的节目内容来吸引某一群体的目标受众非常重要。如上海广播电视台旗下各个地面频道就立足专业化，新闻综合频道主打新闻与民生，新娱乐频道主打综艺娱乐，星尚频道则以时尚美食为特色，五星体育频道以体育赛事为主。

对于北京电视台的地面频道来说，也需要走一条“专而精”的差异化路线。以目前央视和省级卫视这种大投入大产出的运营模式，我台地面频道无论是人力、财力、物力，都不可能跟他们直接相抗衡，而且我们的地面频道只能在北京收看到，也没必要跟央视和省级卫视硬拼，最好的办法就是做出跟央视和省级卫视的差异化，也就是做足北京地面的吃喝玩乐、衣食住行、历史文化、收藏法治等等，用北京地面特色留住北京观众。

这几年北京电视台在频道定位上已经下了大力气，在频道专业化和减少同质化方面做出了很多的努力，但还是在一定程度上存在同质化情况，观众群的重叠度较高，尤其缺乏适合年轻受众的节目。

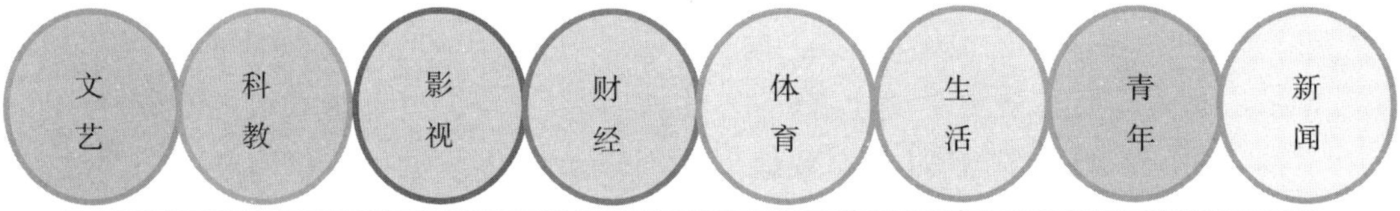

理想状态下：各频道观众群没有交集，则 BTV 地面频道整体份额有望接近 40%，加上北京卫视、卡酷动画和纪实频道三个上星频道的份额，可以实现总体份额新的突破

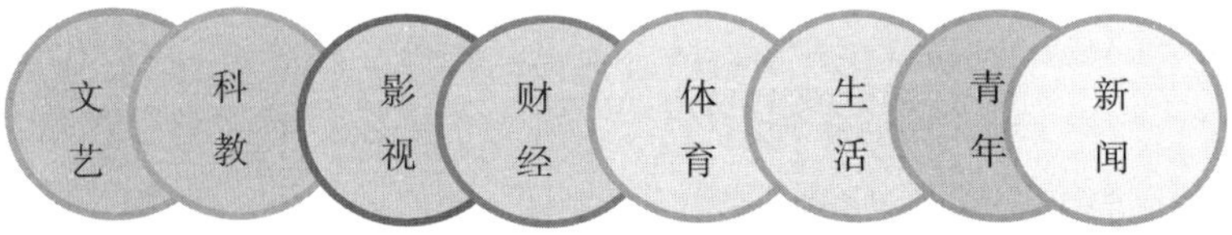

我台现状：部分频道节目同质，观众群近似且重叠，BTV 地面频道整体份额维持在 25%左右

对于地面频道的整体规划，我认为必须坚持两个原则，第一是坚持频道定位，设定目标观众群；第二是减少受众交集，扩大并集，做大 BTV 频道组的整体份额这块蛋糕。

北京市拥有 2000 余万的常住人口，关注这些人的日常生活、喜怒哀乐，把地域特色发挥出来，就足以撑起北京地面频道的这些节目来，甚至还可以做几个纯北京话的节目，而由于拥有地缘优势，很可能形成高收视，这在其他省级媒体都已有成功先例，比如山东电视台齐鲁频道的《拉呱》、云南电视台都市频道的《大口马牙》、湖北经视的《咵天》，用方言播报当地民生，对百姓来说很有感召力。

众所周知，如今已经进入了一个消费细分的时代，如何用清晰明确的定位，锁定目标受众，进而培养稳定的广告客户是频道经营发展的关键。大众收看电视的兴趣就像吃东西，酸、甜、苦、辣、咸都有偏爱，我们要抓住同一类型受众的兴奋点，把原来大杂烩式的频道，按受众的需要重新组合，变成一道道有特色的精致小菜。举个日常生活中的例子，你喜欢吃辣的，总会想到眉州东坡、辣婆婆；你想吃烤鸭，一般的都会想到全聚德、大董烤鸭等。我们的频道和节目如果也能在观众心中形成这样的第一联想，那我们的专业化就做到家了。

第二部分　探索适合地面频道特色的经营之路

湖南台广告经营中心主任樊旭文在形容媒体广告市场时说过，“过去的市场，广告是硬地，拍下去可以弹起来；现在的市场，广告是软地，拍下去没有声音。”的确，现在的市场有太多的不可控性，客户的品牌预算、市场划分、投放策略随时可能因为各种原因产生变化。前一段公布的户籍改革新政中，北、上、广这样的特大型城市明确将进行规模控制，北京的市场也不可能无限扩大。在这样的情况下，深耕北京地面市场，保证机制灵活可控，下沉到品牌销售一线，将是我台地面频道经营的一个主要方向。

与央视、卫视等全国媒体的“大而全”传播阵势不同，地面频道在营销上可以采取“小而精”的策略，具体来说有两点：

1. 根植北京市场，精准锁定目标受众。

相对于其他省级地面频道而言，根植北京市场，是机会也是挑战。机会是因为北京经济发达，是各大国际、国内知名品牌必争之地，我们的频道有天然的地缘优势。但同时北京这一市场，也是所有省级卫视和央视的兵家必争之地，交叉覆盖严重，要想在这块“蛋糕”中多分一杯羹难度也是可想而知。

那么在这样的情况下，我们就必须把市场做透，用地面频道的影响力和北京的专业化资源结合，锁定精准的目标受众。比如我们北京深厚的医疗资源、法制资源、演艺资源、教育资源等等，都可以深耕细作。这样，在广告经营上，就可以根据这些细分的市场进行专项营销，为客户建立起一种直达终点、迅速找到目标消费者的全新渠道。再向深层次说，我们可以利用地面频道这种“接地气”的专业化细分定位，将频道打造成为一种新型的“城市综合服务运营平台”，而不仅仅是媒体播出平台，在这个大服务平台上，实现信息获取、医疗保健、上学买房、投资理财等众多的民生服务。在广告经营上，除了客户的精准投放，品牌植入之外，也可以尝试实现创新盈利分成模式，把单纯的电视广告经营变为多层次的产业化运营，增强地面频道的竞争力。

2. 渠道落地，打造渗透销售服务平台。

企业开拓区域市场，除了提高知名度之外，关键还要配合产品的渠道落地。我们的地面频道除了根据客户需求提供优质的广告产品和服务，如果可以通过线下活动和跨平台合作，帮助客户打通销售渠道，开辟更多的渠道资源，那无疑对企业非常有吸引力。

具体来说我们可以从两方面入手：

一是通过活动营销争取客户的公关预算，使品牌直达消费者。客户的营销预算往往分成两个部分，一部分是正常的广告投放预算，一部分是公关活动预算。在广告预算不断紧缩并流向现象级节目的情况下，吸引企业的公关活动预算将有助于形成新的广告增量。但这也要求我们有较高的策划能力，可以为企业量身定制与品牌调性非常吻合的活动，并能够通过活动营销直接提升企业品牌或销售。

二是可以借助北京电视台的影响力，与北京的商业领域以及电商行业寻求跨平台合作，帮助一定量级的新客户打开销售渠道，这种方式更需要战略上的部署和政策上的支持。

总之，一旦能够成功帮助客户打通在本地的渠道关系，使其获得渗透市场的力量，我相信，这种企业与媒体的合作将更加富有黏性。

第三部分　拥抱新媒体，实行“拿来主义”

如今的传媒环境已经发生了根本的变化。传统广电都意识到了自身所处的严峻环境，也深刻地感受到了来自新媒体的竞争和挑战。在这一环境下，各大广告公司、客户的购买策略也发生了改变，安吉斯集团就明确表示：现在的媒介投放策略一是遵循“契合的才是最优先的选择”；二是从电视思维转向屏幕思维。我们的大客户宝洁也已经全方位参与了社交媒体的互动，在移动、电商等领域开始深入布局。

面对这样的变化，我们电视媒体也需要转变思路，用互联网思维来布局我们的经营策略。我们必须承认，目前所处的竞争格局是多终端化的互联网时代竞争。随着网络视频用户的增加和微博微信的兴起，信息的第一落脚点在转移。举个例子就是说，今天，如果你获知一条新闻，我很难判断你是从哪个渠道得知；你看了一档电视节目，我们也不敢确定你是通过电视收看的。《中国好声音》第一期的全国收视率并不高，但通过网络点播和微博传播之后，一夜爆火。这种变化提醒我们，在这一大环境下，对受众的拦截，不仅要靠资源，更要靠终端。那么，利用多渠道、多屏组合的方式搭建整合营销平台是我们应对市场变化必须要有的思路。在此，我提出两个抛砖引玉的想法，与大家探讨。

1. 与视频网站捆绑销售，产生1 +1 >2 的效果。

一直以来，我台的视频节目都在实行版权销售模式，但是收益有限。而随着客户对全媒体投放策略的青睐，我们也需要敞开大门，与新媒体深情拥抱，用开放的姿态寻求深入合作。具体来说我们可以尝试与视频网站进行捆绑销售，也就是不单纯把节目的版权销售给视频网站，而是合作营销，一方面锁定影响力大的视频网站，如爱奇艺、优酷、腾讯等，与其签署捆绑销售合作协议；另一方面，由地面频道的经营团队设置适应多屏播出的广告产品，与客户进行沟通谈判，增加客户广告在不同屏幕上的到达率和曝光率，产生 1 +1 >2 的效果。

2. 尝试“T2O”的商业模式。

“T2O”即“TV to Online”，简单来说，就是“电视”直通“网购”的一种跨界模式。“T2O”模式的基本路径是从电视端传播，到网上即时消费，再到线下实时体验。这一模式将传统媒体、电商平台、产业实体三者串联成一个闭合的产业价值链。TV 段所触发的价值需要通过一定的平台或渠道在网络端实现转化。

目前很多卫视以及强势地面频道也在

尝试进行“T2O”模式的开发。比如东方卫视的《女神的新衣》。这档节目创造了“内容即商品”的颠覆模式，当女神们在节目中将新衣制作出来以后，借助栏目内容和明星艺人的影响力、召唤力通过“24小时制衣+T台秀+竞拍”的环节直接完成了一件商品展示、推荐、诱导购买的过程，并直接打通电商，产生销售的闭环，这种模式的出现在未来会不会是一种趋势还不好说，但它确实足以吸引客户和消费者的眼球，也有可能改变现有的业态格局。

所以，面对这些全新的模式，我们是不是也可以奉行“拿来主义”，在地面频道适合的节目资源上进行尝试呢？比如我们已经比较有基础的美食节目和收藏类节目，我想这可以成为我们未来突破单一广告创收的一个途径。

推进电视媒体主导的协同创新

北京电视台副台长　李岭涛

在全媒体的市场化环境中，影响电视媒体发展的因素越来越多。为此，电视媒体需要适应的规律越来越多，应该做出选择的发展路径越来越多，不得不面临的不确定性也越来越多。面对空前复杂的新局面和空前严峻的新形势，推进自己主导的协同创新是电视媒体的明智选择。

电视媒体主导的协同创新是指，适应市场在资源配置中起决定作用规律和经济发展开放、合作、共享趋势的要求，电视媒体通过突破与电视发展相关的各个创新主体间的障碍和壁垒，促进各种资源和要素向有利于电视媒体发展的方向流动，从而增强电视媒体自有资源和要素的扩张力、控制力和影响力。推进电视媒体主导的协同创新有着科学的理论依据和客观的现实依据。

一是电视媒体的外部发展环境变动越来越快，新技术、新手段、新渠道层出不穷，仅靠一己之力已经难以应付。

二是电视媒体面对的问题越来越复杂，涉及更多领域、更多学科的理论和知识，必须随时保持紧密接触，仅靠一己之力已经难以解决。

三是电视媒体承受的竞争压力越来越大，必须整合自己所有的、自己不所有但是可以控制的、自己不控制但是可以使用的各种资源，仅靠一己之力已经难以实现。

四是社会分工越来越细化和专业化，电视产业发展的集群趋势越来越显著，仅靠一己之力已经难以驾驭。

五是电视及相关领域的创新规模越来越大，蕴含的风险也大大超出意料，仅靠一己之力已经难以承受。

电视媒体主导的协同创新是电视发展到一定阶段的必然产物和要求，是建设创新型国家战略在电视领域的落实，它迥然不同于以往传统的电视媒体创新模式，是反映时代特色的、不同于其他行业的、具有电视领域特点的全新创新模式。这种模式不仅仅是个别学科的整合，而且是围绕电视行业产业整体创新的战略要求对众多相关学科所组成的学科集群的整合；不仅仅是单个电视媒体的独立行为，而且是以电视媒体为主导或核心的众多网络、手机等相关媒体、技术研发等相关企业和其他机构的联合统一行动，是一种学科集群与产业集群间大跨度整合的协同创新，是一种长期而稳定的多维度、多层次的网络式协同创新，是在结合点上发生的深层次化学作用，而不是简单的物理反应。

1. 随机性与制度化的区别。

各级电视媒体是在创新中不断进步的，但是，传统的电视媒体创新目前仍然处于随机性创新阶段，很少有长期的战略性规划，基本上是电视媒体或者市场当前需要什么，就在哪方面进行创新。随机性创新有着面宽、量大、成本高的不足，不利于电视媒体核心竞争力的形成和巩固。

电视媒体主导的协同创新不再是简单地在原有框架内的修修补补，而是从电视媒体的长远发展战略的贯彻、核心经营理念的体现和核心竞争力的提升出发，推动电视媒体进入全面的制度性创新阶段。协同创新能够适应日新月异的技术进步和日益激烈的市场竞争从不同角度、不同层次对电视媒体提出的方方面面的新要求，是电视媒体跟上时代潮流、追求可持续发展的主动出击。协同创新能够帮助电视媒体打破长期以来被动适应市场等内外部环境要求的局面，增强创新工作的前瞻性和必然性，使电视媒体内部的创新成为自发和持续性行为，而不是昙花一现的火花。

2. 封闭性和开放式的区别。

电视媒体事业单位性质决定了其内敛的特点，对于稳定性的追求大大高于对于外部变化的反应。因此传统的电视媒体创新常常是自我封闭、自我独立和卡拉 OK 式的自娱自乐的，电视媒体钟情于“自我探索式创新”“单打独斗式独立创新”，喜欢追求电视媒体内部自身的“成龙配套”，往往呈现为线性特征。电视媒体主导的协同创新的是跨学科、跨领域、跨组织、跨资本性质、跨行业标准的深度合作和开放创新，它把创新对象看成是一个由多种资源、多种要素和多个分支或多个子系统组成的复杂系统，以多元主体协同互动为基础，关注和实现各方面的协调整合，从而通过各种资源和要素之间的相互依存、合作共享而达成综合整体效应。协同创新具有非线性、角色多、主体杂、网络化、开放性的特征，有利于创新力量在各个创新链之间和创新链各环节之间的流动和发力。

3. 应景式和动态性的区别。

传统的电视媒体创新应景式的较多，具有急功近利的特点，追求“短、平、快”和“立竿见影”，各个创新行为之间缺少有机联系，互相缺少照应。电视媒体主导的协同创新是把自己放到整个电视领域、文化创意产业领域乃至国民经济的大背景下进行战略性思考的结果，体现了很强的因时而变、因势而变的动态性特点。结合创新生态系统是不断动态变化规律的要求，协同创新的动态性一方面表现为不同创新行为之间的关联性，即各个创新行为之间是密切相关的，互为因果，互相促进，做到资源共有、相互借势，使一个能够成功影响到其他方面或领域的创新行为得以实现，从而得到创新关联效应的最大化。另一方面创新效应是一个累积的过程，因此协同创新的动态性表现为不同创新行为之间的连续性，通过连续性保证创新成果能够持久保持，培育更多的利益相关者，从而使电视媒体依靠持续创新获得较为稳定和持久的竞争优势，形成对相关领域优势地位的持久占领。

4. 局部化和整体性的区别。

传统的电视媒体创新往往着眼于局部，头疼医头，脚疼医脚，因此也常常是摁下葫芦起了瓢，很难取得理想效果。电视媒体主导的协同创新要解决的已不是个别的技术问题，也不是暂时性随机出现的问题，而是其为实现自身整体发展目标而以自己的整体资源与相关创新主体进行的全方位的合作。协同创新是以各种资源和要素能够在各创新主体之间自由、有效流动，各创新主体之间步调高度一致、系统匹配科学准确为特征的多元主体协同互动的网络创新模式，创新生态系统是各种资源和要素的有机集成，而不是简单机械的相加，无论从资源的使用、创新战略策略的确定、创新过程的推进、创新目标的达成和创新成果的应用等等，都表现出统一的整体性。协同创新需要电视媒体在整个组织的层面与各创新主体组建长期的而不是临时性的、关系紧密的而不是松散的创新平台或联合体。

明确了电视媒体主导的协同创新与传统电视媒体创新的区别就为构建协同创新模式打下了基础。电视媒体主导的协同创新是电视媒体与其他创新主体之间通过整合、协作、共享、多赢等发生关系的过程，因此协同创新的模式要远远超越电视媒体本身的范畴，涵盖协同创新生态体系内的所有创新主体，其建构的复杂程度之高、难度之大是能够想象得到的。无论如何，协同创新模式应能够保证实现多方面的目标。

一是能够适应国家宏观经济政策和行业产业政策的要求，对于政策变化所创造的新的市场机会要保持高度敏感。

二是能够适应大众传播、人际传播等方面规律的要求，对于规律发生作用的方式、方法和途径的变化要保持高度敏感。

三是能够适应技术研发和新技术应用的变动趋势，对新的技术成果及其可能产生的影响要保持高度敏感。

四是能够适应竞争者市场运行规律的要求，对于竞争者的风吹草动要保持高度敏感。

五是能够适应全媒体环境下受众需求越来越频繁变动的要求，对受众已经发生的或潜在的行为及其心理依据要保持高度敏感。也就是说，电视媒体通过协同创新模式能够前瞻性思考，超前性谋划，想到别人所没有想到的，把握别人所没有把握的，做到别人所没有做到的，引领媒体发展潮流。

电视媒体主导的协同创新模式可以从层级维度和链条维度两个方向进行构建。

1. 层级维度。

从层级上讲，电视媒体等各个创新主体在协同创新模式中分别属于核心层、紧密层和松散层等不同的层次。

（1）核心层：你中有我的资本关系。核心层包括电视媒体本身、网络和手机等新媒体、电信和互联网等方面的技术研发和集成企业、市场化内容生产企业、兼容多种媒体功能的带有入口性质的设备生产和集成企业。这些资源是电视媒体协同创新所必须掌握或控制的，必须按照缺什么补什么的原则，通过资本经营与这些创新实体建立你中有我的相互依存的关系：

一是与从事内容生产的社会资本进行整合，把能够快速反映市场变化的内容生产规律“拿来”。

二是对处于成长期的、有发展潜力的新媒体企业进行整合，把符合先进传播力发展方向的互联网思维“拿来”。

三是对研发能力强、处于前沿地位的电信、电视和互联网等相关领域的技术企业进行整合，把能够持续激发受众需求的技术和技术研发能力“拿来”，从而引入自身所没有的先进的经营理念、传播模式、市场基因和消费者导向意识等，利用资本的扩张力和渗透力降低电视媒体的盲点，利用资本的逐利特性提高电视媒体的客观中立特征，减少宣传味道，让受众特别是外国受众更加易于接受。电视媒体利用资本手段在核心层明确各种资源和要素的所有权、使用权和收益权，能够充分调动各创新主体的积极性，因此可以在短时间内迅速形成打通了上下游产业链、以自己为核心的产业集群，逐步实现跨行业、跨领域、跨资本、跨所有制的优势互补和资源由共享到共有。

（2）紧密层：长期稳定的契约关系。紧密层包括电视媒体本身、高校等科研机构、顾问咨询机构、会计师事务所等社会中介机构，等等。由于客观原因，在很难与这些创新主体建立资本关系的情况下，电视媒体可以与他们基于市场规则构建长期稳定、受法律保护并受法律约束的契约关系，明确彼此的协同创新目标，明确在创新链条中的地位和作用、创新收益的分配、人才培养等方面的责、权、利，促进各创新主体齐心协力、踏踏实实协同创新。在紧密层的各个创新主体中，高校等科研机构处于仅次于电视媒体的核心地位。凭借契约关系，电视媒体可以与不同的科研机构、不同的学科形成协同创新所需的利益机制、责任机制和信用机制，在自己周围形成弥补自身劣势、放大自身优势的强大的学科集群，对自己的发展在各个方面、各个层次、各个环节提供坚实的智力和科研支持。在越发激烈的市场竞争中，电视媒体的优势不一定来自于“大而全”，而可能来自于“精”。通过紧密层，电视媒体可以充分利用高校等科研机构的学科集群所带来的创新能力和力量，而自己只具备一个或几个方面的核心能力即可，从而使好钢用在刀刃上，使自己的创新能力得到优化，形成独特的创新能力和竞争优势。

（3）松散层：一事一议的供求关系。在松散层中，电视媒体与各创新主体的关系比较简单，主要是根据自己的特定需求（一般是战术层面的需求）而与供应方发生暂时的关系。

通过层级维度的设计，电视媒体在产业集群和学科集群中起桥梁和纽带作用，利用各种有效形式和途径推动创新成果、创新资源在两个集群之间双向无障碍地流动，并借助对这种流动的掌控来提升自己的创新能力和增强对协同创新进程的主导能力。

2. 链条维度。

链条维度主要是从产业链和创新内容角度来考虑协同创新模式的构建。电视媒体主导的协同创新模式要综合考虑产业集群和自身发展的需求、电视领域乃至传播领域的发展趋势、相关领域的技术发展规律，结合学科集群的优势确定协同创新的整合方向，使产业集群和学科集群能够有效对接和积极互动，从而提高协同创新效果，提高电视媒体和产业集群的整体创新力、渗透力、影响力和辐射力。实践中要根据每个协同创新链条的实际情况和核心层、紧密层、松散层中各个创新主体的优势及其在协同创新系统中的作用来进行统筹安排，确保分工合理和责任明确，做到每个创新主体的资源都能得到有效利用，每个创新链条的需求都能得到有效满足。

（1）受众经营协同创新链条。在坚持人民主体地位的时代，电视媒体主导的协同创新必须以受众为核心，充分尊重受众的主体地位，应利用全媒体时代主流受众与新媒体的高黏合性，以新媒体为手段和途径，以互动和参与为目的，多渠道、多层次、多角度与受众建立全方位、零距离的紧密联系，切实让受众参与到电视传播的决策中来，参与到电视传播的过程中来，参与到电视传播的评价中来，增强受众的主体性和认同感，提高与受众的互动效率和效果，提高对受众需求的反应速度和能力，真正做到听民声、体民心、说民事、纳民意，从而从形式、内容和心理上反映受众共同享有人生出彩机会，共同享有梦想成真机会的进程。

（2）技术研发与应用协同创新链条。电视作为明显的技术依赖性媒体，新技术的每次变革都会对电视媒体的发展带来巨大影响。在数字化、网络化和媒体融合代表着先进传播生产力发展方向的大背景下，电视媒体主导的协同创新应在更大范围内对相关领域的新技术进行整合，以培育影响电视发展的战略新兴技术为重点，研发支撑我国电视行业产业发展的核心共性技术和产业共性关键技术，并将新的技术成果应用到实践中去，切实提高电视媒体的科技含量。

（3）传播模式协同创新链条。从总的趋势看，电视媒体与网络、手机等新媒体进一步融合，媒体之间的界限趋于模糊化，电视媒体从单一的媒介形式开始转变为兼具多种媒介形式特点的“四不像”，电视活动由只依靠单一媒介和渠道转变为多渠道、跨媒体、全覆盖。电视媒体主导的协同创新应在新的技术手段、新的娱乐方式和新的传播渠道基础上进行传播模式的创新，在新的模式中，受众随时随地能够使用电视，能够把自己制作的内容提供给电视，能够利用电视从事各项工作，能够对电视活动的优劣作出评价，等等。更重要的是受众能够由单纯地看电视变为用电视，通过电视这一平台，与各种网络和平台实现无缝链接，从而无障碍享受各种技术进步和社会发展的成果。

（4）经济增长点培育协同创新链条。电视媒体的收入长期以来严重依靠广告，这导致其经营自主性差、受外部经济环境的影响大。电视媒体主导的协同创新应充分发挥电视无形资产丰富、对相关行业拉动作用大、与社会人群接触度高的优势，深入挖掘各种可供经营的资源，培育各种经济增长点，做到遍地开花。因此，电视媒体应走出荧屏，从市场角度研究整个内容生产、受众传播、技术研发与应用等各个相关的产业链，从每个产业链的每个环节入手寻找可能的市场机会，逐步改变对广告的严重依赖。

（5）组织管理协同创新链条。电视媒体的组织架构几乎全部是采取集权式的直线职能制，只有极个别电视媒体引入了事业部制或者尝试了矩阵制管理模式。在电视媒体主导的协同创新中，原有的直线职能制组织架构已经落伍，电视媒体应以管理的柔性化和扁平化为目标进行组织架构的改革，逐步由职能制向事业部制和矩阵制转变，最终转变为“以员工为中心”“以受众为导向”的内容产品经理人制，使包含技术研发、内容策划、整合营销等不同工作内容的跨界合作团队成为电视媒体组织架构的基础，从而使电视媒体能够更直接地面向市场、面向受众，更有效地整合内外部资源。

（6）人才培养与使用协同创新链条。电视媒体主导的协同创新应着力培养具有市场意识、互联网思维和技术基因的高层次、综合性优秀人才。

一是培养人才的市场意识和经营理念，提高按市场规律配置资源的能力。

二是培养人才的互联网思维，提高适应以参与、互动、体验和分享为特征的媒体新规律的能力。

三是培养人才的技术基因，提高开发和利用新技术来激发受众新需求的能力。借助协同创新，优秀人才好的经验、方式方法能够很快在协同创新模式内得以推广，实现优势互补和有效合作，既能使优秀人才的才干和能力得以发挥，又能帮助其他人才快速提高综合素质和能力。

地方电视台联动直播的时代到来

北京电视台副总编辑　艾冬云

随着电视新闻直播内容设计、流程设定、技术运用的高速发展，从1997年央视制作的首次“香港回归”直播报道以来，新闻大型直播报道已经经历了18年的发展，从国家级电视台到省级、地市级乃至县级电视台都已经涉猎新闻直播领域，尤其是省级电视台以上的媒体，对于外场新闻直播报道更是形成了完善的直播报道体系。

如果说2008年汶川地震还是央视新闻频道的直播体系一家独大，那么5年后的2013年4月芦山地震期间的直播报道就已经呈现了群雄割据的局面，在芦山县城内，来自北京、上海、四川、安徽、浙江、江苏、广东等省级电视台的新闻直播团队纷纷设立直播根据地，报道体量、规模、速度已经丝毫不亚于央视新闻频道。很多独家新闻都是通过省级卫视或省级地面频道播出后再由央视转发的。与此同时，在地震直播期间，省级电视台之间相互搭台、资源共享的现象逐渐频繁起来，各种直播联合体在报道中若隐若现。

在近些年的新闻直播中，为了争取新闻直播素材和资源，也同时为了抗衡央视新闻的冲击，省级卫视之间建立起形式多样的直播联盟，这些联盟或是由一家电视机构领头，邀请各电视台加入；或是几家电视台共同牵头、一起投入建立资源共享联盟。截至2015年，在全国范围内形成的规模比较大的协作体有：北京和上海共同成立的全国新闻协作体（CPTN），同时衍生出全国新闻直播联盟；由湖南都市频道发起的都市大直播协作体；由天津电视台发起的全国民生新闻协作体等。这些新闻直播协作体形式多样，协作体的定位、风格也各不相同，但目的都是为了实现新闻资源的跨区域共享、直播技术的跨区域接受，从而实现新闻直播的全国视野和资源扩张，这也符合当今媒体发展的大趋势。预计未来直播协作体的数量和规模还将更多、更大，这是由以下几方面决定的。

一、地方电视媒体直播力量增强

自从2008年汶川地震直播报道以来，各省级电视台，尤其是颇具实力的省级电视台，比如：北京、上海、湖南、江苏、浙江、安徽、广东等电视台都纷纷加速对于直播力量的建立，从人员、技术、资金方面加大投入。

1. 内容方面。

电视新闻工作者尤其是电视台随着新闻直播意识的增强，开始逐步涉足对于突发性事件、重大节庆活动的直播。比如：2011年7月23日甬温高铁特大事故，浙江电视台、上海电视台、江苏电视台都在卫视打开窗口进行新闻直播报道，虽然从播出效果上还没有央视新闻做得充分、成熟，但是凭借地方资源优势，在获取信息的速度、新闻报道的速度和准确性上都优于央视。在2012年北京7·21特大暴雨中，北京电视台同样在卫视打开窗口进行新闻直播报道，在全市布置了15个以上的直播点，当天的收视率和占有率均位居全国之首，当日直播的收视率在卫视频道增长107%，在新闻频道增长200%以上，将央视新闻频道甩在了后面。

2. 技术方面。

随着新闻直播报道的常态化，直播技术的快速发展和直播成本的迅速下降，以省级电视台为首的直播技术团队迅速发展，并研究出多种直播拍摄、传输、快编的技术手段运用到户外直播当中，有些技术手段还领先央视。比如：4G传输直播的传输就是由北京电视台、陕西电视台率先开发出来并应用于新闻直播实战当中，央视新闻在看到北京电视台直播的7·21特大报道直播之后，才迅速购置4G传输设备，并开始广泛应用的。

直播传输技术的发展：省级电视台对于直播技术的提高和投入，还直接带动了成本的下降。在2011年之前，电视新闻直播还只能单独依靠卫星传输来实现，到了2013年的时候，一些省级电视台基本形成了以卫星传输、光缆传输和网络传输相结合并互为补充的传输形式。对于使用复杂、成本高昂的卫星传输使用越来越少，更多地依靠操作简单、投入较少、成本低廉的网络传输技术（3G、4G技术）。传输技术的多样化，直接实现了新闻直播的常态化播出，也让更多的电视台有条件进行新闻直播报道。

直播拍摄、快编技术的发展：外场直播报道在拍摄水准和技术要求上也得到了长足的进步，一批原来只可能在国庆大阅兵时才能得见的直播拍摄设备已经为更多的省级电视台所使用。比如：北京电视台在制作国际飞行大赛的时候，不仅使用了空中的航拍技术，还在跳伞运动员身上安装了定向跟踪直播镜头，这些原本只有在国外的飞行大赛和军方设备中使用的技术手段，被省级电视台所普遍使用，极大地提高了直播的视觉效果。比如：湖南都市频道从2014年开始推出“都市大直播”系列报道，每月举行两场大型直播报道，多以竞技类节目为主。比如：K1中日拳手挑战赛，在直播现场架设了高速摄影机，直播拳击的动作细节；在国际皮划艇挑战赛、贵州千人宴直播中都运用了飞猫拍摄技术；在中华健儿横渡台湾海峡连续直播中，运用了直升机陀螺仪拍摄技术。这些高精尖的直播技术目前都应用到了省级电视台的直播报道中，为提升省级媒体新闻直播水平起到了至关重要的作用。同时，随着新闻直播题材的拓展，运动类、竞技类直播成为播出的主要组成部分，回放技术、快编技术大量应用在直播当中。比如：拳击类、皮划艇竞技等都需要快编技术的配合，技术手段的日益丰富，不仅拓展了新闻直播的题材领域，也促使新闻直播团队的技术手段日趋全面，适应各种题材的直播报道。

3. 流程方面。

随着地方台新闻直播的常态化运行，各台都组建了一支直播报道队伍，但是由于各台的管理机构不尽相同，直播团队的隶属关系和人员构成也情况不一。比如：北京电视台的新闻直播团队隶属于新闻节目中心，由中心统一调度，负责全台的新闻直播工作；上海电视台直播团队由新闻节目中心国内部负责，没有技术力量、报道力量，只负责通联工作，在遇到大型直播的时候从新闻中心内部抽调人员；湖南电视台直播团队隶属湖南都市频道，不由新闻中心负责，都市频道的直播团队主要负责拓展直播资源、推销直播报道，在内容制作、技术投入方面也是在频道范围乃至全台范围内调度资源。其他省级电视台也拥有本台的直播力量，尽管各台的情况不一，但经过多年的实战之后，都形成了一套或多套直播流程。比如：北京电视台的直播流程就分为：大型突发事件直播报道操作流程、大型活动直播报道操作流程、中小型突发性直播报道操作流程等，针对不同题材、规模、性质的直播设定不同的操作流程。这些流程是确保直播常态化的基础，也是确保直播的播出安全、内容安全和政治安全的屏障。流程的完善为各地方台的直播体量、直播质量提供保障，也为地方台的全国性乃至国际性直播报道提供前提。

二、地方电视台新闻直播的全球性、全国性战略布局

有了近些年的直播基础和团队建设，让一些条件相对优越、资本相对雄厚的省级电视台在客观条件上实现外场新闻直播的常态化。与此同时，又带来了新的问题，那就是直播资源的匮乏，换句话就是，直播设备购置齐备（直播车、卫星设备、光缆传输设备、4G 传输设备等）、直播团队磨炼成熟、直播流程运作成熟了，却没有那么多直播项目来报道和直播。在这种情况下，电视台的决策层当然不能以“养兵千日用兵一时”的思路让准备好的团队，在没有重大直播项目的时候闲置，那么就需要充分利用直播力量去创造效益、提高影响力，需要“逼迫”直播团队不断地进行直播报道，寻找直播选题，建立直播联合体。

与此同时，随着媒体竞争的日益白热化，一方面，央视新闻的地方站开始与地面频道争夺地方资源，面对央视的资源扩张和收视挤压，地方台被迫做出反应；另一方面，有实力的地方台也主动出击，开始将实力范围不断向外扩张。两大原因促成了近些年来地方电视台的全球性、全国性战略布局。以湖南广电为例，在奠定娱乐立台的基础之后，湖南开始向新闻、体育等方面进军，建立一支全国性的新闻直播团队。湖南经视、湖南都市两个频道先后成立自己的新闻直播团队，并从建立之初就将视角放在全国层面，力求建立全国新闻直播团队，从 2012 年开始，湖南的直播团队推出了《都市大直播》季播类直播节目，先后制作了“飞跃天门山——红牛翼状飞行挑战赛”“横渡台湾海峡”“阿迪力走钢丝穿越天门山”“穿越怒江皮划艇国际挑战赛”“贵州千人宴”等系列直播活动。再比如：北京电视台的直播团队，在立足北京直播资源的前提下，不断挖掘国际和国内资源，先后推出了“巴黎航展”“莫斯科航展”“迪拜赛马世界杯”“2012 伦敦奥运会”“2014 巴西世界杯”等国际直播报道，同时还推出了“上海国际车展”“广州国际车展”“京沪高铁全线通车”“京广高铁全线通车”等全国性的直播报道。资源的拓展直接带动了影响力的提升，也为地方台的直播战略提供了实战参考。上海广电更是在北京、广州、四川、重庆等地设立记者站，紧追央视步伐，争夺新闻直播资源。

综上所述，一些有实力的地方电视台在具备直播实力之后，都开始了立足本地、放眼全国、辐射全球的直播战略实施，并初具规模。但与此同时，又出现了新的问题，地方电视台毕竟受到行政、财力、人员、视野等多重限制，要想真正实现全国性的直播战略，就必须实施联盟战略，于是本篇文章的主题脱颖而出——地方电视台的直播联盟应运而生。

三、地方直播联盟大行其道

一些有实力的地方媒体在具备了直播条件和国际视野之后，在寻找直播资源的过程中，发现单独依靠地方台个体的力量是无法完成新闻直播的全国覆盖的，在人力、财力、政策和技术投入上都远没有达到央视的“吨位”。根据2014年全国地方电视台新闻直播力量的统计数据来看，排在前三位的分别为央视新闻、央视国际和央视财经，其他地方台都被远远抛在后面。从人员投入来看，目前地方电视台新闻节目中心的人员中以北京和上海最多，人数大约在500人左右，而央视新闻中心的人员投入在两台总和的数倍以上，各种直播技术资源、资金投入更是地方台无法比拟的。因此，对于地方台而言，实力再强也需要“抱团取暖”，只有各台联系起来，形成利益共同体，才可能实现全国新闻直播报道的覆盖（目前还没有一个地方电视台达到全覆盖）。于是乎，近些年以各种名义、各种形式由各个地方台组织发起的直播协作体、直播联盟等逐渐增多，随着联合体的不断完善，也初步形成了一些初具全国规模的以地方台为核心的直播作品。地方电视台新闻直播协作体之所以能够快速发展，主要依托以下五个方面：

一是强台弱台资源互补。目前电视媒体格局较前几年呈现出很大的变化，尤其从2014年8月18日习近平总书记提出的“着力打造一批形态多样、手段先进、具有竞争力的新型主流媒体，建成几家拥有强大实力和传播力、公信力、影响力的新型媒体集团，形成立体多样、融合发展的现代传播体系”。之后，除了央视之外的地方电视媒体都想跻身这“几家新型媒体集团”之列，这就加剧了电视媒体之间的竞争，“马太效应”强者越强、弱者越弱的影响也在加速进行。

对于新闻直播而言，在媒体发展的大背景下，也顺应主流趋势逐步走向合作发展。强台的扩张和资源拓展必须借助其他地方媒体的支持，如同商战中的并购或重组，但是由于内地电视媒体特殊的组织架构，并没有实现市场化运营，这就导致有意收购、兼并弱台的强势媒体无法实现商业重组，为了实现全国战略和商业目标，强台只能另辟蹊径。于是，以协作体、联盟体等形式出现的地方台之间的合作成为发展战略的主流。协作体的出现，满足了强弱各台之间的需求，从合作形式上看，一般的情况都是一家强台或者几家强台牵头，联合众多相对实力较弱的电视台组成联合报道体，其中牵头电视台主要负责会议组织、项目策划、资金投入、共享技术平台建设等；加盟台主要负责直播题材提供、地面联系、方案执行、同步转播等。这样既解决了实力相对较弱的电视台在资金、人员等方面条件匮乏的问题，又能够得到更多的直播成品和播出资源；同时，解决了强台的全国新闻直播发展战略问题，实现了在全国范围内网罗直播题材、锻炼直播团队、加速由地方媒体向国家级媒体的转变。

以湖南广电和上海文广为例。近些年湖南广电极力打造芒果台的品牌，很少提及自己湖南广电的身份，目的就是要实现从地方媒体向国家媒体转变。在具体战略上，湖南都市、经视两频道更是早已将触角伸向江西、湖北、贵州、四川、重庆、青海等实力相对较弱的电视台，在加大投入的前提下尽可能地实现资源共享，为这些电视台提供无偿的新闻直播成品，久而久之，这些弱台就会形成依赖感，而成为湖南广电的追随者，湖南广电也自然而然地确立了在新闻直播领域的领军地位，逐步实现其新闻直播的全国战略部署。

上海文广的上星频道从一开始的呼号就是“东方卫视”，而不像其他电视台一样称为“上海卫视”，从呼号上就能看出其全国化、国际化的发展思路。在新闻直播领域，上海更是与北京电视台等有实力的省级台联合成立了最早的新闻协作体——全国新闻协作体（CPTN），如今成员台已经超过150家，真正实现了新闻直播的全国布局。因此地方台在新闻直播发展领域，已经形成了强弱联合体，从合作实践中也寻找到了共赢的模式，预计在未来5年的时间内这种强弱合作的模式还会不断发展壮大。

二是地方直播资源共享。地方电视台在新闻直播领域建立的协作体，最主要的目的就是直播资源的共享，地方电视台要想实现新闻直播的常态化，尤其是外场新闻直播的常态化播出，最大的瓶颈就是直播资源匮乏，毕竟再大的省，地面资源也是有限的，要想发展就要冲破地域阻力，在全国范围内寻找直播资源。但是直播线索从何而来？就需要成员台提供，目前协作体形成的合作模式都基于以下三方面：

（1）当地电视台取得官方认可的便利。实力较强的地方台想要跨区域进行外场直播，首先要解决的就是取得当地政府的许可。这是非常困难的一件事情，在中国现有的媒体环境下，本地区的地方媒体想要进行新闻直播都要获得当地省委宣传部的许可，更不要说是外省电视台要做新闻直播了，首先在政府方面就不会同意，只有通过当地电视台发挥资源优势，拿到官方许可才具备直播的可能。因此，地方协作体进行联合直播就是取得官方认可的便利。以湖南都市频道为例，2015年曾经先后在贵州、云南、内蒙古、新疆等地进行新闻直播报道，都是与当地的地方台合作，通过当地的成员电视台从政府方面拿到直播许可，取得当地政府、公安、城管、消防等多方面的配合，才能够让联合直播得以实现。

（2）当地电视台提供各种直播便利。协作体进行的联合直播，一般情况下体量相对较大、人员投入众多（一般都在80人以上）、流程相对复杂，在这种情况下，从内容构架、技术支撑、后勤包装上都是非常复杂的。举个例子：湖南《都市大直播》的直播团队前往贵州进行《天下第一宴》的直播，直播团队70人，各成员台派出记者40多人，合计110多人参与此次直播，这给后勤保障带来了巨大压力，100多人的团队食宿问题如何解决？出行问题怎么安排？这些都需要当地电视台通过多年积累的人脉资源提供便利条件。打个比方：湖南台来到贵州直播，预订当地的住宿房间1间房1天可能需要500元，贵州电视台通过关系每间房可能只要200元，那么60间房1天就能节省经费将近2万元，这就是地方协作体的优势，通过地方台的人脉优势能够在直播、后勤、安保、出行、设备租赁等各方面提供便利、降低成本、保障安全。所以，从某种层面上说，地方电视台联合体的直播比央视的直播能够获得更多便利，这也是全国直播联盟的一大优势。

(3) 联合直播提升整体直播品牌价值。由强势地方电视台牵头组成的直播协作体，在经历了几年的直播实战后，在战略部署和发展方向上有了明确的调整。直播协作体成立之初的目的就是要拓展资源、寻找更多的直播题材，在经历了几年的发展之后，一些直播协作体已经不满足于直播资源的拓展，逐步开始建立具有品牌化、影响力和创收价值的“直播产品”，这些直播产品的出现，是直播协作体经过几年的实践经验总结出来的，是以往联合制作中一些成功的案例。

比如：湖南《都市大直播》推出的“天门山冰桶挑战赛”“飞跃天门山——红牛翼装飞行挑战赛” “K1中日拳击争霸赛”；天津公共频道推出的“东南西北赶大集”；北京新闻频道和上海综合频道推出的“奥运伦敦眼”和“直播世界杯”，这些直播都具备3个特点：一是已经连续制作了两年以上；二是在多个省级卫视同步播出；三是具备一定的商业价值或已经有商业投入。正是由于多家电视台的同步播出和相对固定的直播时间，提升了直播频道的影响力和知名度，让商家看到了广告商机，从而具备了创收基础。因此，从2014年开始，国内成立的多个新闻直播协作体在拓展直播资源的同时，更多地开始关注直播品牌的建立，希望能够通过联合直播在一年中打造几个具有影响力的直播产品，从而实现直播创收，这是体现新闻直播价值的重要目标之一。

三是技术融合为联合直播提供基础。在地方台组织的协作体成立之初，各个地方成员台发现联合直播中，存在技术不能共享、设备相互不匹配的情况，导致了合作之初很多直播由于技术问题“胎死腹中”，这也是由于各台直播技术水平参差不齐、技术格式各不相同而导致的，因此解决技术融合问题是联合体能否实现直播共享的前提条件和基础。

在2008年的汶川地震中，几乎所有省级以上电视台都派出了新闻报道力量前往四川进行报道，但是由于技术条件不成熟，除央视新闻频道和四川卫视之外，其他实力很强的省级电视台都没有实现直播报道。也是从那个时候起，地方电视台开始快速建设直播技术团队，购置直播技术设备。从2008年汶川地震至2013年芦山地震的5年间，地方电视台都先后拥有了包括多讯道高清（标清）直播车、SNG高（标）清直播车、FLYAWAY便携卫星设备、海事卫星系统、光缆传输系统、3G、4G传输设备等多种直播拍摄+通讯+传输设备。正因为有了直播技术的支撑，为直播报道奠定了基础，才能够在2013年的芦山地震直播中形成了“群雄逐鹿”的局面，央视的新闻直播优势逐渐被削弱。近些年，随着地方新闻直播协作体的兴起，直播技术也从“独自拥有”向“共融共享”发展。

四是弱台开始组建直播技术团队。新闻直播协作体的建立，促进了直播技术的相互交流，以强台牵头的协作体为了调动弱台的人员、技术等资源，同时争取到更多的直播报道播出平台，就需要在直播转播技术、传输技术、后期制作技术等方面充分与弱台进行融合，提升弱台的直播技术水平，以达到直播报道的整体要求。在这个过程中，弱台的直播技术水平得到快速提升，直播团队的建设也更加成熟。直播协作体的成立直接促使了地方电视媒体直播水平的快速提升，尤其对于弱台而言，直播团队在与强台之间的磨合过程中，不断从实战中提升业务水平，真正实现了“一帮一，一对红”的成效，这也促使各地的联合直播报道在技术层面实现了高度融合。

五是联合直播中设备从不匹配到匹配。在当前直播协作体中，一般的运作模式为首先确立直播项目，之后成立协作体内部成员台的直播团队，直播团队主要由各台的报道力量组成，负责前期转播、前方制作、前方报道、前方传输、后方接收、后方合成、后方制作等，前方报道组的技术设备要兼容，拍摄、制作、传输等能够形成互联互通、资源共享。这就要求协作体各台的直播设备要协调一致，能够实现相互匹配。同时，在卫星租赁、光缆传输、后方接收上，经过多年的实战演练之后，也基本实现了相互配备。

比如：由全国新闻协作体（CPTN）发起的伦敦奥运会联合报道和巴西世界杯联合报道，都要超过15家省级电视台参与报道。以伦敦奥运会为例，前方参与的省级电视台有22家，前方报道团队有56人。在策划之初，除内容策划之外，最重要的就是需要前方的报道设备要兼容统一，拍摄器材中北京、广东、深圳、黑龙江、浙江、江苏都是松下的P2卡设备，上海、江西、湖南、陕西都是蓝光设备，这就要求参与台要形成设备统一，否则不可能实现资源共享，因此经过协商最后各台统一采用P2设备，没有设备的成员台或购置或租赁，最终达到了前期拍摄的协调统一。后期编辑设备中，北京、浙江、江苏、深圳、陕西用的是索贝非线编辑，上海使用的是AVID设备，还有一些成员台使用的是大洋、新奥特等等，为了达到后期编辑的协调统一，在前往伦敦之前各台的前方报道记者、编辑都统一进行了针对索贝非编的培训，各台也达成了共识。同时，在传输方面，前方直播协作体租赁了美联社的演播室和传输卫星，为了能够实现异国对播，各台或协调技术部门调整卫星接收设备、或租用地方的卫星站接受前方直播信号，最终22家省级电视台都实现了跨国对播报道，为今后的传输兼容奠定了基础。在2014年联合制作的巴西世界杯直播报道中，各成员台在技术兼容方面形成了高度统一，确保了直播报道的顺利完成。地方台直播协作体正是在实战中形成的技术交流、技术发展，让成员台的直播技术手段逐步统一，从不兼容走向兼容，从不统一走向统一，也促进了地方新闻直播协作体从松散走向紧凑。

如今，随着新闻直播体量的增加，观众已经习惯于在大事发生的时候收看新闻直播报道，由地方台组织的联合直播协作体作为直播报道中一支不可忽视而且越来越成熟的组织，在近些年来迅猛发展，从技术融合到内容共享，从题材共享到流程完善，从初步合作到深度融合，从联动直播到直播品牌塑造，直播联盟成员的依赖度在不断提升，地方台之间的直播一体化程度在逐渐形成。但是，地方台联盟之间也存在诸多问题。比如：协作体之间没有隶属关系导致执行力下降、成员台之间投入力量不均衡导致利益分配不均匀、直播受益如何合理分配等问题都是目前协作体面临的发展瓶颈，解决这些问题是地方台直播协作体在今后发展过程中需要首要考虑的。不过，只要新闻直播还有发展空间，观众对于新闻直播的关注度持续攀升，那么协作体各成员台的目标和利益就是一致的，这能够不断促进成员台之间不断的融合、沟通，以达到各台共同的利益。相信在未来很长时间内直播协作体依然会保持高速发展，不断研发新的直播产品，体制机制也会不断成熟，创造属于地方台自己的直播盛世！

尊严的代价与媒体的责任

——从《伟大的抗美援朝》与《生命缘》谈社会主义核心价值观宣传

北京电视台副总编辑　徐　滔

2014 年是全民族抗战爆发 77 周年，也是全民抗战胜利69 周年。无论是“77”还是“69”，对于时间长河来说只是一个不断变化的数字，但对于中华儿女来说，数字的背后是难以忘却的历史记忆。1937 年7 月 7 日，北平卢沟桥畔响起枪炮声，标志着日本帝国主义全面侵华的开始，同时也吹响了中国全民族抗战的号角。战争警醒了中国人民，战争强大了中华民族，战争也为后来人写下了最宝贵的历史教科书。2014 年 7 月 7 日，中共中央总书记、国家主席、中央军委主席习近平在出席全民族抗战爆发七十七周年纪念仪式时说：“历史就是历史，事实就是事实，任何人都不可能改变历史和事实。付出了巨大牺牲的中国人民，将坚定不移捍卫用鲜血和生命写下的历史。”这段话告诉我们，历史是不能被改变的，而胜利与尊严从来不是无代价的。

越是在远离战争的和平年代，我们越不能忘却那些血肉铸就的历史，越是在飞速发展、变化万千的社会潮流中，我们越要坚定这个国家和这个民族最宝贵的核心价值观。我希望通过近期引发强烈关注的两档大型节目——《伟大的抗美援朝》和《生命缘》来阐述对于媒体如何做好社会主义核心价值观宣传的几点思考。

2014 年 3 月 10 日，市委宣传部联合北京电视台北京卫视《档案》栏目，共同推出六集历史纪录片《伟大的抗美援朝》，利用大量珍贵的历史档案，从多样化的视角全面回溯了抗美援朝的伟大进程和历史意义。节目播出后，获得了习近平总书记的肯定，中宣部、国家新闻出版广电总局、人民日报社等单位联合主办了座谈会，充分肯定《伟大的抗美援朝》的艺术价值和社会价值。节目在周一至周五晚间23 点播出，在与同时段众多娱乐节目的竞争中，《伟大的抗美援朝》取得了同时段全国第四的收视成绩，说明这档题材严肃、叙事宏大的纪录片节目，赢得了全国广大电视观众的认可。如果说我们把《中国好声音》《爸爸去哪儿》这样的取得了巨大市场成功的综艺季播节目称为“现象级节目”的话，我认为《伟大的抗美援朝》也足以被称为中国电视的“现象级节目”。

抗美援朝的伟大胜利为中国赢得了世界人民的尊重，是中国成长为大国的一次重要奠基礼。但令人难过和遗憾的是，在今天的互联网上散布着一些不负责任的言论，恶意歪曲这段历史，否定抗美援朝的历史意义。我记得在节目策划会上，市委宣传部的一位领导说：“如果抗美援朝英雄的牺牲得不到应有的礼赞，如果老一代战略家的历史贡献得不到应有的崇敬，那么我们的核心价值观就少了一份血性，少了一节骨头。”正是在这样的时代需求面前，北京卫视开始了《伟大的抗美援朝》的制作，用媒体人自己的方式，发出我们应有的声音。

1. 这是一次对历史的忠实还原。

为了确保节目在所有方面都能够精准、独到，栏目组邀请了十几位党史、军事方面的专家组成智囊团，对节目进行指导和把握。《档案》栏目还与中央档案馆等中国最权威的档案机构建立密切合作，拿到了许多珍贵、独家的一手资料。比如在第一集《抉择》中，中国档案馆为栏目组提供了一份毛泽东主席的电报，这份电报的珍贵之处在于它是一封没有发出的电报，是毛泽东主席写给斯大林元帅表达愿意出兵朝鲜的电报。为配合展示这封未发出的电报，栏目组专程前往俄罗斯总统档案馆找到了后来发出的一封电报，在那封发出去的电报里，毛泽东主席详细阐述了对这场战争的深入判断。这种建立在原始档案基础上的比较研究，说明了新中国在刚刚结束内战之后就做出抗美援朝的决定，是出于深谋远虑的战略考量。这个幕后细节也充分说明了《伟大的抗美援朝》制作的客观、严谨与精细，这些基本的职业素养，奠定了这档栏目的成功。

2. 这是一次对历史虚无主义的回击。

我们注意到，近年来历史虚无主义不断制造噪音，否定、质疑中国特色社会主义建设的伟大成就，对于抗美援朝的历史意义进行恶意歪曲和误导。而《伟大的抗美援朝》所做的就是用史实说话，用证据说话，用每一个细节对历史虚无主义进行驳斥和回击。历史虚无主义者说抗美援朝阻碍了国家的经济建设，延缓了国家发展的步伐，而我们用毛泽东主席亲口说过的话回击：“打得一拳开，免得百拳来”，抗美援朝不仅没有阻碍国民经济的发展，反而激发出国民热情，投入到更加火热的生产建设中。历史从来容不得假设，更容不得歪曲，《伟大的抗美援朝》做到了正本清源，做到了激浊扬清，达到了欣赏性与教育性并举的效果。我相信，越是色彩斑斓的世界，越要学会辨清黑白曲直；越是喧嚣纷杂的环境，越要找准并放大主旋律的声音；在纷繁复杂泥沙俱下的信息海洋上，观众需要专业的、权威的、严肃的、真诚的领航者，而这正是北京电视台在塑造社会主义核心价值观上可以有所作为的前提。

3. 这是一次对爱国精神的弘扬。

爱国是北京精神的关键词，也是社会主义的核心词，在中国人心中爱国主义是最高扬的旗帜。抗美援朝战争中，中国人民志愿军对抗的是以美国为首的“联合国军”，对手拥有当时世界上最强大的武器，而当时的新中国则刚刚告别“小米加步枪”的阶段，就是在这种实力悬殊的情况下，我们取得了令世界刮目相看的胜利。中国依靠的是什么？依靠的是老一代革命家、军事家在战场上的指挥，更依靠的是中华民族的士气和精神，中国人用实际行动告诉全世界，当一个国家万众一心、军民一心的时候，这个国家是不可战胜的。节目中播出了数百分钟珍贵的影像资料，栏目组甚至从当年战场对手那里拿到了对这场战争的解读，还搜集到了志愿军战士使用过的搪瓷缸等实物，所有这些都是对爱国精神的一次弘扬，对国人的一次精神洗礼。

更令我感到欣慰的是，《伟大的抗美援朝》的创作经历教育了北京卫视的年轻团队。这个团队的平均年龄只有25岁，刚开始接手这个项目的时候，很多人对那段历史一知半解，甚至很多史料上的人名和照片都认不清楚。但这个任务激发了年轻编导们的创作激情和对历史的敬畏，前期筹备阶段刚好是春节，很多编导都是抱着一大摞的文献回家过年的，往年他们彼此问候的短信都是吉祥话，而今年彼此手机间传递的却是对档案资料的核实。他们在搜集资料的过程中逐渐深入那段历史，在深入那段历史的过程中跟着欢欣鼓舞，跟着伤心落泪，我能够感受到这支团队的成长，知足、感恩、奉献是他们从《伟大的抗美援朝》中学到的最宝贵的东西，带着这份感悟，带着对历史的敬畏与热爱，他们把抗美援朝可歌可泣的故事送进了老百姓的心田。

《伟大的抗美援朝》让我们学会尊重历史，而《生命缘》的播出则让所有人懂得敬畏生命。2014年7月26日起，北京卫视在每周六的晚间21点推出原创医疗纪实季播节目《生命缘》，这是在以大投入、大明星、大综艺为标志的周末晚间黄金档中，第一次出现纪录片的身影。但就是这样一档没有明星加盟，没有高调宣传，没有外部团队参与的节目，在收视竞争激烈的周六晚间黄金档，取得了令人骄傲的成绩。7月26日首期播出就取得了全国33城市0.62%的高收视率，排名全国同时段第四名，排名前三的是《非诚勿扰》《快乐大本营》和《12道锋味》，0.62%的收视率说明在7月26日当晚，全国约有2550万观众收看了《生命缘》的首播，可以自豪地说，这个成绩让很多投资过亿的综艺季播节目都望尘莫及。

从《伟大的抗美援朝》到《生命缘》，从一个战场到另一个战场，前者的对手是看得见的敌人，后者的对手是无形的疾病，战争能够让正义的民族变得强大，而疾病也可以让个体变得坚强。《生命缘》的播出引发了医学界、传媒界和普通观众的热议，尤其引发了广大医务工作者的内心共鸣。但《生命缘》的特别正在于它不是站在为医务工作者歌功颂德视角上的一篇颂词，它是将医务工作者、患者和家属放在一个水平面上，这三者之间的关系如同三足鼎立，共同支撑起生命的重量。关于《生命缘》我有三点深刻的感悟：

（1）*生命本身有超越一切的力量。*很多朋友说，《生命缘》这样一档由内部团队制作的小成本节目，能够超越很多大制作的季播节目，就像太极中的“四两拨千斤”。我不完全同意这种说法，《生命缘》绝不是一个轻巧的节目，因为生命本身拥有超越一切的力量。如何将生命的力量最大程度地展现出来，节目团队选择了“天然去雕饰”的办法，没有导演、没有编剧、没有作秀，用纪录片的方法拍摄，让生命自身的力量去牵引故事的发展，诉说生命面前的人性与情感。

为了尽可能全面地记录生命的多种样态，《生命缘》开创了国内医疗纪实节目的多个第一次：第一次将记录的触角延伸到急诊室、抢救室、手术室等生命救助的最前线；第一次在纪实节目中使用医疗直升机全景拍摄；第一次大范围使用医院内的监控视频；第一次将吸盘式摄像机安装在急救车、抢救室、待产室等场景，拍摄争分夺秒的生命赛跑。每一期《生命缘》，节目素材量都长达近5000分钟，用100:1的剪辑比例制作成50分钟的节目，在跟随拍摄的十几个故事中，只有一两个故事能够最终与观众见面。所以，《生命缘》开创的医疗纪实节目模式，是一种节目样态上的至简，却是一种拍摄方法上的至繁，是一种节目体量上的至轻，却是一种生命价值上的至重。

（2）生命的尊严与美丽要用生命去维护。在我跟编导聊天的时候，很多人都不约而同地提到了一句话，这句话写在协和医院急诊室的墙上：“我们必须接受失望，因为它是有限的。但千万不可失去希望，因为它是无穷的。”在《生命缘》的镜头里，记录下了三岁夭折的幼小生命，记录下了生还率只有10%的高危产妇，这些故事让我们看到生命的无常。但伴随着故事的发展，我们看到离开人世的小生命将肝脏捐赠出去，帮助另一个孩子能够健康成长；我们看到顽强分娩的产妇，经过十多天的抢救，从昏迷中苏醒，将同样转危为安的宝宝抱入怀中的画面，这是与疾病抗争的无畏，这也是将生命传递下去的无穷。

在生命的缘分天空里，感动人心的不只有患者本身。在《生命缘》的镜头里，也记录下这样一些故事：在阜外医院的急诊室里，35岁的年轻医生因为工作压力巨大而满头白发；在人民医院的手术室里，一场历经20多个小时的手术仍然没能留住生命的脚步，疲惫无助的医生却收到了患者家属的感谢信，里面写道“我知道您也承受了很大的压力，感谢您二十几个小时的坚持与坚守”；在积水潭医院，一位带着儿子来京打工的60岁父亲，在工地坠落受伤却无钱支付手术费，包工头辗转借到40万元钱，帮父子俩渡过难关。

生命的尊严与美丽要用生命去维护，这种维护来自生命自身的顽强，来自医务工作者的医德，更来自社会人心的大爱，它超越了地域、身份、职业，是生命与生命之间最本质的诚信、关爱与善良，是我们每个人都身处其中的生命缘。当医患关系成为关注的焦点，当社会价值成为探讨的对象，《生命缘》告诉人们，我们生活的世界和周围的人们，依然美好，在生命面前人人平等，人人有责。

（3）在生命的参照面前，学会更好地成长。《生命缘》团队里只有7名编导，而其中的5人都是正处在哺乳期的妈妈，孩子还不满一岁。对于她们而言，在节目中见证生命的奇迹，与在现实中哺育生命的成长同步进行着。年轻编导赵菲菲，孩子只有10个月大，晚上睡觉离不开妈妈。赵菲菲熬夜编片子的时候就把孩子抱到机房，多少个夜晚小家伙都是在机房的桌子上进入梦乡的。刘书含的父母为了支持女儿的工作，带着小孙子住在旁边的宾馆里，书含编片子的空隙就跑去给孩子喂奶，亲亲孩子再继续回来工作。在医院采访的妈妈编导都是随身带着吸奶器工作在一线上。我能够理解，为什么每次张丽主任在谈起这些孩子的时候都会泣不成声，一方面她们太难了，她们在用自己的生命诠释着生命的美丽；另一方面，她们太棒了，她们在无数个体的生命参照面前，学会了更好地成长。

很多人不知道，《生命缘》的第一期原本是另一个故事，但就在成片制作完成的当天，被拍摄的患者家属却突然打来电话，不同意播出。面对采访对象的反悔，栏目组在沟通之后，果断取消了这期节目的播出，这意味着2000小时的素材作废，开播首期就要赶制出新的节目替代。但这正是《生命缘》栏目组对生命的尊重与理解，也是这档节目能够拍摄到震撼人心的画面，引发观众情感共鸣的原因所在。

综上所述，正如《伟大的抗美援朝》和《生命缘》两部片子告诉我们的，一个国家的尊严不是无代价的，一个生命的尊严不是无代价的，一个媒体的影响力也不是无代价的，它来自于电视从业人员的价值理念、职业操守、责任担当、无私奉献和无畏创新。主流媒体的责任是什么？在众生喧哗中，主流媒体不是要退缩，而是要进取；不是要妥协，而是要坚持；不是要放弃阵地，而是要开疆拓土。只要我们的导向是正确的，只要我们的作品是加工精良的，我们的态度是科学的、客观的、严肃的、权威的，我们的创作手法是高明的、先进的，我们的传播策略是灵活、高效的，那么我们就能够把自己想说的话，传递给大众，就能够更加积极地引导舆论，更加有效地影响社会，进而在社会主义核心价值体系的建设中发挥出主流媒体应有的作用。

概　况

北京电视台概况

2014年，北京电视台切实加强舆论引导，扎实推动精品生产，全力提升品牌价值，积极推进改革创新，深入促进融合发展，大力加强经营创收，较好地完成了全年各项任务。

一、重大报道和舆论引导能力获得提升

*中国梦主题宣传报道扎实深入。*运用新闻报道、专题节目、公益宣传等多种节目形态集中开展中国梦主题宣传，总计推出25个系列400余期报道。制作播出大型微纪录片《中国梦——365个故事》107集，全景展现普通人追梦圆梦的感人故事，累计网络点击量超过1.5亿次，受到中宣部及北京市领导的高度评价。依托北京卫视品牌栏目《档案》，着力传播正能量，经验在中宣部部刊上刊发；主旋律纪录片《伟大的抗美援朝》准确把握历史与现实的重大意义，《人民日报》等权威媒体撰文肯定，获得精神文明建设“五个一”工程奖；《砥柱中流——伟大的敌后抗战》对中国共产党领导的敌后抗战进行了全方位展示，引发了年轻观众观看热潮，相关微博单条阅读量达19万。

*社会主义核心价值观传播生动鲜活。*策划开设《践行社会主义核心价值观》等2个新闻专栏，制作播出《礼赞身边榜样》等18个专题节目及公益宣传片，生动展现社会主义核心价值观内涵。特别策划《寻找老街坊》主题报道，通过挖掘市民鲜活记忆，有效增强了核心价值观的感召力。北京卫视推出原创医疗纪实节目《生命缘》，讲述医患互信、生命共担的感人故事，《光明日报》在头版头条位置刊发报道予以肯定。生活频道联手全国五大城市品牌栏目推出“生活微行动之袋袋来了”公益活动，吸引全国3万名志愿者参与，新媒体阅读量达3600万次。策划开展了“牵手蓝天”“筑梦有我——为美丽北京加油”等3个大型环保公益活动，倡导了文明新风。制作播出各类主题公益宣传片120余部、时长近4万分钟。

*服务首都建设发展有声有色。*推出《全面深化改革建设和谐宜居城市》等专栏，制作《大引擎》等纪录片，开设《记者好形象 社会正能量》《行进京华大地 讲述精彩故事》等相关专栏70多个，播出新闻、专题2000多条。开展了“聚焦承德”采访活动，推出了《打造京津冀协同发展新格局》专栏。策划制作《南水北调中线行》《南水北调节水大数据》等7个系列报道，大力宣传了工程的重大成果及深远影响。全国“两会”期间，依托“BTV大媒体”客户端发布图文、视频新闻2000条，吸引近百位代表、委员和近千名市民参与互动。播出《听民意解民忧》系列报道88期，为群众破解难题两千余件。推出全国首档专门澄清网络谣言的新闻专栏《一辨真伪》，平均收视率达到3.2%。

*重点主题和大型活动报道浓墨重彩。*圆满完成《家国梦 岁月情——新中国成立65周年抒怀》12小时大型直播报道，

展现时代发展变迁，祝福祖国繁荣强盛。APEC 会议期间打造了全方位报道格局，推出了《聚焦 APEC》等新闻专栏、直播节目和高端人物访谈《杨澜访谈录——未来之路》，圆满完成了会议官方网站和掌上新闻中心搭建与运维任务。围绕邓小平同志诞辰 110 周年、全民族抗战爆发 77 周年、巴西世界杯、仁川亚运会、南京青奥会等重大主题和重大事件，策划播出了多个专题节目，取得了良好宣传效果。圆满完成了全国和北京市“两会”、农业嘉年华、京交会、园博会等 46 场大型新闻直播，直播平台建设和报道水平进一步提升。

二、深化改革创新收获新成果

重点改革不断深化。成立北京电视台改革领导小组及其工作机构，组织召开 5 次深化改革发展专题会，研究确立了改革思路、重点任务、目标步骤；召开了全台改革发展动员大会和机制创新研讨会，实施北京卫视、体育频道、纪实频道独立经营机制改革，开展地面频道广告经营机制改革工作，公司化运营主体初步搭建到位。

机制创新全面推进。梳理了建台以来各项生产、经营、管理制度，明确了 190 项台级制度的废、改、立。首次实施“收视”与“经营”考核捆绑，促进了节目与经营工作深度融合。建立编播会商机制、数据专员机制，促进全台节目资源配备进一步优化。初步搭建了薪酬绩效考核体系，完成了全台岗位价值评估。深入研究电视节目成本管理和临时劳务费用标准，严控成本费用支出，形成了规范的财务管理体系。

内容营销彰显活力。开展制播分离实践，探索自制、定制、合作多种内容生产模式，实施了地面频道季播节目制，推出《妈妈听我说》《我是演说家》等新季播节目 20 个。设立频道（中心）发展基金，挖掘品牌资源、开拓演出、地面活动等多元经营渠道，文艺频道“脱口而出”相声专场演出、青年频道“环球春晚演出季”成功举办。生活频道推出《面条争霸赛》等“以销定产”衍生节目，立足美食、房产等资源尝试开发数据库营销、本地生活 O2O、节目全产业链等新经营模式。

三、媒体竞争力和影响力实现新突破

综合影响力显著提升。坚持“首善媒体、大美品质”的定位，进一步加强节目创新创优力度，整体节目质量进一步提升。制定了坚持文化引领、树立行业新风的具体举措，开展了自查自纠，得到市委领导肯定。2014 年，陆续推出了一系列导向好、有情怀、贴地气的精品节目，彰显了首都文化品质。《2014 年北京电视台春节联欢晚会》以“欢乐北京中国梦”为主题，整体收视率高达 17.86%，在省级卫视春晚中排名第二，网络平台好评率超过 95%，实现了收视、口碑、影响力全面丰收；《2014BTV 环球春晚》汇聚各国艺术精品，映射出“中国北京”的地标意义和文化交融价值，获得业内高度评价。《月来悦开心——2014 北京电视台中秋特别节目》邀请知名笑星同台献艺，营造出轻松、幽默、开怀的节日氛围。《第四届北京国际电影节闭幕式暨颁奖典礼》以精美的视觉呈现，强化了北京作为“光影之城、影视之都”的影响力，得到各界一致好评。原创 26 集动画片《戚继光》，生动演绎了明朝抗倭英雄事迹，向未成年人弘扬“中国梦”，受到中央领导肯定。

北京卫视平台价值显著增长。北京卫视新闻内容播出量、收视率均居省级卫视首位，《北京新闻》等三大重点时段新闻栏目保持全国领先。季播战略成果丰硕，《最美和声》（第二季）成为频道最具品牌价值的强势节目，索福瑞“微博电视指数”排名全国第二；原创推出亲子互动类节目《妈妈听我说》，成功培育了年轻观众群；第四季度连续推出《我是演说家》和《勇敢的心》，推动周末晚间黄金档进入省级卫视排名前四。品牌自制栏目《身边》《档案》《我是大医生》等突显特色化与高品质，呈现集群式发力增长势头。

“大戏看北京”特色品牌更加鲜明。红星剧场先后播出了一批彰显核心价值、引领社会风尚、观众反响强烈的优秀电视剧目，《红高粱》以北京地区 11.07% 与全国 34 城市 1.72% 的平均收视率，创下历年收视新高；《北平无战事》连续多日在省级卫视排名首位，在高知人群中赢得良好口碑评价；《大丈夫》《勇敢的心》北京地区收视率分别高达 10.2%、9.36%，引发观众广泛热议。

各频道竞争实力不断壮大。2014 年全年各频道突出特色定位，深挖市场资源，传播力与影响力进一步提升。

文艺频道推出了《2014 北京喜剧幽默大赛》等 17 个收视成绩、社会评价双优的大型晚会及活动，策划了《笑星撞地球》《我家有明星之天才宝贝追梦春晚》等喜剧、才艺类季播栏目，原创《超级观众》益智类娱乐节目，完成《每日文娱播报》《春妮的周末时光》等品牌栏目升级扩容，频道收视实现四年来新突破。

科教频道对《法治进行时》进行扩版，与市公安局紧密合作，联合全国八家电视台法制频道成立联合体，进一步放大法治资源优势，着力打造《第三调解室》《健康北京》《北京记忆》等品牌栏目，探索实施“六轮驱动”的内容产品市场化新路，收视率一路上扬。

影视频道联合各省市实力地面影视频道组成购剧联盟，完善购剧、审剧、播出及宣传全流程链条，进一步强化首都剧场题材特色，精选播出了《绝地刀锋》《利剑纵横》等高收视率剧目，深入社区举办多场“欢剧一堂”活动，蝉联本地地面频道收视率第一。

财经频道强化“财富节目带”品牌，创新《理财》栏目样态，推出了《中国好手艺》《暗战》《我是玩家》等系列节目，在假日打造大型特别节目《财富之夜》，大幅拉升了频道收视率，成功启动《天下财经》“请你操盘”大型公益活动和《快乐收藏——首届民间收藏知识大会》，吸引数千名选手参与。

体育频道圆满完成世界杯、索契冬奥会、仁川亚运会等重点赛事报道。推出《声声体育》《欢乐二打一》等新栏目，深受观众喜爱。深度开发体育资源衍生产业，探索了“以活动养节目、以节目促活动”新模式。

生活频道启动民生新闻品牌栏目《生活 2014》的直播化升级，策划推出《开门见喜》《面条争霸赛》《上菜》等品质精良、效益突出的季播节目，深度开发美食、房产、汽车等节目衍生资源，策划推出持续全年“生活微行动”，强化了频道“公益传播品牌”。

青年频道推出了《第四届北京国际电影节闭幕式暨颁奖典礼》和纪录片《一个法国人的红楼梦》《甲午推想》，彰显时代责任与民族情怀。打造品牌系列节目“太庙国学讲坛”，积极传播传统文化。先后推出的《北京爱情》《完美婚礼》等季播节目，传递正确婚恋观与青春正能量，频道品牌价值获得立体化提升。

新闻频道改版《北京新闻》等栏目，推出80后新主播，引入大数据新闻和虚拟植入技术，有效增强了新闻内容传播力。拓展新媒体联动传播，借助多媒体渠道有力提升了品牌影响力。依托大型直播活动，探索了全新运营模式。

卡酷少儿频道推出创意动画主题综艺秀《剧星派》、动物科普综艺秀《卡酷动物园》。建立动画新片轮播模式，成功运作《开心超人》大电影项目，实现卡酷少儿平台价值转化。带领《我的朋友猪迪克》原创精品走出国门，向全世界展示了中国传统文化精髓。

纪实频道6月8日上星播出，节目编排进一步优化，品牌定位更为精准。拍摄制作了《追梦中国》《双城记——北京 & 堪培拉》等多部纪录片力作，顺利进入国际平台传播。与北京国际纪实影像创意产业基地（BIDC）密切合作，成功承办北京国际电影节纪录片单元，进一步探索了产业化运营模式。

荧屏亮点喜获多项大奖。2014年，全台共有65件作品（或单项个人）获得国家级、市级等奖项，《房山长沟大墓发掘进行时》《都市晚高峰》荣获第24届中国新闻奖三等奖；《2014年北京电视台春节联欢晚会》、专题片《人民的艺术》等9件作品荣膺第27届中国电视金鹰奖，罗旭获优秀电视节目男主持人奖；《2013环球春晚》等4个节目荣获第23届“星光奖”大奖；《雨中进行时——7·21北京特大暴雨大型直播》等5个节目荣获2011—2012年度广播电视节目大奖；《习总书记赴庆丰　排队点餐取餐自己来》等54件作品分获第23届北京新闻奖和2013年度北京市优秀广播电视节目。

四、技术保障能力与服务水平实现新升级

安全制播技术保障能力不断强化。全台15个频道共播出节目120495.6小时，年停播率0.8秒/百小时，远低于总局62号令有关要求。圆满完成《两岸健儿泳渡台湾海峡》4G直播、《家国梦　岁月情》国庆65周年直播等技术保障任务，大型直播技术水平稳步提升。顺利完成纪实频道上星播出的技术准备工作和体育频道标清同播频道16：9播出转换。

生产及管理系统信息化水平不断提高。媒资系统储存高标清节目及资料达150万条、时长约89.5万小时。生产网节目日均首播量约800条，时长约140小时。推进全面高清化在线改造、网络台新媒体系统建设、制播网等级保护项目建设等重点技术项目，切实提升了生产效率和质量。

新技术研发应用推广再添成果。筹备建设全媒体演播室，研发推出互动、传输、发布等一系列新媒体技术手段，成功应用在世界杯报道上。设计推出“心语小亭”，将用户UGC内容直接引入新闻生产网，推动实现互联网与传统新闻生产深度融合。推进国家科技部《立体影视内容生产关键系统研发集成与服务示范》科研项目，向中国3D联合试验频道送播362.5余小时，保持行业领先水平。2014年，全台技术工作共获国家级重要奖项47项，并蝉联电视节目技术质量奖（金帆奖）综合大奖。

五、新媒体建设迈上新台阶

北京网络广播电视台上线。2014年1月8日，北京网络广播电视台（BRTN网站）正式上线，完成了全台11个频道100多档栏目及大型活动宣传工作，网站访问量和影响力稳步攀升，ALEXA全球排名在全国省级网络台中排名第一。依托BRTN网站搭建制作了APEC媒体中心网站及“共筑中国梦”等展播平台，进一步增强了主流价值传播能力。

大媒体战略不断推进。开创性建立“一云、多屏、多桥”的运营架构，形成了“1个品牌+4个平台+12个产品项目组”的工作机制。组建了12个融合项目组，推动节目中心与新媒体部门在宣传推广、内容呈现、互动产品等各方面深入融合。初步形成了成立北京新媒体集团的工作方案，在组建“大编辑部”、构建市场化运营架构、引入战略合作伙伴方面取得重要进展。

各项新媒体业务快速发展。北京IPTV不断优化内容资源，打造IPTV+升级产品，制订并实施合作伙伴激励计划，总用户近40万。整合全台资源建设了“BTV大媒体”APP产品并完成8次版本升级，共发起各类互动活动565个，下载量突破78万次。开发打造了含微博、微信、微视等三项业务、8个法人账号的BTV官方微平台，实施矩阵式管理，微博粉丝量增幅超过430万，微信订阅号粉丝量累计超过25万，活跃度大幅提升。

全媒体融合报道初见成效。全国“两会”期间，BRTN网站与人民网合作推出“问总理、上头条”活动，总覆盖人群超过1亿。在《家国梦 岁月情》国庆直播报道中，有23万用户通过BRTN网站收看直播节目，微博话题互动量超过20万，充分营造了首都和全国人民欢度国庆的热烈氛围。以“2014巴西世界杯”为契机，探索四大平台联动、三屏终端打通的全媒体报道实践，取得了良好效果。

六、产业经营呈现新局面

广告经营改革和运营机制创新稳步推进。启动频道独立经营改革试点工作，实现广告经营思路转型。进一步强化节目与经营融合机制建设与责任落实，开展体育频道“世界杯促销季”广告招标；在地面频道推出《面条争霸赛》《美丽愿望》、“北京珠宝节”等客户定制产品。针对合作多年、投放量巨大的国际4A广告公司展开重点谈判，利用政策杠杆确保存量客户投放，群邑媒体等重点4A公司实现了增量投放；与各委办局密切联络，拓展合作空间，加大了经营类公益广告的制作和播出力度。

产业布局与资源配置不断优化。北京北视英特维文化传播有限责任公司升级为台属一级企业，全面拓展五大主营业务，努力培育行业优质品牌。新纪实（北京）传媒投资有限责任公司通过股权转让成为本台第七个一级企业，进一步打造纪实全产业链。截至2014年底，全台七个一级企业总资产7.55亿元，其中货币资金3.14亿元，净资产4.91亿元，归属于电视台的净资产4.24亿元。全年累计创收57651万元，利润总额923万元。

版权及演艺经纪等业务创新拓展。将全台40余档栏目发行至全国47家省、市电视台及播出机构，发行收入总额2228万元。演艺经纪业务进一步拓展，主持人栗坤、悦悦的品牌代言合作项目有序推进，紫禁城公司成立了工作室，增强了创作人才资源储备。"摇乐摇"新媒体业务升级至3.0版本，探索开办了播音主持高端周末班、BTV少年传媒学院等特色专业培训。加大电视购物商品开发和地面促销力度，进一步拉动了销售业绩。

影视精品创作生产成绩喜人。电影《狼图腾》后期制作进展顺利，2014年3月习近平主席访欧期间，该片作为唯一文化项目参与出访。与台、港方合作情感史诗影片《风中家族》已杀青。一批主旋律作品的拍摄已经启动，古装传奇剧《神机妙算刘伯温》、中国梦主题剧目《创业伙伴欢乐多》《同门》和北京题材重点剧作《乞丐大掌柜》发行工作继续推进。

动漫及少儿特色文化产业迅速发展。原创推出的百集动画片《飞越五千年》于2014年9月在央视少儿频道黄金档播出；投资出品的动画项目《魔晶猎人》、文创动画电影《雪域奇缘》均在顺利推进中。积极开发少儿图书、游戏、玩具、旅游等衍生产业链，成功打造精品漫画图书"二秃子!"系列6部，累计发行21.7万册；与青岛少儿出版社合作的《卡酷派》月刊进入全国校网发行；手机游戏《开开赛车》累计下载量达52万人次；"魔幻陀螺"产品与国内外多个著名玩具品牌建立长期合作；与中青旅联合打造"卡酷趣旅行"品牌。全面开拓少儿才艺培训业务，卡酷七色光加盟培训分部达到17家，并成功举行了艺术团成立20周年文艺汇演。

七、对外宣传工作取得新成效

国际传播影响不断扩大。用好长城平台、加拿大城市电视台、黄河台等海外平台，对外总播出时间约8000小时，蝉联长城平台节目质量双A级评价；与美国中文电视英语频道深度合作，编译我台优秀品牌节目于每晚黄金时间面向纽约观众播出。整合BTV新闻资源推出50分钟国际版《北京新闻》，精心制作《大运河申遗成功》《杜莎夫人蜡像馆亮相北京》等英语新闻在国外主流频道日常新闻中播出，充分展现了北京人文风貌、国际特色和发展成就。与澳大利亚、南非、法国、日本等境外团队合作完成《双城记》系列等高品质纪录片，国际合拍纪录片《GPS——星际大战》获得首笔外汇版权收入。

卫视节目中心工作概况

卫视节目中心

2014年，北京卫视获得了多项荣誉：在2014年传媒中国年度盛典上，北京卫视荣获本年度"观众最喜欢的十大卫视"前四强；分管北京卫视的电视台副总编辑徐滔荣获"2014传媒中国年度经营杰出人物"；北京卫视《养生堂》《档案》两档栏目荣获"2014传媒中国年度影响力广播电视栏目"；北京卫视《档案》栏目制片人吕军获得"2014传媒中国年度电视栏目金牌制片人"称号；在以"融合与突破"为主题的第七届中国品牌媒体高峰论坛文艺颁奖盛典上，北京卫视荣获本年度"中国品牌媒体百强——卫星频道10强”称号，北京电视台副总编辑徐滔获得“中国品牌媒体影响力人物”称号。

一、频道发展提速，市场结构优化

全天收视提速。2014年，北京卫视在全国34个城市收视率0.25%，全国份额2.034%，排名省级卫视第四，收视份额较2013年提升16.2%，是排名前五的省级卫视中提升幅度最大的卫视。截至12月30日，北京卫视全年39天的单日收视率位居省级卫视第一名，成为名副其实的北方第一卫视。

市场结构优化。北京卫视不断拓宽全国市场，吸引年轻受众，在全国35个中心城市的入户率位居省级卫视第一名，外地观众贡献率、年轻观众贡献率逐年递增。2014年北京卫视晚间自制栏目时段外地贡献率达到60%，其中25岁至45岁观众贡献率34%，较2013年提升11%。

二、节目创优求精，文化价值引领

北京卫视在发展创新中，始终坚持“首善媒体，大美品质”的宗旨，推出了一批具备广泛社会影响力和艺术表现力的精品节目。

2014年3月，北京卫视《档案》栏目在市委宣传部的策划指导下，推出6集系列纪录片《伟大的抗美援朝》，用多样化的视角全面回溯了抗美援朝的伟大进程和历史意义，被中宣部评为第十三届精神文明建设“五个一工程”奖。

为庆祝中国人民抗日战争胜利69周年，《档案》栏目推出10集系列纪录片《砥柱中流——伟大的敌后抗战》，弘扬爱国主义，引导观众树立正确的历史观、民族观和国家观。

APEC会议在京召开期间，北京卫视《杨澜访谈录》栏目推出高端系列访谈《未来之路》，采访中国外交部长王毅，并专访韩国总统朴槿惠、新加坡总理李显龙、智利总统巴切莱特。北京卫视也成为APEC领导人非正式会议期间，唯一对APEC成员经济体领导人进行系列专访的电视媒体。同时为配合APEC会议宣传，北京卫视在会议周期间推出《空中看北京》系列宣传片。共制作播出6版，总时长120分钟。中宣部对《空中看北京》给予很高评价，并要中央电视台进行播出。

7月26日，北京卫视推出原创自制医疗纪实节目《生命缘》，开启了国内医疗纪实节目的全新模式。《生命缘》播出10期，取得了较好的收视成绩。10月15日《光明日报》在头版头条位置刊发报道《只追求有价值的收视率——北京电视台〈生命缘〉妈妈记者团的故事》，对《生命缘》的时代价值和创作团队的付出给予了高度赞扬。在2015年2月国家广电总局召开的全国广播电视宣传管理工作电视电话会议上，《生命缘》节目被评为2014—2015年度“广播电视创新创优栏目”。

三、季播战略实施，周末节目突围

2013年，北京卫视率先走出季播发展的新路径。经过一年的探索创新，北京卫视正在形成一条符合北京台发展需要和北京卫视平台特色的季播战略。

《最美和声》打造北京名片。2014年，《最美和声》凭借出众的品牌形象，成为广电总局批准在省级卫视晚间黄金档播出的四档音乐节目之一。在由索福瑞公司发布的“微博电视指数”排名中，2014年《最美和声》仅次于《爸爸去哪儿》位列全国所有电视节目第二名，成为北京卫视最具影响力的大片品牌，成为北京的电视名片。

《妈妈听我说》《案藏玄机》原创节目成功。北京卫视在季播战略中尤其看重原创模式的探索。6月29日北京卫视推出原创亲子互动季播节目《妈妈听我说》，将一批80后父母们吸引到电视机前，本地25～34岁的年轻观众比例接近45%。

6月8日推出的原创法制类季播节目《案藏玄机》，将法制新闻资源升级利用，全景揭秘疑案侦破过程，挖掘当事人隐秘内心世界。全国平均收视率0.76%，单期全国最高收视率达到0.9%。

《我是演说家》《勇敢的心》持续刷新收视纪录。2014年10月4日至2015年1月24日，北京卫视每周六晚间21：08播出大型原创励志演讲类节目《我是演说家》。节目以“见证语言的力量”为创作理念，以演讲竞技为节目形式，吸引来自两岸四地各行各业的普通中国人和海外华人，登上舞台用演讲分享各自的人生故事与时代感悟。《我是演说家》节目共播出20期，全国34城市平均收视率1.18%，排名全国同时段第三位，被广电总局评为2014—2015年度“广播电视创新创优栏目”。

10月5日明星拳击电视真人秀《勇敢的心》，全国平均收视率1.21%，位列全国同时段节目前三名。

四、红星剧场热映，筑就收视基石

2014年，北京卫视《红星剧场》的思想性、传播力和广告吸附力全面增强，全国收视率0.93%，较2013年同比涨幅31%，成为涨幅最大的剧场。2014年全国的收视冠军剧《红高粱》、亚军剧《大丈夫》都是北京卫视率先播出的，《我的儿子是奇葩》《勇敢的心》《北平无战事》三部热播剧也成功跻身年度TOP20电视剧排行榜。

五、全媒体推广，影响力攀升

2014年，北京卫视继续拓展在全媒体领域的宣传推广，持续推进与新媒体的资源整合和深度融合，运用互联网打造多屏互动的强大营销体系。以大型季播栏目的全媒体营销推广为龙头，在卫视品牌、品牌栏目和季播栏目推广中全面发力、全媒体整合营销，在新浪微博、腾讯微信、手机客户端、互联网门户网站和传统媒体上屡创推广佳绩，强力推动北京卫视全媒体影响力持续攀升。

根据北京电视台研发部联合相关权威机构做出的统计：2014年上半年，北京卫视新媒体融合力综合得分在北京电视台组遥遥领先，新闻传播量和重要媒体报道量分别占北京电视台全频道新闻传播量和重要媒体报道量的99.7%和98.4%；北京卫视的微博评议量和原创微博量分别占北京电视台全频道新闻微博评议量和原创微博量的89.4%和91.1%，成为北京电视台在新媒体融合领域的排头兵。

在2014年重点季播栏目中，《最美和声》第二季在索福瑞公司发布的“微博电视指数排行榜”中，紧随《爸爸去哪儿》位列全国电视节目第二位；《勇敢的心》自播出以来，相关话题每周都能登顶新浪微博“疯狂综艺季”；《我是演说家》更将“微信摇一摇”功能融入节目环节中，实现线上线下的多屏互动，播出七期以来每期节目参与互动抽奖人数达37万余人次。

六、机制改革先行，京视卫星运营

2014年7月31日，京视卫星传媒有限责任公司正式挂牌成立，标志着北京卫视广告独立运营正式启动。这次机制的破冰之举，所带来的不仅仅是公司化体制的升级、市场化手段的进步，更是京视卫星这支年轻的团队，在未来广告经营理念和策略上的革新。

第一个突破，是由“管理者”身份向“合作者”本位、“服务者”姿态的转变。以最灵活的合作形式、最优化的广告策略，谋求与各大代理公司及客户的市场共赢。

第二个突破，是由“坐商”向“行商”的转变。在2014年10至11月期间，京视卫星传媒优选国内外客户集中区域，短期内在贵阳、上海、南京、长沙连续举办“‘天涯共此时’——北京卫视2015年媒体推介暨广告招商”系列活动，实现了成立之初“走到客户身边、提供精准服务”的承诺。

第三个突破，是通过实在的广告产品升级，激发平台对客户的强大吸引力。依托北京卫视的强大后盾，京视卫星传媒努力对各档节目、各时段资源进行潜力深挖，对广告产品进行创新设计，提升商品与节目、频道的融合层次，确保客户与自身利益的同步最大化。

新闻节目中心工作概况

新闻节目中心

2014年，新闻节目中心同心合力，勇挑重担，锐意创新，新闻报道有序推进，亮点多多，取得了可喜成绩。

一、新闻频道市场份额稳步提升，实现收视五年持续增长

从2010年开始，新闻频道不断调整宣传报道内容和编排，逐步实现频道新闻专业化，频道内容和编排日臻科学合理，收视始终处于上升态势，实现五年持续增长，收视率、市场份额和观众忠实度均一步一个台阶，大幅增长。

新闻频道5年来的收视率：2010年，0.12%；2011年，0.18%；2012年，0.19%；2013年，0.26%；2014年上半年，0.27%。

新闻频道5年来的市场份额：2010年，0.82%；2011年，1.26%；2012年，1.41%；2013年，1.91%；2014年上半年，2.00%。

新闻频道5年来的观众忠实度：2010年，0.83%；2011年，1.12%；2012年，1.25%；2013年，1.66%；2014年上半年，1.73%。

2014年，新闻频道市场份额稳步提升，圆满完成台里收视指标，骨干栏目收视飙升，广告效益赢得突破。目前，《北京新闻》《特别关注》《北京您早》《直播北京》《晚间新闻报道》《红绿灯》《都市晚高峰》等骨干栏目一路拉动收视，大型活动、直播、特别节目等正在成为新的广告创收点，有力地推动了频道创收工作的开展。

二、“两会”报道体现大台风范，报道内容和形式不断创新

在北京市“两会”和全国“两会”期间，北京电视台新闻节目中心创新报道方式，进行时政新闻改革，将代表、委员的声音与普通市民生活和政府工作有机结合起来，实现会上会下良性互动。据统计，在2014年北京市“两会”期间，北京电视台共采访了一百多位代表、委员，播发相关新闻30余条，总时长200多分钟，还先后组织了14场访谈，共有25位代表、委员和政府官员参与。通过会内会外的有效交流，将更多基层的声音带入“两会”报道，使“两会”精神与普通市民生活更加紧密地结合在一起。

加强与BRTN合作，在网络空间广泛传递“两会”声音。2014年1月8日，北京网络广播电视台网站与“BTV大媒体”客户端软件在全球上线。此次北京市“两会”是北京网络广播电视台网站面世后面临的第一件大事。台网联动，“小范探‘两会’”等新闻节目都在BRTN得到了全景呈现。此外，“BTV大媒体”客户端还推出了“我在现场　‘两会’有我”的专题，近千名市民上传视频提出建议建言；市“两会”现场，有近百位代表、委员通过客户端回复了市民的建言。1月21日市人大常委会主任杜德印代表也通过BTV新媒体互动平台回应了网友“两会”建言。通过BRTV网站、BTV微信、微博等多平台、多终端，在网络世界交流互动，更广泛地传递“两会”声音。

同样的创新也在全国“两会”报道中实现。2014年全国“两会”期间，北京卫视、新闻频道的《北京新闻》《特别关注》等全部七档新闻节目全天候报道“两会”，共播出新闻60条，北京网络广播电视台BRTN首次参与全国“两会”报道，“BTV大媒体”发布各类图文消息1500多条，视频新闻400多条；电视记者实现向全媒体记者转变，在BRTN网站同步播出图文、视频消息近20条；BTV新闻频道“两会”品牌节目《小曹跑“两会”》播出10期，融入新媒体元素，加强互动。

三、勇挑重担，圆满完成多次重大宣传报道任务

2014年，新闻节目中心先后承担了新中国成立65周年国庆、北京电视台建台35周年台庆等多次重大宣传报道任务。这些项目时间紧、任务重、要求高，都是在很短时间完成了策划、拍摄、制作、播出的全部工作。新闻节目中心在保证各档新闻节目正常播出的情况下，迎难而上，为电视观众呈现了高水准的节目。

2014年5月16日，是北京电视台35岁生日。这35年也是中国改革开放、步入伟大的发展变革的35年。新闻节目中心推出的《一路同行　感谢有你》等系列节目和新闻报道，反映了北京电视台与社会、国家的同步发展与进步，得到各级领导、业内专家和广大观众的好评。

国庆12小时现场直播是2014年北京电视台最重要、最重大的新闻播出事件。10月1日当天，北京电视台举全台之力，推出12小时《家国梦　岁月情》65周年国庆多点异地大型直播节目，在卫视、新闻、国际三个频道和BRTN网络台同步播出，全景展示新中国成立以来取得的巨大成就和国庆65周年庆祝盛况。节目播出后，市领导给予高度评价：策划充分、预案周密、勇于创新，能有机地把多个现场组织起来，运作顺畅；节目好，有现场、有效果，让全国人民都能看到北京欢庆新中国生日的景象。

除上述两项重大宣传报道任务外，2014年完成的大型直播任务还有“2014北京市新年倒计时直播”“房山长沟唐刘济墓考古成果发布会直播”、昌平农业嘉年华、京交会、端午节、“搜寻MH370

（马航）”、平谷桃花音乐节、2014北京国际车展、第八届中国北京国际节能环保展、“房山世界地质公园主题系列直播”等40多场。

比如“搜寻MH370（马航）”系列直播。3月8日，马来西亚航空公司MH370飞机与管制中心失去联系，《北京您早》节目第一时间启动突发新闻事件应急机制，即时播发了这一新闻。随后《直播北京》《特别关注》《北京新闻》《晚间新闻报道》等新闻节目都持续关注报道。3月24日晚10点，马来西亚方面宣布，马航失联航班MH370在南印度洋坠毁，无人生还。《北京您早》又连夜制作特别节目，25日清晨播出特别报道。3月26日至28日，《晚间新闻报道》又组织策划制作了三期《搜寻MH370》特别直播节目，在北京卫视和新闻频道并机播出。三天直播合计平均收视率达到了3.47%，份额达到21.89%。

再如“房山世界地质公园主题系列直播”。5月中下旬连续三场直播了房山世界地质公园风貌，周口店北京人遗址博物馆、长沟湿地、上方山景区等，策划到位，看点丰富，运用专题节目的思维方式组织直播内容，把握直播节奏，将房山地质公园的地理特点、人文历史、趣闻掌故介绍得清清楚楚，受到观众一致好评。

四、创新报道形式，弘扬主流价值观

2014年，新闻节目中心深入基层，提前谋划，加强“走转改”报道的力度和深度，积极创新节目样态，推出了一批有特点、有深度的新闻报道，提升了节目的社会影响力。如《特别关注》推出的《一辩真伪》，是全国电视媒体中第一档专门驳斥、澄清网络谣言、流言、传言的新闻专栏。记者先后采制了“染发剂是否安全”“自来水重金属超标系谣言”等时效性强、关注度高的节目，引起了社会的广泛关注。专栏得到国家网信办和中宣部领导的高度评价，中宣部《新闻阅评》还做了专门报道。

《寻找老街坊》主题报道2014年7月底推出，备受观众关注。截至11月底已播出83篇报道，通过大量生动鲜活的采访、普通市民感人至深的回忆讲述以及记者深入实地的寻访，取得了良好的传播效果，产生了很强的社会影响力，有力地弘扬了社会主义核心价值观。

五、精心策划大型品牌活动，树立媒体公益形象

2014年，新闻节目中心继续开展“牵手蓝天”“陪伴是最好的礼物”等大型公益活动，大力弘扬社会主义主流价值观，广受观众好评。

“牵手蓝天”大型公益活动已经成为新闻频道的一个品牌。2014年，“牵手蓝天”推出有热心观众参与的各类环保活动，如“2014植树节”“社区科普行动”“首都环保十年影像志”“我是环保明星”等，吸引广大市民特别是青少年参与到首都生态文明建设中来。各档新闻栏目及时予以报道，活动的持续举办和活动与新闻的联动，既树立了媒体的公益形象，又提升了这项自主新闻行动的社会影响力。

2014年重阳节，新闻节目中心围绕“敬老爱老　悉心陪伴”的主题，推出“陪伴是最好的礼物”大型新闻公益行动，先后组织了7个批次、30余个家庭参与了金秋游园活动。活动号召全社会关注老年人的心理健康，倡导社会各界承诺“每周陪父母吃一顿饭、每周跟父母聊一次天、每周给父母打一个电话”，同时利用“心语小亭”的方式，提供了“我想对爸爸妈妈说”的机会，给父母送上了特殊的节日问候。

六、启用新媒体概念，台网联合打造全媒体造势平台

大力加强与新媒体的合作，《锐观察》《晚间新闻报道》《都市晚高峰》《北京新发现》等栏目都通过微博、微信平台，不断提升自己的品牌影响力。

“五一”期间，《幸福绽放》推出的“敬·爱传递”五一快闪活动，首次利用网络和手机新媒体来助推主题宣传，活动视频在腾讯、爱奇艺、优酷视频网站推出后，成为网民关注的热点，点击播放量突破1000万次。同时在网络微信平台发起虚拟献花活动，在微信中掀起尊敬劳动者、热爱劳动者的良好风气，“五一”期间点击量超过10万人次。《晚间新闻报道》《北京您早》和《北京新闻》等先后开通了栏目微信公众订阅号，每天定时向粉丝推送新闻内容。《晚间新闻报道》还组织了线下网友观众互动活动。

《北京您早》推出的“数说中秋”用大数据展示民众关心的节日规律，用历史数据和今昔对比显示生活变迁，既体现时效性，又具有新闻性，同时还饱含了趣味性；《晚间新闻报道》在“新中国成立65周年抒怀”的制作中继续创新大数据的表现方法，运用大数据加时代道具并融入典型故事的方式，生动展现了新中国65年的发展变化。

《北京新闻》在“节约一滴水”等报道中，运用虚拟植入技术，主持人讲述、动画表现和虚拟技术有机地结合在一起，有效地增强了新闻的表现力。《搜寻MH370》特别直播节目，利用虚拟包装技术客观分析搜寻过程中的重点难点，用科学的视角解读搜寻难度，每日虚拟植入技术使用量达到40%。在建台35周年系列报道和特别节目中，不仅推出“心语小亭”这种与热心观众的互动方式，还在系列报道和特别节目中大量使用虚拟植入的表现手段，使节目表达更加鲜活生动。

《这里是北京》除介绍当期节目内容外，还开设了“北京话小词典”等栏目，增强吸引力，促进了电视与微信、微视、96168等多平台的互动，强化了观众的参与感和收视黏性。《北京新发现》栏目微信公众账号关注者已突破4万人。

七、《北京新闻》栏目成功选拔新主播，全新改版亮相

提升节目品质，完成《北京新闻》改版任务。根据台领导指示和新闻节目中心统一部署，全面推进《北京新闻》节目改版工作，从主持风格、节目样态、板块设置、表现形式等方面进行改革。改革分别设定了近期目标、中期目标、远期目标，具体举措有：改进时政报道，增加自采新闻和信息量，改进新闻表现形式，增加新闻评论，启动新主播选拔工作，等等。

2014年10月，《北京新闻》迎来了四位新面孔。此次新主播选拔经过自我推荐、观众打分、专家评议、台编务会评审等多个程序，陆放、孙扬、李杨薇、邬晔纬四位新人脱颖而出，他们与王业、王小佳、聂一菁、杨硕一起组成了《北京新闻》主播新阵容。与此同时，栏目全新改版同步推出，以贴近的内容、亲切的表述、清新的风格、国际的风范高调亮相，以打造北京电视台新闻节目影响力。

八、大型电视系列片《中国梦365个故事》获得好评，精品制作彰显首都主流媒体品质

大型电视系列片《中国梦365个故事》是新闻频道着力打造的精品之作，通过当代中国人的追求、经历与命运，全景式、多层面、多角度地展现中国人的梦想故事，弘扬积极向上的精神力量和社会主义核心价值。

该片于2013年12月在北京卫视开始播出，已经播出近100集，新浪、腾讯等多家门户网站推出140多集。节目用原生态的微记录形式，以普通百姓为表现对象，遵循“一个人物、一个故事、一个主题、一句感言”的“四个一”原则，将“中国梦”的宏大叙事转化为易于理解的私人叙事，主题鲜明，内容丰富。每集3分钟，在电视台、网络及平面媒体实现全媒体覆盖。这部系列片播出后，受到有关领导和社会各界的一致好评，观众称赞节目好看、感人，故事虽小，令人动容，映射出中国人的精神之光。

九、大力加强通联工作，更好地促进一线业务

2014年，新闻节目中心利用87家记者站、央视和CPTN三驾马车，有效地展开工作，进一步丰富了频道的新闻资源。通过建立与16区县广电中心的报题会制度和记者站记者驻台工作机制，提高记者站报送新闻的效率和工作水平，进一步收到了成效。仅前9个月，记者站就累计发稿952条。同时，新闻节目中心还向央视送稿2700余条，央视各档栏目发稿450多条，其中《新闻联播》发稿100余条。

为进一步加强记者站工作，10月15日至17日，新闻节目中心还举办了北京电视台记者站新闻业务培训班，对记者进行了培训。

文艺节目中心工作概况

文艺节目中心

2014年，文艺节目中心积极开展内容生产和节目运营的探索创新，在提升节目品质、吸引年轻观众、扩大频道影响力等方面争先创优。

品牌节目深耕细作。发挥《每日文娱播报》龙头作用，深耕细作品牌栏目。通过举办“最美女生”地面活动、推出“十二周年”三版宣传片，提升《每日文娱播报》的品牌价值。“最美女生”地面活动，走进北京市各大高校，寻找播报青春代言人，在活动期间，栏目开辟专门板块，全程记录选拔过程。在《每日文娱播报》开播12周年之际，栏目邀请当前国内一线男女明星以及多位有故事有看点的人物拍摄三版宣传片，并通过各频道、微信、微博、明星演唱会等多渠道播出，吸引优质受众。

《文娱午报》以午报热搜榜的形式对互联网上点击率高、符合主流价值观、有可视性的视频段落进行梳理整合，以文艺娱乐化的包装为观众呈现，对周末节目采取精细化整合娱乐大事件的方法，在特定节目推出相应主题的娱乐专题节目，收视率较去年提升 21%。

《笑动 2014》栏目持续挖掘新作，推广曲艺新人，在打造栏目的专业化方面收效明显。先后录制了《北京青年相声节传统相声邀请赛》《李伟建从艺 30 年专场》系列演出、苗阜王声民族宫专场演出、中国曲艺家协会《2014 优秀节目汇报专场》等，丰富了播出素材，推出了新人力作。

《我爱我家》调整主持人和节目设计思路，王为念和晨阳的跨年龄“欧巴淑女”新组合面貌一新，增加家庭情感话题性节目更接地气；《光荣绽放》纪念栏目开播五周年推出系列丛书，遴选多位重量级演艺明星的访谈纪实，展现中国当代文艺界的精神面貌；《影视风云》利用栏目在影视领域的优势，策划推出《东方红》传奇 50 年——《东方红》首演五十周年再聚首、《郭兰英舞台生涯 80 周年》、《纪念相声大师马三立诞辰 100 周年》等精品节目，以较高的文化艺术品质赢得了出众口碑；《星夜故事》在独家策划、故事挖掘、综艺化探索等方向不断创新，《奇人总动员》《戏说相声话三国》《奇才异能怪咖秀》《京城往事》等主题节目，收视良好。

《我家有明星》《春妮的周末时光》扩版增容，节目时长从 50 分钟延长至 70 分钟。《我家有明星》开展了近 30 场地面海选活动，挖掘最新鲜最一手的选题素材和观众反馈，节目收视和广告量不断提升，为宣传春晚推出的大型活动《天才宝贝追梦春晚》第二季，已成为《我家有明星》栏目打造社会影响力的宣传活动品牌；《春妮的周末时光》走出演播室，加大了春妮外采的环节，适度采用外拍小片、视频资料等表现手段丰富节目内容，让访谈聊天的可视性更足，信息量更丰富。

为丰富节目品类，提升文化品位，《文化之约》在周播节目的基础上推出日播版，培养了白天时段的收视人群，栏目制作的“北京国际图书节”“非洲之旅”系列节目，宣传推广了北京市文化品牌活动。秉承“用电视搭台、请百姓唱戏、由名家捧场”的理念，《欢天戏地》继续推出第五季《国粹生香——北京京剧票友段位评授季》，用戏曲故事弘扬中华民族传统的价值观。新一季的《寻找国粹小明星》，以 12 岁以下学习戏曲的孩子为主要对象，评选出本年度十大国粹小明星和优秀伯乐，展现戏曲瑰宝薪火相继的传承精神。

打造精品文艺晚会。2014 年，文艺频道精心打造了《2014 年北京电视台春节联欢晚会》《2014 北京大运河七夕情歌会》《月来悦开心——2014 北京电视台中秋特别节目》《2014 北京喜剧幽默大赛》《北京榜样——2014 颁奖典礼》《国粹生香——北京京剧票友段位评授季》等多个收视成绩、社会评价双优的文艺晚会及活动。

《2014 年北京电视台春节联欢晚会》整体收视率 17.86%，其中文艺频道首播 4.38%，卫视首播 13.48%，在全国卫视春晚中排名第二。广大观众、业内专家的广泛赞誉和多家媒体的高度评价，进一步放大了 BTV 春晚的社会影响和品牌影响力。

《2014 北京大运河七夕情歌会》首播收视率 1.84%，市场份额 5.58%，分别比去年同期提升 35% 和 66%。蒋大为、杨钰莹、毛宁等 20 多位明星无偿参与表演，歌会现场气氛热烈。

《月来悦开心——2014北京电视台中秋特别节目》：首播收视率3.03%，市场份额8.5%；卫视重播收视率3.09%，市场份14.39%。特别节目突破以往中秋晚会以歌舞节目为主的风格，邀请知名笑星同台献艺，节目定位更接地气，语言类节目占比超过60%以上，爆笑热闹的“喜剧风”令人印象深刻。

《2014北京喜剧幽默大赛》七场平均收视率2.02%，比去年提升30%。在去年合作的天津、济南两大曲艺之乡电视台基础之上，今年又吸引了成都、长春、石家庄电视台的加盟，将合作台的规模扩大到了6家。由北京电视台牵头，六台联动，共同出资共同播出，既打破了“北方曲艺不过长江”的传统说法，又增加了作品和选手的征选范围，“精品节目下基层”演出活动更进一步扩大了“北京喜剧幽默大赛”的品牌影响力。

研发原创季播节目。2014年，文艺频道推出季播栏目《京城42班》《超级观众》《笑星撞地球》第二季、《8090说相声》第三季，引进《今晚80后脱口秀》《笑傲江湖》《爱情保卫战》《名家》《大师》《中国达人秀》《谁能逗乐喜剧明星》等新栏目。其中，《今晚80后脱口秀》凭借收视稳定，分众人群突出，广告销售异常火爆，成为频道广告销售的黑马。

原创娱乐节目《超级观众》是移动互联网时代国内首档原创大型视频益智娱乐节目，考究的视频题库是节目的一大看点。节目首度从观众热捧的经典影视剧和网络视频中找题、出题，并让两组明星“跟着视频头脑风暴”，并组队PK答题。为突出节目与移动互联网的融合特征，节目还特别设计了互动环节：电视机前的观众们在节目播出时通过BTV“大媒体”APP一同参与答题，从引领和满足观众体验的角度出发，赢得全媒体武装下的“超级观众”。该节目从舞美设计、节目流程设置、后期剪辑等方面均制定了详细的规则，力争建立原创娱乐节目的模式标本。

优化动态频道编排。2014年，文艺频道秉承动态编排的策略，根据收视反馈和观众需求调整节目。将频道全天时段划分为五大收视区域，以节目带的概念强调各个时段的功能性、服务性，而各个节假日则以符合市场规律的特色编排和有针对性的特别节目抢占市场，收效显著。为最大化利用已有资源，全面挖掘整合文艺中心精品栏目，采取“周播栏目日播化”的策略，使经典节目呈现“集群效应”播出效果。在春节、暑期、“十一”等一系列假日特排中，各栏目配合编排需求，推出假日特别节目。

春节特排以BTV马年春晚为核心，黄金通档统一主题的特别节目为纽带，全天多条特色节目带为基本架构，多台晚会穿插循环形成立体播出链，取得平均收视率1.51%，市场份额3.88%的成绩，较去年同期提升7%和27%。

“十一”假日特排联合周播黄金档栏目推出系列节目《与共和国一同走过》，紧扣弘扬社会主义核心价值观和“追寻中国梦”的主题，突出中国文联和各文艺家协会65年来致力于推动文艺事业繁荣发展的历程，努力彰显广大文艺工作者寻梦、追梦、筑梦的境界和情怀，生动反映了文艺事业和文联工作繁荣发展的良好态势。节目播出后获得了广泛的社会好评和业内专家的肯定。

暑期特排，从7月1日开始，文艺频道根据特定时期观众流的规律性变化，推出了一套极具市场竞争力的“暑期特排”。在节目设置、编排、创新等几方面着力调整，遵循“巩固黄金档优质时段”“大力开发非黄时段”“缩小节目缝隙增加观众顺流”的调整思路，对全天各大节目带进行优化、细化。暑期特排执行3个月以来获得了良好的收视反馈，频道第三季度的市场份额达到3.12%，不仅是4年来的历史同期最高值，更首次突破了3.0%大关。新增的两档精编类节目《欢乐微逗秀》《综艺麻辣烫》，第三季度分别取得了2.04%和3.95%的占有率，低成本、高效益地提升了非黄时段的市场份额。频道的龙头节目《每日文娱播报》第三季度收视均值1.96%，超过考核指标32%，较上半年提升4%。同时，频道还调整了频宣、广告的播出模式，以碎片化的编排缩小节目间的缝隙，减少了广告段的观众流失。

市场资源融合发展。2014年，文艺频道试水商演市场，探索栏目市场化运作，融合台内资源，充分利用企业资源，寻求内容生产与经营融合的突破。

试水演出市场。文艺频道于2014年6月份在保利剧院举办“《脱口而出》与您相约一生一世相声专场”演出，传统电视栏目成功试水商演市场。从演出效果来看，连续两天的上座率高达九成，长达3小时的演出观众也始终抱有热情，现场掌声笑声不断，气氛极佳。

融合台内资源。《我家有明星》栏目推出的“天才宝贝　追梦春晚”第二季，首度实现文艺与卡酷两大频道的联手合作。除了打造两频道主持人的全新组合，也是节目制作团队的首次合作，文艺频道优质的节目品牌与卡酷卫视的少儿综艺风格相得益彰，让最优秀和最有才艺的孩子登上荧屏。

整合媒体资源，全方位立体推广。《2014年北京电视台春节联欢晚会》在BRTN网站、新浪视频、搜狐视频、腾讯视频、爱奇艺、PPS、优酷、土豆等视频网站进行重点推荐，春晚直播流累计在线人数1500万，最高同时在线人数600万，点播视频上线三天，视频播放量突破1.38亿。1月21日，新浪娱乐官网上线，累积流量1500万，日均流量120万；同日腾讯新闻客户端专题上线，累积流量1.3亿，日均流量1000万。全网推送“首轮明星阵容公布”“晚会带妆联排”“播出预告”等六轮宣传稿件，转发387万篇，覆盖新浪、搜狐、腾讯、网易、凤凰等五大门户网站。此次春晚首次尝试公交车身海报发布和电影院线片前宣传片投放。投放公交车的海报每天覆盖人群超过50万，在北京票房最高的万达三家院线及耀莱两家院线对春晚宣传片进行片前广告投放。

在《月来悦开心——2014北京电视台中秋特别节目》的宣传周期内，针对每家平媒的定位和需求，进行单独的策划，撰写话题性稿件。通过电视、电台专题策划，搭配主流平媒的舆论引导，对节目宣传起到极大的推动作用。除了传统媒体配合新媒体的方式外，本次中秋特别节目还申请到北广传媒移动电视、地铁电视、城市电视、歌华有线的重要播出位，打造了全方位立体宣传推广模式，达到了良好的播前传播效果。

科教节目中心工作概况

科教节目中心

2014年，科教节目中心秉承“节目内容为王，资源极致使用，市场‘六化’开拓”的总体战略，通过不懈的努力，全频道节目的平均收视率达到了1.87%，平均收视份额达到了4.57%，实现了收视率和收视份额的双达标。

一、挖掘资源 合理使用 优质产品为价值提升输送动力

2014年，在没有增加节目经费的情况下，科教节目中心在内容资源、人力资源和品牌资源的挖潜上做文章，通过精心编排盘活存量，使现有资源得到合理运用，为节目生产增添了活力。

1. 内容资源。

集合强势板块，午间优势得以整体扩大。午间法治时段一直是科教节目中心收视的支柱，为了使这一强势板块产生更大的效益，2014年中心对其进行了整合。首先进行的是内容的微调。从2月18日起，《法治进行时》与北京市公安局及110勤务指挥中心合作，在栏目中设立《北京110》板块，为观众提供权威性的警情分析和防范提示，有力地增强了节目的服务性和亲和力。其次，又对整个午间法治时段进行了调整。从3月3日起，以播出专题片为主，时长20分钟的《大家说法》并入《法治进行时》，《法治进行时》由20分钟扩版至50分钟，整个午间法治时段也相应地由过去的115分钟增至125分钟。新版《法治进行时》每期播发的资讯由过去的6条左右增至15条左右，信息量大增。8月，栏目编播流程调整为直播流程，多次通过4G回传技术，完成了当天法院开庭新闻和突发新闻的及时播出，栏目时效性进一步增强。此外，栏目还陆续推出了《119曝光台》《老赖曝光台》《安监在行动》等板块，均得到了观众的好评。

构架傍晚时段板块，努力打造频道又一支柱。2014年，科教节目中心经过反复调整，确定了如下布局的傍晚幽默健康时段:《非常幽默》“开心为你带来快乐健康”+《您吃对了吗》“精心教你美食保健康”+《健康北京》“专心给你讲述科学健康知识”。这三档节目捆绑播出，形成了规模化的运营编播模式，收视率比去年同时段增加了28%；特别是12月份以来，又取得了《非常幽默》最高收视率1.77%，《您吃对了吗》最高收视率1.89%，《健康北京》最高收视率3.04%的佳绩，在同时段北京地区的排名中位列第三，拥有较高的时段竞争力。2014年，傍晚幽默健康时段已成为科教频道新的收视增长点。

重组晚间黄金时段，探索市场化经营新途径。科教节目中心对晚间黄金时段的整合重点是节目内容和经营模式。首先进行的是节目内容的整合，从2月17日开始至5月8日，推出《北京记忆》逐步替代原时段的《超级陪审员》；5月12日起，

每周一至四20：00《北京记忆》实现常规化播出。其后进行的是节目市场化经营的尝试，从8月1日起，每周五20：00推出由科教节目中心和保利集团共同打造的《品味·艺术》；11月16日起，每日19：00推出由北京、江苏、陕西、云南、重庆、太原等十家电视台的地面频道联合制作的《法治中国60'》，该栏目2014年的收视率比2013年同时段的收视率提升了60%。

2. 人力资源。

如何才能更好地调动大家工作积极性呢？科教节目中心在奖惩机制方面做了一些初步的探索。例如，将中心六档法治节目员工的效益工资，根据收视情况分为A、B、C三档，从制片人到主编再到编导，岗位不同，工资不同；设立了月冲高、破五（收视率超过5%）等奖项，努力创造条件奖励优秀编导；广告部奖励的增量奖金全部发至相关栏目和个人。

群策群力、创造条件为大家提供施展才华的舞台，是科教节目中心激发大家创作热情的又一项尝试。中心在每一次改版以及重大节假日之前，都要召开一系列不同层次的策划会，集思广益，充分发挥团队的力量和智慧，对节目的创意进行深度的研讨，取得了一定的成效。例如，清明“似是故人来”、五一“幸福在哪里”、端午“一路上有你”、中秋“月亮代表我的心”、国庆《第三调解室》之“家和万事兴”、《北京记忆》“追凶系列”等凝聚众人智慧的主题编排，都有着不俗的收视表现。这些节目中，既有对以往优质节目的整合精编，更有诸如“家和万事兴”系列节目这样的对《第三调解室》调解案例的后续跟踪报道。优质的节目资源在优质的人力资源作用下，再一次绽放出了耀人的异彩。

3. 品牌资源。

2014年，为了维护“BTV科教”这一品牌，科教节目中心做了大量的工作。一方面，继续强化“点亮智慧人生”对于BTV科教品牌的标识作用，推出了羽泉版的《点亮智慧人生》MV；另一方面，不仅在法治、健康等日常节目中深入贯彻“点亮智慧人生”的节目制作理念，还注重加大对于以往品牌节目的创新力度。例如，2014年推出的《为你而歌》（第十二部）就在节目样态、编播方式、宣传推介等方面有了较大的突破，并取得了首播平均收视率全国省级卫视同时段排名第二、北京地区第一的佳绩。

2014年9月20日，在中华广播影视交流协会主办的“2013—2014年度全国广播电视社教生活名优栏目评选活动”中，北京电视台科教频道荣获“2013—2014年度全国十大社教生活类频道”称号。

二、“六化”驱动　探索内容产品市场化新路

2014年，科教节目中心不断增强市场意识，将经营创收与节目内容的融合作为突破口，在“经营整合化、传播权威化、创作多元化、平台常态化、制作联合化、互动创新化”方面，做了一些探索。

1. 经营整合化——企业与传媒嫁接，呈现科教频道、企业、台广告部“三足合立”态势。

科教频道利用平台的影响力，加之企业的需求，将其产品广告价值植入到频道节目当中，量身打造专属品牌节目，最终获得企业的资金投入。在台广告部的支持和推动下，上半年科教频道首次尝试了节

目内容与企业合作的崭新模式。科教频道与华韩整形医院合作，每周制作一期10分钟的节目，一共52期，由此获得了全年260万元的企业资金投入及硬版广告的增量，实现了节目内容、社会需求、企业要求、广告增量的四结合。

2. 传播权威化——政府机构+传媒合作共赢。

政府机构是传媒的另一大合作方，传媒为其搭建公共传播平台，将政府的声音传播给公众；传媒则通过合作增加传播的权威性，提升传播效率、广告收入和影响力。2014年，科教频道与市安监局合作，制作播出《安全生产警示》，发布权威信息，不仅普及了安全生产知识、宣传了相关的法律法规，还给频道带来了全年200万元的收入。

3. 创作多元化——“大文化机构”与传媒的战略结盟。

传媒与文化机构进行合作，共同开发符合各自意愿的项目，文化机构为传媒提供资金，传媒运用其资金进行节目制作，既赢得了资金上的支持，又得到了节目内容上的帮助。如8月1日开播的《品味·艺术》是科教频道与保利集团强强联合，共同推出的一档关注拍卖领域文化事件的周播访谈节目。虽然200万元的企业投资，对于该节目的制作来说并不充裕，但科教频道看重的是对方在节目内容上的支持，是这之后的延伸营销。

4. 平台常态化——利用科教频道与相关社会团体的良好合作关系拓展节目发展空间。

科教频道利用品牌优势和专业优势，为相关社会团体进行符合科教频道定位的主题宣传，搭建专业化的传播平台。2014年市健康协会和市科技协会为科教频道提供了282万元的资金支持及相应的专业支持。尤其是那些深受观众喜爱的医疗健康知识的传播，更使科教节目中心得以联合卫生、健康方面的权威机构和公益组织，为未来成立健康俱乐部、健康大社区创造了条件。

5. 制作联合化——全国地面法治频道联合体的联合制作。

随着各地卫视的崛起，地面频道的生存空间一再受到挤压。地面频道应该如何面对这一局面呢？与兄弟台的地面频道合作，走联合制作的道路，是科教频道的应对措施之一。

8月24日，在中国广播电视协会法制节目工作委员会和北京电视台科教节目中心的倡导下，由北京、广西、江西、陕西、重庆、云南、大连、太原、江苏和天津十家电视台相关地面频道组成的全国法治节目联合体在京正式成立。11月16日，由全国法治节目联合体推出的《法治中国60'》在联合体成员台的所在地同时开播。

《法治中国60'》是一档时长为60分钟的日播法治新闻栏目。节目的素材由各成员台提供，中国电视协会法制专业委员会委托乾清国际文化传媒（北京）有限公司与北京电视台科教节目中心负责制作，各成员台负责安排节目在相关地区的播出，共同投资，版权共有，资源共享。

6. 互动创新化——多种媒体联动　线上线下共进。

2014年，为了更有针对性地促进节目的良性发展，科教节目中心采用以下几种方式强化了与观众的互动：

底拉字幕。自从新媒体在线包装实施以来，科教频道的新媒体工作室，运用底拉字幕的形式，实施频道的整体推介，不仅有效地推送了各栏目的节目预告、收视要点、温馨提示、知识链接等，还为栏目提供了一种在节目播出的同时与观众进行互动的方式。

微博微信。频道的新媒体工作室协助相关栏目，在《法治进行时》开播15周年、《黄焖世界杯》《庭审纪实》6·26国际禁毒日直播等特别节目播出的同时，以及《法治中国60'》新闻发布会等活动进行的过程中，通过微博和微信平台引入相关话题与观众和网友进行沟通，不仅有效地扩大了这些节目和活动的影响，还促进了BTV科教频道在年轻人中的整体推广。

BTV科教微电视行动。“BTV科教微电视行动”是科教频道2014年新推出的一项微型公益宣传活动。全年的活动分为四季，主题分别为“敬老”“文明出行”“阳台种菜　美化家居”和“健康行动”。频道的新媒体工作室组织相关栏目的主持人进入街道、社区和企事业单位，根据活动的主题和科教频道节目的特点，通过问卷调查、街头宣传、专题讲座、真人秀等形式，与社区居民、单位员工、普通市民一起，开展公益宣传活动。活动的内容通过微信和微博进行报道，并制成公益宣传片在BTV科教滚动播出。这项活动不仅收到了良好的公益宣传效果，还有力地增强了电视的亲和力；同时，电视人与观众面对面的互动所得到的关于节目的第一手反馈信息，还为今后节目的改进提供了依据。

影视剧中心工作概况

影视剧中心

2014年，影视剧中心工作稳步向前推进，在购剧模式、编排调研、机制管理等方面不断开拓创新，圆满完成了各项工作任务。

一、坚持品质打天下，北京卫视不断创造收视亮点

2014年，面对竞争加剧、环境日益复杂的电视剧市场来说，北京卫视选剧的原则是“坚守”，就是始终坚持“大戏看北京”的剧场定位，为观众提供独具北京特色的优秀电视剧作品。北京卫视黄金时段《红星剧场》思想性、传播力、广告吸附能力全面增强，全国收视率0.95%，省级卫视排名第四，领先周边竞争频道。

2014年度全国电视剧市场上的收视冠军《红高粱》、亚军《大丈夫》都在这里诞生；《我的儿子是奇葩》《勇敢的心》《北平无战事》均跻身年度电视剧排行榜。2014年卫视剧场收视较去年增幅达25%。年度“收视之王”《红高粱》，北京卫视播出期间全国平均收视率1.72%，连续22天始终保持全国第一名。其中，25~45岁的受众占比32%，成为第一主力收视人群。

二、坚守剧场定位，创新编排模式

影视剧中心从全台整体利益出发，将电视剧资源合理统筹分配。以卫视剧场为龙头，地面剧场差异化编排的工作方针为指导，坚守剧场定位，做好个性化编播，完成了全台5个首播剧场、9个重播剧场的整体编播架构，保证了全年16578集电视剧的安全播出。

在卫视剧场方面，将上午和午间两个剧场统筹考虑，精准布局。通过二次整合，将优质资源的收视效益最大化，盘活了卫视非黄金剧场，增强了非黄金时段的竞争力。

基于与卫视差异化编排的大原则，地面频道首播剧场有的放矢地采取类型化编排，突出个性化定位。文艺频道炫剧场与广告部密切配合，确定以都市、女性为剧场定位，将编排与广告创收合理结合。科教频道依据频道气质与目标观众，晚间的星月剧场与下午的正剧场均安排男性题材剧，进一步延伸了频道的优势收视时段。

2014 年各剧场编排情况一览表

	卫 视	文 艺	科 教	影 视	财 经	青 年
上 午	上午剧场 精选热点好剧					
下 午	午茶剧场 精选热点好剧		正剧场 涉案剧	家和剧场 家庭、年代、战争剧	财经剧场 战争、传奇剧	
				英雄剧场 涉案剧		
黄金档	红星剧场大戏 人文含量高			首都剧场 地面精品， 与卫视差异化		
非黄金档		炫剧场 时尚、女性、 年轻	星月剧场 谍战、战争、 悬疑剧			青春剧场 传奇、偶像剧

三、继续践行“走转改”，坚持做好电视剧宣传工作

2014 年是宣传发力之年，自 2009 年影视剧中心成立 BTV 剧委会，招募海量热爱电视剧的观众加入俱乐部并定期举办活动以来，影视剧中心还首创了电视剧首映庆典、直播电视剧拍摄、粉丝见面会、电视剧校园行等丰富多彩的推广活动。

2013 年初，影视剧中心与北京市委精神文明办公室合作，推出全新品牌“欢剧一堂”，通过看片会、新闻发布会、社区文艺活动、专家研讨会、庆功会等多种形式，在一部电视剧播出的前中后段，全面展开推广攻势。两年来，“欢剧一堂”系列活动携《独生子女的婆婆妈妈》《打狗棍》《大丈夫》《我的儿子是奇葩》《勇敢的心》等多部优秀电视剧作品走入北京市区多个社区街道；与宋丹丹、佟大为、潘长江、彭玉、闫学晶、巍子、杨志刚等影视明星一起做客寻常老百姓家。

“欢剧一堂”的创新点，一是传播渠道多样。“欢剧一堂”既是一个地面活动，同时也有媒体参与报道，能够达到媒体混合传播的效果。二是目标受众精准准确。

根据电视剧的类型不同，走入社区、学校、商城等地，面对不同的受众开展活动。三是演艺资源为我所用。“欢剧一堂”活动的核心是为电视剧做宣传，因此演艺明星们会不遗余力地展现才艺，并与观众有良好互动和交流。2014年，“欢剧一堂”16次走进社区与观众交流，收到了很好的宣传效果。

财经节目中心工作概况

财经节目中心

2014年，财经节目中心完成了既定的工作任务。概括起来就是：四个完成、三个创新、两个融合、一个推进。

四个完成：

一是圆满完成了台内下达的收视率和收视份额任务，实现双达标。

二是顺利完成了三项自主考核指标任务：财富节目带平均收视率超过指标9.3%；在北京地区所有频道综合排名中超过央视财经6位；推出的第一档先行先试的收入考核栏目——《北京发布》超额完成创收任务。

三是完成两项大型活动：《天下财经》成功举办第二届“请你操盘”大型公益活动。上千名选手参与其中。节目中开设了相应板块，全景展现选手排名、持股情况，探索新形势，引入“真人秀”元素，记录选手当天的实际操作情况和真实生活，增强节目可看性。成功举办《快乐收藏——首届民间收藏知识大会》。该项目是财经频道落实市委宣传部部长李伟关于“BTV地面频道要做有影响力的大型地面活动”的指示精神而策划推出的大型原创收藏知识类闯关真人秀节目。它“以民间收藏知识竞赛为核心，藏友比拼眼力为主体”，以“收藏达人秀、藏品专家评、文化名人说”为基调，以“知识还原历史，文化提升价值”为主线，打造一场百姓喜闻乐见的民间收藏盛典。

四是完成一部大型纪录片——《大引擎》。为展现北京在转变经济发展方式进程中，文化创新、科技创新“双轮驱动”的发展战略所取得的成就，把中国梦宣传报道引向深入，2014年4月，财经频道播出了五集大型纪录片《大引擎》。节目播出后，受到了各界好评，并在北京电视台上半年优秀节目评选中获得电视社教类二等奖。

三个创新：

一是编排创新，日常及节假日节目各具特色。经过不断优化调整，以财富、收藏类等契合和引领社会热点的内容为特色的财富类节目已成为财经频道最大的亮点。为放量优势资源，2014年财经频道进一步强化“财富节目带”概念，努力形成品牌效应：增加《理财》《拍宝》这两大财富节目带主要构成栏目的播出时长，《理财》扩充为周一至周日50分钟通档播出，《拍宝》由周播80分钟扩充为周播100分钟。扩版之后这几档财富类节目进一步形成规模，提高了节目的品牌识别度，在一定程度上改变了过去财富类节目眉不清目不秀、标识不明显的状况。

假日特别节目《财富之夜》推出一年之后，为取得更好的播出效果，实现大时段大板块的拦截，2014年频道再次创新编排，在元旦、春节、“十一”期间尝试采用了《财富之夜》首重连播的方式，取得了良好的收视成绩。以“十一”期间《财富之夜》为例，首播和重播分别比三季度日常节目收视提升了63%和37%。

二是内容创新，延展财富节目带宽度。2014年财经频道多档栏目不断进行创新尝试：9月《理财》试水播出《中国好手艺》系列节目。节目突破了以往收藏类节目看宝贝说价格的惯性思维，深挖藏品背后的文化价值和手艺人的故事，是《理财》栏目提升自身节目气质的一次有益尝试。10月17日，《财富故事》推出《收藏大家》，深挖大收藏家资源，拓宽涉猎范围，丰富节目内容，有效延伸了财富节目带宽度。

三是样态创新，丰富节目储备。春节期间，节目将场景设置在“理财客栈”和“理财当铺”中，邀请了赵忠祥、王玥波等收藏名家以及汪国新等书画名家，通过斗宝、竞猜等形式在嬉笑演绎之间将精彩内容串编，打破了以往演播室主持人播报的传统方式。“十一”期间，《财富之夜》再次创新，借鉴了时下热门的大型季播娱乐节目的做法，加入了大量的娱乐化字幕和声效元素，为节目锦上添花，增添了喜感和可视性。

两个融合：

一是台网融合，加快与新媒体对接步伐。为配合BRTN上线，频道成立了专门的新媒体工作小组，多次与本台新媒体积极联手深度融合，对频道节目和活动进行全方位报道和推介，微信用户反响热烈，粉丝量激增。9月份，为响应台里大力发展微信电视的号召，频道领导带队，各栏目制片人、主编和主力记者近30人，与台新媒体项目部进行了一次热烈而有效的沟通和座谈。据统计，全年频道微平台共发稿4000多条，BTV微平台发稿也有不俗的表现，BRTN点击量位居前列。

二是与广告部建立起广告融合的工作机制。4月份以来，包括主任、各栏目制片人在内的财经中心融合小组与广告部进行了多次深入的沟通交流，协商制定出两部门间的融合目标与配套办法。目前两部门已达成共识，围绕收入构成、行业发展方向、重点项目等，共同制定近、中、长期目标，共同开发、共同创收。

一个推进：

为推进频道管理的制度化和规范化，2014年频道制定了内容生产目标责任书，修订了多项管理规定，同时进一步完善了主任办公会制度。

制定内容生产目标责任书。为确保财经节目中心完成台里下达的各项任务指标，促进财经频道的全面发展，2014年频道再次制定了内容生产目标管理责任书，使频道管理做到有章可依、有据可循。

修订频道多项管理规定。对常规节目管理规定、非常规节目管理规定、创新节目流程、大型活动管理规定等频道多项管理规定重新进行了修订，进一步严格三级审片制，细化送审、播出管理规定，制定了频道新上节目的相关管理办法。

完善主任办公会制度。2014年，财经节目中心明确规定主任办公会每两周进行一次，如有特别事项，随时召开。主任办公会讨论的内容丰富，决策明确，会议纪要格式更加规范，参会人员均签字确认。这些都是频道规范管理方面的进步。

体育节目中心工作概况

体育节目中心

2014年，体育节目中心较好地完成了各项任务。

一、栏目调整显现成效

2014年9月1日开始，体育频道新开播了两个新栏目，午间新闻栏目《声声体育》和群众性棋牌节目《欢乐二打一》。两个节目开播以来深受观众喜爱，《声声体育》填补了体育频道午间时段没有首播原创节目的空白，使体育新闻的布局更加合理，平均收视率也超过原时段5%。《欢乐二打一》是一个群众性和娱乐性较强的打扑克栏目，这个栏目一经播出便吸引了广大观众特别是青少年的目光。该节目每天18：00开播，截至年底平均收视率已达0.57%，是原时段收视率的1.48倍，而且收视率呈不断升高的良好趋势，并多次跻身频道当日收视率之冠。

二、赛事转播水平不断提高

2014年，体育节目中心继续狠抓赛事转播，高质量完成了环北京公路自行车赛、南京青奥会、南美超级德比杯、中超、CBA联赛等赛事公共信号制作。

自行车多日赛是电视界公认的转播难度最大的项目。从天上到地上，从城市到山间，直升机、摩托车、固定机位，多种拍摄手段加之多种地形地貌，拍摄环节复杂，需要异常强大的系统合成能力和团队配合才能顺利完成。2014年是北京电视台第四年转播环京赛，技术手段已经成熟，转播技巧更加高超，转播水平得到了国际自盟的高度认可，国际自盟市场推广部主管阿兰·莱斯顿在比赛结束后的第一时间就致信北京电视台，对转播工作表示由衷感谢，对国际水平的转播信号表示赞赏。

2014年，北京电视台还第二次参与奥运会的公共信号制作，承担了南京青奥会的举重和射箭项目，共完成了9天、17个单元、50余小时的公共信号制作任务。国际奥委会的制作经理为青奥会转播团队认真的工作态度和虚心的工作作风打出满分。

三、承担奥运会乒乓球公用信号制作任务

2014年8月5日上午，北京电视台和视达众乐（北京）传媒有限公司正式签约，北京电视台将派出制作队伍，承担里约奥运会乒乓球项目公共信号制作任务，这是省级台第一家承担在境外举办的奥运会赛事公共信号制作任务。为完成这一重要任务，下半年体育节目中心进行了大量系统性工作，并正式开启里约奥运周期公共信号团队组建和培训工作。

四、世界杯等重大报道取得突破

世界杯历来是体育节目中心的重点项目，经过反复研究，确定了以前方报道、午间直播、体育新闻、综艺节目、赛事前瞻和比赛直播6大板块全天24小时播出为格局，突出专业性、互动性、技术性和前瞻性。

本届共64场比赛，除时间重复的8场以外，其他全部进行了现场直播（创纪录

的38场比赛由自己解说评论）。平均收视率0.48%，占有率9.55%（比上届提高36%），在夜间取得了不错的收视成绩。

充分发挥《足球100分》的品牌和内容优势，开办每日评球专题《激战世界杯》。在保证两档新闻《天天体育》《体坛资讯》的同时，增加午间新闻《激情巴西》。三档体育新闻多点开花，或是抢时效，或是重评论，或是拼参与，各具特色。和新媒体中心共同开发了为世界杯制作的微信页面，世界杯期间每档节目都有相应互动，并特别创办了大型体育互动娱乐直播节目《最强战队》。同时派出13人的前方报道组，足迹遍及全部12个比赛场地，行程将近3万公里，采访了所有焦点赛事，与各栏目视频对播百余次，回传视频素材164条，成片播出近百条。

仁川亚洲会是2014年另一个重大赛事，北京电视台体育频道进行了全面报道，每天直播10小时的赛事；同时前方12人报道团发回“京味”报道，满足北京观众的需要。

此外，体育节目中2014年还对索契冬奥会、中国网球公开赛、中超联赛、CBA联赛、全国排球联赛等大赛进行了重点报道。

五、独立经营试点开始，海沙节取得新成绩

2014年，北京电视台进行独立经营改革，体育频道是第一批试点单位。体育节目中心迅速转变工作重心，很短时间就组建了京视体育公司，7月18日正式成立，现已完成全部登记注册手续，并取得北京电视台体育频道广告独家经营授权书、节目制作许可证和中国体育彩票代销证。公司成立之初，积极完善各项公司规章制度流程，并于9月30日顺利召开公司首届第三次董事会，会上审议通过公司机构人员方案及重要管理制度，为公司下一步的正常运转提供了制度保障。

第六届海沙节如期在6月底开幕，全体工作人员奋战两个月，实现了海沙节从知名品牌到黄金品牌的转变。2014年游客人数达到了20多万人次，总收入较2013年同期增加了25%。数量庞大的游客基数、优质独特的软硬件条件、积淀深厚的品牌实力，令众多知名企业对海沙节青睐有加。从合作伙伴到赞助商，明晰完善的赞助体系不仅令海沙节得到了强有力的支持，更令合作企业与海沙节实现了真正的共赢。几年来，依托海沙节平台，“以活动养节目，以节目促活动”这一良性循环的运作模式取得成功。

六、重视新媒体、新技术的应用

体育节目中心在电视技术的发展上一直紧跟时代步伐。本届世界杯大赛体育节目中心进行了多项有益尝试。首先，中心和新媒体中心共同开发了为世界杯制作的微信页面，是全台第一家，也为后来全台微信电视的发展进行了探索。其次，完成了全台首次境外4G直播。一个月中累计与各档栏目进行了100多次视频对播，其中绝大部分是4G直播，极大地丰富了频道的节目内容，也展现了体育频道编辑记者的综合能力和风采。第三，后方演播室也采用了大量新技术，比利时DELTE数据分析系统以及天脉技术在直播中已经广泛应用；虚拟技术也在《最强战队》直播中崭露头角。

生活节目中心工作概况

生活节目中心

2014 年，生活节目中心以弘扬社会主义核心价值观为宗旨，在“全国十大民生影响力频道”称号的鼓舞下，深化多个层面的品牌建设，提升频道和栏目品牌的影响力。

公益传播活动走向全国，助推频道品牌新跨越。2014 年“十一”期间，北京电视台生活频道《生活 2014》联合黑龙江、陕西、山东、江苏、湖北五地品牌民生新闻栏目，共同策划“生活微行动之袋袋来了”，倡议“不乱扔垃圾、文明旅游”公益活动。通过电视发起、互联网跟进、地面活动造势的传播模式，实现全国传播效应。在 10 天活动期间，全国六地共计播出 278 分钟节目，3 万名志愿者参与，20 多家媒体刊发专题，中央电视台《新闻直播间》栏目对本次活动进行跟进报道，新媒体阅读量达到 3600 万，超越同期央视发起的同类活动。

丰富生活节目的文化内涵，扩大品牌影响力。2014 年 9 月 5 日，由西城区委宣传部与生活频道联合策划拍摄文化纪录片《寻找记忆·拾说什刹海》，走访了百位艺人、文化学者，记录了老北京的历史文化传承。《四海漫游》栏目也因为对于文化定位的坚守，荣获中国电视艺术家协会《传承中国》全国电视纪录片大奖。

建立“节目内容创新研发小组”和“节目经营创新小组”，从机制上构建频道发展的“双核”驱动力量。节目创新研发小组，以栏目改版和新项目筹备为基础，摸索节目内容创新路径。一年来，探索《大城小事》联合制作模式，推进系列节目——《面条争霸赛》《上菜》第二季。

频道经营创新小组，开创性地完成了频道全中心工作内容的全面转换，从专注于内容创作，到内容和经营工作深度融合，共抓共管。在经营小组的带动下，频道初步完成了生活频道未来内容生产与频道经营共生系统的论证，将经营工作的思路纳入频道乃至栏目的各个层面，针对收视和收入不同目标进行节目差异化管理，将经营指标开始逐步纳入节目和制片人考核和奖励。

尝试“直播化”民生节目形态，以“交互优势”探索节目新样态。2014 年，生活节目中心从演播室改造、团队重塑、流程再造等多方面着手《生活 2014》栏目直播化准备工作，并在国庆期间进行了直播化测试。直播化改造工作为这档旗舰资讯栏目带来生产方式的全新变革，也得到市场的检验。

率先推出地面季播节目。2014 年 2 月，生活频道首档季播节目《开门见喜》正式开播，这一全新的生产模式的建立，在频道开了先河。节目结束，节目组呈现的一本节目制作手册见证了一个团队转型中的付出与成长，成为频道的宝贵财富。

8 月，《幸福厨房》栏目衍生季播形态节目《面条争霸赛》，这是为客户量身定制的首档季播节目，实现了制定的季播节目1∶1.8投入产出最高目标，平均收视较同时段提升23%，获得经营与收视双丰收的好成绩。

11月8日，由北京市旅游委拨款赞助的美食真人秀节目《上菜2》开播，该节目以超越同业的美食拍摄品质和原创节目形态引起反响，实现了生活频道季播节目的品质提升。

深挖自身优势，常规节目内容营销开掘空间。在频道一些栏目收视稳定、品牌影响力逐步提升的情况下，通过与广告部深度融合，实现栏目冠名、植入等内容营销的深度开发。2014年《生活+》《幸福厨房》成为植入收入超千万的周播栏目。《我爱我车》《四海漫游》两档栏目实现收入大幅增长。

开拓市场需求，特殊项目以销定产拓展增收。一年中，不断梳理中心现有资源，特别是美食、家装、汽车等资源，主动探索市场需求，以全新思路和姿态迎接市场，启动多项以销定产项目。成功实现了季播节目《幸福厨房——面条争霸赛》《上菜》（第1季、第2季）和特别节目《美食地图之吃迷世界杯》《我爱我车之北京国际车展》等以销定产项目；开办资源型节目《第一房产》，快速实现了营收。

构建大媒体平台，实现移动互联台网融合。2013—2014年度“吃在北京”美食评选，由生活频道与市旅游委联合主办，真正实践了一次全媒体系统化传播。近300家餐厅、200名厨师报名参评，近200万人次参加网络票选，并首次开发移动终端（APP）评选投票系统。6月19日，评选颁奖节目暨频道首个“美食主题日”启动，集结70位名厨，展示了全世界最大的一碗老北京炸酱面诞生的全过程，并成功申请了世界吉尼斯纪录。

青少·海外节目中心工作概况

青少·海外节目中心

2014年，青年频道以“一季度稳健开局、二三季度平缓发力、四季度全力冲高收官”为总体收视战略，先后对频道播出格局作出两次较大调整，使频道在央视和省级卫视强者愈强、地面频道压力剧增的情况下，保持了收视的稳定上升。

一、秉承创新理念，强化精品意识

《BTV环球春晚》《第四届北京国际电影节闭幕式暨颁奖典礼》《一个法国人的红楼梦》《甲午推想》等一系列高品质节目赢得业内外广泛认可。

开创春节晚会新的美学范式——《BTV环球春晚》惊艳春节荧屏。青少·海外节目中心制作的《2014BTV环球春晚》在文化融合的世界潮流中，面向全球，与全世界超过20亿的华人一起欢度春节。晚会上，俄罗斯大使吉尼索夫先生、阿根廷大使马蒂诺先生、冰岛公使巴尔迪松先生、法国大使白林女士，以及南非公使马海露女士走上《环球春晚》舞台，并分别带来俄罗斯的顶级现代舞团——托迪斯舞团、阿根廷最高规格的探戈舞团——卡洛斯·加德尔国际探戈艺术团、冰岛最具人气的儿童节目《懒惰镇》、法国流行乐第一代言人伊莲娜·霍莱、南非时尚街舞团体“热血天团”表演的精彩节目，与詹姆斯·布朗特、齐秦等艺术家一起，达成了环球春晚“环球文艺之窗”的斑斓品质。基于往届《环球春晚》语言类节目相对较少的问题，本届晚会着力打造了风靡北美和网络的“北美崔哥”脱口秀，通过对中外文化差异的趣味解读，展现以汉字为代表的中国文化的输出价值，用国际化的新锐视角反映中外文化碰撞，幽默化解读中国在全球影响力的日益扩大，实现晚会主流价值观表达及传输。晚会播出后收视率达到4.57%，在全国春晚中排名第6，比去年提升6位，其“清新独特、国际风范”的特色被认为开创了春节晚会新的美学范式。

名流齐聚同展华光——第四届北京国际电影节闭幕式暨颁奖典礼赢得高度赞誉。4月23日，青少·海外中心承办的第四届北京国际电影节闭幕式暨颁奖典礼在BTV大剧院举办。100余位国内外演艺名流亮相红毯，与担任本届电影节天坛奖评委的国际电影大师们共同见证10项天坛大奖的最终归属。国家新闻出版广电总局、北京市委市政府领导同志到场观看，并对闭幕式暨颁奖典礼给予高度评价。

庆祝BTV建台35周年，展示北京台未来蓝图——新版BTV形象宣传片赢得业内外好评。青少·海外节目中心承接了摄制BTV新版宣传片的任务。经过充分调研和策划，宣传片把北京电视台放在首都快速发展的大背景下，立足北京，放眼世界，以BTV的文化引领能力、技术应用能力、市场发展能力为核心内容，展示BTV整体实力与气质。该片在天安门广场大屏幕和北京电视台各频道播出后得到业内外高度赞誉。

编织中法文化相知相交的纽带——历时近一年打造精品纪录片《一个法国人的红楼梦》。受北京市委宣传部委托，青少·海外节目中心组建精干团队，完成了纪念中法建交50周年文化项目——纪录片《一个法国人的红楼梦》的摄制工作。该片讲述了《红楼梦》法文版校译者、汉学家安德烈·铎尔孟的传奇人生。全片以铎尔孟在生命的最后10年里幽居于巴黎市郊一所修道院，协助学生李治华校译中国不朽名著《红楼梦》的故事为主线，回溯他自青年时期东渡中国，从此深深迷恋这个东方古国的文化，流连忘返50年的人生轨迹。在跌宕起伏的故事讲述中，纪录片展现了中国古典小说、戏剧、绘画等艺术形式的神奇魅力，同时亦深入再现了中法两个文明古国文化相知相交、绵延不绝的深厚血脉，具有耐人寻味的文化价值。纪录片先后在青年频道、北京卫视、纪实高清三个频道播出，其精致的风格赢得观众广泛好评。

体现时代责任与民族情怀——摄制大型系列专题片《甲午推想》。为了纪念甲午战争120周年，反思这场海战对于近代中国的特殊意义，《军情解码》栏目推出8集特别节目《甲午推想》。节目组邀请权威历史专家萨苏、陈悦，军事专家张召忠、房兵，通过讲述甲午战争史上那些“改变历史的时刻”，揭开甲午战争背后不为人知的故事，同时展开具有现实意义的思辨，温古思今，以史为鉴。纪录片采用了全新的切入方式，不追求大而全地总结介绍战争全过程，而是从不同切入点、不同视角对既成事实进行反思、辨析，力争从中探寻到具有规律性和现实借鉴意义的观点，从“前事不忘、后事之师”的角度呈现这场改变了近代中国发展历程的战争。

传承国学经典，弘扬传统文化——打造品牌系列节目“太庙国学讲坛”。9月下旬，《书香北京》栏目组走进太庙，打造国庆系列特别节目《书香北京》“太庙国学讲坛”。特邀中国当代著名作家、红学研究家刘心武和河南大学文学院教授、中国古代文学学科带头人王立群为观众解读《红楼梦》和《成语中的古代礼仪》，播出后引起强烈反响。

二、践行“经营性创作”新理念，节目与市场对接迈出实质性一步

青年频道在2014年将“经营性创作”理念付诸实践并迈出实质性一步。频道连续推出的《北京爱情》《完美婚礼》《崔哥来了》三档季播节目，实现收视递增。《北京爱情》为季播节目打开了第一扇门，成功传递出青年频道的市场化探索信号。随后播出的《完美婚礼》实现收视提升，12期节目在竞争激烈的周末黄金时段平均收视率达到0.44%，国家新闻出版广电总局监管中心《监听监看日报》还刊发专题点评，对《完美婚礼》倡导健康婚恋观给予高度评价。紧随而至的《崔哥来了》实现进一步提升，8期节目平均收视率0.48%，单期最高收视率达到0.75%，市场份额达到2.03%，均创季播节目收视新高。

为了探索节目与市场对接的最佳路径，寻找地面频道进行市场化运营最佳模式，2014年，青少·海外节目中心有目的、有计划地进行了多种形式的节目营销。

定制合作——简单、高效，适合短平快项目且可回避自身制作能力的短板，提升综合业务能力。如《北京爱情》，即由中心向外部制作机构提出具体需求，由其为中心制作所需节目；《完美婚礼》则由中心节目制作团队与外部团队联手进行节目的策划与摄制，在创作方面形成优势互补。

联合营销——分摊成本，汇聚资源，扩大播出覆盖面。如《我是传奇》，由北京电视台青年频道与青海卫视、广东电视台综艺频道、卫风传媒共同出资、共同策划，并实现利益共享。这档全国首档明星生存极限挑战真人秀节目由BTV青年频道、青海卫视、广东综艺频道联合播出，卫风传媒承制。这种“一星两地”的制播模式，让地面频道得以参与大成本、大制作的节目，被认为是中国电视行业合作模式方面的一次飞跃。

线下营销——对《环球春晚》等自有品牌资源深度发掘并快速赢得市场回报。如《崔哥来了》，即由中心的播出平台和创作团队与具有市场价值的优秀艺人合作，录制优质节目播出形成一定宣传效果后，进而进行地面商演合作，实现荧屏播出效益与剧场演出效益的无缝对接。

平台合作——电视媒体与新媒体优势互补，立体合作，实现共赢。如《书香北京》栏目与长期占据国内移动阅读应用市场份额第一名的掌阅科技合作，这也是移动阅读领域首次有企业与电视节目进行冠名合作。掌阅iReader作为移动阅读第一品牌，移动阅读市场份额达34.28%，积累了海量用户。《书香北京》依托其千余位知名作家、文化学者等专家嘉宾组成的庞大文化学者圈，以及覆盖书店等文化场馆、社区、企业、学校等线下资源，营造了强大的文化品牌价值。此次《书香北京》与掌阅 iReader 达成战略合作，不仅获得 300 万元的冠名费，还与对方共同构建立体资源平台，采用栏目、线下实体、互联网多位立体联动，为受众营造一个集高度、深度、广度三维一体的文化平台。

动画节目中心工作概况

动画节目中心

2014 年，动画节目中心进一步明确节目生产思路，改善经营融合理念，挖掘频道品牌价值，在保持竞争频道收视优势的基础上，形成卡酷少儿特色内容生产模式，实现经营创收业务的创新突破，确保卡酷少儿品牌价值的稳步提升。

一、探索内容生产创新　助力收视提升

探索节目创作思路，充分挖掘少儿专业频道资源优势和受众特点，从形态入手创新节目生产，培养季播节目制作及播出模式，填补频道节目形态空白。全新打造动画主题综艺秀《剧星派》、动物科普综艺秀《卡酷动物园》等气质活泼、形态新颖的优质少儿栏目；推出汉字竞技类节目《成语豪杰争霸战》、科学益智综艺类节目《终极大脑》等形成话题影响的季播节目；完成品牌大型活动《2014 年卡酷少儿动画春晚》的再度创新升级，实现节目经济效益与社会效益的有机统一。

优质精品的原创少儿栏目构成了卡酷少儿独有的栏目结构和差异化发展特色，有效形成频道收视亮点。截至 2014 年 9 月，卡酷少儿在北京地区 4～14 岁核心受众收视率 1.63%（频道指标 1.35%），全龄收视份额 1.55%（频道指标 1.50%），完成了频道收视指标任务，并持续保持北京本地市场少儿类频道第一。全国 34 个城市全龄收视份额 0.86%，在所有省级卫视中排名第 15 位，与去年同期相比市场竞争力提升 6%。

二、坚持对未成年人的引导　体现频道担当

自觉践行媒体人的责任和使命，将坚持正确舆论导向、追求节目文化品质作为工作第一要务，坚守未成年人宣传教育阵地职责，用孩子们能够理解的语言进行潜移默化的社会主义核心价值观的教育，体现少儿媒体的社会责任和担当，打造健康、绿色频道。

2014 年，卡酷少儿制作完成 26 集原创中国梦主题三维动画片《戚继光》，通过动画形式演绎明朝抗倭英雄戚继光英雄事迹，传承爱国主义精神。该动画用 7 个月时间完成通常需要 3 年的创作成果，最大程度保持了对历史真实的尊重再现，在行业中均是首创。首播当日受众市场份额跻身同时段全国 33 中心城市省级卫视第一。

开展一系列贴近观众的公益活动，主持人公益行动之“玩具嘉年华　环保我先行”、卡酷 10 周年大型公益行动“快乐‘10’不可挡”，联手百位动漫名家和频道

热心观众进行公益创作，彰显卡酷少儿在小观众中的引领力与号召力。

三、搭建精品助推平台　扶持产业发展

通过联合出品、专题节目等形式，与国内外优秀动画项目强强联手深度合作，举办“2014 国产优秀动画精品联合发布会”，打造把关导向、订制精品、对接市场需求的产业发展引擎。目前，卡酷少儿在所有上星卫视中拥有最多 2014 年院线国产动画电影的电视播映权。

全面拓展国际化视野，实现动画精品“引进来、走出去”。与美国、英国、法国、俄罗斯等多国知名动画公司开展密切合作，2014 年频道独家引进的迪士尼品牌动画《小公主苏菲亚》，是近十年来唯一由省级卫视获得的国家新闻出版广电总局许可播出的境外动画片。带领原创精品走出国门，频道参与出品的优秀国产动画《食功夫之美食大冒险》《我的朋友猪迪克》等，在法国、韩国、俄罗斯、印度等国际动画界上广受好评，达成多国预购意向，向全世界展示中国原创动画发展实力和中国传统文化精髓。

四、实现产业经营突破　完成创收任务

在节目生产与广告经营融合方面进行突破和创新，深度挖掘频道品牌价值，拓展项目合作方式。与国内外优秀动画项目的版权方、发行方、院线紧密结合，通过资源置换、联合出品、票房分成等形式，成功运作《开心超人》大电影、合拍动画电影《潜艇总动员》等十余部具有票房影响和收视拉动效果的原创项目，实现卡酷少儿平台价值转化。实现节目创制模式突破，与具有广告经营能力的社会公司合作推出季播节目《终极大脑》，从收视和收入双方面为频道带来收益。

截至 2014 年 10 月底，卡酷少儿频道经营收入已经超过 1 亿元，其中自主经营收入 891 万元，比去年同期提升 1.5 倍，不仅提前两个月完成了频道 2014 年的基础收入指标，更超额完成了 1 亿元的目标收入指标。

五、行业内外受到赞许　彰显品牌价值

基于频道在内容生产上的不断创新，运行模式上的不断摸索，2014 年 BTV 卡酷少儿在少儿文化市场上的整体实力和品牌影响得以有效提升，荣誉称号不断，稳固卡酷少儿在全国动画少儿专业频道中的领军地位。

2014 年，频道荣获少儿精品发展专项资金“优秀少儿频道、动画频道一等奖”、中国文化艺术政府奖“最佳动漫传播机构”、中国卡通产业论坛“CCIF 中国动漫产业影响力机构”等多项荣誉，获评团中央青少年维权岗、2014 年首都未成年人思想道德建设创新案例等光荣称号。

参与出品的诸多精品原创动画在国内外斩获佳绩，《熊出没之夺宝熊兵》荣获中宣部第十三届精神文明建设“五个一工程”奖、第二届中国文化艺术政府奖“最佳动画电影奖”和第十届中国国际动漫节动画电影金奖；《淮南子传奇第二季》摘取第 27 届中国电视金鹰奖“优秀电视动画片”奖；《食功夫之美食大冒险》先后斩获 2014 常州国际动漫节“金恐龙”一等奖和 2014 印度国际微电影节最佳动画奖等。

纪实频道节目中心工作概况

纪实频道节目中心

2014年，纪实频道节目中心围绕频道上星播出和产业化运营这两个中心开展工作，完成了既定的各项工作任务。

一、圆满完成上星信号传输任务

在各级领导的大力支持与全台各相关部门的通力协作之下，6月6日举行“纪实频道上星播出新闻发布会暨上星开播仪式”，6月8日纪实频道正式上星播出，取得了里程碑式的进步。

频道围绕这项工作，先后在北京国际电影节纪录片单元和上海电视节期间，成功举办了“新起点——国际纪实影像经营模式论坛”和“北京纪实频道上星运营情况说明会”等活动，得到业界的高度肯定和各大媒体的广泛关注。

为扩大受众的关注度，了解观众具体需求，频道在2014年组织多场“纪实进社区”活动，走访了北大燕园、后海街道等频道目标受众较为集中的社区，与观众进行面对面交流，听取大家对频道节目和播出情况的意见建议，提升了受众与频道间的黏合度。

二、对常规节目进行调整与改版

频道以“服务人民、展现时代、传播精神”为立足点，对频道各档栏目进行了梳理与调整，使频道节目的整体气质更接地气。

*《纪实天下》栏目改版。*2014年2月，《纪实天下》栏目全新改版亮相。栏目以纪实的视角讲述普通人的别样故事，展现不平凡的情怀，组成时代群像，取得了较高的社会影响力和品牌推动力。其中《国门线上的缉毒英雄》《正乙祠的男旦演员》两部作品获北京电视台上半年社会科教类节目三等奖。另外，在第三届中国嘉峪关国际短片电影展中，《龙泉寺的网络故事》《即将消逝的大棚车》两部作品从400多部纪录片作品中杀入37部入围作品。同时，《龙泉寺的网络故事》还入围了中国镇江西津渡国际纪录片盛典终评名单。《即将消逝的大棚车》等5部作品，纳入了国际新闻出版广电总局向全国推荐的年度作品。

《时尚装苑》栏目改版。《时尚装苑》栏目组调入频道后，重新确定了“发现时尚、记录时尚、感受时尚、分享时尚”的栏目定位和“记录风尚人物，展现时代风格”的价值取向，取得了不错的收视成绩。

*《影事》栏目改版。*改版后的《影事》栏目，增加了对社会话题的讨论，以更广泛的视角、更丰富的内容、更客观的评述，使节目整体气质与频道更加契合。节目收视平稳上升，走势良好。特别是为纪念抗战胜利69周年推出的系列节目《日本兵眼中的中国抗战》，因独创性的视角和资料运用方式，受到上级领导的高度肯定。节目播出当晚，市委常委、宣传部长李伟就对节目给予了关注与表扬，并要求北京市各大媒体给予集中报道。

三、设计十条节目带，建立科学编排体系

根据纪录片的收视人群及频道定位，纪实频道节目中心将全天分为十大节目带，在早间、午间、下午三个时间段，铺设了定位较准确的“早间金色时光”“中午轻松时刻”“下午纪录片爱好者”的节目时段；在晚间重要的收视时段，除安排优秀的“季播节目”之外，以国产纪录片、引进纪录片加自制栏目相揉相济的原则，按照类别分别开设了“社会写真类”“时尚纪实类”“档案揭秘类”“历史怀旧类”、新媒体融合的“微纪录”以及广泛关照业内动态的“纪实圈”等多条节目带。在编排上，采取大时段编排策略，将全天播出分为四大模块，打破“首一重三”的老模式，以用户体验为导向，实现真正意义上的动态编排，充分利用纪实节目的长尾优势，提高节目传播效率。

这一调整成效显著，不仅使频道品牌形象更为完整清晰，影响力也取得较大提升，2014 年频道收视率比编排调整前提升100%，收视份额提升 58%。

四、加大自有版权纪录片投入力度，提升频道核心竞争力

《GPS－星际大战》。和法方合作拍摄的纪录片《GPS－星际大战》，讲述全球卫星导航系统从美国 GPS 一家独大发展到与我国北斗卫星系统等四大系统并立的竞争态势，以及几十年来卫星导航系统对人类生产和生活的影响。该片是频道以国际融资方式进行市场化运营的首次尝试，也是“纪录片走出去”“借船出海”，以与西方主流媒体合作的模式传播中国形象，传递中国声音的一次有益尝试。该片已在法国电视五台晚间黄金时段首播，并已出品发行到俄罗斯、德国、西班牙、新加坡等 15 个国家和地区。2014 年，该项目还获得首笔外汇版权收入。

《我的航海日记》。该片讲述了青岛姑娘宋坤出征世界最具影响力的航海赛事——英国克利伯环球帆船赛中的航海故事，以及她挑战自我，实现梦想，成为2013 年至 2014 年克利伯环球帆船赛上唯一一名完成全程的中国人的心路历程。2014 年 6 月，该片播出第一季，取得了良好的收视效果和社会影响，获得中国数码剪辑大赛影视纪录片类优秀奖，并入围2014 中国（广州）国际纪录片“金红棉奖”终评影片，2014“第二届中国·镇江西津渡国际纪录片盛典”终评影片，成为国家新闻出版广电总局向全国推荐的第二季度优秀作品、中视协纪录片学术委员会的年度评比“十优作品”。

《中国梦 我的梦》。由纪实频道联合北京市 11 个区县广电中心联合摄制的“中国梦”主题专题片《中国梦·我的梦》，以纪实的手法为观众呈现了在北京生活的普通人圆梦的精彩故事。播出后，该片得到了观众和阅评员的广泛关注和高度评价，并入选了国家新闻出版广电总局2014 年第一季度推荐的优秀纪录片名录。

《中国最后的小火车》。该片讲述的是全球蒸汽火车早已退役多年的今天，四川南部小县城中现今仍在正常运营的嘉阳蒸汽小火车以及围绕小火车发生的有趣故事。该片获得了国家新闻出版广电总局向全国推荐播出的年度作品，还成为我国向南非推荐的十部纪录片之一。

《饕餮自然》。《饕餮自然》为频道与西班牙合拍的大型野生动物纪录片。该片跟随生态自然的欢快节奏，呈现天然吃货大快朵颐的趣味场面，讲述动物的饮食习惯、它们最喜欢的菜肴、它们的餐桌礼仪、它们的用餐时间以及它们对食物量的要求。通过各种角度的鲜活故事为观众展现一个耳闻却未亲见的真实的原始生活状态。该片获得第八届中国国际科教影视展评会铜奖。

《水望》。该片展现了北京因水而兴的历史过程，以严谨的考古研究成果为依据再现了北京历代治水、用水理念的变化，以故事和思辨相结合的方式阐释了当下及未来北京对水资源、水环境的态度和规划，让观众从另一个角度了解北京的历史文化，并潜移默化地引导观众从自身做起珍惜水资源。

此外，2014 年纪实频道还制作播出了以下微纪录作品：节气文化系列《24 节气》，24 集；户外探险系列《追梦中国》，4 集；少数民族少年追梦系列《我是中国人》，5 集；玩转地球系列《穿越之旅》，10 集；美食系列《聊酒》《酒庄之旅》，共 6 集；传统文化系列《髹漆》《蛐蛐》《宫灯》《弓箭》，共 4 集。

五、策划推出大型活动，提高频道品牌影响力

承办第四届北京国际电影节纪录片单元系列活动。在取得了北京第四届电影节纪录片单元的首届承办权之后，成功举办了全球纪录片征集评审与推荐、纪录佳作展映、纪录片论坛、沙龙等活动，以纪实频道上星运营播出为切入点，邀请了国内外业界的 150 余位嘉宾，举行了“新起点——国际纪实影像经营模式论坛”，提升了频道品牌在业界的影响力与号召力。

《记忆收藏——留给未来北京》民间纪实主题文化活动。活动以“留给未来北京的礼物”为核心理念，通过全媒体融合的征集与传播，在网友和电视受众中广泛征集当下最值得送给未来北京的“礼物”（物质与非物质），“慢递”给未来的北京人。《记忆收藏》以年度为单元推出相关活动，可充分体现首都媒体的文化引领作用，而通过全民的广泛参与，传递温暖，激发社会正能量，唤醒公民对未来北京的负责意识。

2014“青春的纪录”——环太平洋大学生微纪录作品大赛。2014 年是“青春的纪录”活动继 2012 年、2013 年成功举办以来的第三年，主体环节包括：大学生微纪录作品征集、优秀选题竞标、纪录片进校园、获奖作品导演交流、选题辅导会、首都大学生新闻社纪录片公社等。这项活动品牌影响力不断提升，已成为大多数高校，特别是专业院校大学生熟知并愿意积极参与的活动，培养了多名优秀的大学生纪录片导演，部分作品还在国际纪录片节展获奖。

新媒体发展中心工作概况

新媒体发展中心

2014 年 1 月 8 日北京网络广播电视台开播。这一年，新媒体发展中心在“大媒体”工作理念引领下，顺应互联网传播移动化、社交化、视频化的趋势，以新技术引领媒体融合发展，探索着一条体现时代特征、北京特色、国际水准的全媒体发展之路。

2014 年，新媒体发展中心搭建完成四大新媒体平台：北京网络广播电视台网站、北京 IPTV、BTV 大媒体移动客户端、BTV 官方微平台。

北京网络广播电视台网站（www.brtn.cn）。北京网络台网站（BRTN 网站）在完成全台十一个频道一百多个栏目网络日常宣传的基础上，积极配合全台大型活动和各频道的重点宣传报道。与此同时，网站重视原创内容，在北京网络视听创新成就与节目成果评选中，北京网络广播电视台获得“网络视听产业突出贡献平台奖”。

BRTN 网站也成为国家级、市属重点项目承载平台。“2014 北京市优秀网络视听节目征集评选”官网、“APEC 媒体中心网站”“弘扬社会主义核心价值观共筑中国梦”等主题原创网络视听节目展播平台的相继上线，BRTN 网站影响力逐步扩大。

北京 IPTV。内容上，北京 IPTV 从推出“看吧”升级为 IPTV +，到“淘电影”、大健康频道新内容产品播出，北京 IPTV + 五大业务内容（点播、轮播、专题、看吧和 BRTN 网站 IPTV 专区）面貌焕然一新。

市场拓展上，在调研的基础上联合联通营业厅建成金融大街和远大路联通金源两个 IPTV 旗舰营业厅；开展 IPTV 剧风行动进驻社区推广；制订并实施 IPTV 合作伙伴激励计划，与兄弟台新媒体部门合作推出共享平台，促进北京 IPTV 快速发展。

BTV 大媒体移动客户端。作为北京电视台布局互联网业务的核心产品，BTV 大媒体 APP 完成 8 个版本迭代升级，在全台各频道、重点栏目、大型重要宣传活动中发挥了重要作用。截至 10 月底，BTV 大媒体共发起各类互动活动总计 565 个，平均每月 56.5 项。在北京“两会”、春晚、“五一向劳动者献花”、世界杯、国庆 65 周年直播等大型活动的网台联动中表现突出。

北京电视台微平台。北京电视台微平台的主要工作为自有账号运营和全台账号矩阵管理。微平台运营着 BTV 在新浪、腾讯的法人微博、BTV 微信公众订阅号、公众服务号等 8 个官方账号，同时对北京电视台全台微博、全台微信电视进行矩阵管理。

北京电视台新媒体工作基地。基地是北京电视台建设“大媒体”战略的载体。新媒体基地云基础支撑平台项目获得了“EMC2014 国际大奖”。截至 10 月底，新媒体工作基地共完成接待参观任务 198 批次，2209 人次。

BRTN 品牌推广。利用北京电视台上线仪式、全媒体春晚大礼包等进行事件推广，做到平台、渠道、传播方式等 360 度无死角的品牌宣传；为北京 IPTV + 旗舰体验厅，草莓音乐节进行地面推广；同时开拓了百度搜索、百度视频、百度贴吧、360 手机助手、搜狐新闻客户端、we media 自媒体联盟等合作渠道，拓展新媒体上品牌影响力。品牌宣传片在北京网络视听创新成就评选中获得“创新宣传片”奖。

2014 年，北京电视台新媒体发展中心不断调整思路，坚持改革创新，创造了新的亮点：

探索项目组整体联动的网状生产机制

和积极高效的网台互动机制。在“大媒体”的思路指导下，BRTN 开创性地建立了整体联动、交互开放的网状业务生产机制——以 12 个产品项目组为经、以 4 个平台（PC 端、电视、微博微信、移动客户端）为纬，共同打造 1 个品牌——BRTN。

BRTN 的 12 个产品项目组成员除了新媒体发展中心员工外，还有 11 个对应频道（中心）的编辑记者。双方共同策划宣传报道方案，就不同平台的展示方式进行规划，利用各自渠道互推互宣，在节目呈现方式和人员合作方面形成良性循环。与生活频道联合制作的全媒体互动型健康帮助节目《健康到家》完成了总计 4 期节目样片的拍摄工作。

*积极研发“微信电视”“视频地图”等创新产品。*为了顺应互联网传播移动化、社会化和视频化的趋势，实现媒体升级转型，新媒体发展中心创造性地提出了“微信电视”和“视频地图”等创新概念。

“微信电视”依托移动互联网技术，以微信为入口，通过与电视屏的跨屏互动关联，可以改变节目内容制作、传播的单一、封闭的传统模式，实现经营模式的创新。微信电视得到台领导的充分肯定和大力支持，并在北京电视台内部迅速进行全面推广普及。截至 2014 年 10 月底，依托云编辑平台的矩阵框架体系基本建立。

“视频地图”是将我台优质内容资源互联网产品化的积极尝试。地图服务平台从个体用户使用出发，将 LSB 地理位置与视频内容相融合，改变传统视频节目传播方式，从概念上占据尚属行业空白的基于空间视频传播的领先位置。目前，项目已完成基础地图数据承载及应用服务功能开发、地图网站界面、CMS 内容发布及运维平台开发等工作。

*探索网络宣传、新闻报道工作新模式。*在 2014 年 10 月的《家国梦　岁月情》国庆直播中，新媒体发展中心运用多种手段参与宣传报道。BRTN 网站推出大型专题页，进行实时报道；北京电视台官方微博、微信公众平台分别发起主题活动；北京 IPTV 整合内容资源，重点推荐相关节目；BTV 大媒体手机客户端积极助力“心语小亭”和“国庆嘉年华”专题活动的手机端宣传推广，同时观众通过扫描“微信电视”二维码参与节目实时互动。当天，通过 BRTN 网站收看直播报道的用户达23 万人次，北京电视台官方微博话题互动量超过 20 万，充分地展现了首都和全国人民欢度国庆的热烈景象。

在 2014 年北京市“两会”宣传报道中，BRTN 新媒体平台总覆盖人群超过 1 亿。公众通过新媒体了解“两会”动态、参与时事讨论、为首都发展建言献策。BTV 全媒体平台引导正确舆论导向，成为“两会”重要信息的集散地和舆论场。

2014 年 6 月，新媒体发展中心启动“2014 巴西世界杯”全媒体报道实践。此次报道全面打通电脑端、电视端、手机端等终端，网站制作了“世界杯专题”，微平台上为 BTV 体育的 6 档特别节目开通微门户互动平台，BRTN 论坛启动了“看球去哪”等有奖互动活动，在 IPTV 端特别推出“世界杯看吧”。多平台形成了报道合力，取得了良好的社会效果。

2014 年 3 月，正式播出的《真相》节目由新媒体发展中心、新闻节目中心与新华社北京分社联合制作，旨在帮助大众甄别虚假不实信息，探寻事实真相，节目在 BTV 传统频道和 BRTN 新媒体平台播出。

《真相》得到中宣部、国家网信办、国务院新闻办公室和新华社领导高度重视，其中，中宣部副部长、中央网络安全和信息化领导小组办公室主任、国家互联网信息办公室主任鲁炜做了特别批示。在北京网络视听节目成果与创新成就总结大会上，《直播北京·真相》获得“最佳原创纪录片奖”。

2014年全国“两会”期间，新媒体发展中心积极拓展对外合作，与人民网合作推出“问总理、上头条”活动，进行了跨媒体的重大活动报道。地方媒体与全国性媒体联动、BRTN四大新媒体平台联合发力，产生了巨大的舆论引导合力。

2014年“五一”宣传中，新媒体发展中心和新闻节目中心一起启动了“幸福绽放”——“五一敬·爱传递”大型新闻报道活动。在网络上，BTV大媒体制作的象征幸福的鲜花在微信朋友圈中传递，向劳动者致敬。活动形式新颖温馨，取得了良好的传播效果。

新媒体发展中心与信息网络管理部、新闻节目中心共同研发了全新报道工具——“心语小亭”。它通过BTV大媒体客户端的视频采集，将用户UGC内容直接引入新闻生产网，实现了互联网与传统新闻生产融合。“心语小亭”先后在北京电视台建台35周年、新中国成立65周年直播、重阳·陪伴是最好的礼物等大型活动中成为报道的主力军。

总编室工作概况

总编室

2014年，总编室紧密围绕台党委提出的改革发展思路，发挥职能作用，夯实基础工作，服务节目一线。

*统筹开展正面宣传。*统筹全台传播资源，精心组织策划，推出社会主义核心价值观系列宣传片。组织各节目中心通过新闻报道、深度访谈、专题节目、策划“助力中国梦 展望新生活”系列宣传片，持续做好对十八届三中全会精神的宣传报道，解读好《中共中央关于全面深化改革若干重大问题的决定》，为促进改革发展、实现中华民族伟大复兴的中国梦提供舆论支持。

深入推进中国梦主题宣传，推出“中国人 中国梦”大型公益活动，针对不同年龄阶段，分别开展“画梦小超人”“追梦少年人”“寻梦同龄人”征集活动，尝试在全市90个小区进行地毯式推广。

按照台党委的统一部署，统筹全台各部门提前策划，完成庆祝新中国成立65周年、邓小平同志诞辰110周年、全国和北京市“两会”、纪念抗日战争和甲午战争等相关活动的宣传报道10余项。其中北京卫视、新闻频道、国际频道和BRTN网络广播电视台同步播出的大型直播报道《家国梦 岁月情——新中国成立65周年抒怀》，举全台之力，千余名工作人员参与其中，创下了北京电视台有史以来最大规模的直播。

*加强热点宣传的引导。*统筹做好马航

失联等突发公共事件的新闻报道，完善敏感时期专项新闻应急预案，在应对2014年北京市多次发生的雾霾天气中，按照《北京电视台气象预警信息播出方案》，迅速主动做好雾霾预警信息的权威发布和雾霾主题系列节目的编排工作。

探索创新宣传方式。《电视先锋榜》栏目以深化台网融合为出发点，应用好微信等新媒体手段，制作刊发“抢先看 电视先锋榜——本期节目精彩导视”，拓展了节目传播渠道和途径，收到了积极的反馈效果。

坚持品牌化、精品化思路，策划推出“我爱北京的蓝天”公益宣传片创意征集大赛、“筑梦有我——为美丽北京加油”主持人大型公益新闻行动等四个大型公益活动。

创新公益宣传的手段和形式，积极开展公益广告宣传，配合社会热点和传统节日节气等主题，策划制作公益宣传片120余条。

推进顶层设计方案落实。努力推进节目生产与广告经营融合机制创新，做好频道独立经营改革各项工作的统筹协调，下大力气推动事业产业之间的实质性融合。为加强节目与广告经营的深度融合，促进北京电视台内容生产创新发展，组织起草了《北京电视台频道（中心）发展基金管理办法（试行）》和《关于〈北京电视台频道（中心）发展基金管理办法（试行）〉增补条款的通知》；推进《关于完善北京电视台广告经营与内容生产融合工作机制的通知》的落实，明确工作目标、对接机制及工作要求；全面履行北京电视台频道独立经营改革工作领导小组办公室的职责，组织召开专题会议，撰写北京电视台关于开展频道独立经营改革试点工作报告，做好各项组织协调和督办落实工作，全力配合做好北京电视台频道独立经营试点工作。

加紧理顺内部机制。按照“调整机制、增强个性、立足可行、着眼实效”的原则，根据全台统一部署，系统梳理由总编室制定（或参与制定）的历年全台内容生产规章制度共计114项，其中涉及立、改、废相关制度共62项。

按照精而管用的原则，作为试点部门，配合人事部逐步建立以岗定责、以岗定薪、岗变薪变的薪酬绩效考核体系，截至12月已完成全员岗位首次套入，全员工龄、职称、学历核实修订，专项工作梳理，考核指标和骨干层首次评定办法试行方案制定等多项工作。

不断强化市场意识。依据“首善媒体 大美品质”的内容生产目标总要求，加强频道定位、编排调整，起草下发《北京电视台节目编排管理规定（试行）》，并就其适用性、可行性和实施效果等方面进行论证与完善。

加强大型活动内容策划和整合运营，推出主春晚、环球春晚、“我爱北京的蓝天”公益宣传片创意征集大赛、“筑梦有我——为美丽北京加油”主持人大型公益新闻行动、“金话筒”颁奖仪式等大型精品节目，扩大对外宣传平台，重视媒体关系，全面举办新闻发布会，逐步形成品牌和项目推广的长效机制。

努力增强版权意识。为最大限度保障北京电视台相关权利，总编室主动开展各类节目合同中版权条款的审核，指导中心规范版权条款，做到明确、细化，为节目的衍生权益的开发减少障碍。加强外购节目素材的审核备案，及时发现可能存在的版权隐患，提前预警。主动寻求与京视传媒、新媒体发展中心的合作契机，与京视传媒公司进一步建立版权工作信息互通机制，使节目销售版权授权更加及时高效，与新媒体中心进一步明确版权业务工作机制，逐步摸索全台节目版权对新媒体的支持方法。

全力加强制播保障。继续做好安全播出管理、联络及技术协调机制，健全制度流程，加强《工作联系单》工作机制，从2014年起尝试采用重大直播项目导播“第一责任人”制度，针对备播过程中的节目问题、技术问题、导播工作流程问题实施的“两单一报”制度通过多年努力也取得了可喜成绩，出现问题明显减少。

全面实施技术融合。增强信息技术对生产运营管理各项工作的服务整合支撑力度，为适应北京电视台新媒体发展和素材利用效率，与新华社签署新媒体授权协议和通稿卫星传输线路，便于快速收录北京电视台媒资全台共享。精心推出全新版面的“足球世界杯主题资料”，以及大事记形式的“建国65周年主题资料专辑”，通过探索多种媒资资料服务模式，提升和拓展媒资为一线节目生产服务的功能。

创新技术研发应用。继续积极参与中国3D频道的建设，推动3D节目内容品牌化和生产常态化。截至12月，全年制作日常节目120余小时，并进行了北京电视台“春晚”“环春”“时尚大典”等大型晚会的3D录制和制作。同时在台内组织3D节目展示活动，向全台职工宣传3D节目生产的成果和知识。

拓宽对外传播渠道。加强与各省级电视台、城市电视台的沟通联系，组织北京电视台新闻、财经等节目中心采访报道组结合各自频道和节目定位，从生态环境、旅游资源、特色文化等不同方面对承德进行报道，用首都媒体独特视角推介承德、解读承德，向首都各界展示一个更加开放、快速发展、期盼合作的承德，并通过“聚焦承德”平台，密切承德与北京各企事业单位、产业集团的联系合作。

全面加强人才队伍建设。加强培训教育，提升队伍素质，继续组织好2013年度播音主持作品专家奖获奖作品（主持人）表彰暨获奖作品讲评会；举办“当前志愿服务的形式和趋势”主题培训，旨在帮助主持人全面了解当前志愿服务的发展趋势和参与方式，拓展主持人参与志愿服务的渠道和形式，助力主持人发挥社会影响力回馈社会、回报观众；创新主持人专业培训模式，整合出版社作家资源组织读书会，在培训形式、话题领域、主讲人邀请等要素环节进行创新，首期培训于11月举办；根据北京电视台2014年教育培训工作计划，继续组织电视新闻和综艺节目两个方向的电视节目主编、责编系列培训工作。

狠抓常态化业务工作。充分发挥各级监听监看机构的作用，对播出节目及时评议，协助节目部门做好总结和意见回复，截至12月，已完成《监看意见摘编》48期、《监评报告》49期、《专题评议》4期、《播音主持纠错专刊》12期、《播音主持业务监评周报》52期；自2014年3月起新编发《广电舆情动态摘编》38期，为节目管理和生产一线人员提供广电行业资讯服务；严格实施节目内容安全每月抽查、情感类选题每周检查、重点选题每周报送制度，加强境外从业人员参与广播电视节目制作管理，及时传达宣传精神600余条，以《宣传管理工作月报》形式通报各部门制度落实情况，确保全台节目导向正确、内容安全；做好策划费、演出费的审核把关，完成对外支付策划费、演出费审核工作共计177项；完成节俭办晚会跟踪统计，全台共制作播出晚会23台，与去年同期相比减少50%；组织开展北京电视台半年节目评选、2013年度中国广播影视奖等40余项评奖工作，65件作品（或单项个人）获得中国新闻奖、金鹰奖等重要奖项。

统筹完成12个频道近10万小时的节目编播工作，保证约5000场常规和非常规直播安全有序。准确、及时播发重大宣传任务、气象（防汛）预警、中断信号、节目变动、剧名角标等字幕15000多条。

加快数字化编目进程。媒资系统实现播出版节目和资料版节目素材存储总计达87.8万小时，库存增长19.2万小时；按计划完成数字化上载节目带35600盘，整理审看库存素材带5001盘。

研究发展部工作概况

研究发展部

2014年，研究发展部根据全台发展总目标和整体部署，充分发挥部门职能，创新思路，积极探索大数据环境下的新业务模式、新研发路径，努力做到服务贴近一线，支持精准到位。

一、探索研发工作新模式，建立对接一线新机制

*建立数据专员机制。*以落实全台机制创新研讨会精神为契机，建立了数据服务人员与节目中心数据专员一对一的对应性、协同性工作机制。在保证数据准确、标准一致的基础上，常态对接机制的建立、完善，增强了数据支持服务精准对接一线、贴近服务需求的能力和水平。在做好对接服务的同时，联合索福瑞等专业数据公司为体育节目中心等共同组织了培训活动，提升各部门数据专员的专业能力。

*建立编播会商机制。*充分发挥研发部数据优势，联合总编室、广告部建立对接市场的编播会商机制，形成工作模式，定期举行编播会商，更好地发挥职能部门统筹协调、参考建议作用。

*加强研发服务与一线需求对接。*与节目中心共同合作，开展了编排优化、提升收视的专项研究项目。在形成专题分析报告的基础上，与节目中心进行深入的业务交流研讨，相关科室分别从收视、竞争环境、节目模式等几个方面对相关频道进行全面认真细致的研究分析，既有宏观的环境研究，也有数据的实证分析和具体的改进措施，在部门内部也建立起融合工作机制。

*推进传媒环境研究。*2014年继续对国内外传媒业界，包括电视业、新媒体、纸媒及相关行业的战略发展、重大举措、重大竞争策略等进行全面动态监测，解读、分析、评估以及研判对本台的潜在影响。每周提交编前会为全台提供最新的行业发展态势和研判意见，供台领导和中层干部参考。

二、围绕改革创新，深化研发职能

组织全台机制创新研讨会，结集推出发言汇编。2014年8月20日，研发部负责组织了全台机制创新研讨会，分析当前传媒变革趋势，总结近年来本台与市场对接、与经营融合的做法和经验，梳理运营管理机制面临的问题，研究机制创新的落脚点、突破点、着力点。对推动全台机制创新，改变发展方式具有重要的作用。会后，研发部对会议内容进行了系统编辑整理，印刷成册，结集推出，供各部门在创新发展中参考借鉴。

组织节目创优研讨会。根据台领导要求，研发部组织召开了全台范围的节目创优研讨会，梳理总结经验，营造创新创优的良好氛围，为2015年内容生产打开一个更为生动的新局面。

策划推出《北京电视台创新发展报告》。2014年，北京电视台集中推出了一系列改革创新举措，开创了全台发展新局面。为此，研发部将编制《北京电视台创新发展报告（2014卷》，紧扣发展主题，检视发展成就，总结经验、分析形势，为本台未来发展提供决策参考，也为各部门提供一个理性思考发展历程、让改革创新思路更加系统化的理论平台。

紧扣发展趋势，推进课题研究。在认真分析当前广电改革突破口和趋势的基础上，确定以《多屏时代，广播电视制播分离改革路径研究》为题，向国家新闻出版广电总局申报部级社科项目并获批并正式立项。目前，相关研究工作已陆续启动。

三、深化数据分析应用，增强编播调整支持力度

每周发布的《北京电视台收视分析报告》《北京卫视35城市分析报告》《北京卫视71城市分析月报》等研究性报告，是对本台节目编播情况、内容传播力、市场影响力以及周边竞争环境等及时、客观、权威的评价和反映，是编播调整、节目改进的重要依据。为此，2014年下半年对周报告进行了持续调整提升，通过大幅增加基础数据分析量，使数据维度比较更为丰富，分析深度和应用性得到一定提高。在此基础上，完成了《新闻频道上半年收视分析报告》《文艺频道上半年收视分析报告》《财经频道晚间编排分析报告》等定制研究分析，对全年北京市场和全国市场的总体收视容量、观众收视形态变化、流动趋势、市场竞争态势、台及各频道总体竞争力与各类型节目、各时段竞争力提供了深度分析，为各频道编播和调整提出了针对性建议。此外，通过每日收视日报和实时性的收视查询，为各节目中心提供了及时的服务。

在做好常态数据分析的基础上，配合目标责任考核，2014年继续采取入户调查的方式，对北京电视台频道品牌、栏目品牌的情况进行追踪监测调查，并评估其品牌价值的发展情况；此外，对北京电视台节目在网络上的传播度进行了跟踪、监测、分析，分别对其新媒体传播进行测量和考察，以期对各频道新媒体融合发展概况有清晰的判断。在这些调研的基础上，推出了《北京电视台品牌研究报告》和《北京电视台新媒体融合力监测研究报告》等大型调研成果。

四、配合发展战略需要，调整目标责任考核方案

2014年，根据全台经营发展的需要，在坚持正确的舆论导向的前提下，对目标责任考核进行了重大调整，实施了“收视”与“经营”的双考核，鼓励全台全力开拓市场，广开渠道，并尝试多种经营方式确保完成收视率任务的基础上，全力开拓市场。同时，为全面树立市场意识，促进节目与经营的高度融合，通过机制改革激发节目生产活力，建立节目中心与经营创收的激励、返还与滚存机制，鼓励频道建立经营意识，特设立频道（中心）发展基金，促进节目中心在各相关部门监管前提下进行节目赞助、植入广告、互动增值业务开发、版权销售、全媒体互动，以及开拓其他多种经营渠道等市场经营活动。2014 年 10 月后，根据频道独立经营工作推进的实际情况，深入各中心调研，完善与市场对接，适应传媒变化形势的目标考核机制。

2014 年，为更好地对接内容生产需要，提升节目有效创新能力，增强服务的时效性、主动性、针对性、贴近性，广泛搜集最新国外节目样式和动态节目信息，进一步健全“节目资源库”，为节目中心的节目改版、创新提供了大量可借鉴的影像资料。同时，依靠专业电视研究机构，以典型课题分析的形式，定期将分析成果，以趋势报告、节目期刊、光盘等多种形式推出。并在此基础上，形成固定的研究团队。

思想政治工作概况

党委办公室

2014 年，北京电视台以完善思想政治工作基础建设为抓手，以领导班子和干部人才队伍建设为重点，加快建立健全体现科学性、规范性、贴近性要求的思想政治工作体系，为完成全台改革发展重点任务提供了扎实的思想、政治和组织保证。

一、大力推进全面深化改革重大决策部署的组织实施

台党委、台领导班子先后举办 5 次党委中心组集中学习，召开 2 次班子务虚会以及节目与广告融合工作专题会、机制创新研讨会、节目创优研讨会，研究分析北京电视台面临的市场形势和改革任务，形成了全面深化改革的一系列重大决策部署。在此基础上，台党委对深化改革工作进行了专门动员，组建了改革领导小组及其工作机构，先后形成并实施了北京卫视独立经营改革试点方案、体育频道独立经营改革试点方案、纪实频道产业化运营方案、广告经营机制改革方案，对深化绩效和薪酬管理体系、财务运行管理体系建设等工作提出了目标任务和具体要求，营造了全台上下支持改革、参与改革、推进改革的浓厚氛围。

二、着力推进党的群众路线教育实践活动整改落实、建章立制工作

在强化理论学习、提高自身素质方面，班子成员认真学习贯彻习近平总书记系列重要讲话精神，建立工作交流、谈心谈话机制，健全党委民主决策和党内民主生活制度；在整治文山会海、检查评比泛滥方面，从严控制文件简报，积极开发利用办公网络 OA 系统，提高无纸化办公能力，大幅度压缩会务预算，因地制宜调整优化表彰奖励项目设置；在完善联系群众制度、拓宽沟通渠道方面，建立台领导班子成员深入分管部门长效机制，整合服务群众的热线电话平台，丰富职工精神文化生活；在改进调查研究、增强调研实际效果方面，抓紧推进职工住房补贴发放工作以及薪酬和绩效管理体系建设工作，制定出台新的科级干部、制片人选拔聘用办法；在加强干部队伍建设、完善考评激励机制方面，采用民主推荐、竞争上岗、组织推荐等多种方式调整优化干部选拔任用工作形式，着手开展中层后备干部培养选拔工作，探索部分专业岗位人员社会化、派遣人员到台属企业工作等具体办法；在切实加强工作和部门之间的沟通融合方面，着力解决内容生产与广告经营“两张皮”问题，各节目中心与广告部分别建立了联席会议制度，部分职能和技术部门也与内容生产部门衔接建立沟通协作机制；在整治公款送礼、公款吃喝、奢侈浪费方面，开展“会所中的歪风”、办公用房超标等专项整治行动，先后就会议费、培训费、差旅费等制定相关管理制度，推动“三公”经费和大型活动开支持续降低。

三、不断加强党员干部职工理论武装和思想政治教育

继续完善以党委中心组学习为龙头的全方位思想政治教育格局，开展党委中心组集中学习活动 26 次，其中，传达学习上级重要精神等专门的政治理论学习 15 次，研究分析“大媒体”平台建设、做好财务审计工作等发展问题专题学习 11 次，有 9 次学习分别扩大到全台中层干部和科级干部、制片人参加。台党委被确定为北京市建设学习型党组织工作示范点候选单位。

组织 126 名中层干部分批参加北京广播电视台主办的学习贯彻习近平总书记系列讲话精神轮训班，对各部门和台属企业抓好本部门本单位干部职工的学习贯彻工作做出具体部署、提出明确要求。

进一步深入开展“三项学习教育”活动，按照上级要求，组织全台 2100 余名编辑、记者、主持人分两批参加马克思主义新闻观集中培训班，邀请人民日报社、中国传媒大学等单位专家和我台有关领导作专题讲座，深化了广大从业人员对做好新闻宣传工作的理解和认识。

四、切实提高党组织和党员队伍建设水平

加强台党委决策能力建设，召开党委扩大会 46 次，研究确定了“三重一大”、内容生产、经营管理、党建工作等方面 312 件重要事项。以纪念建党 93 周年为契机，台党委对 19 个先进党组织、146 名优秀共产党员、35 名优秀党务工作者进行表彰，推荐多个党组织和多名党员干部参评上级党组织授予的有关荣誉称号，形成了良好的榜样示范力量。建立联系优秀共产党员、优秀党务工作者制度，形成了党委成员、党委办公室干部、支部成员三级对口联系机制。组织开展共产党员献爱心活动，参与的 1145 名党员群众累计捐款 114735 元，“七一”期间走访慰问困难党员 23 名。

按照控制党员数量、提高党员质量的原则，严格规范发展党员工作的预审、公示、谈话等工作流程，进一步明确了新发展党员的培养程序。全年发展党员 25 名，全台党员总数达到 1499 名。

五、持续深入抓好干部人才队伍建设

完善中层干部选拔任用工作机制，累计调整中层干部59人次。其中，提拔任职22人（中层正职6人，中层副职16人），轮岗交流或调整职务22人次（含台内部门与台属企业之间调整6人次），退出现职或辞去职务11人，免去兼职3人，调任上级单位1人。采取民主推荐、组织推荐、竞争上岗等多种方式开展干部选任工作。在22名提拔任职的干部中，通过民主推荐提拔的3名，通过组织推荐提拔的5名（均为组织人事部门岗位或按政策应予提拔的援藏、援疆干部），通过竞争上岗提拔的14名。建立领导干部个人有关事项报告系统，组织全台中层干部填报《领导干部个人有关事项报告表》，开展中层干部配偶（子女）移居国（境）外情况的调查梳理，规范领导干部在企业兼职（任职）和退休干部在社会团体、企业兼职等方面的工作。认真落实关于防止和纠正干部任职年龄“一刀切”和层层递减问题的要求，通过安排专项工作等方式，积极发挥好退出现职中层干部的作用。加强干部档案管理和信息化建设，做好干部个人信息资料、干部选拔任用工作全程记实表、党委表决票等材料的填报、归档工作。

不断健全人才工作体系，开展全台岗位评价工作，形成岗位通道体系设计方案以及岗位体系管理办法、专业系列首席岗位管理细则，完成全台岗位价值评估工作。加强科级干部、制片人队伍建设，对相关管理办法进行全面修订，增强科级干部、制片人选任程序的科学性、有效性。陆续完成62名科长、制片人的选拔任用、调整交流，目前正在根据工作需要加快补充出现空缺的科长、制片人岗位。分别通过校园招聘和社会招聘，录用应届大学毕业生和社会人才121名，组织180名在校实习生来台实习，探索部分部门、台属企业面向台内招聘专业人才的途径和方式。

做好干部人才培养培训工作，初步形成内部培训师培养选拔管理办法，继续开展“十佳”员工评选表彰活动以及全国德艺双馨电视艺术工作者、北京影视春燕奖“十佳电视工作者”、享受国务院政府特殊津贴人选等的推荐参评工作。加强人才教育培训，组织18名业务骨干前往新加坡进行媒体管理能力专题培训活动，做好新入台员工、播音员主持人、部分科长和制片人、技术骨干岗位能力培训班的组织工作，举办BTV夜校（BTV大讲堂）6期。截至目前，组织全台各类培训21项、47期，参训人员超过13000人次。

六、全面提高党风廉政建设和反腐败工作水平

切实抓好中央八项规定和市委、市政府实施意见的贯彻落实工作，对照廉洁从政规定和厉行节约、反对浪费的要求，抓好会议管理、公务接待、差旅费管理、经费使用管理等方面制度建立和执行情况的监督检查。开展“舌尖上的浪费”“会所不正之风”等专项整治行动。加强对重点招投标活动、干部选任和人才招聘、外协项目和政府投资项目的监督工作，规范权力运行过程，及时办理信访举报案件。

七、深入做好宣传教育和精神文明建设工作

加强社会主义核心价值观宣传教育，在台内工作生活园地和会议室、台内露天广场等多处设立社会主义核心价值观24字标语和宣传海报，通过台内各处LED屏进行滚动播放，形成了较大的宣传声势。大力宣传厉行勤俭节约、反对铺张浪费，广泛开展“文明餐桌”和光盘行动，设立提示牌、宣传海报、条幅等，积极倡导文明用餐、节约用餐行为，起到了良好效果。结合北京电视台35周年台庆活动，开展主题征文、资料征集、台史展揭幕仪式等活动，开辟的永久性台史展览区成为北京电视发展历史的重要教育基地。做好建党93周年和纪念抗战胜利69周年诗词、楹联征稿以及第三届“为了明天——关爱青少年彩虹行动”微电影大奖赛等的组织工作。

组织党团员到社区报到工作，安排全台党团员代表参加朝阳区相关单位举办的“平安社区平安路　文明社区文明人”公益活动。目前，全台59个党组织已开展服务社区相关活动113项，参与党员超过2000人次。健全与所在区域党团组织、管理部门、社会机构的沟通联络，初步形成具有自身特色的区域化党建联席工作机制。

八、着力加强工会、共青团和老干部工作

召开工会第四次会员代表大会，选举产生新一届工会委员会和经费审查委员会。开展关爱慰问“两会”报道等重点岗位一线员工、为部分患重病职工捐款等活动，先后被授予“职工之家示范单位”和“星级职工之家”称号。

召开第六次团代会，选举产生新一届团的委员会。以青年创新工作站创建工作为抓手，大力开展青年英才培养工程，对15个通过初评的创新项目进行全程指导、跟踪和经费支持，以项目带人才，推动团员青年在实施创新项目中提高能力、实现价值。加强团的自身建设，组织开展团干部培训班、新入台团员和超龄离团人员主题实践活动，评选产生8个先进团支部、49名优秀共青团员、7名优秀团干部。拓宽团员青年文化活动渠道，在进一步办好影视俱乐部、交友俱乐部的基础上，组织开展团员青年“微信读书论坛”活动，从数十篇微信书评中选编4辑《“微书评”荟萃》。

老干部工作以关心、服务、激励、调动退休干部为主题，落实老干部政治、生活待遇，进一步建立健全老干部党总支季度学习制度、月度例会制度，做好老干部党建和思想政治工作。不断满足老干部精神文化生活需要，组织开展老干部“赏京郊梨花、享健康生活”“与党同心、与祖国同行、与BTV共成长”“节水我行动”“相聚在金秋”等系列文化活动，继续办好摄影俱乐部、垂钓俱乐部、老干部合唱团等文化社团，受到了退休老干部的欢迎。

办公室工作概况

办公室

2014年，办公室紧紧围绕全台中心工作，发挥承上启下、综合协调、参谋助手、督办落实和服务保障等职能，扎实推进各项工作。

一、有效开展重点工作

办文办会规范高效。认真做好日常文件办理工作，参与完成全台重大项目、重点栏目、重要工作等文字材料的起草与报送。进一步提升办公自动化水平，试用OA系统“技术部门呈文审批单”功能、“预算审核表”功能（试行）等辅助文件办理。会议筹备细致周密，材料准备充分，信息报送及时。

开展公文写作培训。开展“办公室文秘工作、应用文写作方法和技巧”主题讲座，对提升写作水平起到了积极作用。整理撰写了一批有深度、有价值且实效性较强的信息，受到上级领导同志多次批阅及肯定。充分利用各类信息载体，着力开拓市委宣传部《宣传通讯》、中央电视台《电视决策参考》等新渠道平台，及时反映全台重点、特色工作，信息报送数量和质量进一步提升。

调整内网板块，优化服务平台。为进一步发挥内网“信息发布、业务交流、工作融合、学习研究、业绩展示”的作用，以优化板块设置、美化版面和丰富板块内容为主要目标，对内网部分板块进行了调整，并新开设了《BTV人风采榜》《国内外来访》《北京广播电视》等版，充分发掘内网资源，梳理《记者手记》板块，筛选精品文章，编辑出版同名书籍。

规范接待流程。本着“规范、高效、热情、周到、有序”的接待工作理念，较好地完成了全年各项接待任务。截至2014年10月底，共接待国家部委、地厅级领导及其他国内外来宾参观来访170批次，约2640人次。

拓展通讯业务。与北京移动、北京联通公司多次沟通协商和现场勘测，由两家公司全额投资，对本台新址综合业务楼、生活服务楼和演播楼进行室内4G网络信号覆盖施工，改善、提升、优化手机移动信号网络覆盖环境，让全台职工更快地体验到4G新技术的实际应用；联合中国移动北京分公司，专门为北京电视台设计优惠力度较大的营销活动方案，开展了“预存话费返充值卡”及“承诺话费换手机终端”现场办理活动。

做好医疗保健。2014年全台医疗门诊、计划生育、医保报销等各项工作顺利完成。日常门诊保证无漏诊、误诊，及时安全转诊急危重症，医疗咨询解答万余人次。医保报销工作改进工作方法，做到账目清晰，资料完好保存归档，报销信息及时反馈职工本人。定期编写专题健康教育宣传资料在台内网刊发，普及健康知识，帮助职工主动建立良好健康习惯。

二、积极推进亮点工作

探索信息工作新思路。加强与各部门、各栏目信息员的联系，形成“一中心、多触点”式内部信息员联络网，做好台内信息的定向约取和对口接洽。着手内刊《北京电视》全面改版工作，努力打造为兼具内参属性、文化品位和实用价值的BTV内部刊物。

档案管理求善求新。建立专项联络机制，全台各部门选派一名兼职档案员，确保档案管理工作落实到人。创新档案管理模式，将实物档案拍摄为图片进行电子化存储，实现档案“双备份”。档案利用实效性进一步提升，服务全台工作能力得到增强。

精心策划制作特色文化宣传品。以2014年APEC峰会在京召开、北京电视台建台35周年等重大活动为宣传品工作的契机，在办公室全体人员中开展“宣传BTV创意你我”——BTV宣传品创意征集活动，设计并完成了BTV个性化定制京剧脸谱摆件，同时为扩大对外影响力，首次将BTV微信二维码和BTV大媒体二维码与文化宣传纪念品制作相结合，在BTV个性化设计纪念品（市公交一卡通）外包装上添加印刷二维码。

拓展96168栏目热线服务功能。为进一步发挥96168栏目热线的“窗口”作用，拓展热线服务功能，与信息网络管理部合作，制定了96168系统升级实施方案，充实内网96168栏目热线板块内容，参与大型活动，辅助栏目推广，助力收视提升，反馈观众意见，搭建微信平台，2014年10月15日开始内部试运营。

主动开展维权活动。因中观华夏公司不履行《信息网络传播权许可使用协议》，北京电视台起诉中观华夏公司合同纠纷，朝阳法院判决，中观华夏公司支付违约金195万元。新媒体的发展作为北京电视台近年来工作重点，伴之是网络著作权管理和市场化过程中可能出现的交易风险和法律问题，在网络新技术、新运营模式蓬勃发展的今天，这方面法律保障仍处于滞后的状态，法务人员不断加强业务学习，紧跟时代潮流，积极应对新技术革命带来的法律问题，进一步提升事前防控和主动维权意识，积极维护和捍卫我台的根本利益。

全力保障大型直播报道。2014年，通讯技术团队圆满完成全年重大新闻类直播和各项体育赛事转播保障工作，直播工作时长1300余小时。特别是国庆直播是有史以来保障地点最多、技术要求最复杂的新闻直播报道活动。通讯技术团队全体人员凭借多年磨炼出的技术水平和意志品质，首次做到新闻直播中单兵作战，独立工作；首次将全部户外便携式通讯技术设备投入使用，每个直播地点在人员无支援、设备无备份的情况下进行工作，准确无误地完成了国庆65周年12小时直播的技术保障工作。

三、提升服务意识

加大因公出访工作管理力度。加强对计划外因公出访团组的调剂和管理，对因公出访团组实行台内网公示制度和总结公示制度。强化因公护照管理规则，加大对因公护照的收缴力度。2014年6月市外办举办的全市因公出入境工作会议上，外事接待科余天华同志被评为“2012—2013年度北京市因公出入境工作优秀外事专办员”，这是北京电视台首次获得此项殊荣。

建立图片资料管理档案。对全台图片资料收集建档，实现电子化、系统化、精细化管理。建台以来首次对档案室内全部的实物档案进行拍照和图片建档留存工作。历时1个月，共拍摄各类实物档案481件，其中包括奖杯、证书、锦旗、字画、工艺品等。

夯实信访工作基础。加强与北京市信访办以及信访来访事件节目中心的联系，分别建立信访、来访、电话接访档案。2014年3月撰写完成信访工作理论文章《修无声的品德，做有声的事业——关于新形势下首都电视媒体信访工作的若干思考》，在北京市信访办内部刊物《北京信访》上发表。这篇理论文章填补了“媒体信访工作”这一课题研究的空白，受到了北京市信访办的赞赏。

完成北京电视台宣传片的制作。由办

公室牵头，相关部门密切配合，高清版制作的北京电视台宣传片于2014年5月初完成，在北京电视台各频道滚动播出。同时重构画面，精简内容，制作出8.4∶1的大屏播出版，自2014年6月7日起登陆天安门广场大屏幕，每天清晨7点至晚上7点，与全国其他省市形象宣传片和公益广告一道循环播放。

党风廉政建设工作概况

监察审计办公室

2014年，监察审计办公室围绕中央、北京市和总台党风廉政建设和反腐倡廉工作要求和部署，积极落实党风廉政建设和反腐败斗争各项工作，进一步增强履行纪委监督责任的自觉性和坚定性。

一、积极落实党风廉政建设责任制

及时调整党风廉政建设领导小组，根据2014年党风廉政建设和反腐败工作的要求，制定下发了《2014年北京电视台党风廉政建设和反腐败工作主要任务及分工》，明确了党风廉政建设各项工作的主办部门、协办部门和完成时限。认真抓好全台党风廉政建设责任书签订工作，强化“一岗双责”意识，形成较为健全的党风廉政建设工作体系。

二、认真执行中央八项规定，做好自查自纠工作

监审办将中央关于抓好八项规定的文件汇编成册并下发全台，进一步提高了全台干部职工的法纪意识、廉洁意识。按照北京电视台党委的部署，认真落实纪检部门监督责任。

一是在重要节庆时间窗口，及时转发中纪委、市纪委等《关于严禁元旦春节期间公款购买赠送烟花爆竹等年货节礼的通知》《关于落实中央八项规定精神坚决刹住中秋国庆期间公款送礼等不正之风的通知》《关于严禁公款印制寄送贺年卡等物品的通知》等重要文件，确保重点要求传达到位、落到实处。

二是对照廉洁从政有关规定和厉行节约、反对浪费的要求，重点检查会议管理、公务接待、国内差旅费管理、经费使用管理等制度的建立和执行情况，及时发现和纠正苗头性问题，发挥了有效的监督约束作用。

三、积极开展党风廉政建设、内部审计的宣传教育培训工作

为使党风廉政工作规范化、科学化、有序化，监审办同时下发了《2014年党风廉政建设手册》，并要求各支部认真学习上级文件精神，切实把加强廉政教育工作纳入日常业务工作中。同时积极发挥台内纪检监察教育平台的作用，2014年台内网共刊登宣传文章500余篇，内容涉及中央精神、领导讲话、案件聚焦、台内规定等多方面内容。编辑下发《纪检监察审计简报》4期，订阅购买中纪委十八届三中全会有关学习辅导材料，以及中纪委、监察部反腐倡廉刊物《党风廉政建设》《中国纪检监察》，下发全台各部门。

2014年全年，监审办牵头，协助党办

组织全台300余名副科级以上人员进行廉政风险教育培训2次，分别以“剖析审计问题，促进内部管理”和“预防职务犯罪”为题，邀请相关领域专家进行讲座。审计人员利用各种机会进行审计宣传，通过审计座谈会、与被审计对象及部门交换意见、下发整改通知、督促整改落实等多种途径，详细解读财务、审计方面的规章制度。

四、认真开展各项审计监督工作，做好信访举报与案件查办工作

2014年，监审办共参与各种招投标监督活动计86次，涉及金额5207.16万元。涵盖工程建设方面的方案设计及工程施工改造、技术设备方面的货物及服务采购、卫视宣传推广、广告展览方面的展会设计及全台内部预算控制等方面内容。

在财务审计方面，2014年全年，配合北京广播电视台完成了2013年度北京电视台及台属企业的财务审计工作，并根据北京电视台党委办公室的委托，对台内9名中层领导干部开展了离任经济责任审计工作。采取内外结合的方式完成了黄金海岸培训中心维修改造工程的预算、结算、决算审计工作，为台节省资金约98万元。完成了北京电视台台史展的预算审核工作，在初审中为台节省资金约67万元。配合财务、基建办两个部门基本完成了电视中心竣工财务决算工作。在台计财部配合下，监审办对资金支出达到规定金额的大型节目实行初步审核和备案登记制度，现已登记备案了12项大型节目，涉及资金约5566.98万元。

工会工作概况

工会办公室

2014年，北京电视台工会把维护职工劳动权益、民主政治权利、精神文化权益同深化改革协调统一起来，以顺利完成工会换届工作，进一步建设合格的职工之家，作为本年度工会工作的主要任务。认真贯彻上级工会的各项要求，围绕工会年度工作目标，圆满完成了各项任务。

一、积极推进民主政治建设，维护广大职工民主权益

工会在行使民主管理权、民主监督权方面，参与中层干部考核测评、干部选拔任用和竞争上岗、职工食堂采购招标、食堂服务质量满意度调查以及职工住房补贴工作领导小组、福利小组等有关工作。

2014年8月，工会召开了北京电视台工会第四届会员代表大会，顺利完成了工会换届改选任务。根据《中国工会章程》的规定和本台的实际情况，民主选举产生了119名会员代表及新一届工会委员会、经费审查委员会、女工委员会。

二、以完成职工之家示范单位认证为主要工作目标，进一步开创服务型工会工作新局面

为建设合格的职工之家，工会克服重重困难，因地制宜，增加和改善职工之家的服务设施。进一步完善了职工健身房，维修了已有的健身设备，新增了三台跑步机，为缓解职工精神压力，还添置拳击沙包。健身房由物业公司管理，实行工作日分三个时段开放。工会还将本台一片1500平方米的露天停车场改造为一个篮球场和一个小足球场，现已投入使用。在不影响消防安全，不妨碍正常工作前提下，在可以利用的空地增设乒乓球案子，用于职工平时打球锻炼，目前已增至10张。为解决上班女职工哺乳难的问题，把水房进行改造，设计制作了方便实用的母乳储藏柜（此举受到市总工会的表扬和推广），开创了北京电视台第一间妈咪屋。为及时掌握职工动态，了解职工心声，工会设置了固定会员意见箱，并定期进行汇集整理。

一年来，工会继续以关爱职工、温暖职工、服务职工为己任，切实解决职工工作、生活中的实际问题，做广大职工的贴心人。其主要工作有：坚持对一线职工进行慰问，特别对那些重要会议、重大活动中的一线记者，春晚剧组等，工会及时将最贴心的慰问送到现场；继续开展以帮扶救助困难职工为目标的“扶贫济困春风行动”，通过部门上报、工会调查研究、报台福利小组审批、内网公示的程序，对全台59名特困职工进行一次性补助，发放补助款16万元；多种形式慰问患病职工及老党员、老干部；继续开展三八节系列活动，为女职工发放节日费，进行女性着装专题讲座，以部门为单位组织女职工踏青采摘，关心孕期女职工，赠送每人一套育儿书籍；继续做好女职工安康险理赔工作；对濒临困境的职工施以援手，为肾脏移植、家庭贫困的文艺节目中心责编肖京文募捐逾30万元；为332名职工补办京卡互助卡；继续为职工会员办理公园年票；继续做好全台职工南戴河休疗工作。

三、继续做好推优评优工作，鼓励广大职工争先进

工会按评优程序要求，推荐生活节目中心高燕同志为2014年北京市“三八”红旗奖章候选人，推荐青少·海外节目中心的《书香北京》栏目组为北京市“三八”红旗奖章候选集体，最终《书香北京》获选；继续开展三八节评选优秀女职工的活动，经过全台各部室自下而上的推荐，评选出2013年度10个“巾帼文明岗”优秀集体和88名优秀女职工，并通过物质奖励、通报表扬、板报宣传等形式，进行大力表彰；与台团委联合开展了北京电视台青年岗位技术创新标兵评选活动。

四、继续开展寓教于乐的文体活动，增强BTV凝聚力

为倡导健康生活理念，增强团队凝聚力，促进和谐电视台发展，工会继续做好一年一度的职工乒乓球、羽毛球团体赛两大赛事；分部门两次组织职工参加中坤杯北京国际徒步大会；组织庆“八一”军民篮球友谊赛。除此以外，工会还组织职工代表队外出参赛，展示BTV良好形象。

一分耕耘，一分收获。2014年6月，北京电视台工会被市总工会认证为职工之家示范单位。8月又被市总工会认证为星级职工之家。

人事部工作概况

人事部

2014 年，人事部积极推进人力资源管理体系和人才队伍建设，顺利完成了各项工作。

一、构建科学的人力资源管理体系

以建立机制、强化激励为重点，加强对从业人员的科学管理，借用外脑，探索和形成符合本台人才队伍特点的科学人力资源管理体系。

建立薪酬及绩效管理体系。根据《北京电视台岗位通道体系设计方案》，在《北京电视台岗位体系管理办法》《北京电视台专业系列首席岗位管理细则》基础上，完成了全台岗位价值评估工作，通过了《绩效薪酬管理改进框架思路》《北京电视台薪酬管理制度》和《北京电视台绩效管理办法》。

完善人才选拔体系。制定出台了《北京电视台制片人选拔聘用管理办法》和《北京电视台科级干部选拔任用管理办法》。

完善培训体系。为强化北京电视台学习型组织建设，有效发挥内部培训师的重要作用，在充分调研、广泛征求意见的基础上，起草了《北京电视台内部培训师管理办法》。

二、人才队伍建设卓有成效

为发现人才、培养人才、科学使用人才，激励促进优秀人才脱颖而出，积极推进制度建设，着力打造优秀人才队伍，取得了成效。

科学引进人才。依据各用人部门人才需求情况，录用优秀应届毕业生 49 名。针对全台各部门紧缺岗位的人才需求，组织社会化招聘并引进人才 72 人。结合各部门用工需求，为广告部和体育节目中心引进实习生 51 人。暑期期间，根据全台的需求情况，在相关高等院校择优接收实习人员 180 人，暑期结束后确定继续实习人员 65 人。

打造重点人才。深入实施人才强台战略，在全台范围内组织开展了第三届北京“十佳”系列员工评选活动，评选 71 名十佳主持人等七个系列的优秀人才。

全方位培养人才。制定了《2014 年教育培训工作安排》，大力开展“台、部”两级培训工作，实现了人才培养全覆盖。组织开展马克思主义新闻观教育培训班，全台 2100 余名采编播人员参加培训。组织开展“新媒体应用与发展”系列培训班，培训邀请台专家及新媒体业务骨干，以集中普适和部门互动学习的方式进行。组织开展“BTV 大讲堂”讲座，邀请业内专家和高校学者来台做系列讲座。为学习和借鉴国外先进的管理理念和创新经验，将 18 名业务骨干送往新加坡进行为期 14 天的学习交流。

台内网培训课程自选平台有效运行近一年，分为新闻直播报道、综艺晚会经验交流、新媒体发展、时事政治等四方面的课程，涵盖节目、技术、职能、经营管理及新媒体等方面。

三、开展人力资源管理基础工作

为机制改革提供人力资源保障。会同台办公室法务科、制作部等部门，参与完成制作部舞美科整建制划转到北视英特维公司的工作，核算并发放17名离职人员的各项补偿。

做好事业单位改革信息核查工作。对全台编制内人员信息及内设机构进行核查，整理出本台机构编制历史沿革文件、《北京电视台实有人员名册》《北京电视台工资发放人员名册》《北京电视台编制内人员名单》等文件，并上报上级单位。

计财部工作概况

计财部

2014年，计财部强化大局意识、责任意识、服务意识，加强内部管理，注重服务和管理创新，不断探索新的财务管理模式和管理手段，提升资金使用效益，为全台事业发展提供财务保障。

一、严格遵守国家各项财经法律法规和北京电视台财务管理制度，加强预算管理，做好财务管理和会计核算工作，加强财务监督

在财务工作中以各项财务规章制度为准绳，以预算为依据，严控成本费用支出，严格执行2014年各项预算，按规定审核各种票据并对经济业务进行账务处理，保证会计报表与相关分析的及时、准确、完整。

采取各种措施加强财务监督，努力增收节支。

及时统计、分析2014年全年财务工作情况，做好2014年全台财务收支和预算执行情况分析报告，为台领导决策提供准确依据。

组织进行2015年全台预算的编制准备工作，力求保证预算编制的科学性、准确性、可行性、全面性。

在规范管理方面，大力弘扬勤俭节约、艰苦奋斗的风气和习惯，充分依靠制度手段，强化管理、严格要求，把财务管理工作抓具体、抓细致、抓到位。

二、强化制度意识，重新制定并修订各项财务管理制度，使之更加适应北京电视台改革发展的需要

2014年，计财部对财务管理方面的各项制度进行了全面梳理。同时又根据国家的相关规定结合我台实际，重新制定了《北京电视台差旅费管理办法》《北京电视台会议费管理办法》《北京电视台现场支付专家报酬管理细则》《北京电视台培训费管理办法》《北京电视台频道发展基金管理办法》。对2013年修改完善的《北京电视台财务管理制度》《固定资产管理制度》，根据执行情况对制度中的个别规定又做了调整，使制度更适合北京电视台发展的需要。

为进一步推进财务管理制度化、规范化、科学化和精细化，计财部汇编了《北京电视台财务管理制度文件汇编》手册，便于全台员工学习、查阅、贯彻执行。

三、完成电视节目成本管理研究报告以及临时劳务用工的费用标准核定研究报告，规范节目成本管理，严控节目成本费用支出，不断完善预算管理体系建设

为实现北京电视台节目成本管理的精细化，规范常规节目成本费用管理，减少节目费用开支的盲目性和随意性，提高资金的使用效率，计财部与中国传媒大学经管学院合作，就本台常规电视节目的成本进行了分类比对，结合行业特点调研分析，形成了电视台节目成本管理研究报告。此外，计财部联合知本创业管理咨询有限公司就本台节目中涉及的台外人员劳务费水平进行了调研分析，参考传媒业市场行情形成了北京电视台临时劳务用工的费用标准研究报告。两个研究报告的提出，为进一步加强成本控制与节目预算管理，完善财务预算体系建设夯实了基础。

四、规范纳税工作，降低税务风险，进行税务健康检查

实行“营改增”以来，在一定程度上减轻了北京电视台的税负，2013 年全台节约税收近 1 个亿。在实际工作中，由于各区税务政策把握不一，给北京电视台的纳税工作造成税务风险。为此，计财部聘请中介机构对本台 2013 年所涉及的有关税种进行税务健康检查，以避免税务风险。通过税务健康检查，肯定了北京电视台财务人员具有较强的依法纳税意识与理念，涉税账目核算规范和清晰，在发票的取得和使用方面进行严格及有效的管理，及时进行了纳税申报以及缴纳相关税款。

五、彻查风险，完善流程，建立机制，梳理措施，形成全员、全过程、全业务的风险防范体系

2014 年 6 月，通过公开招标确定中介机构为北京电视台内部控制体系建设项目工作提供服务。已经完成了方案制定、流程梳理、风险查找，正在进行策略应对、手册的制定、制度的修改完善、内部监督等内容的工作。

六、做好各项财务管理制度的全台性培训，更好地贯彻执行各项财务管理制度

8 月，计财部组织全台资产管理员对资产管理软件升级、接口等内容进行了培训和研讨，收到了良好的效果。10 月，通过组织开展财务知识和财务管理制度培训讲座，使全台各部门负责财务的同志了解了会计基础知识、会计内涵、财务内涵、财务管理、财务活动、财务关系等方面的专业知识。

七、实现固定资产模拟计提折旧，真实反映单位资产状况

为了真实反映单位的资产状况，计财部经过反复商讨，初步确定了固定资产折旧方法、折旧范围、折旧残值、折旧开始时间、固定资产转存货及折旧补提问题等方面的实施方案，并对全台计提折旧总额进行了测算，形成了固定资产折旧方案。现在，已将折旧方案涉及的固定资产使用年限下发各部门征求意见。

八、与各部门协同配合，圆满完成各项审计、评审、项目绩效考评工作

配合会计师事务所和监察审计办公室完成 2013 年度审计和部门主任的离任审计工作，针对年度审计意见，结合工作实际迅速整改落实。

根据北京市委宣传部要求，详细梳理全台固定资产使用情况、对外投资情况、固定资产资产担保、出租出借情况、办公设备配备情况等，积极配合北京市审计局开展北京市文化业非经营性资产审计调查。

配合文化创新发展专项资金项目绩效评价工作组和北京市审计局工作组对我台的高清二期建设项目进展完成情况进行专项检查。工作组对高清项目的收付情况进行了梳理和核查，充分肯定我台高清二期建设项目的财务管理工作。

配合北京市审计局对北京电视台财政专项资金进行审计。此外，对市委宣传部和总台划拨的项目资金，配合会计师事务所进行延伸审计。

以2013年年度审计及2013年资产清查的结果为基础，重点对现金、银行存款、固定资产、无形资产、对外投资、在建工程及2年以上的往来款项进行了核查，对土地、房屋、汽车、专用设备及金额较大的通用设备等进行了盘点，配合会计师事务所圆满完成国有资产产权登记工作。

对北京电视台财政性资金来源的项目进行评审，与节目中心和相关技术部门协同配合，及时沟通信息，在资料提供、现场陈述等环节精心准备，注重与评审专员的沟通，得到评审人员的理解和支持。最大程度地弥合电视行业特性与财政评审要求间的差距，努力消除支付环节中的法律风险。

行政部工作概况

行政部

2014年，行政部圆满完成了各项工作任务。

完成全台餐饮保障工作。2014年，配合各部室、中心、栏目组完成了各种大型活动约2.6万人次的就餐服务工作。特别是北京国际电影节期间，膳食科在人员、设备和场地都不具备接待条件的情况下，克服种种困难，圆满完成了国际电影节闭幕式约350人的酒会接待，得到了上级领导的一致认可和表扬。为加强监管检查力度，广泛听取职工意见和建议，与工会组织对餐饮公司进行了餐饮服务质量测评，平均满意率为82%，与去年同期相比平均提高了8.5个百分点。继续加大对库房采购源头的管理工作，确保原材料质量和价格稳定。各餐厅增加一些新的菜品，丰富和优化风味餐厅的特色项目。膳食科监管办公室每月对餐饮服务区域进行食品、消防安全大检查，监督餐饮公司定期整改。为让职工得到更多实惠，商品部在不断增加商品品种的同时，下调了近百种商品的价格。定期和不定期对蔬菜农药残留进行检测，保障职工饮食安全。

加强车辆管理和交通安全宣传工作。加大了对违法车辆使用人的处罚力度，调整对车辆使用单位的管理新举措，做好媒体单位交通安全评优创先工作。组织好交通安全服务日活动，丰富活动日内容，在原有检查车辆、保险咨询、修复轻微划痕项目的基础上，增加车辆机械常识、特殊道路、特殊气候驾驶车辆的技巧讲座。对承接本台维修车辆的厂店进一步加强管理，严格按照三条原则办事：第一，必须是政府采购中标的专业维修厂或4S店，而且品牌、车型对应；第二，材料、配件属于厂家直供，材料费、工时费给予折扣；第三，就近、方便接送维修车辆。在上述原则的基础上，做好维修厂费用的结算与我台OA系统的对接工作，全年维修车辆1416车次。做好老旧车辆的报审工作，已完成161辆机动车购置、报废、固定资产审核、登记工作。

完成相关修缮工作。包括苏州街办公区主楼外挑结构下方装饰格栅吊顶抢修工程；厂洼13号楼二次供水改造的前期工作，目前招标阶段工作已经完成；厂洼西街6号院道闸维修和维护工作；厂洼西街6号院电梯大修工作；皂君庙的交接工作；配合紫竹院街道完成了厂洼西街6号院垃圾分类的各项工作；配合万寿寺派出所完成了110治安岗亭的建立工作；完成了新台址部分坏损玻璃更换工作。

完成物业监管工作。配合完成了春晚、环球春晚、建台35周年展及北京国际电影节闭幕式等大型活动的服务工作。强化人员及物业费管理，对岗位进行优化配置；加强对物业公司的财务审核、费用支出的控制。调整新台址办公区花木摆放，减少花木租摆费用101万元。完成防汛物资、设备的检查，应急预案演练工作及进入汛期的人员值班的工作。

完成房管工作。包括完成新闻中心专题部与新媒体中心办公用房互换的工作、网络电视台办公区的建设和装修的前期准备工作、紫竹桥办公区的周转房分配。完成皂君庙办公区的移交工作及现有用房的委托管理合同签订。按照台固定资产清查办公室的安排计划，加班加点地完成房管科负责的固定资产清查任务。对斋堂基地的管理工作不断加强和规范。根据各部门申请办公家具的请示及领导批示，及时为相关部门配备办公家具累计约3000件。完成全台职工住房补贴方案的起草和前期准备工作。

加强办公用品精细化管理。严格按规章制度发放办公用品，对有特殊要求和急需的办公用品，积极组织货源满足使用部门的需求。为了加强环境卫生管理，提升清扫保洁质量，有计划、有实施、有检查、有处置地进行工作，进行园区卫生保洁、安全检查176次，接待会议服务305次。根据老台建筑结构日渐陈旧、设施日益老化等特点，狠抓死角，加大防治力度，做好隐蔽场所及杂物堆积的灭虫、灭鼠工作。加强植物的养护，及时调整、更新植物摆放品种632盆。强化管理，确保新媒体中心环境卫生干净整洁，全年共接待参观6949人。

保卫部工作概况

保卫部

2014年，保卫部主要抓好了以下几项工作。

一、治安管理工作

治安管理工作以提高电视台预防破坏

的能力为主，对南、北大门进行了反恐防爆设施改造，安装了翻板式阻车器、防冲闯拒马、防护隔离墩，更换了全新的伸缩门，划分了人员、车辆通行区域。进一步强化和规范安检制度，将安检岗位前移，更加合理有效地实施安全防控。同时还抓好了内部治安管理工作。一是抓好“两节”“两会”“清明”“五一”“国庆”等节日期间园区的安全保卫工作。二是强化日常安全管理工作，对会客、接待、治安、警卫、安检、停车场等安全工作进行了认真部署，科学调整岗位12处（含老台4处），杜绝了漏洞，在重要岗位还配备了防护装备。全年会客人数共112982人次，物品出入登记、检查10443件次，安检中发现违禁品640件。共审核、制作、更换、开通权限各类工作证件480个。速通卡办理、变更、维修96张。三是做好突发事件和上访事件的处置工作。共处置突发事件11起，处理来台上访事件564起，840人次。四是配合台内做好接待工作。共接待149批，2257人次。五是圆满完成了国庆当日直播期间现场安全保卫工作。六是做好治安保卫业务培训工作。对新入台的80名武警战士及200余名物业公司护卫部护卫人员分别进行了业务培训授课，提高了安保人员的整体业务水平。

二、消防安全工作

消防工作重点抓了七个方面：

一是进一步明确责任制。在台、部门、科组（栏目）三级签订了安全责任书。

二是严格落实检查制度。共组织全台性安全检查5次，部门检查30次，下发隐患整改通知单11份。

三是认真做好消防设备的维护保养工作。对消防广播系统的火灾应急疏散语音进行改造，增加了消防演习语音等。更换了综合楼3套老化的雨淋阀组，更换了66个气体灭火控制盘，将不安全的1002E型气体灭火盘全部更换为新型的1002PLUS气体灭火盘。截至2014年10月，拆、装、清洗火灾探测器3600只，维保检测各项设备、设施6592次，维修灭火器4004具，排除各项设备设施故障点1023个。

四是抓好园区内施工管理，杜绝违章作业和野蛮施工。全年新台施工改造共86场次，涉及行政部、基建办、制作部、网管部、卫视节目中心、台办、转传部、播出部、技术设备管理部、总工办、史志办及保卫部等12个部门。施工前与施工方签订《施工现场安全责任书》，同时每天都派出保卫干部到施工现场进行消防安全巡查，发现问题现场整改，确保了园区内消防安全。全年审核办理施工证、动火证936张。

五是做好大型活动的安全管理工作。如：“春晚”“时尚大典”“金话筒”颁奖典礼、北京国际电影节闭幕式、“宝格丽”发布会、奥迪全球发布会、“中秋节”特别活动、“十一”大型直播活动等共计1269场，制发剧组工作证1122个，总观众及演员嘉宾97654人次，未发生任何问题。

六是对全台安全员进行认真梳理，调整人员，重新归档登记，并制定了安全员工作职责，明确安全员的责任。

七是围绕“11·9”消防宣传主题，做好优秀安全员评选、消防知识答题竞赛活动和安全员培训会暨2014年安全工作总结会。

三、技术防范工作

一是监控系统完成现场实时监控值守约7200小时，通过实时监控发现、上报并配合处置突发事件、特殊情况31起，留存现场视频证据21起，完成数字监控录像约480万小时。

二是门禁系统正常运行7200小时，基本实现了全年无故障，验卡放行约20万人次。

三是报警系统共处置各种警情700余起，其中协助处置持械上访6次，50人以上集体上访1次，协助处置非法闯入10次。

四是车辆进出口管理系统完成车辆检验放行约80万次。

五是安检系统完成人员安检约80万人次，物品安检约60万件次，车辆安检约80万辆次，协助查获各类违禁品约600余件。

认真做好设备维护保养工作。组织维保单位完成24小时应急维修工作，排除各类故障400起，维修更换设备256件。带领维保单位完成季度保养工作，共计保养各类设备25000余件，确保全台安防系统运行正常。

四、苏州街工作区安全保卫工作

主要抓好了五项工作。

一是做好安全检查及督促整改工作。组织各类安全检查5次，发出隐患整改通知书12份，对隐患问题及时进行了消除。

二是抓好日常安保管理工作。办理会客手续87428人次，为演播厅节目录制提供安全保障588场，演职观众20480人次，制作车辆证件2241张，未发生任何问题。

三是认真做好各级领导视察新媒体发展中心时的安保工作。先后配合接待了中央党校、广电总局、市政协、市委宣传部、市委办公厅、市公安局等领导和中央电视台、纳米比亚电视台等新闻媒体单位调研及参观时的安全保卫任务。

四是处理8起43人次上访事件，主动配合辖区派出所民警现场处理，消除和避免了不利影响。

五是完善反恐防爆设施。结合社会反恐形势，在老台东门出入口玻璃上粘贴防弹膜，更换伸缩门，配备拒马阻车器、防爆头盔、防刺背心和手套、钢叉、灭火器等处突设备，用于预防和处置各类突发事件。

基建办公室工作概况

基建办公室

2014年，基建办公室完成了安检室、卫视办公楼工程等七项改造项目，北京网络广播电视台办公区改建和生活服务楼加层项目有序推进，实现了“安全第一，质量第一”的预期目标。

一、主要工程任务基本完成

2014年，重点工程建设项目如期完成。安检室工程建设从3月15日正式开工，5月10日竣工验收并移交部门使用。职工露天体育场工程建设5月4日开工，由于受连续降雨影响，7月30日竣工验收并移交工会使用。广告部门厅改造工程5月底进场，按使用部门需求按期完成验收并移交。6月30日，接到卫视临时楼装修加固任务，由于工期特别紧，采取特事特办原则，周密安排施工，于7月22日按期完工，为8月1日卫视公司挂牌成立创造了条件。

此外，基建办公室还基本完成了北京网络电视台办公区改建、生活服务楼加层工程结构检测、28 亩地供电等工程项目。

二、按程序完成招投标工作

配合各项改造建设工作的全面开展，在招投标工作中，规范有序地做了大量工作。全年共完成各类招投标 4 项，办理了转传部车库人防易地建设批件、北京网络广播电视台办公区改建工程消防批件、生活服务楼加层规划条件批件，进行了大量协调工作，按时完成了任务。

三、补充完善施工程序

本着对工程有利、简化程序、提高效率的原则，对项目变更程序进行完善。全年共签订合同 16 份，完成各项合同结算 17 份，送审金额 7910 万元，审减金额 1014 万元，支付工程款 1225 余万元。

广告经营概况

广告部

2014 年，北京电视台以频道独立经营改革试点工作为契机，对全台广告经营管理机制进行改革创新，探索节目和经营一体化的新模式。改革的目标，就是充分发挥市场在资源配置中的决定性作用，把北京电视台建成处于市场前沿、发展机制灵活、适应传媒变革、具有再生能力的现代化传媒机构。

为了推进广告经营改革和运营机制创新的稳步开展，北京电视台成立了四个独立广告运营公司：北京京视卫星传媒有限责任公司负责北京卫视的广告经营；北京京视电广传媒有限责任公司负责七个地面频道和卡酷卫视的广告经营；北京京视体育发展有限责任公司负责体育频道的广告经营；新纪实传媒公司负责纪实频道的广告经营。广告部按照专业化分工原则，重点转变为广告管理职能，主要承担统筹、协调、服务指导的职责，并进一步做好公益广告的制作和播出。

2014 年，在经营改革的大背景下，北京电视台的广告创收也面临着前所未有的压力，尤其是下半年，基本上处于两线作战的状态：一方面努力确保改革过程中各项事务的平稳过渡；另一方面尽最大努力，争取广告收入的最大化，广告创收与上一年基本持平。

在激烈的竞争下，北京电视台围绕经营机制创新推出了一系列重要举措：进一步强化节目与经营融合机制建设责任落实，开展体育频道“世界杯促销季”广告招标，成功实现 2100 万元增量创收；成功销售《2015 年北京电视台春晚》《2015 年北京电视台环球春晚》，均实现了广告增量，尤其是主春晚，广告收入创近年来的新高。在地面频道推出《面条争霸赛》《美丽愿望》、“北京珠宝节”等客户定制产品。联合 CTR 共同主办“首都经济发展与营销传播 2014 峰会”，积极推介重点资源。同时，在全国 4A 客户减量的大背景下，利用政策杠杆最大限度地确保了重点 4A 公司在北京电视台的投放。在公益广告方面，与北京市各委办局密切联络，拓展合作空间，加大了经营类公益广告的制作和播出力度，获得了喜人的成绩。12 月 23 日，北京电视台选送的“见义勇为——司马光篇”荣获由国家新闻出版广电总局主办的“2014 年广播电视公益广告工作暨首届‘星光公益广告大奖’”一等奖；“善待老人——数字篇”获得大赛提名荣誉奖。

经营管理部工作概况

经营管理部

截至2014 年底，北京电视台所属7 个一级企业总资产 8.33 亿元，其中货币资金 3.68 亿元，净资产 4.71 亿元，归属于电视台的净资产 4.06 亿元。累计创收 5.76 亿元，同比增加 2.29 亿元；利润总额 -938 万元，同比减少 1876 万元。

一、全力配合，确保全台重大改革举措稳步推进

圆满完成工商注册、股权划转。充分发挥部门优势，为京视卫星、京视体育、京视广告的公司注册以及新纪实公司的股权划转出谋划策、扫清障碍。目前，京视卫星、京视体育公司已完成工商注册，新纪实公司已完成股权划转，确保频道公司化运营改革顺利推进。

帮助企业构建法人治理结构。牢固树立服务意识，积极主动帮助新成立企业完善现代企业法人治理结构，构建内部运营管理制度体系，为企业尽早步入良性发展轨道提供保障。

二、优化产业布局，强化资源整合

助力英特维实现跨越式发展。继圆满完成北京北视英特维文化传播有限责任公司的股权划转、公司升格为一级企业之后，召开了英特维公司新一届股东会、董事会，选举产生新一届董事会、经营班子，公司法人治理结构、公司章程进一步完善，公司面貌焕然一新。同时将制作舞美科和网管运维业务划转给公司，形成新的经济增长点。

结合动漫产业发展特点，积极打造动漫产业全产业链。在充分论证的基础上，稳步推进七色光公司的股权收购工作。积极探索制播分离模式，寻找优质合作伙伴，引入优秀运营理念和雄厚发展资金，努力改变卡酷公司经营状况。

关停并转，推进企业清理。完成京视金广告有限责任公司、北京第八区文化传媒有限责任公司的清理工作，配合北京歌舞剧院有限责任公司完成股权增资事宜。

三、切实履行职责，保证国有资产保值增值

优化管理，加强绩效考核，充分激发企业活力。为提高产业经营利润，进一步优化各家企业全年预算的合理性，签订了企业经营责任书，确保北京电视台利益最大化。与此同时结合各家企业全年经营预算和经营责任书，在企业经营利润的基础上提升了企业负责人的奖励额度。

做好日常监管，提升审计水平，为企

业健康运营提供保障。建立台属企业财务、人力成本月报制度。每月从企业资产负债、利润、现金流量、经营收入明细、资金明细、人力成本6个方面，及时汇总全台产业运营的最新数据，方便台领导及时掌握全台产业的最新状况。协助台属20家企业开展2013年内部审计相关工作，组织开展英特维公司、卡酷下属公司相关人员的任期内经济责任审计和北京电视台培训中心财务审计工作。通过对台属企业财务收支的真实性、合法性和效益性的审计监督，提高了台属企业风险管理水平，增强了企业控制及治理程序的有效性，消除了企业经营管理隐患。

引入外脑，建立咨询论证机制。积极与工商、法律、金融等领域专业人士沟通交流，采取走出去与请进来相结合的方式，建立咨询、考察机制，共召开十余次政策法规咨询会，听取法律、金融、企业等领域专业人士的政策讲解、实例分析、个案解读，提高部门专业化水平。组织召开专题会，成功解决京视传媒公司下属京视中信公司经营业务的系列历史遗留问题，为公司今后发展扫清障碍。

积极开展调研培训工作。组织台属一级企业负责人赴产业发展处于领先地位的国家级、省级广播电视台调研学习，邀请朝阳工商局负责人来台针对产业运营发展进行专题培训，全台董监事专业水平明显提高。

总工程师办公室工作概况

总工程师办公室

2014年，总工程师办公室主要围绕安全播出管理、技术项目招标采购、技术规划管理及研发三条主线展开，同时着力做好队伍建设、制度建设和文化建设三项主要工作。

一、切实做好安全播出管理工作

2014年3月，总工办设立了专职安全播出管理员，负责全台的安全播出管理工作，积极推进安全播出管理体系的建设，建立完善安全播出联络员例会制度，修订印发了《北京电视台安全播出激励奖金评审办法》《北京电视台安全播出事件事故管理规定》和例行停机检修流程规范等制度。

继续做好全台安全播出联络工作，制定每月技术部门安全播出值班表；每月向北京广播电视台报送北京电视台安全播出月报表；协调组织每季度的停机检修工作；开展播出事故或异态的调查分析、统计报送、整改督办等工作；以及技术协调、联络沟通、上传下达等其他日常安播管理工作。

针对国家新闻出版广电总局修订印发的新版《广播电视安全播出管理规定（总局62号令）》，总工办牵头组织台内相关部门进行了系统的学习，并逐一针对细则条例进行自查和整改。完成本年度与各上下游传输单位的广播电视安全播出合作合同的新订和续签工作，督促合同的履行，保障安全播出。

二、做好技术项目管理与招标采购工作

进一步梳理和完善了立项审批、招标谈判、合同签订、款项支付等工作流程，初步形成了《全台性公用技术经费使用流程规范》。并按照规范完成技术系统项目方案论证100余项，组织台外公开招标15项，台内招标谈判120余项，签订合同100余份，支付合同款约1亿元。

根据北京市发展与改革委员会要求，配合进行了北京电视台高清晰度电视技术系统工程一期项目决算审核、二期项目的绩效评价和审计检查工作。同时，继续进行高清系统建设项目的招标、验收、付款等相关工作。截至2014年底，该项目已基本完成建设实施，进入到尾款支付和审计决算的收尾阶段。

全面参与北京电视台智慧媒体服务项目的建设工作，部门骨干分别加入技术工作组和招标合同统筹组参与工作，与台办公室、计财部、监审办和各相关技术部门通力合作，形成了项目实施方案和时间计划表，以确保在合法、依规的前提下按时完成项目招标采购、合同签订、付款等相关工作。

与计财部合作完成向市财政申请文创基金的支持，用于组织建设村村通、卫视频道卫星转发器租赁及节目上行加密和系统代维代管、媒资管理等项目，并获得约2280万元的批复资金。

三、做好技术发展与规划管理工作

建立了新媒体技术推进工作组，推进新媒体业务发展。在2014巴西世界杯期间，工作组从互动、传输、发布等角度为世界杯报道提供了一系列新技术服务。工作组还开通了台内网新技术子页和微信公共平台，共发布稿件60余篇，进行了有效的宣传和推广。

积极牵头推进技术资源市场化进程，探讨形成了新媒体演播室新的运行方式与管理规范，将舞美业务划转到英特维运营，将网管、制作、播出系统的120余名运维人员整合到英特维管理，外派了网管部5名派遣人员到英特维开展业务，并在全台机制创新研讨会上进行了成果汇报，得到了台领导的充分肯定。

积极参与技术资源管理系统项目工作，完成了合同管理系统的功能设计，完成了合同历史数据的整理，制定了数据管理规范，制定了几类常用合同模板，统一了合同设备清单格式，为推进技术资源管理工作打基础、做准备。

开展国家科技部《立体影视内容生产关键系统研发集成与服务示范》项目第二阶段工作，包括3D内容生产示范基地建设、3D视觉安全测试序列拍摄、IPTV播放平台建设与实验播出等；完成我台3D节目的摄制制作200小时，送播355小时，其中2014年环球春晚3D版荣获中国3D影视作品奖综艺类优秀奖。

完成了北京电视台纪实高清频道上星技术方案制定与申报工作，协同相关部门在6月8日成功实现上星，并于9月实现转星，取得了良好的效果。

参加广电节目制作用房声学工程技术研讨会、CCTV2014年北京国际电视技术研讨会、中国电影电视技术学会举办的高清新技术应用峰会等技术会议，国家新闻出版广电总局科技委电视专业委员会八届八次会议等业界会议，提高专业技术水平。

四、做好其他工作

完成接待苏州电视台、江西电视台、俄罗斯国家电视台、浙江广播电视集团、甘肃广播电影电视总台、外交部等单位来我台进行参观、调研工作。

配合人事部完成了2014年度全台性的专业技术会议和培训工作，组织、参加了安全播出培训、存储系统培训、现代电视演播室技术与灯光设计创新培训等培训活动。

完成了北京电视台北广场大屏幕系统的拆除和重建工作，与技术设备管理部、黄金海岸培训中心、基建办等部门共同进行了大屏幕系统现场拆除以及搬迁到黄金海岸培训中心重建工作，目前该系统已经正式投入使用。

配合CBD管委会在我台21层平台安装CBD核心区监控系统，配合进行安装、调试工作，与管委会签订协议并负责后续维护配合工作。

配合各相关部门完成了35周年台史展、BIRTV展会的布展工作，在BIRTV展会上展示的多屏互动、增强现实等新媒体技术得到了业界的高度评价。

制作部工作概况

制作部

2014年，制作部圆满完成节目制作各项任务。

一、重要任务高质量完成

完成“2014年春晚”“环球春晚”、中秋晚会录制技术保障。

完成北京市“两会”、全国“两会”报道技术保障。

4月23日，制作部剧院安全卫士团队、舞美团队、灯光团队、音响团队、整备科特种设备团队和后期制作团队承担第四届北京国际电影节闭幕式各专业技术保障工作，各团队通力协作，完成了本次直播活动。

5月12日，在综合楼一层大厅举办建台35周年台史展揭幕仪式。制作部承担本次庆典的现场扩声、灯光保障及现场拍摄工作，圆满完成保障任务。

台庆前夕，动力部与青海节目中心、总工办等部门联合拍摄台庆宣传片，获得了各方好评。另外，由新闻节目中心策划了14集《一路同行　感谢有你》大型系列报道以及同名特别节目，制作部加班加点突击拍摄并制作完成。

6月6日，北京电视台第三个上星播出频道——北京纪实频道上星播出新闻发布会在600平方米演播室举行，制作部圆满完成此次发布会的音视频技术保障任务。

完成世界杯转播和特别节目直播。在世界杯转播期间，制作部除完成58场比赛直播技术保障外，还在202演播室完成了体育频道打造的大型直播互动娱乐节目《最强战队》的技术保障。

10月1日，北京电视台在600平方米演播室进行《家国梦　岁月情》隆重庆祝中华人民共和国成立65周年大型直播。制作部与新闻节目中心团结协作，圆满完成直播保障任务。另外，9月29日至10

月5日，制作部还顺利完成生活节目中心《生活2014》"十一"大型直播保障任务。

完成北京农业嘉年华、平谷桃花节、京交会、端午节、走进房山世界地质公园、国际音乐节、国际节能环保展览会、迪拜国际赛马比赛、世界葡萄大会等直播报道技术保障。

二、积极探索市场化运作

制作部创新小组主持人视觉形象工作组，在赴上海等地考察学习与兄弟台进行技术交流的基础上，结合本台实际，探索确定了新闻演播室的工作模式，推出了《北京新闻》主持人出镜样片，同时制定了新闻主持人三定手册。

4月10日，制作部在38层会议室召开主题为新技术、新标准、新思维的2014技术工作会议，探讨在不断变化的环境下，如何强化管理，深挖潜力，对外创新思维，积极引入新技术、新模式、新理念，助推年轻骨干的成长。

2014年，制作部积极探索，诞生"光丁出品"品牌，并承接北京国际电影节闭幕式国际级颁奖盛典，完美的设计服务、顺畅的直播流程、完备的安全预案、稳定的心理素质，赢得业内的一致赞誉。

5月中旬，受齐鲁电视台之邀，制作部造型团队赴山东济南进行了为期三天的主持人电视荧屏形象研讨及为齐鲁电视台5名新锐主持人定妆造型的活动，受到了齐鲁电视台的好评。

5月份，制作部创新小组与财经节目中心召开了意向合作会，就制作部如何通过新技术、新手段、新方法，创新性地辅助财经节目中心提高节目质量、丰富互动方式，全方位展现节目价值达成了合作意向。

为适应市场化需求，培养理论与技术相结合的复合型高素质人才，制作部与英特维公司联合举办了《演讲与口才——市场营销入门》的营销推广系列培训。8月6日下午，在台大剧场组织进行了《营销与推广培训》结业展示竞赛活动。

播出部工作概况

播出部

一、顺利完成安全播出任务

截至2014年12月31日，北京电视台15个频道共播出节目120495小时，停播总时长964秒，停播率为0.8秒/百小时。完成了北京市"两会"、全国"两会"、世界杯、亚运会、国庆65周年大型活动等节目的直播任务及《最美和声》等节目的准直播任务。尤其是国庆65周年大型活动的直播，开创了播出部的多个第一：

一是第一次同时接收外来信号最多的直播活动，总计有20路外来信号同步参与直播。

二是第一次使卫星系统、光缆系统、新闻演播传送系统、演播楼传送系统、收录传送系统同步满负荷工作。

三是第一次在节目播出过程中参与全流程信号调度。

四是第一次承担卫视、新闻、海外、体育、生活等节目中心均有直播节目播出的任务。

五是第一次与新闻节目中心共同制定直播方案，共同完成直播信号同步调度任务。

二、建立科学的管理体系

对部门已有的管理制度进行了全面梳理和细化，形成适合发展的科学管理体系；建立了以停播率为主要指标的考核体系。

一是调整考核激励机制，制定评价指标和考核办法。制定了《北京电视台播出部播出事故级别划分》，以国家广电总局62号令为依据，细化播出事故等级划分，制定了杜绝重大事故减少一般事故的事故处理原则。制定《播出部中心科科长有关停播率的考核和奖励办法》，建立以停播率为主要指标的考核体系。实行科长问责制，按月考核，根据当月停播率和综合管理的考核等级，决定科室奖励数量。

二是全员考核，取得上岗资格。以总局62号令为基础，结合部门现状和安全播出需求，与人事部一起对全部门职工进行考核，取得上岗资格。

三是完善直播流程的管理。经过近半年的不断修改和完善，《播出部节目直播及信号调度操作规范》以部发文件的形式在部内发布；建立播出中心检查单制度，细化播出应急流程等工作。节目传送科设计了《直播节目中外来信号申报单》，规范了外来3G、4G、卫星等信号的调用。

四是为重大检修制定标准化工作流程，确保播出安全。以本年度的第一季度检修（三年一次的动力断电检修）为契机，完成了《检修任务安排表》《备品备件清单》《操作流程及人员分工》等70多页的文档，同时建立了完善的季度检修规范。

五是完善部门考勤制度。各科每月提交考勤表，把出勤率作为各种评优和奖励的重要依据之一。

六是改造重点机房门禁系统，提高播出区安全等级。对新台播出区13层总控制机房、标清机房和高、标清同播机房3个机房的门禁系统进行了改造，提高安全等级。

七是规范交接班制度，设计制作了交接检查单。重新设计制作了交接班系统检查单，使日常值班和设备维修时的设备检查工作制度化、规范化、标准化。

八是对核心设备运行维护文档进行整理。整理制定设备运行、重启、检修、维护、更换技术文档，为今后运维工作的开展奠定了制度化和标准化的基础。目前已经制定完成的文档包括MIRANDA切换台等六类主要设备的维护文档。

三、完善系统结构，推动项目建设

围绕安全播出工作，补充完善技术系统。根据一线值班人员的建议，对监视系统大屏分割画面的相对位置做出微调，适应监看习惯。完成纪实频道采用AVS+技术的上星播出系统建设项目。完成广播电台的赛事直播信号通过我台传送系统与建外电台机房的直拉光缆的建设工作。

四、加强培训，形成阶梯化人才队伍

从实际出发，依靠部内的技术骨干自己制定课题并担任讲课教师，以授课和沙龙的形式开展职工培训，截至12月31日，视、音频通道培训共60余次，播出网络培训共计12次、系统性总结3次，自主拍摄培训视频5集。

积极开展台外技术交流活动。组织部分职工去天津电视台、山东电视台、北京网络广播电视台、新落成的凤凰卫视北京国际传媒中心、搜狐网络等单位调研、学习。

选派部分技术骨干到设备厂家进行中短期培训，取得相关技术认证，致力于培养台、部播出技术专家。

转播传送部工作概况

转播传送部

2014 年，转播传送部圆满实现了全年安全直播无事故的目标。全年完成各类节目直播及录像共计 481 场次，其中各类节目直播 279 场次，录像 202 场次。

一、发挥技术优势，确保安全播出

精心准备、认真工作，圆满完成多项体育赛事和重要活动的直播任务，全年共 279 场次，主要有：2014 年 1 月，完成北京市人大、政协“两会”的直播任务。完成连续 8 周北京农业嘉年华、平谷桃花节、延庆端午节、房山博物馆日、“十一”特别节目等新闻节目直播任务。完成足球亚冠、中国足球甲级联赛、中国足球超级联赛、篮球联赛、排球联赛、南京世界青年奥运会、环京公路自行车等多项体育赛事直播工作。特别是环京公路自行车赛事，增加了崇礼至张家口赛段，增加了转播难度。转传部全体技术人员同力协作，克服困难，使转播工作得以圆满完成。圆满完成了包括北京电影节闭幕式在内的多场各类文艺节目直播。

圆满完成各项节目录制任务，全年共计 202 场次。

二、进一步加强新技术学习与应用

为了更好地为编播部门提供技术支持与保障工作，转传部成立了多媒体应用创新技术小组，研发现场转播资源推送到移动终端的课题。另外，进行了多声道伴音制作、多机位颜色统一调整、超高速摄像机应用等方面的探索与创新。新技术的研发与应用，大大提高了部门技术人员专业技术水平，为全台改革创新打下坚实的技术基础。

2014 年上半年，部门邀请视、音频设备制造商，系统集成商的技术人员，多次到转传部传授最新的高清转播设备的原理及操作规程，如 4K 技术及系统应用等，大大提升了部门技术人员对新设备、新系统的掌握能力。

技术设备管理部工作概况

技术设备管理部

2014 年，技术设备管理部加强了新技术的研发和应用，不断提高管理的科学化水平，在技术设备管理工作中取得了长足的进步。

一、资源管理项目正式启动

为尽快实现北京电视台对技术资产、资源有力度管理，2014 年，技术设备管理部开始了技术资源管理系统的建设工作。在原有资产管理系统的数据基础上，增加了高清一期、高清二期、网台、3D 等在建项目的设备数据，有效保证了资产数据管理的永久性。

为了保证所有的数据都能够有效和实际设备进行对应，对全台分阶段进行了设备盘点工作，到 2014 年底已经完成了非技术的 29 个部门的盘点工作。此次盘点，实施全台同步的条码粘贴工作，同时在部分部门创新地试验远距离读写的 RFID 条码，使盘点和设备管理工作效率极大提高。

2014 年度完成了磁带入库共 38550 盘，总金额 942.5 万元。出库 21950 盘，总金额 493 万元。提供总额约 150 万元的耗材购买申请及发放工作。发放设备百余件，共计收到台内各部门设备申请 60 余次，完成 30 余个合同的入库工作，总计金额为 9889 万元。

二、严把播出质量关，细致做好监播、监录和监控工作

采用监录系统和人为监看相结合的方法，完成主备共 42 路播出信号的安全播出监播工作。截至 2014 年 10 月 23 日，监测到播出质量故障 103 次，累计总时长 3 小时 20 分 54 秒。对全台播出的 10 个标清和 4 个高清频道进行 7×24 小时实时录制。截至 2014 年 10 月 20 日，高标清共录制节目总时长 104400 小时，收录节目总量为 112TB。

对播出关键岗位 49 个监控点进行全程专人实时监控和录像。保存录像素材 41160 小时，存储录像文件 35T，提供录像查询输出 7 次，有效地帮助了播出故障事后责任的分析和认定，提高了安全播出实时防范能力和管理能力。

通过监录系统，为全台业务部门提供了大量播后节目在线点播服务。截至 2014 年 10 月 20 日，累计提供在线点播 5200 人次；累计提供播后节目 8 次，累计节目时长 78 小时 37 分钟。2014 年还完成三次监录系统的停电检修工作。

三、出色完成技术质量管理系统项目验收工作

截至 2014 年 10 月 20 日，技术设备管理部完成全台系统验收项目 32 个，例如：高清二期（第一批）HTGQ－0044B FLYAWAY 应急信号回传系统在规划院无线所测试；高清二期（第一批）HTGQ0062E 超高速摄像机项目验收；《新媒体演播室光缆铺设验收》HT13－055 项目验收等等。

2014 年，技术设备管理部承担了全台的技术评奖工作，共计完成各项评奖工作 15 项，并牵头举办全台系列技术培训 10 次。

四、圆满完成技术设备维修和机房录制工作

2013 年第四季度至 2014 年第三季度，共维修 1742 台件设备。其中计算机桌面硬件设备维修 275 台件，SONY 专业设备维修 491 台件，镜头（CANON、FUJIFIML）375 支，Panasonic 专业设备维修 160 台件，其他设备 441 台件，并完成 75 项 OA 维修的网上审批工作。

截至 2014 年 10 月 23 日，录制机房共完成 DVD 转 DVD2600 盘，DVCPRO 转 DVD40 盘，BET 转 DVD20 盘，HDBET 转 DVD160 盘，3/4 转 DVD20 盘，1/2 转 DVD20 盘。

信息网络管理部工作概况

信息网络管理部

2014年，信息网络管理部夯实内部基础，开展重点项目建设，推动技术创新，实施运维模式变革，尝试机制创新，推行精细管理，圆满完成了各项任务。

一、夯实内部基础，确保安全制播

夯实生产网、办公网的运行维护工作基础，提高系统稳定性、可用性，提升突发故障快速处理、解决能力，努力确保业务不间断运行。

顺利完成了北京市“两会”、北京市党代会、世界杯等各项重大报道和建台35周年庆典、平谷桃花节、京交会外场直播；清明节、“五一”长假等节日期间的交通路况直播；全国高考第一天交通情况直播；马航新闻发布会现场直播；《两岸健儿泳渡台湾海峡》4G直播；《家国梦岁月情》国庆65周年直播等大型活动的技术保障任务。

确保制播业务顺利进行，共完成总量约14万期节目的备播，以及系统间信息和媒体文件的交互。生产网节目日均首播数量约840条，时长约145小时。储存高标清节目约83万条，时长约19.5万小时。储存高标清资料约67万条，时长约70万小时。维护办公网计算机并解决各种软、硬件故障，安装常用办公软件、安装打印机等内容，客服工单维护量为7479个，为台内各部门顺利使用办公网电脑提供了有效的保障。

完成《2014环球春晚发布会》《2014时尚大典》《新媒体会议》《北京电视台35周年台庆》《卫视中心电视剧发布会》网络搭建及现场保障；BTV大剧院《玛莎菲尔时装发布会》《北京电影节闭幕式》《奥迪A3发布会》《宝格丽产品发布会》网络实施保障工作。

保障环球春晚、主春晚、平谷桃花节、国庆65周年等大型节目和活动的网络视频直播顺利，全年累计完成网络直播169次，内网直播10余次。保障新媒体大厅参观共计220余次，保障《财经锋会》《真相》《法制60分》等节目录制共计125期，保障《BRTN上线》《生活微行动》《我是环保明星》等活动直播共计5次。

二、开展重点项目建设，推动技术创新

网管部作为北京电视台IT化进程的主要推动者和执行者，在新台址标清网络化制播体系建设、全面高清化在线改造、高可靠性智能化深入应用、办公行政管理信息化和网络台新媒体系统规划建设中，起到了十分关键的作用。

部门创新经营模式，开拓思路完成了生产网高清二期项目建设收尾工作；开展了制播网等级保护项目的建设，并投入使用；完成新闻应急传输平台的业务整合，将flyaway、BGAN、海事卫星、ILINK微波及4G移动回传等多种传输手段整合在一起，建立了具备多种途径多种有效手段

的新闻应急传输平台。完成了《生活节目中心桌面虚拟化项目》的实施和推广工作，并积极开展桌面虚拟化技术在新闻中心和媒体资料的推广工作。OA 系统建设工作在台内多个业务领域继续深入推进，2014 年分别完成了《呈文审批单》和《节目预算申请表》的应用和管理，以及原有 OA 系统的部分功能需求变更。北京网络广播电视台网站、北京 IPTV + 平台、BTV 大媒体客户端已正式上线。

为推广新技术在业务部门的应用，提高节目制作水平和效率，使技术转化为生产力，先后同生活节目中心、财经节目中心、科教节目中心就新技术应用进行多次交流，为节目形式创新出谋划策；同时通过在外网实现线索汇聚、手机报料、报题写稿等应用，极大地方便了广大编导的工作。向新闻节目中心（新闻通联科、新闻评论部）推广互联网文件传输平台；向财经节目中心和生活节目中心推广大外延相关功能，包括手机报料、云平台检索、线索汇聚、vtube 传输和 3G 背包传输；向生活节目中心推广互联网文件传输平台；向生活、科教节目中心推广 Aspera 传输平台；向科教、青年、体育节目中心推广互联网文件传输平台。

尝试自主开发版权交易系统，保障完成 BirTV 展会双屏互动系统和版权交易系统的相关展览工作，承接台内创新工作站媒体数据分析项目。

此外，在科技项目上立项申请的《基于新媒体运营数据的用户分析和内容推荐研究》和《以能力建设为导向的信息系统运维管理模式》项目获得了台青年创新工作站经费支持。《基于新媒体运营数据的用户分析和内容推荐研究》项目已完成了演播互动及全媒体展示系统项目验收工作，并完成了 IPTV 设备维保、轮播转码、IPTV 看吧、联通 IDC 机房布线施工等项目的立项申请、前期论证、测试使用。网站 CDN 扩容、网站系统运维和云安全项目进入规划设计阶段。《以能力建设为导向的信息系统运维管理模式》项目完成了 ITSS 体系文件的撰写和整理，按照信息技术服务的标准建立健全各项流程体系制度，整理信息部门针对全台应用的服务目录，参考全媒体新媒体形式下的各种应用场景，建立起技术系统的服务级别管理，为运维变革的推进奠定了基础。

三、实施运维模式变革，尝试机制创新

通过引入 IT 业先进的 ITIL 和 ITSS 管理理念，进行运维模式改革，在生产网运维管理中重点实现事件处理流程、故障处理流程、配置管理、变更管理、知识库管理、值班管理、绩效管理等功能，有效提高了生产网运维质量和效率，节约运维成本。

部门举办了两次 ITSS 工程师认证培训，为运维变革创造了良好的知识储备。通过培训考核，42 人获取 ITSS 项目经理证书，51 人获取 ITSS 工程师证书。在运维体系三层架构变革的整体思路指导下，积极推动运维体系变革进程，整理梳理完成了制播系统的服务目录和值班人员工作库，为下一步服务标准化、规范化打下基础。正式使用运维管理平台，制定系统维护作业计划任务单，实现日常维护活动工单化、任务量化。

探索并逐步落实人员绩效考评机制，配合人事部开展绩效改革，健全部门/科室两级管理机制，对科室任务完成情况进行考评，实现计划、落实、监督、考评一条龙。初步实现了部门有岗位工作可量化的ITSS运维管理目标，按台里绩效考评试点要求，从8月起已在部门内推行每月的人员绩效考评工作，取得了较好效果。

对部门人员及外协公司人员进行了岗位重组以求获得运维最大化的保障和效果。完成了35位外协人员转签英特维公司的工作。从8月起部门委派5人去英特维专项开展新技术业务。

四、推行精细管理，实现办公规范化

推行精细化管理，进一步完善部门各项规章制度，做到各项工作流程规范化、工作执行标准化、工作落实有序化。部门的日常工作遵循公平、公开、公正的“三公”原则，推行精细化管理，建立周例会制度，群策群力讨论部门管理和项目建设。共召开专题讨论会82次，其中，部门管理类27次、生产业务类26次、办公信息类11次、新媒体业务类6次、业务培训类9次、其他3次。

实现部门办公行政电子化、规范化，完成部门综合管理系统功能测试、功能设计、数据初始化上线工作。目前，已完成人员信息管理，记录了部门人员入台时间、获奖、职称、岗位、学历等情况，跟踪变更信息、学时及培训统计。人员请销假统计备案，重点岗位人员离京信息统计备案各项工作。重点项目建设情况及相关材料备案、系统故障汇总统计。

制定并颁布了“信息网络管理部运维外包、资源租用管理办法”，全面落实去年与总工办制订的运维项目整合谈判计划，有效提高IT系统外包服务管理水平。

配合全媒体安全实施，整理完成《北京电视台应用系统安全基线标准制定》，通过对入网服务器操作系统、中间件、应用程序进行安全基线要求，加强对此类服务器的安全管理，并逐步在部门内推广实施。

动力部工作概况

动力部

2014年，动力部落实完善各项规章制度，较好地完成了设备运行管理工作和对物业公司的监管工作，确保了新中心、苏州街、皂君庙办公区动力系统的安全稳定运行，保证了安全播出。

一、完成动力设备的运行及维护检修工作

做好动力系统设备的日常运行维护是动力部的核心工作，是确保安全播出的基础。一年来，动力部认真执行各项规章制度、操作规程和应急处置程序，加强巡视检查和运行维护工作，对隐患做到早发现早处置，较好地完成了动力系统设备日常运行维护及重要保障期内的安全保障工作，确保了安全播出。

二、对动力系统的更新改造工作

完成冷冻主机更换耗材保养工作。冷冻主机是供冷系统的关键设备，动力部对新办公区中央空调系统7台麦克维尔冷冻主机及苏州街办公区空调系统3台顿汉布什冷冻主机进行维护保养，更换了润滑油、密封垫圈、过滤器等耗材。

完成苏州街办公区二期地下空调系统管道的更换工作。苏州街办公区二期地下空调系统水路管道及风机盘管已运行20多年，腐蚀破损严重，故障率高，维修难度大，动力部于2014年上半年对其进行了更新改造，改造后的管道及设备运行良好。

新办公区综合楼1309、1405机房由于增加了工艺设备导致原有空调机组不能满足设备运行温度要求，动力部为其加装了两套大金分体空调机组。制作部将苏州街办公区800平方米演播室一间库房改造为设备机房，为其加装了一套大金分体空调。

新办公区综合楼北侧东旋转门及生活楼北旋转门原有电机为直流电机，该电机转动扭矩小且配套碳刷易损坏，旋转门经常出现故障。动力部对现有直流电机及控制系统进行了改造，更换为交流电机系统，改造后的旋转门运行状态稳定。

更换了21面EPS配电柜中的337块电池，确保了应急照明系统处于稳定的运行状态。

对新办公区综合楼高区5套航碍灯进行了更换。

2014年6月18日，新办公区高压配电室215高压开关零序保护动作跳闸，经检查发现是M3变配电室就地高压柜到变压器之间的高压电缆绝缘损坏放电，造成高压开关零序保护动作跳闸。动力部紧急联系了供电公司指定维修单位进行故障排查、确认，更换了故障电缆，并于当天21时恢复正常供电。

做好供配电设备的维护、检修工作。3月20日凌晨，对新中心播出UPS及播出配套的工艺配电柜进行了全面检查，检查紧固配电柜130余面，对查出的问题及时联系厂家工作人员进行了修复。7月22日、9月18日两次停电检修中检修了10台UPS电源及配套的配电柜，更换了部分损坏的配件，排查了120余面配电柜及150余个抽屉柜，对20000余个螺丝进行了紧固，确保了工艺配电的安全稳定运行。

定期做好全台应急保障供电系统的维护保养及检修工作。对4台1320KVA发电机组进行空载、带载运行试验4次、维保6次，对大容量UPS电源充放电维护54台次，更换两台400KVA UPS电容96只，160KVAUPS电源更换120块蓄电池。

改造电梯感应启动器，解决了新办公区剧场扶梯在日光运行环境下经常出现启动失效的故障。新办公区4部电梯补偿绳因出现断丝现象，动力部于5月份对其进行了更换，确保了电梯安全运行。

三、做好台外直播活动供电保障工作

2014年，动力部参与了北京市“两会”、北京车展、北京国际电影节、京交会、北京节能环保周等台外直播供电保障工作，确保了台外直播活动的用电安全。

四、加强人员技术培训，职工技能水平稳定提升

2014年，动力部有43名职工的特种作业操作证到期需要复审，5月，组织他们到相关培训机构学习培训，并全部通过了笔试、实操考核。6月，组织电梯运行维护人员（含物业人员）分两批参加了三菱电梯北京有限公司举办的为期6天的安全、技能培训班，全面深入了解全台电梯设备的结构、原理、维护及安全运行注意事项，提升了职工的专业技能水平。

五、做好重要节日及保障期内动力系统安全运行保障工作

为做好重要节日及保障期内的安全运行工作，动力部定期对一线值班人员进行应知应会内容及应急处置预案考核。对所辖设备进行全面细致的检查和隐患排查；对所有变配电室和工艺设备机房的配电柜带电部分进行测温，防止因接线松动或过载产生高温而造成事故；对自备柴油发电机组进行空载运行试验，以保证当外电源失电时能够在短时间内为重要保障负荷恢复供电；对播出、制作、网络机房加装的分体空调进行检查维护，确保动力设备在保障期内安全运行。

六、做好对物业公司的监管工作

一年来，动力部认真做好对物业公司的监督管理工作，每月召开动力部和物业公司的工作协调会，解决工作中遇到的问题，安排布置工作。检查物业公司的设备运行情况和日常工作情况，发现问题及时提醒、帮助解决，确保物业公司所辖设备的安全正常运行。

根据动力部与物业公司职责划分规定，动力部完成了物业公司所运行设备的更新改造大修工作，完成了物业公司所需备品备件的采购工作和设备固定维保合同的新签续签工作，保障了物业公司所辖系统设备的安全正常运行。

老干部工作概况

老干部工作办公室

2014 年，老干部工作围绕中心，开展了“与党同心　与祖国同行　与 BTV 共成长”系列主题活动；拓宽服务领域，开创老有所乐、老有所为价值平台；开展以文怡人活动，提升老同志幸福指数。

2014 年，老干部志愿服务团被授予“首都学雷锋志愿服务站”称号，被评为北京市离退休工作先进集体，全国离退休工作先进集体。

一、以主题活动为载体，加强离退休干部思想政治建设

开展“与党同心　与祖国同行　与 BTV 共成长”主题系列活动。在庆祝北京电视台建台 35 周年之际，老同志以多种形式参与纪念活动，表达对电视台的深厚感情。10 位老同志为台庆征文投稿 12 篇，近 8 万字；书画社成员翰墨寄情，创作书画作品 7 幅；近 20 位老同志接受了本台记者专访或在“心语小亭”诉说对往事的美好追忆和对 BTV 的真挚祝福；另有近 10 位老同志捐献了珍藏多年且颇具史料价值的“老物件”，陈列于台史展长廊。

“七一”前夕，百余名离退休党员和积极分子代表齐聚在一起，以文艺汇演的形式共庆党的 93 岁生日。他们用独唱、演讲、独舞、配乐诗朗诵、书画展示等方式演绎了《祖国我的最爱》《七月，再次唱起这首歌》等节目。

9 月 28 日，在“同心共筑中国梦”——市宣传系统老干部庆祝新中国成立 65 周年文艺汇演中，本台老干部合唱团率先出场，以朗诵、领唱、分声部演唱等形式表演了气势磅礴的《祖国颂》。

金秋摄影书画社成员配合系列活动不同时期的主题，精心创作了摄影书画作品20幅，其中两幅摄影作品入选北京市离退休职工“与党同心　与祖国同行”摄影书画作品展。

开展特色党日活动。老干部西区党支部在《没有共产党就没有新中国》词曲创作地——房山霞云岭堂上村组织了“缅怀先辈、珍惜今天、放眼未来”主题党日活动。在以大山为背景的党旗下，41名老党员重温入党誓词，高唱“没有共产党就没有新中国”。北区党支部和老干办党支部所属近40名党员和积极分子，在“与党同心 与祖国同行”特色党日活动中，学习习近平总书记关于党的建设等重要讲话精神，观看“党的十八届三中全会精神专题”报告录像，了解“中国梦”的伟大内涵。东区和南区支部组织40余名老党员前往昌平区南口镇的爱国主义基地——北方射击场，参观轻型武器展览，提高国防意识。北区党支部还联合西区党支部，组织党员群众近60人，赴中国生态农业第一村大兴区留民营村参观高科技有机农业示范区、无公害畜牧养殖区等，欣赏丰富多彩的民俗文化活动和演出，感受新农村文化生活的巨大变化。

二、深化志愿服务团管理，开创老有所乐、老有所为价值平台

老同志志愿服务团，以支委党员为骨干，截至目前已发展成员150人。年初志愿团进一步深化管理，建立了一对一“志愿互助”联络网，制定相应的活动方案。开展了“邻里守望”活动，解决了有特殊困难老同志的帮扶问题，目前已有约200名老同志受益。在参加市老新闻工作者协会开展的2014年年度“建言献策”活动中，6名老干部共撰写了9篇建言文章。11名老同志受聘到本台新媒体发展中心负责新媒体的内容监审和技术监看，继续为新闻事业发挥余热。5月30日，老干部志愿服务团和主持人爱心团一行近30人，来到河北兴隆县克梨木联合小学，与当地近300名师生一起联合举办大手拉小手爱心互助庆“六一”主题活动。志愿团向同学们赠送了创作的书法作品“修德明志　笃学成材”，以及音像资料等文化产品和卡酷少儿制作的玩偶，让孩子们度过了一个终生难忘而快乐的六一儿童节。10月17日是我国首个扶贫日，近100名老同志又为河北省兴隆县克梨木联合小学送去学习用具和书籍，为白毛甸子村捐赠过冬衣物千余件。

三、开展以文怡人活动，提升老同志幸福指数

关心老同志切身利益，做好服务管理工作。召开离退休职工住房补贴政策工作会，离退休职工160余人参会。开展牙齿健康知识讲座，分5批组织老同志体检。继续为老同志办理公园年票220张，全年慰问病员70余人次，为19名有特殊困难的老同志申请补助款5.7万元，为25名老同志报销大额药费42万余元。

积极开展社团活动，倡导文化养老。合唱团除每周上课外，还组织团员观看了《春天的故事——纪念邓小平同志诞辰110周年交响音乐会》、观摩了国家大剧院合唱团的音乐会《我和我的祖国》。书法班初级班按计划每周开展活动，年底举办作品展。书法高级班完成了结业，观看了国际著名书画家李雄风慈善公益书画展。摄影班授课5次，开展外出采风活动。垂钓

俱乐部全年组织6次垂钓活动，举办了趣味比赛。

开展大型活动，增强团队凝聚力。春节前夕，举行2014年离退休职工“迎新春、乐相聚”集体慰问活动，老同志们用猜谜、接成语、唱歌等方式请出寿星和马年属相的老同志。初春，离退休职工参加“赏京郊梨花、享健康生活”主题活动，近160名老同志来到大兴区庞各庄镇梨花村万亩梨园踏青赏梨花。深秋，老同志们再访梨园，开展“相聚在金秋　梨园文化行”活动。“三八”妇女节120余名女同志赴昌平采摘草莓，尽享节日欢乐。年内组织老同志来到北京网络广播电视台（BRTN）新媒体基地，参观了互动体验厅、演播厅、监播区等，了解了BRTN网站、北京IPTV、大媒体客户端、微博微信微视等四大业务平台的最新进展情况。

北京电视产业发展集团概况

北京电视产业发展集团

北京电视产业发展集团本部及所属企业员工共计268人。其中，集团本部员工10人。主要职责是研究、提出产业集团在我台产业中的布局建议，拟定产业集团的总体发展战略与规划，开展投资活动，履行对所属企业的监管职责，确保资产的保值、增值。

目前集团的主业分为四大板块：

一是电视购物板块。

二是技术服务板块，主要为电视用户数据分析与电视媒体管理软件开发。

三是生活服务板块，主要包含餐饮、汽车租赁与维修、物业管理。

四是投资管理板块，目前集团全资和控参股企业共13家，其中全资及控股7家（含2家未开业企业）、参股6家、停业或吊销执照的企业6家，投资总额为4667万元，占集团总资产的32%。

2014年，北京电视产业发展集团实现营业总收入9620万元，利润总额完成453万元，比上年同期增加283万元。

集团全资及控股子公司情况如下：

北京碧替葳电视商品销售咨询中心成立于1995年，注册资金800万元，现有员工80人，办公地点位于海淀区昌运宫7号楼，是集团从事电视直销业务的全资子公司。公司在产品采购、呼叫中心、物流配送、节目制作、服务体系等方面不断完善，在电子通讯、家居服装、食品保健、收藏品等领域有着良好的信誉。2003年，BTV电视购物《爱家购物》开播，在数字电视频道全天24小时播出，用户达470万户，成为消费者了解和购买产品的独特平台，节目内容同时在BTV财经频道播出。2014年，电视购物公司根据市场需求，针对现有顾客消费习惯重点开发艺术品、珠宝、家居用品、食品四类商品。为更好地展示商品，对数字宣传片更新了包装，在主持风格、拍摄手法、场景布置、沟通演示中力求创新，突出产品卖点，增加了观众的新鲜感。为弥补电视销售的不足，在8～10月策划组织了三期促销活动，取得良好的业绩。

北京特雷森信息中心成立于1996年，注册资金100万元，现有员工34人，办公地点位于海淀区皂君庙甲2号，是集团从事信息服务与高新技术产品开发的全资子公司。主营业务是收视调查、广告监测和研究、市场调研，为各电视台、广告公司、广告主提供科学准确、客观公正的媒介信息服务。2014年，特雷森信息中心持续推进双向网机顶盒项目，与歌华有线网络媒资部深入沟通，商讨数据换技术的共赢合作方向。根据市场的需求发展，对大屏展示技术进行升级并演变成全媒体实时监控平台。广告业务系统二期项目完工，于10月16日正式上线启用。

北京嘉利华汽车技术服务有限公司成立于2000年，注册资金1000万元，现有员工21人，办公地点位于海淀区昆明湖南路甲80号，是集团从事综合汽车技术服务的控股子公司，是北京市汽修行业AAA级优秀服务企业、北京市汽车租赁协会理事单位、北京市政府采购定点维修单位。主要提供汽车维修、技术咨询、保险代理、汽车租赁等一系列专业化服务，承接台内工作用车的保险理赔车辆维修业务及各部门汽车租赁服务。2014年，嘉利华汽修公司与中国人寿（西城）公司签署直赔协议，全面开展保险代理工作。与北京汽车销售有限公司签订合作协议，成为北京汽车在北京地区第15家北京汽车维修服务站。

北京京视诚餐饮有限公司成立于2007年，注册资金200万元，现有员工98人，办公地点位于北京电视台苏州街办公区，是集团从事餐饮服务的全资子公司。京视诚公司2013年与北京电视台签署了苏州街办公区餐饮委托服务合同，管理咖啡厅、职工餐厅、零点餐厅及贵宾厅，为北京电视台西区职工提供多种形式的餐饮服务。在保证职工工作用餐的基础上，京视诚公司还向台春晚剧组和其他节目组提供餐饮配送任务。2014年京视诚餐饮公司妥善做好人员划转后的管理工作，完成服务楼装修改造期间整体迁移，保证了台西办公区的餐饮服务正常进行，得到了广大职工的认可。通过建章立制、安全检查和培训教育，规范公司运营秩序，提高员工素质。在保证职工餐饮服务的基础上，圆满完成了台“春晚”和其他多台节目的餐饮配送任务。

北京新维体育文化发展有限公司成立于1998年，注册资金120万元，现有员工25人，办公地点位于建国路甲98号北京电视台新址，是集团从事大型体育活动及节目制作的控股子公司。新维公司的经营和体育节目中心密不可分，日常业务涉及体育节目的制作、转播、版权和大型活动运营等工作。主营开发的大型户外活动“北京海洋沙滩狂欢节”已成功举办六届，不仅培养了一支既会做节目、又熟悉大型活动市场运作的团队，也成为具有全国影响力的文化创意产业品牌，受到媒体的高度评价。2014年，新维体育公司成功举办第六届“北京海洋沙滩狂欢节”活动，同时与朝阳公园签订了为期三年的合作协议。海沙节历时65天，累计入园人数近20万人次，比2013年度增加了2万多人次，门票销售收入达到了1974万元，比2013年度增加了近400万元。

北京卡酷传媒有限公司概况

北京卡酷传媒有限公司

一、推进主营业务，打造精品项目

（1）百集原创动画《飞越五千年》1～50集已于2014年9月在央视少儿频道首播，受到广泛关注，并将继续在其他动画卫视和地面少儿频道以及视频网站播出。同时已完成51－100集全部制作，共计588分钟，并取得发行许可证。

（2）参与投资出品原创动画《魔晶猎人》，已于2014年1月初正式启动。该片于8月底开始在爱奇艺、搜狐、乐视和腾讯四家视频网站进行网络首播，截至10月中旬累计点击率已突破3200万次；同名漫画连载已于6月起在《知音漫客》副刊——《漫客星期天》出版，拟从2014年底正式登陆《知音漫客》主刊。衍生产品开发和授权工作也陆续展开，已就该片动画形象签署了玩具开发协议。

（3）顺利完成台委托的《七色光》《十分开心》《谁敢挑战小学生》《卡酷全卡通》四档栏目的制作，丰富了卡酷少儿频道节目内容，且较好地实现了收视预期。

二、拓展游戏行业，扩大发展空间

《开开赛车》是北京卡酷传媒有限公司完全自主研发的精品赛车手机游戏。产品于2014年12月4日正式上线苹果应用商店APP Store，12月5日凌晨获得苹果官方首页优秀新游戏推荐。上线3天时间，产品跃居赛车游戏分类榜单第1位、全网免费游戏排行榜第28位、全网免费产品排行榜第111位，产品累计注册人数20万人次，日均新增用户超过1.5万人。

三、大力开展合作，拓展衍生产业

与长江文艺出版社合作，共同开发知名品牌栏目《十分开心》，以该栏目主持人王烦、二秃子为主角，开发了四格漫画图书《二秃子！不许笑!》系列，截至2014年12月，已出版四格漫画《二秃子！不许笑!》1至5部及连载漫画《二秃子！不许跑!》，累计发行22万册，实现版权收入80余万元。

四、提高服务品质，升华经典品牌

卡酷七色光积极寻求儿童教育培训突破点，打造立体化宣传平台，提升服务品质，升华“七色光”20年黄金品牌影响力。组织学员参加《新大头儿子和小头爸爸之秘密计划》等影视剧首映交流会、“赞颂阅读——为读写障碍发声公益朗诵会”等公益及演出活动，举行“童心飞扬”“一路同行，感谢有你”北京电视台七色光艺术团成立20周年文艺汇演，并和木偶剧院等形成良好合作，定期举行演出专场。截至目前，七色光艺术团共有学员300人左右，现有的6个培训分部共有学员500人左右，加盟的培训分部达到14家，加盟幼儿园1家。

北京京视传媒有限公司概况

北京京视传媒有限公司

2014年，北京京视传媒有限公司重点完成了包括子公司投资注册、拓展版权经营业务、推进培训业务、稳步开展统筹业务、启动北京电视台观众俱乐部运营以及拓展双屏互动业务等六项工作。截至2014年12月底，公司实现经营收入7047.18万元，利润760.77万元，保证了京视传媒自成立以来连续12年盈利的良好业绩。

积极配合全台产业化改革，发挥台属重点企业作用。在北京电视台大力推进产业化改革的大背景下，2014年京视传媒分别出资3000万元、1000万元及500万元，全资注册成立了北京京视卫星传媒有限责任公司、北京京视体育发展有限责任公司及北京京视电广传媒有限公司，初步完成了北京电视台推进公司化运营的平台布局。

巩固版权发行支柱地位，创新开拓运营新模式。节目版权发行是京视传媒的重点支柱业务，经过不断地制度完善与深度市场开发，发行业务收入保持了持续增长，截至2014年12月底，节目版权发行收入达到2514.67万元，较上一年同比增长11.23%。

2014年，京视传媒发行的节目涵盖北京电视台卫视、文艺、科教、生活、财经、体育、青年、新闻、纪实9个频道的47档栏目，发行的晚会及纪录片包括《北京味道》《上菜》《人民的艺术》及《北京电视台2014年春节联欢晚会》等。栏目发行网络覆盖辽宁、山东、山西、湖南、江苏、浙江、天津、上海、安徽、河南等19个省级电视台，以及杭州、成都、南京、青岛、武汉等15个地市级电视台。

在保证北京电视台节目版权传统发行业务稳步提高的基础上，京视传媒也在积极探索创新版权发行的经营模式，在开发图书及音像制品出版方面，截至2014年12月已经出版发行《养生堂》系列、纪录片《伟大的抗美援朝》等音像光盘；出版的图书包括：《档案》（第九、十册）《食全食美》《昨天的故事》《财富故事》《逃生训练营》等。2014年，公司还在传统音像业务基础上，创新突破，与台卫视节目中心、广告部共同合作，开发了《养生堂》光盘销售项目，实现了版权经营与广告经营的融合，该项目为本台广告增收900余万元。同时京视传媒还先后参与青海节目中心《我是传奇》、科教节目中心《中国法治60分》等项目的合作运营，并利用渠道资源优势，与文艺节目中心合作，首次开拓代理采购模式，为频道引进了多档娱乐节目。

演艺经纪、演艺统筹稳步推进，演艺培训取得实质突破。2014年，京视传媒相继完成“走进BTV播音主持冬令营”“走进BTV播音主持夏令营”两个培训项目，并正式启动了“BTV少年传媒学院”，培训内容日臻完善，共开设两个专业、三种授课班型，参加各类培训的青少年已超过300人。

以北京电视台主持人经纪为主的演艺经纪业务在2014年也取得新的进展。公司在继续运营主持人为知名企业代言的同时，还推动主持人在首都精神文明办“清洁空气蓝天行动”系列宣传片中担任宣传员。公司还与文艺节目中心综艺栏目合作，提供艺人经纪业务服务，为控制栏目成本、输送优秀资源提供了保障。

京视传媒演艺统筹业务在市场竞争不断加剧的大环境下，2014年进一步规范业务流程，拓展统筹业务范围，稳步开展节目制作统筹业务，先后完成《2014环球春晚》《2014卡酷动画春晚》《2014年BTV春节联欢晚会》《私人订制》等台内晚会及综艺栏目艺人统筹工作，同时扩大服务范围，为第四届北京国际电影节、北京城市宣传片提供整体统筹服务。

面向市场寻求合作，全面启动观众俱乐部运营工作。2014年初，京视传媒与台广告部合作，引进中国电信北京分公司成为观众俱乐部的年度冠名赞助。5月至9月，观众俱乐部与北京电信合作，共同举办了12场地面活动，包括走进社区及风靡北京高校的“校园好声音”，此项合作不仅为公司带来500万元的收入，同时也是京视传媒面向市场、创新业务的成功案例。

继续推动“摇乐摇”双屏互动业务。2014年，京视传媒先后完成了“摇乐摇”3.0版本的开发，及“摇乐摇”积分体系“哈皮”的设计和应用，并在北京卫视季播“最美和声”中，利用“摇乐摇”开展了双屏互动活动，实现节目互动广告招商新的突破。2014年10月，配合北京卫视在“十一”黄金周推出“时时有礼”有奖互动活动，累计实现8万余人次的双屏互动和300余万次的微博曝光，开创了继广告互动和节目互动后又一种双屏互动的双赢新模式。

创新经营模式，拓展产业发展布局。2014年，新增营业性演出、图书音像发行、演艺培训、食品销售等业务。还与广告部紧密合作，以北京电视台与新疆生产建设兵团第十师北屯市合作为契机，启动“BTV优选”产品营销业务，在盘活北京台广告存量的同时，搭建起“北京本地生活服务、产品销售平台”。

北京紫禁城影业有限责任公司概况

北京紫禁城影业有限责任公司

北京紫禁城影业有限责任公司成立于1997年，注册资本3200万元，是一家集影视策划、制作、营销为一体的大型专业影视制作公司。成立17年来，北京紫禁城影业公司的经营业绩一直稳居中国电影生产企业的前列，多部影片票房居当年年度票房冠亚军的地位，总票房超过30个亿，影片还行销到美国、法国、日本、韩国、香港、台湾等多个国家和地区。

北京紫禁城影业有限责任公司共摄制完成影片70余部，电视剧千余集。其中既有《狼图腾》《甲方乙方》《不见不散》

《没完没了》《刮痧》《红色恋人》《赤壁》《倩女幽魂》《大海啸之鲨口逃生》《小时代》等商业大片，也有《离开雷锋的日子》《张思德》《生死牛玉儒》《背起爸爸上学》《法官妈妈》《紫日》《嘎达梅林》《香巴拉信使》《山乡书记》《一个人的奥林匹克》《铁人》《第一书记》《杨善洲》《天河》等主旋律影片，均取得社会效益和经济效益的双丰收；紫禁城影业公司摄制出品的《重案六组》《玉观音》《少年天子》《天下第一楼》《牟氏庄园》《人是铁饭是钢》《李春天的春天》《双城生活》《怪医文三块》等电视连续剧在中央电视台和各地电视台播出后，均创造了极高的收视率。公司成立17年来，紫禁城影业公司连续获得过“华表奖”“五个一工程奖”“金鸡奖”“百花奖”“金鹰奖”“百合奖”等多个国家级大奖以及开罗、莫斯科、东京等国际电影节的大奖。

北京紫禁城影业有限责任公司具备一支由一流专业人士组成的影视制作及发行队伍，并融入国际化的制片营销理念，建立了庞大的明星网络，让·雅克·阿诺、吴宇森、黄建新、冯小刚、叶伟信、叶大鹰、冯小宁、陈国星、胡玫、吕乐、尹力、夏刚、姚晓峰、陈道明、葛优、陈宝国、王志文、张国荣、倪大红、冯远征、张涵予、冯巩、陆毅、吕丽萍、斯琴高娃、徐帆、刘蓓、梅婷、徐静蕾、瞿颖、范冰冰、陈好、古天乐、吴镇宇、刘亦菲、冯绍峰、杨幂、郭采洁等一大批国内外知名导演、演员都与紫禁城影业公司有过良好的合作。

2014年，由北京紫禁城影业有限责任公司购买影视改编权，法国知名导演让·雅克·阿诺执导，3D实景拍摄，冯绍峰、窦骁、巴森扎布、昂哈尼玛和尹铸胜等主演的电影《狼图腾》，经过10年的筹备拍摄，2014年进行特效及后期工作，年底全部制作完成。电影《狼图腾》定于2015年2月19日（大年初一）全国上映。此外，2014年3月习近平主席出访欧洲期间，电影《狼图腾》作为唯一一个文化项目参与出访，并在中法两国商务部长的共同见证下签署有关协议，在欧洲获得高度关注。电影《风中家族》由北京紫禁城影业有限责任公司与台湾兴扬电影公司联合投资出品，是一部史诗情感电影，由台湾资深导演王童执导，杨佑宁、郭采洁、胡宇崴、郭碧婷、李淳、邹轩琦、柯佳嬿联袂出演，预计2015年8月公映。电视剧方面，北京紫禁城影业有限责任公司出品电视剧《人是铁饭是钢》在北京卫视播出。47集北京题材年代大戏《乞丐大掌柜》（原名《丰泽园》）完成拍摄，已确定黑龙江卫视首播。40集古装传奇断案喜剧《神机妙算刘伯温》拍摄完成，目前已确定北京卫视2015年2月20日首播。由北京紫禁城影业有限责任公司与山东影视传媒集团联合投资出品60集电视剧《老农民》于2014年12月22日起在北京、山东、河南、黑龙江四省市同时上星首播。演艺经纪方面：继2013年与演员倪大红、李崇霄、连奕名签约后，2014年又签约张晞临，以成立工作室的形式签约了导演张一凡、黄伟、姜凯阳、李威等，增加了公司在创作人才方面的储备，同时拓展了公司业务，并提升了紫禁城的品牌价值。

专项纪事

北京电视台全面开展“中国梦”主题宣传活动

总编室

2014年，北京电视台通过大型直播、大型系列片、新闻报道、专题专栏、宣传片、主题歌曲等多种形式，广泛宣传“中国梦”的基本内涵、本质要求和实践路径，采用多种形式深入报道首都各界为实现“中国梦”的不懈追求。

一、推出国庆65周年大型直播，多角度抒怀“中国梦”；播发数百条“中国梦”主题报道，为实现“中国梦”提供舆论支持

2014年10月1日，北京电视台在北京卫视、新闻频道、国际频道和BRTN网络广播电视台同步播出12小时大型直播报道《家国梦 岁月情——新中国成立65周年抒怀》，以“追述往昔，诠释当下，展望未来”为主线，展现时代发展变迁，祝福祖国繁荣强盛。全台节目、技术、职能等部门的1100余名工作人员参与了此次直播，共使用3G、4G等各种设备近40套，出动直播车、卫星车、高清转播车约30辆，创北京电视台有史以来最大直播规模纪录。

台网联动多角度宣传。BRTN网络广播电视台推出大型专题页《家国梦 岁月情》，“微电视”首次投入使用；《北京新闻》等新闻栏目推出《京华秋实》《国庆大数据》《魅力北京 欢度国庆》《我的名字叫建国》等；北京卫视系列纪录片《共和国档案》，文艺频道特别节目《与共和国一同走过》，财经频道系列报道《中国人 中国梦——首都十大经济领域成就扫描》，青年频道特别节目《告诉你一个真正的红岩》，新闻频道系列节目《世界遗产在北京》，从不同角度回顾了新中国辉煌历程。

北京电视台《北京新闻》等重点新闻栏目开设《新春走基层》《幸福绽放·敬爱传递》《为民爱民的好医生》《家住右安门 人人学窦珍》《实践社会主义核心价值观》《2014北京榜样》等特色专栏，精心采写和展示普通劳动者坚守岗位、默默奉献、实现梦想的感人事迹，把重大典型、“最美人物”、身边好人宣传结合起来，让典型宣传更加贴近、亲切，易于接受，富有感染力。

二、精心打造《中国梦365个故事》等多部大型系列片、特别节目，创新“中国梦”主题宣传

大型电视系列片《中国梦365个故事》。《中国梦365个故事》通过当代中国人的追求、经历与命运，全景式、多层面、多角度地展现中国人民的梦想故事，弘扬积极正面的精神力量和社会主义核心价值观。本片播出后，心灵化、纪实性叙事风格深入人心，网络点播过亿，单集点击率过千万。人民网、新华网、央视网等中央网站以及上海PPS、广州56、浙江华数等网站也进行集纳转播，产生了积极的社会影响。该节目还获得中央、中宣部和市委领导的高度重视，刘云山同志、刘奇葆同志、郭金龙同志、王世明同志、李伟同志先后作出重要批示，称节目对社会主义核心价值观更加通俗化、形象化宣传有启示作用，认同节目从内容到形式的创新，希望其他媒体在践行社会主义核心价值观、做好“中国梦”宣传等方面的工作中借鉴这种做法。

系列节目《伟大的抗美援朝》。六集大型系列节目《伟大的抗美援朝》于3月10日至15日在北京卫视推出，分为《抉择》《较量》《英雄》《后盾》《复兴》及《和平》6个主题，全面展现抗美援朝战争的进程，呈现新中国成立初期政治、经济、民生等各方面的真实写照，表达抗美援朝的伟大胜利对推进实现中国梦的重要意义。节目历史和现实意义重大、视角精准、内容权威、细节感人，受到习近平总书记的关注，好评如潮。

《砥柱中流——伟大的敌后抗战》。10集大型系列纪录片《砥柱中流——伟大的敌后抗战》是国内第一部从“敌后抗战”的角度反映中国人民六年局部抗战、八年全面抗战的电视作品，引导中国人民在追求“中国梦”的道路上继续奋勇前进。该片在北京卫视《档案》栏目播出以来，引起社会强烈反响，不仅业内专家学者盛赞该片立意高远，广大观众还通过互联网、热线电话等渠道抒发了观感。

五集大型纪录片《大引擎》，从经济视角关注“中国梦”。五集大型纪录片《大引擎》从财经视角着重记录北京文化建设的新风貌、新境界和新追求，展现北京文化的细节和整体，微观与宏观，展现北京文化建设的宏大规模。

《大引擎》每集节目30分钟，3月10日开始在北京卫视和财经频道同步播出，3月11日起在新闻频道播出。

系列专题片《中国梦·我的梦》。由北京新闻出版广电局出品，纪实频道联合本市11个区县广电中心联合摄制的系列专题片《中国梦·我的梦》以纪实手法为观众呈现了在北京生活的普通人圆梦的精彩故事，拍摄了各行各业普通百姓的工作和生活场景，以及对人文生态的真实记录。

该节目共14集，每集30分钟，3月3日起在纪实频道播出。

三、各档品牌栏目和季播节目策划“中国梦”主题特别节目，弘扬家国情怀，为普通百姓圆梦

《私人订制》。北京卫视大型原创真人秀节目《私人订制》采用大电影加纪录片的拍摄方式，多形态地记录百姓的圆梦故事。

《我是演说家》。2014年10月，北京卫视推出大型原创新锐语言竞技真人秀节目《我是演说家》，在赛制设计、导师阵容、选手水准、舞美灯光等方面均有大幅升级，使得节目更为精彩、更具对抗性，创下高收视。广电总局阅评员表扬《我是演说家》“用语言的力量传播正能量”，“在潜移默化中宣传了社会主义核心价值观”。

《造梦者》。在2015年初周五综艺黄金档，北京卫视重磅推出大型真人秀《造梦者》，反响热烈。丰富的内容和独具创意的绝技表演引发了观众热烈的讨论，四位导师被称为“最具正能量导师”。市局阅评员认为该节目内容精彩，可看性强，弘扬梦想价值，富有正能量。

四、动画片、文艺晚会、歌曲展播等文艺节目寓教于乐，潜移默化宣传“中国梦”主题

中国梦主题重点项目、动画系列片《戚继光》通过生动的人物形象和轻松幽默的叙事方式，向观众们展现戚继光保家护国、抗击倭寇的英雄战绩，旨在传承民族传统文化、弘扬“中国梦”精神。节目于2014年10月在卡酷少儿频道播出。《光明日报》刊文赞《戚继光》给动画片“补钙”。

《2014北京电视台春节联欢晚会》围绕“中国梦”主题，推出一大批扎根群众、扎根生活的精品节目，展示伟大祖国的发展成就，展现普通百姓的家国情怀。晚会整体收视率高达17.86%，市场份额接近47%，全国平均收视率1.81%，在全国卫视春晚中排名第二，网络平台好评率超过95%，获得了广大观众、业内专家及媒体的高度评价。

《2014“北京榜样”颁奖典礼》用真实的故事、情景再现的镜头描绘了震撼人心的榜样人物群英谱，生动展示了榜样人物的感人事迹和崇高精神，向观众传递了社会主义核心价值观，宣传公益事业，传递了爱心正能量。在北京电视台播出后，深受好评，广电总局阅评员表扬该节目“以榜样风采传播社会主义核心价值观”。

《2015我们的中国梦——歌曲展演走进清华》于2015年1月29日在北京电视台播出，这也是中宣部等五部委联合开展的2015年元旦春节期间“我们的中国梦——文化进万家”活动项目之一。晚会上演唱的16首新创作歌曲内容丰富、题材广泛、情感真挚，包括大气宏伟的《美丽的中国梦》等。

北京电视台认真做好中国梦主题首批和第二批新创作歌曲宣传推广工作，在全台所有频道以及外宣平台（BTV国际）循环播出中国梦主题歌曲MV，播出时间覆盖晚间、上午、中午、下午等重要时段，日平均播出频次近10次，取得了良好的社会反响。其中，在第二批新创作歌曲中，《孝和中国》是北京电视台总编室推出的一部弘扬敬老、爱幼精神，体现和谐社会主题的正能量公益音乐作品，荣获由中宣部举办的“我们的中国梦——讲述中国故事”文艺作品征集活动的一等奖（北京市唯一的一等奖获得作品），入选中宣部组织的“中国梦”主题第二批新创作歌曲重点推荐曲目。

五、持续推出“中国梦”主题系列公益宣传片和新创作歌曲，营造同唱“中国梦”的舆论氛围

北京电视台制作播出“中国梦”主题系列公益宣传片，包括以节能低碳、清洁空气为主题的《我爱北京的蓝天》《公务员小李出行记》。同时，北京电视台原创制作的“梦想世界”主题动画公益宣传片，通过直观、趣味化的画面展示孩子心中天马行空的梦想，用孩子听得懂、易接受的方式和语言宣传“中国梦”，在卡酷少儿频道黄金时段播出。

北京电视台完成国庆宣传报道任务

总编室

2014 年 10 月 1 日是中华人民共和国成立 65 周年纪念日。为营造隆重热烈、欢乐祥和的节日氛围，北京电视台提前策划，周密部署，组织精干报道力量，推动传统媒体与新媒体相融合，通过大型直播、特别节目、专题策划、特殊编排、公益行动、红色经典影视作品展播、主题宣传活动等多种形式，浓墨重彩唱响祖国颂、社会主义颂和改革开放颂，有力激发了广大群众的爱国热情，体现了首善媒体的家国情怀。

大型直播献礼祖国华诞。10 月 1 日 6 时至 18 时，北京电视台在北京卫视、新闻频道、国际频道和 BRTN 网络广播电视台同步播出大型直播报道《家国梦　岁月情——新中国成立 65 周年抒怀》，为国庆 65 周年献礼。直播报道以“追述往昔，诠释当下，展望未来”为主线，通过讲述群众喜闻乐见的故事，展现时代发展变迁，祝福祖国繁荣强盛。

直播历时 12 小时，以“两纵”“两横”两大脉络贯穿和《梦想的开始》《家国的变迁》《我们的故事》《放飞新梦想》四大章节为引领，以国庆当日升旗仪式和盛大游园活动为主要内容，通过动态信息、游园活动直播、演播室嘉宾访谈、线上线下同步互动等多种形式，以全景式的画面呈现、文艺院团的精彩演出和感人至深的故事讲述，展现普天同庆的节日氛围，抒发中华儿女的强国梦想和爱国情怀。

此次直播报道举全台之力，节目、技术、职能部门千余名工作人员参与其中，直播车、卫星车、高清转播车等约 30 部车辆驻守直播现场，3G、4G 设备等近 40 套新技术设备和 70 多部对讲机投入使用，创下了北京电视台有史以来最大直播规模。本次直播在北京卫视和新闻频道收视率分别为 1.21%、0.2%，两频道合计收视份额为 11.16%，总计收视人数达到 18.7 万人；北京卫视 34 城市收视率为 0.13%，收视人数为 22 万人，省级卫视同时段排名第 10 位。

台网联动推进国庆宣传。北京电视台独创的“微电视”在此次国庆直播中首次使用，观众通过扫描电视端二维码，参与节目实时互动。BRTN 网络广播电视台推出大型专题页《家国梦　岁月情》。专题页设“盛世欢歌”“梦想进行时”“家国变迁”“我的故事”“让爱传递”“寻梦中国”等 6 个板块，通过动态新闻、实时报道等，展现首都和全国人民欢度国庆的热烈景象，并以静态故事的历史钩沉，展现共和国 65 年的发展历程和光辉成就；北京电视台官方微博、微信公众平台分别发起“我家门前”话题征集和“寄给未来的明信片”主题活动，号召网友发送自家门前的今昔对比照，征集网友对祖国生日的祝福和寄语；北京 IPTV 整合内容资源，在看吧、专题、点播等板块重点推荐国庆 65 周年相关节目；BTV 大媒体手机客户端同步呈现大直播重点内容，并积极助力“心语小亭”和“国庆嘉年华”专题活动的手机端宣传推广。国庆当天，通过BRTV网站收看直播报道的用户达23万人次，网站专题页浏览量突破80万次，北京电视台官方微博话题互动量超过20万。

新闻报道全方位展现国庆盛况。《北京新闻》全面报道“十一”当天天安门广场看升旗及国庆游园活动的盛况，播发4条组合报道，设置《京华秋实》《国庆大数据》系列报道及《魅力北京　欢度国庆》专题板块，及时报道丰富多彩的节日活动；《北京您早》设置《我的名字叫建国》专栏，通过讲述名叫“建国”的普通劳动者的故事，体现时代的变迁和社会的发展变化。《特别关注》《都市晚高峰》《晚间新闻报道》栏目推出《国庆欢乐游　吃喝玩乐购》专栏，为市民假日出行提供参考和服务。新闻评论栏目《锐观察》推出国庆专题报道，用嘉宾访谈结合专题片的形式，展现了65年来各项事业蓬勃发展取得的辉煌成就。

特别节目多角度回顾新中国辉煌历程。北京卫视频道推出系列纪录片《共和国档案》，文艺频道推出特别节目《与共和国一同走过》，财经频道推出《中国人　中国梦——首都十大经济领域成就扫描》国庆系列报道，青年频道推出国庆阅兵记忆和《告诉你一个真正的红岩》特别节目，新闻频道推出系列节目《世界遗产在北京》，从不同角度回顾了新中国辉煌历程。

大型公益及主题宣传活动表达爱国情怀。国庆期间，北京电视台总编室策划推出了“中国人　中国梦”公益宣传活动及庆祝中华人民共和国成立65周年主题宣传活动；北京卫视频道推出国庆献礼宣传片《影像家国65年》，带领观众回顾祖国建设历程，表达爱国情怀。生活频道《生活2014》栏目发起大型媒体公益互动《生活微行动》之“袋袋来了”，倡导全国人民在假日期间爱护环境、文明出行。

假日特殊编排满足观众休闲娱乐需求。北京卫视、青年、科教、财经、体育、卡酷少儿和纪实频道在国庆期间推出节假日特别编排，在非黄金时段增加娱乐性、观赏性较强的节目，并通过红色经典影视作品展播、体育赛事直播、主题晚会和大型季播节目的集中播出，满足观众假日休闲娱乐需求。

北京电视台全方位做好世界杯报道

总编室

2014年巴西世界杯足球赛期间，北京电视台提前筹划，积极应对，通过赛事转播、现场报道、特别节目、特殊编排、网台互动等方式，打造富有BTV特色的世界杯系列节目，为广大观众带来精彩的足球盛宴。

一、现场报道另辟蹊径，“我在场”彰显BTV影响力

在足球世界杯期间，北京电视台体育中心、新闻中心分别派出记者亲赴巴西，从赛场外围直击足球风云。

体育中心派出13人前方报道组专业报道赛事，他们都拥有世界杯组委会核发的有效证件，足迹遍及全部12个比赛场地，行程将近3万公里，采访了所有焦点赛事，与各栏目视频对播百余次，回传视频素材164条，累计时长369分钟，成片播出近百条。

新闻节目中心派出6人前方报道团队，完成时空连线37次，与全国新闻协作体的11家省级电视台联合制作了《相聚世界杯》前方报道特别节目，内容主要为赛场探秘、巴西生活文化等赛事周边新闻，涵盖“世界杯读报”“巴西风情体验”“世界杯人物特写”等多元板块，通过卫星和光缆回传信号与新闻演播室进行对播报道，在全天各档新闻节目中统筹播出。

二、体育频道密集直播精彩赛事，专业报道权威生动

体育频道以“前方报道”“午间直播”“体育新闻”“综艺节目”、赛事前瞻和比赛直播6大板块全天24小时播出为格局，突出专业性、互动性、技术性和前瞻性。

本届共64场比赛，除时间重复的8场以外，体育频道对其他比赛全部进行了现场直播，平均收视率0.48%，占有率9.55%，在夜间取得了不错的收视成绩。导播团队采用技术手段，分离出国际声，创纪录的38场比赛由自己解说评论。

体育频道增加3档体育新闻直播栏目，分别是11时50分至12时20分播出的《体坛资讯——激情巴西》；19时35分至21时20分播出的大型体育互动娱乐直播节目《最强战队》；22时20分至23时50分播出的《激战世界杯》。

《足球100分》充分发挥品牌和内容优势，开办每日评球专题《激战世界杯》，重点推出了技战术分析板块，更加凸显专业性。《激战世界杯》最大化地利用多媒体手段，实时与观众展开互动，开播最高单期收视率0.79%。

在保证两档新闻《天天体育》《体坛资讯》的同时，增加午间新闻《激情巴西》。三档体育新闻多点开花，或是抢时效，或是重评论，或是拼参与，各具特色。

在《最强战队》中，观众不仅能看到体育、文艺明星一展身手，还可以参与微信互动，赢取大奖。这种全新的游戏和竞猜紧密结合的形式极大地促进了观众参与节目的积极性。

三、新闻类节目全天滚动播报，主题策划精彩纷呈

《北京新闻》《北京您早》《特别关注》《直播北京》《都市晚高峰》《晚间新闻报道》等各档新闻节目推出了不同风格的世界杯板块，保持了较好的收视率和市场份额，成功从世界“杯”中分得一“勺”羹。

《北京您早》是最接近巴西赛事时间的节目，除第一时间给受众带来最新赛况外，还针对“世界杯期间代驾”“熬夜看球健康”等热门话题展开报道；《特别关注》则关注赛事的精编，给观众带来进一步的赛事集锦报道；《都市晚高峰》推出了“里约直播间”板块，主持人和身在里约热内卢的本台记者实时连线，前方记者点评最新赛事和场内外热点；《晚间新闻报道》推出“女人也爱世界杯”板块，用女性视角分析赛事，增强了栏目的趣味性。

在收视率表现上，世界杯开幕第一天，《北京您早》的世界杯特别报道板块占据了当天《北京您早》收视率最高点，平均在2.2%以上。拉动了整个节目的收视。《都市晚高峰》“里约直播间”板块的平均收视率为1.08%，高于同时段央视五套的平均0.83%，高于央视新闻频道的平均0.74%。

四、借力新媒体，加强媒体融合，多平台宣传推广见成效

体育节目中心和新媒体中心共同开发了为世界杯制作的微信页面，包括了赛事资讯、精彩回看、节目互动、节目预告四部分，其中最受栏目组关注的节目互动板块包括了话题征集、投票和精彩回放功能。大型体育互动娱乐直播节目《最强战队》打造“用眼睛看电视、用手机玩电视”的全新模式，观众可以通过我们的微信平台与节目深度互动，赢取奖品。观众只要参与对两支战队每关比拼的胜负竞猜，就有机会获得30元至最高1万元的彩票基金，并可以用基金参与体育彩票网上购彩，从而获得更大的中奖机会。

科教节目中心与新浪网合作，在北京地区电视媒体中独家播出体育主持人黄健翔热辣点评赛事的脱口秀节目《黄焖世界杯》，每天6时52分在北京电视台科教频道首播，新浪网凌晨首播，网络、电视双播出。在北京广播电视网（BRTV）网站上，专门开辟《黄焖世界杯》专页，播放视频，为节目持续增热。节目里还有明星大腕分享足球趣事，另类讲解足球常识，在众多的足球栏目中独树一帜。此外，观众通过科教频道官方微博和公众微信，实现栏目的实时互动，吸引了大量年轻人的关注和讨论，增加了北京电视台吸引力。

在收视率表现上，《黄焖世界杯》平均电视收视率0.15%（晚间时段平均收视率为0.17%），收视份额1.25%，几乎与《法治进行时》重播收视持平。为了进一步提升晚间收视，从6月23日起，首播时间调整为晚间23时25分。

五、各频道品牌栏目借力热点，播出一批配合世界杯的节目

北京卫视《档案》栏目7月1日至4日推出系列专题，揭秘世界杯历史上的著名事件，7月4日单期收视为1.04%。

文艺频道《每日文娱播报》推出特别策划《来自世界杯的你》，以娱乐的形式盘点世界杯期间的精彩瞬间，7期节目平均收视率达到2.09%；《光荣绽放》栏目开办了《大话世界杯》专题节目，收视率0.53%。

青年频道《北京客》栏目推出“男人、女人、世界杯”那些事，在青年观众中收视率0.21%。

财经频道《首都经济报道》栏目开辟“我为球狂”板块，共制作播发涉及世界杯新闻40余条，内容涵盖世界杯赛况集锦、商家促销备战世界杯经济等，多角度关注世界杯。每天还在“记者关注”的板块加入了世界杯的外围趣闻、球员轶事等。《财富故事》播出“寻找世界杯氛围浓厚的主题餐厅”，深入挖掘吃喝玩乐当中的致富经。《谁在影响我》与嘉宾、球迷畅聊疯狂的世界杯故事。《财经锋汇》聚焦世界杯“奇葩险”，以财经视角解读世界杯博彩，向观众普及了“足彩”和彩票行业知识，节目受到观众和专家的一致好评。财经访谈类节目《一周财经综述》紧扣热点话题的财经角度，延伸内容，就“中国队只能扮演看客的角色”展开热议。

生活频道《生活2014》栏目推出“每日一猜”，预测第二天最有看点的比赛，已有数千观众竞猜互动。节目还就《找代驾为安全　真安全吗》等展开报道。《美食地图》推出世界杯特别节目“吃迷世界”，每集30分钟，共32集。

“筑梦有我——为美丽北京加油”北京电视台主持人大型年度公益新闻行动启动

总编室

2014年5月28日，北京电视台、市环保局、华夏银行联合主办的“筑梦有我——为美丽北京加油”北京电视台主持人大型年度公益新闻行动启动仪式举办。此次活动得到首都文明办、市委农工委和市农委、市科委、市园林绿化局、团市委、北京市志愿服务联合会等部门的大力支持。

为契合绿色、环保理念，此次启动仪式特别选取了绿意盎然、清新爽洁的庆丰公园搭台举办。现场清风拂绿，碧水环绕，在蓝天白云的映衬下主持人的青春笑脸尤显动人。

启动仪式上，动画、青海、文艺和新闻节目中心的主持人分别以时尚、动感、阳光、活力的表演呈现了即将起航的公益活动主题；卫视、科教、财经、体育、生活、纪实则通过宣传片展示了未来活动设想，共同奏响了公益行动的号角。

经编委会批准，北京电视台成立了“主持人志愿服务总队”，总队将在总编室组织领导下，以团队形式开展志愿服务。仪式上，北京市环保局授予该总队“北京市环保志愿者协会第一支专业化环保宣传志愿服务队”称号并举行了隆重的授旗仪式。

北京电视台“主持人志愿服务总队”宣布认养庆丰公园10000平方米绿地，从身边做起，为美丽北京加油。

6月到11月间，北京电视台“主持人志愿服务总队”以公益团队形式开展“筑梦有我——为美丽北京加油”大型年度公益新闻行动。该行动紧紧围绕“中国梦”主题，积极培育和践行社会主义核心价值观，结合国庆65周年、首都空气清洁计划、首都市民新公约颁布、美丽乡村建设等时代热点，发挥主持人公益影响力和品牌号召力，多介质、多触点、多形式、多层面地积极践行和参与公益环保主题活动。卫视节目中心的“低碳婚礼”、新闻节目中心的“牵手蓝天　环保医生进万家”、文艺节目中心的“环保‘艺’起来”、科教节目中心的“绿化阳台　美化环境”、财经节目中心的“走进环保小微企业”、体育节目中心的“环保观赛　文明看球”、生活节目中心的“我承诺不乱丢垃圾”、青少海外节目中心的“我爱自行车”、动画节目中心的“玩具嘉年华环保我先行”、纪实频道节目中心的“地球守望者”等无不紧贴时尚、环保、科技、绿色主题，和百姓生活息息相关，主持人通过发动参与、帮扶协作、采访报道等多种形式号召广大公众从我做起，参与环保，守望家园，扮美北京。

启动仪式上，赵多佳台长在致辞中表示，此次公益行动再次体现了北京电视台作为主流媒体的社会担当，是对“首善媒体 大美品质”的又一践行。北京电视台历来积极鼓励扶持组织主持人从事社会公益，担当起社会责任，做主流价值观的守望者和引领者，不负观众的喜爱和时代的使命。她希望北京电视台“主持人志愿服务总队”在组织主持人从事志愿服务方面发挥统筹组织作用，形成 BTV 主持人公益合力。

北京网络广播电视台对活动进行了网络同步直播。

“2014 北京榜样”颁奖典礼举行

总编室

2014 年 12 月 20 日，由北京市委宣传部、首都文明办主办，北京广播电视台、北京人民广播电台、北京电视台承办的“2014 北京榜样”颁奖典礼举行，张佳鑫、金汉、韩冰、陈敏华、郑丹娜、张鹊鸣、斯蒂芬·马布里、闫志国、金九皋、廖理纯当选 2014 年度十大“北京榜样”；苏士龙、“月宫一号”科研团队获得“北京榜样”特别奖；任士荣等 48 人获得“北京榜样”提名奖。

“北京榜样”主题活动，是北京市为贯彻落实党的十八大精神，发挥榜样人物的示范引领作用，着力打造首都地区培育和践行社会主义核心价值观的品牌活动，是一项融广泛发动、推荐选树、宣传报道、公益实践为一体的群众性综合大型主题活动。自 2014 年 4 月启动以来，通过层层举荐、周周上榜、月月公益、全媒传播，在全市宣传树立了一批“奋发向上，崇德向善”的“北京榜样”。各区县、各系统从社区（村）、基层单位做起，层层宣传树立身边榜样，设置《“北京榜样”举荐榜》一万余块，全市共推荐候选人 3416 名。市属媒体定期发布周榜人物、月榜人物，2014 年 5 月至 10 月，全市共推出“北京榜样”周榜人物 130 名，月榜人物 60 名。11 月 20 日至 12 月 10 日，全市组织开展了“为榜样点赞”网络互动宣传活动，广大市民积极参与，致敬榜样，赞美榜样，共收到 475411 个点赞和 23548 条留言。在月榜人物基础上，最终评选产生 2014 年度十大“北京榜样”以及特别奖、提名奖。在开展推荐上榜的同时，主承办单位还组织了“我学榜样做公益”绿化、献血、助残、敬老等志愿服务活动，学习榜样事迹，传递榜样力量，践行榜样精神。

颁奖典礼现场，通过视频小片、故事讲述、现场采访等形式，生动再现了十大“北京榜样”和特别奖获得者的事迹，真挚的话语，感人的场景，打动了在场的每一位观众，整个现场掌声不断。十大“北京榜样”人物事迹涵盖了助人为乐、见义勇为、诚实守信、敬业奉献、孝老爱亲、勤劳节俭、热心公益等类型。既有敬业奉献、医术精湛的医生陈敏华，也有人称北京公交“活地图”的张鹊鸣；既有与学生书写“悄悄话”、进行心灵沟通的教师郑丹娜，也有带伤拼搏率队夺冠的篮球运动员“马政委”斯蒂芬·马布里；既有开展“夕阳再晨”科技助老的90后大学生张佳鑫，也有路遇抢劫、见义勇为的北京人艺青年演员金汉；既有恪守承诺、9次捐献熊猫血的出租车司机韩冰，也有照顾瘫痪妻子38年不离不弃的退休干部闫志国；既有热心公益、辞去董事长专职植树绿化的企业家廖理纯，也有勤劳节俭、致力于家庭节水的退休工程师金九皋。他们用自己的实际行动传递着“奋发向上，崇德向善”的精神，体现了中华民族的传统美德，彰显了引领时代前进的中国精神，展示了首都市民独特的人格风貌，是首都弘扬和践行社会主义核心价值观的最新成果。

榜样人物事迹感人，颁奖典礼场面温馨。为这10位榜样人物颁奖的嘉宾，也大都是普通市民。比如，为陈敏华颁奖的是病患家属，为金汉颁奖的是他见义勇为的获救女子，为闫志国颁奖的是他满头白发的岳母。北京榜样的事迹同样感动了社会各界人士，他们纷纷来到现场表达他们的敬意。濮存昕、春妮作为故事员，现场讲述榜样的感人故事；航天员刘洋，北京公交行业的优秀代表李素丽，国安足球俱乐部球员徐云龙、邵佳一，南水北调工程一线工程师刘峻伟等社会各界人士上台为榜样人物颁奖；著名歌唱家纷纷为榜样人物献歌。“北京榜样，平凡中的力量。北京榜样，就在我们身旁”。让我们与榜样人物一起，将社会主义核心价值观融入我们生活的方方面面，传递榜样力量，践行榜样精神。

北京电视台体制机制改革破冰

总编室

2014年，北京电视台启动频道独立经营改革试点，北京卫视、体育频道、纪实频道以及新组建的四个经营实体作为北京电视台深化改革的探路者，迈出了破冰之旅的第一步。

2014年上半年，北京电视台党委作出实施深化改革举措的重大战略决策。为了加强组织保障，成立北京电视台频道独立经营改革工作领导小组。领导小组下设办公室，成员由相关台领导以及总编室、研发部、人事部、计财部、广告部、经营管理部、卫视节目中心、体育节目中心、纪实频道节目中心和京视传媒负责人组成。领导小组办公室设在总编室。北京电视台频道独立经营改革工作领导小组承担对频道独立经营改革工作的组织领导，负责研究提出改革的方针原则、目标任务、主要步骤、实施方案，协调处理改革过程中出现的各种矛盾和问题。

在领导小组的组织下，北京卫视、体育频道、纪实频道独立经营改革方案和广告经营机制调整改革方案迅速出炉。北京卫视是市场化要求最高的地方，改革需求最紧迫；体育频道实行了多年的广告经营外包政策，有一定的市场化基础；纪实频道没有市场基础，作为试验田进行探索。

这三个频道的独立经营改革不同于频道制，是以节目中心为责任主体，以公司化运作为依托，以节目经营“一站到底”为基本手段，整合各种资源，以提升频道的生产能力、运营能力和资源价值。

2014年7月，按照北京电视台频道独立经营的改革总体战略布局，京视卫星、京视体育、京视电广、新纪实公司组建或改制到位，并于2015年1月1日起开始全面承担相关频道的广告经营业务。

北京京视卫星传媒有限责任公司于2014年7月31日正式挂牌成立，是卫视节目中心各类广告资源的代理运营商、季播节目的内容提供商。在经营筹备工作期间，京视卫星传媒公司首先创新、升级广告产品，推出量身订制方案及各类组合套装，优化投放与回报策略，开辟全新合作方式，以吸引新客户、稳固老客户；其次，坚定“行商”姿态，走遍全国、走到客户身边，营销北京卫视开放理念、传递改革诚意。2014年9月至11月，京视卫星传媒公司连续于贵阳、上海、南京、长沙、北京等地组织“天涯共此时——北京卫视媒体推介暨广告招商系列活动”，激发了全国各地客户的合作意向。在北京举办的主场招商会上，北京卫视首次独立认购签约额超10亿元。2015年一季度，由京视卫星公司运营的北京卫视广告收入4.61亿元，较2013年同期增长了119%。2015年，北京卫视推出10档高品质节目，除原有的《最美和声》《我是演说家》《生命缘》等高口碑品牌节目外，还推出《环球少年派》《音乐大师课》《幸福驾到》《我的歌声里——卫健音乐时光》《平安缘》等季播节目。体制的突围破冰，给北京电视台带来生机与活力。

此外，北京京视体育发展有限责任公司全面代理北京电视台体育频道广告及经营性业务；京视电广传媒有限责任公司全面负责文艺频道、科教频道、影视频道、财经频道、生活频道、青年频道、新闻频道及卡酷少儿频道的所有广告运营工作。新纪实（北京）传媒投资有限责任公司通过股权转让成为北京电视台一级企业，延伸纪实频道全产业链。

目前，新成立企业按照现代企业法人治理结构，配齐董事会、监事会、财务总监等人员，构建内部运营管理制度体系，业务工作逐步展开，广告经营呈现向好态势。

北京电视台推出系列纪录片《砥柱中流——伟大的敌后抗战》

卫视节目中心

2014年9月3日，是全国人大常委会以立法形式确立中国人民抗日战争胜利纪念日后的第一个纪念日。为了纪念中国人民抗日战争暨世界反法西斯战争胜利69周年，市委宣传部和北京电视台联合录制了10集电视系列纪录片《砥柱中流——伟大的敌后抗战》。该系列片于2014年9月1日起每日22时在北京卫视播出，每天播出一集，每集60分钟。

系列纪录片《砥柱中流——伟大的敌后抗战》，以时间为经，以事件为纬，用大量珍贵的影像资料、档案资料和历史图片，对中国共产党在14年抗战中（6年局部抗战、8年全面抗战）取得的“建立抗日民族统一战线、开展轰轰烈烈的游记战争、建立抗日敌后根据地政权、加强根据地民主民生建设、激发全民族爱国热情、团结全国各族人民为世界反法西斯斗争做出巨大贡献、最终带领中国人民取得抗日战争全面胜利”这一系列历史功绩，作了一次全面、细致、深刻的阐述。

为了全面系统、客观真实地呈现中国共产党带领中国人民敌后抗战的历史，摄制组投入近百人，走遍了全国19个抗日根据地旧址，寻访了30多个抗日战争历史遗迹，行程近两万公里，拍摄素材超过6000分钟。为确保系列纪录片中每一个画面都能如实反映当时的历史背景和地域特征，每一句解说词都查之有据，翔实可靠，节目组邀请了中共党史研究室的数名专家学者进行多次座谈和研讨，并与中央党史研究室、中央档案馆、全国各地政府机构、各地纪念馆密切合作，从档案管、图书馆、纪念馆等多种渠道收集了大量翔实的历史资料。其中，很多来自中央档案馆解密的档案文件资料是第一次与观众见面。

纪录片创作过程，对创作人员来说，也是一次精神洗礼的过程。《砥柱中流——伟大的敌后抗战》，以史料还原过去，用镜头激荡人心，这既是对历史的崇高敬礼，也是对英雄的深情缅怀。观看这部纪录片，让人们牢记这一段历史，更加珍惜今天的和平，奋发有为地共筑国家富强、民族复兴的伟大中国梦。

纪录片播出之后，引起社会强烈反响。全国人大常委、中国社会科学院原副院长李慎明说，该节目以对历史负责的态度，用一个个真实生动、感人至深的故事，用一份份珍贵的文献资料，全面梳理了中国共产党在全民族抗战中的艰辛历程和丰功伟绩，用英勇悲壮的历史教育人民，这是文化宣传界理应承担的职责和使命。在当前形势下，回顾中华民族英勇抗战的光辉历程，回击日本右翼军国主义的狂妄企图，具有深刻的现实意义。中央党史研究室研究员李蓉说，该纪录片立意高远，历史与现实紧密结合，档案资料与口述资料有机统一，政治观点正确，重大史实准确，形式独特、引人入胜，对人们铭记历史、缅怀先烈、珍视和平、警示未来，起到了很好的教育作用。许多观众说，这部纪录片是进行爱国主义教育的极好教材。做电视的人应当少拍点抗日神剧，省下来的钱多拍点《砥柱中流》这样的片子，才是真正的爱国主义教育。

新闻节目中心圆满完成APEC报道任务

新闻节目中心

APEC领导人会议周于2014年11月5日至11日在京举行。北京电视台高度重视、提前谋划、全台动员，体现出立足首都、放眼全球的开阔视野，在内容策划、节目呈现、信号传输、新媒体融合等方面精心组织、周密安排，展示了新闻节目在重大事件报道上的主动作为、力求创新、做出特色的价值追求。

北京 APEC 会议期间，北京电视台新闻节目进行了 13 次对播连线，其中两次在《北京新闻》中进行实时对播连线报道，运用注入点连线、手机微视频、720 度全景展示、演播室访谈、新闻报道等全媒体、共五种方式呈现。在《北京新闻》《特别关注》《北京您早》《晚间新闻报道》等栏目播发新闻超过 100 篇，播出了一期 45 分钟的《APEC 直播特别节目》，开设了《服务 APEC 志愿微视频》等 3 个专栏。在与 540 多家境内外媒体、4000 多名记者同台竞争中，勇于创新突破，做出了特色。

11 月 5 日起，新闻节目中心推出大型航拍系列报道《绿满京华》，节目共 7 集，每集 3 分钟，在《北京新闻》《特别关注》《北京您早》等各档新闻中播出，从空中俯瞰绚烂多彩的首都秋景，将首都北京的绿色画卷从空中渐次打开，向北京 APEC 与会来宾和广大市民展现首都之美，受到中央领导关注并被中央电视台《新闻联播》转发。

在北京 APEC 的报道构架和展现方式上，北京电视台领导明确指出，要在最高规格会议进行的 10 日至 11 日，每天在《北京新闻》等 6 档新闻节目中进行直播连线，体现 BTV 的新闻高度与视野，品格与追求。提前准备和部署，让整体报道紧张而有序、高效且畅达，这正是圆满完成此次报道的首要条件和重要保证。在台领导和新闻中心领导的直接指挥部署下，注入点连线成为此次报道的一大亮点。在全球瞩目的新闻第一现场，以直播的方式发出 BTV 的声音，体现了北京电视台的风范与品质，展现了 BTV 人的新闻理想与追求。北京 APEC 重要活动基本都是习近平主席参加，在没有央视新闻播出的情况下，报道组回避了“大时政”的报道采写方法，而采用了“对播连线 + 插入空镜”的做法，让 BTV 既不失语又规避风险。

11 月 10 日晚上，东道主欢迎晚宴、文艺演出和焰火表演最受关注。9 日晚，新闻中心多位主任商议到深夜，决定将 10 日晚的《晚间新闻报道》制作为一期 APEC 直播特别节目，直播焰火燃放，揭秘焰火表演及领导人服装背后的故事，中间穿插多次直播连线。最终在 APEC 最受关注的一场新闻大战中，打了一场漂亮的遭遇战。

会期中，记者发回的超过 100 篇的报道中，不乏亮点之作。“百种宣传品免费取阅　《习近平谈治国理政》最受欢迎”，在所有媒体中最早播发，并在北京电视台各档新闻节目中滚动播出。视频后被人民网、凤凰网、腾讯视频、搜狐视频、央视网、爱奇艺等多家网站转载。百度搜索关键词，共有 131000 条。

在新媒体发展中心的大力支持下，新闻报道中首次使用 720 度全景摄像机，先后播出了“720 度全景拍摄《品味北京》”“720 度焰火表演”等新闻，画面多视角、全方位，气势恢弘，极具震撼力。

“服务 APEC 志愿微视频”专栏趣味性强、最接地气。报道组邀请志愿者，用手机拍摄会场内外的新鲜事、新发现，给广大电视观众呈现一个不同视角的 APEC，讲述不一样的APEC故事。《特别关注》播出7期，由年轻人都十分熟悉的微信界面进入新闻，轻松亲切。

新闻节目中心推出的7集大型航拍系列报道《绿满京华》，在北京APEC期间连续播出，从空中看北京的视角，以其优良品质、精美画面，强大的视觉冲击，受到各方的一致好评。

2014年北京电视台春节联欢晚会获专家好评

文艺节目中心

2014年3月14日，由中国电视艺术家协会和北京电视艺术家协会联合主办、北京电视艺术家协会文艺委员会协办的“2014年北京电视台春节联欢晚会研讨会”召开，业内专家学者围绕这台晚会的创作经验、艺术探索、节目创新等话题展开了深入交流。

2014年大年初一北京卫视和文艺频道同步播出的北京电视台春节联欢晚会，收视率达到17.86%，市场份额达到46.81%，创下了北京电视台晚会收视率历史新高。与此同时，北京电视台BRTN网站与新浪、搜狐、腾讯、爱奇艺、PPS、优酷、土豆七家视频网站推送春晚直播流，累计在线人数1500万，最高同时在线人数600万，点播视频上线三天，视频播放量突破1.38亿。截止到2月3日，和北京电视台春晚相关的内容在新浪微博总话题量达到566万条，好评率达到95%以上；关键词“2014年北京春晚”在微博热门话题的排行榜总榜排名第五，在各省级卫视春晚排名第一。与会专家认为，时下很多晚会形式过于花哨，一些主创按照自己的想象臆造，出现了戏弄艺术的倾向，但是北京电视台春晚体现出了对艺术的敬畏，无论是美声的、民族的、通俗的演出，还是传统经典、曲艺的表现，都保持了它的原汁原味，同时又体现了一定的创新思维，做到这一点很不容易。

春节晚会在我们整个电视文化生活，乃至于在人民群众整个精神文化生活中占有一个特别重要的位置。文艺评论家仲呈祥认为，春节晚会应该摸索和遵从电视文艺晚会的特殊规律。时下，有的晚会、有的导演更多是以一种居高临下的心态，或者一种中产阶级甚至于贵族文化的心态去组织节目，总是想现在的一般民众都要搞视听感官的刺激，对于时代所要弘扬的东西，创作者内心深处有一种不屑一顾的姿态，缺乏温馨、热情，缺乏对真善美的引导，这种姿态是客观存在的。北京电视台的春晚没有在创作思维上搞二元对立、非此即彼，既有受老百姓欢迎的小品节目，也有像裴艳玲这样高精尖的经典艺术，比较鲜明地体现了两方面的要素，一方面是春节晚会的要素，比如生肖、团圆、拜年、回家、春联、鞭炮、红灯笼等；另一方面是北京特色和北京元素。文艺评论家李准认为，电视晚会的根本质量要靠一个个节目来体现，而衡量一个省级以上电视台春节晚会的质量高低，重要的指标之一，就是在包含相声、小品、歌舞、戏曲等的节目里，哪一类节目有突破性。北京电视台春晚相声《满腹经纶》就是有突破性的作品。这种突破性表现在：第一，民族文化内涵；第二，对经典的敬畏；第三，用反讽的形式表现经典。

随着时代的发展和观众审美水平的提高，春晚也面临着与时俱进、不断创新的课题。人民日报社文艺部主任刘玉琴认为，北京电视台春晚的节目创作和设计比较贴近百姓的生活和大众的观赏水准、口味，并形成了自己的特色，主要体现在：注重选择发生在老百姓身边的人和事进行创作和设计，比如说网购、摆地摊、汽车刮蹭、盗版光盘等，内容涉及社会生活的方方面面；关注更广泛的社会群体，包括百岁老人、进城务工人员、盲人等，用广泛的视角达到一种共同参与、共同分享的目的，亲切中洋溢着真情；比较注重传统和时尚的搭配、流行与经典的结合、北京特色与国际元素的相容，显示出北京的开放和包容的姿态；此外，也融入了一些新事物、新风尚或者新形式的节目，比如影视传奇节目在显示春晚的国际元素，营造传统氛围的过程中，也体现了主创们对一种文化观念的选择和坚持。

中国文联副主席、中国视协主席赵化勇在发言中对北京电视台春晚给予高度评价，他说，在新的竞争环境和态势下，北京电视台春晚顶住了重重压力，坚持创新，敬畏艺术，尊崇电视晚会规律，凭借新颖独特的原创形式、多元时尚的节目追求、浓郁醇正的京韵京味脱颖而出，整台晚会令人耳目一新，值得敬佩。

《脱口而出》初试商演获成功

文艺节目中心

2014 年 6 月 13 日、14 日连续两晚，《脱口而出　相约一生一世》相声专场在北京保利剧院开演。这次演出由北京电视台文艺节目中心组织实施，京视传媒和北京天韵东方演出有限公司联手进行商业运作，是北京电视台自有栏目首次尝试商演模式。

《脱口而出　相约一生一世》相声专场植根于《脱口而出》栏目，该栏目是文艺节目中心一档颇具特色的京味儿脱口秀节目，自 2012 年播出以来得到了不少业内人士和观众的认可。在节目开播两周年之际，为答谢广大观众与热情粉丝，进一步提升品牌效应，同时也为了拓展内容与市场对接的空间，经过数月的精心筹备，最终在保利剧场为该栏目举办同名专场演出。这次演出是文艺频道第一次面向市场，让优秀栏目走出演播厅、走入观众身边的新鲜尝试，而《脱口而出》节目组也将首次通过商业化运营来考验电视栏目的市场接受度。

此次演出众星云集，何云伟、李菁、苗阜、王声、应宁、王玥波、王文林、李鸣宇等相声演员纷纷登台亮相。两天演出，场场座无虚席，现场气氛火爆。青年相声演员闫佳宝、张骥率先登场，带来一段新鲜有趣的相声《外语漫谈》，赢得满堂彩。应宁、王玥波两位相声演员在传统相声中融入了全新元素，将经典相声以一种新颖有趣的方式呈现在观众面前，使人眼前一亮。来自陕西的相声演员苗阜、王声带来了两段具有陕西风味的原创相声，两人极富特色的激情演出让场内高潮迭起，气氛接近白热化。最后何云伟、李菁带来压轴表演相声《竹声雅韵》，一段出神入化的快板表演震惊了全体观众，让人看得目瞪口呆，捧腹大笑。全场将近三小时的演出，高潮迭起，气氛热烈。

来看此次相声专场的观众许多都是《脱口而出》栏目的忠实粉丝，一家老小一齐来感受剧场版的《脱口而出》，享受现场包袱。令人意外的是，现场还有几位外国观众，分别来自不同国家，都对中国传统曲艺艺术十分感兴趣，其中甚至有一位俄罗斯美女观众表示希望跟何云伟学习相声，深入了解经典艺术的魅力。

《脱口而出　相约一生一世》相声专场的成功举办，得到了办公室、总编室、广告部、转传部、制作部、新闻节目中心、财经节目中心、新媒体中心和京视传媒等部门的大力支持。演出不仅给现场观众带来了一场视觉与听觉的盛宴，更重要的是文艺节目中心勇敢迈出第一步，以寻求电视节目的合理化运作模式。在近些年的电视媒体产业化发展中，电视媒体经历了巨大的变化，电视媒体间的竞争，也超越了一般意义上的节目竞争、品牌竞争和营销竞争的层面，趋向于更深层次的、基于商业模式的创新竞争。《脱口而出　相约一生一世》首次尝试商演，就是为了在不断的创新探索中找寻到更好的电视节目商业模式，才有可能在激烈的竞争环境中，做到举重若轻、化繁为简，在赢得电视观众、广告客户和创造利润等方面形成良性循环，使媒体经营达到事半功倍的效果。

第十八届《京张心连心》大型文艺演出举办

文艺节目中心

2014年7月16日，以“京张心连心，携手申冬奥”为主题的第十八届《京张心连心》大型文艺演出在张家口市崇礼县举行。这次文艺演出，是在北京、张家口联合申办2022年冬奥会的重要时刻举办的。市委宣传部常务副部长王海平观看了演出，市体育局副局长王艳霞介绍了申办冬奥会的意义和场馆准备情况。随后，在文艺节目中心主持人孔洁、晨阳的主持串联中，著名歌手尹相杰、周彦宏、汪正正、胡月、王二妮等与著名冰雪运动员、冬奥会中国奖牌“零的突破”者叶乔波，中国第一个冬奥会冠军滑雪运动员韩晓鹏，著名花样滑冰运动员申雪和现场5000多名观众一起，挥舞红旗、激情放歌，演唱《手拉手》《冠军中国》《飞翔》《超越梦想》《幸福树》《永远是朋友》《同一个节拍》等歌曲，为京张携手申办冬奥会助力加油，现场气氛十分热烈。

演出中，叶乔波、申雪、韩晓鹏三位

奥运冠军亲手放飞白鸽的特别设计成为最大亮点：崇礼县因拥有众多滑雪场而驰名中外，如果申办成功，崇礼也将是2022年冬奥会的大部分雪上项目的比赛场地。三位冠军都因有机会在家门口举办冬奥会而激动，更为人们有机会参与分享冬奥会与冰雪运动的美好和幸福而高兴。放飞白鸽，正是这种心情的表达与抒发。当洁白的鸽子从舞台上飞起、飞翔在崇礼晴朗的天空时，全场数千面小红旗也一起向着天空高高挥舞。

著名朗诵艺术家徐涛朗诵了专门创作的诗歌《带着梦想，爱上崇礼》，不仅描绘了崇礼春夏秋冬各不相同的四季美景，更抒发了“虽然冬天和雪花都还在路上，但梦想和激情已经被点燃”的对冬奥的向往和畅想。他的朗诵感情饱满、意境优美又富有力量，全场观众报以热烈而又长久的掌声。

《京张心连心》大型文艺演出，是由北京市市委宣传部与张家口市市委市政府主办，每年一届，至今举办了18届，已成为北京和张家口互助合作、增进友情、共同发展的一个重要的交流平台和展示窗口。本届《京张心连心》大型文艺演出，由于在7月7日国际奥委会正式宣布北京成为2022年冬奥会申办候选城市之后的几天里就举办，因而不仅成为《京张心连心》历届演出中唯一一个有“心连心”和“申奥”双主题的演出，也成为国内申办冬奥会的第一个大型主题活动。导演组在文艺中心领导的指导和策划下，在遴选场地、组织创作、深入当地采访、挖掘整理地方特色文艺节目、寻找有代表性的志愿者等方面花费大量心血，实现了很多有特殊意义的创意，比如：排练、录制了百人规模的具有浓郁当地特色的民间文艺节目《打溜子》，挖掘出了多个为申办冬奥会积极行动起来的具有代表性的志愿者，如满腔热情开始学外语的退休电工、正构思着要用自己独创的大头针手工艺术形式创作两米大幅申奥作品的数学老师、学习滑雪三年已经能上高级道希望自己18岁时能亲身参与为运动员服务的10岁小学生等等，通过主持人对他们的现场采访，多侧面地展示了崇礼人积极参与申办冬奥会的激情和活力。

《京张心连心》大型文艺演出，也一直备受全台各级领导的重视与支持。本次演出，总编室主任史椰森与文艺节目中心有关领导提前一天就赶到崇礼县，与导演组一起讨论方案、修改细节、检查安全措施。担负导演任务的文艺中心导演于守山、叶蔚宁等从2008年起就承担了每年一届的《京张心连心》晚会演出工作，先后在张北、沽源、阳原、涿鹿等张家口各区县举办《京张心连心》演出，连续多年克服了缺少场地、气候多变、食宿艰苦、交通不便等多种困难，以真情付出、真诚感恩的态度，圆满完成了历次导演任务，赢得了张家口各方面、各区县领导和观众的交口赞扬。在7月16日的演出现场，导演组还在文艺中心领导和党支部的支持下，在舞台上举行了简短而有意义的党小组活动，用实际行动践行了与张家口的心连心。

《2014 北京大运河“为爱情点赞”七夕歌会》完成录制

文艺节目中心

2014 年 7 月 28 日晚，《2014 北京大运河“为爱情点赞”七夕歌会》在通州区文化馆录制。市委宣传部、市委党的群众路线教育活动第九督导组、首都文明办、市文联、通州区委、区人大、区政府、区政协的有关领导观看了演出。

本届“七夕情歌会”以“为爱情点赞”为主题，用动人的歌声来歌颂爱情的美好。录制当晚，蒋大为激情献唱“情歌”《天山姑娘》，成方圆演绎了自己重新编曲的俄罗斯歌曲串烧联唱，张凯丽颠覆以往形象唱跳广场舞神曲《小苹果》，杨钰莹、毛宁 21 年后再聚首演绎经典歌曲《心雨》。张光北、陈炜，孙茜、蔡远航两对夫妇分别携手对唱情歌。朱时茂反串搭档吴琼演唱了《天仙配》，白雪、何云伟跨界搭档演唱了《天上掉下个林妹妹》，原创歌曲《鹊桥仙》也于当晚唯美亮相。值得一提的是，本场歌会艺术家们都是以文化志愿者身份参加演出，以文化下乡的形式献唱，在回味爱情经典的同时宣扬正确的爱情观、婚姻观和价值观。

导演创意打动艺人，经费缩减节目品质“不缩水”

录制文艺晚会一项主要支出是演员演出费。举办七夕歌会，导演组、制片组在如何精简演员演出费用上花了不少心思。在建立歌会之初，导演李雪萍便定下“经费减少、节目品质不能缩水”的制作方针，在艺人邀约上定下“两手抓”的方案：一方面对于知名艺人要真诚耐心地与其经纪人反复沟通以达到降低费用的目的；另一方面加强节目创意来吸引知名演员主动参与，同时增强非知名艺人节目的精彩度。

比如，为了促成杨钰莹与毛宁的 21 年后再聚首，导演组与杨钰莹经纪人团队进行了 10 多次沟通，从节目创意到演员接待的每一个细节都反复沟通确认。在不断努力下，晚会导演组的真诚终于打动了他们，最终达成了在只领取极少化妆费的条件下，请杨钰莹小姐专程从国外飞来北京参加本场歌会演出。得到杨钰莹的演出确认函后，与杨钰莹有着 20 多年情谊的毛宁欣然同意，不管演出费用多少都同意参加歌会录制。功夫不负有心人，录制现场毛宁、杨钰莹再牵手的那一刻让观众们惊喜不已。当两人的经典对唱情歌《心雨》再次唱响时，曾经的“金童玉女”为全天下情侣送上了最美的“七夕”祝福，仿佛带领观众回到了他们自己的青春岁月。

与此同时，如何将当下热点娱乐事件引进歌会，也是导演组对节目创意的一贯追求。要说现在哪首歌最火，已经成为广场舞大妈最爱的“神曲”《小苹果》当之无愧。那么怎样将接地气的“小苹果”更加精彩地植入到晚会中呢？

在深入了解了最近人气很高的“国民丈母娘”张凯丽之后，导演组决定：颠覆张凯丽以往形象，让她现场唱跳“神曲”《小苹果》以制造一个近期娱乐圈的热点话题。为了完成这个节目，导演组反复与凯丽交流意见、沟通创意，最终她欣然接受，并且在录制前专门花费了大量时间和精力来练习“苹果舞”。歌会现场凯丽刚一开唱便引爆了全场热情，台上台下互动共跳“苹果舞”。

导演组在邀请知名演员时，以真诚和节目创意取胜，在原创节目上更是强化“出新出奇”。为了强化歌会的“七夕”主题，导演决定邀请曾经捧红“凤凰传奇”等多名歌手的著名音乐人何沐阳对描写牛郎织女传奇爱情的千古名词《鹊桥仙》重谱新曲，并请来2013年演唱央视“七夕歌会”主题曲的歌手徐千雅来演绎这首原创的“古词新韵”《鹊桥仙》。为了让节目呈现出美轮美奂的效果，导演不但设计了“鹊桥”的实物道具，更着重加强大屏幕视觉设计，实现了大屏幕内仙境中的织女与舞台上的牛郎虚实结合、人屏互动的创意，使《鹊桥仙》这首歌让人听得入心、看得“神奇”。此外，在大运河成功申遗的背景下，歌曲《运河谣》《我的大运河》配合大屏幕实拍的大运河影像，同样让观众惊叹不已。

讲好故事，让绚烂的“情歌”找到“最美”的落点

精彩纷呈的“情歌”表演让晚会充满了浓浓的爱的味道。但导演组认为仅有美妙的歌声还无法将“爱”更深刻地表达，无法更深地感动观众。于是“讲好故事，给情歌找到落点”成为歌曲节目之外的“重头戏”。

2014年6月22日，流经通州的京杭大运河历经八年终于成功入选《世界遗产名录》，开航了2000多年的大运河流传着数不清的美丽爱情故事。导演组挖掘出通州一对结婚75年的老夫妇携一家三代二十三口亮相歌会，现场观众无不高举大拇指为这对老人跨越半个世纪的传奇爱情以及他们一家三代人爱的传承点赞！

除了“白石婚老人”的爱情，导演组还找到桑兰，诚恳地邀约她将自己的爱情故事带到晚会现场。因为在比赛时摔伤导致高位截瘫，桑兰险些灰暗的人生被一段传奇的爱情点亮。曾练习击剑项目的黄健因为同为运动员，特别能理解桑兰的不幸，他用自己的爱情火种点亮了桑兰的人生，也让自己收获了幸福的家庭。今年黄健和桑兰的儿子小宝出生了，已经3个月大的宝宝是爸爸妈妈传奇爱情的结晶和见证，桑兰和她的宝宝也于当晚来到歌会现场，与丈夫隔空对话，大声说出“我爱你”。

《月来悦开心》快乐闹中秋

文艺节目中心

2014年中秋节，北京电视台中秋特别节目本着“节俭办晚会”和“简约不简单”的创作原则，别出心裁，用差异化的创作方式着力于特色节目的挖掘，演员阵容以笑星为表演主体，既有相声大家，也有喜剧新人，他们突破传统相声表演的“说、学、逗、唱”，和观众朋友一起快乐闹中秋。这个特别节目于9月8日中秋节当晚分别在北京电视台文艺频道和卫视频道与观众见面。

陕西相声新人再献佳作

2014年相声界蹿红速度最快的80后“男神”——来自陕西西安青曲社的苗阜和王声因在2014北京电视台春晚上一段颇具新意的《满腹经纶》迅速走红、一鸣惊人。此次回归2014北京电视台中秋特别节目的舞台，二人高兴地说是“回家了”。

其实早在北京电视台“2013北京喜剧幽默大赛”中，二人就表现突出，评委刘伟称其“无比的精彩”，“没听过那么精彩的相声”……紧接着，2014年正月十五央视元宵晚会，苗阜、王声登上央视舞台，压轴表演相声《学富五车》，人气进一步飙升。

这对黄金搭档是发小，也是小学同学，自幼都很喜欢相声，长大后二人分别学艺，苗阜去了西安铁路局进行小品创作，王声则去了陕西师范大学读书，成为一名业余相声爱好者。后来，他们又分别拜在了陕西曲艺名家郑小山和郑文喜的门下，而郑小山和郑文喜两位亲兄弟在相声圈内被誉为“郑氏双侠”。苗阜和王声正式合作搭档已有10年。苗阜逗哏，脑子灵活、风格火爆；王声捧哏，沉稳机制、节奏准确。对国学情有独钟的两兄弟非常喜欢表演相声中的“文哏”作品。文哏不好说，包袱不容易响，但苗阜、王声却能把文哏使出武活的力道来。

这次为北京电视台中秋节目量身打造的《中秋趣谈》，从中国传统的中秋典故和礼仪说起，其间穿插各种蕴含文化底蕴的包袱。这个相声也延续了苗阜、王声一贯的特点：原创性——将点子扩充成自己的风格；接地气——每天琢磨观众想要听什么；文化感——以文化传承为发展方向。他们认为，“国学是文化的根本，曲艺是无论如何离不开国学的滋养的，传承、发扬曲艺本来就是传承传统文化。”

何云伟、李菁搭档大王小王上演“邻里纠纷”

在北京电视台中秋特别节目的舞台上，著名相声演员何云伟、李菁首次携手北京电视台节目主持人王芳、王为念，献上爆笑情景小品。伴随着何云伟脚踩风火轮以“哪吒”造型霸气出场，李菁则变成吊儿郎当的“龙太子”，一秒穿越的两人为观众带来的是一出古代神话版的“邻里纠纷”——《谁在说》。

《谁在说》是北京电视台一档日播谈话节目，节目以当事人的真实经历和嘉宾的论辩分析为主要表现形态，无论是百姓的多样生活、情感心路，还是社会热点的激烈争议，都在节目中有看点，有解析。主持人王芳在节目中理性睿智又不失亲和力；主持人王为念更是善于调节矛盾和制造“笑果”的高手。这次中秋特别节目大王小王继续履行“最佳调解员”的使命，大施“苦肉计”，为何云伟扮演的哪吒和李菁扮演的龙王三太子敖丙调解矛盾。

著名相声演员何云伟、李菁是北京电视台的常客，二人2004年正式合作演出，他们在“2005年北京相声小品大赛”中夺得相声专业组一等奖。二人“脸型一长一圆，身材一胖一瘦，眼睛一大一小，嗓门一闷一亮，一位号称李大眼，一位号称何大拿”，形象、性格和表演方式都堪称“黄金搭档”。

马三立后人带来原汁原味天津相声

相声泰斗马三立的段子常常在不经意间逗得观众前仰后合。如今大师已去，可观众对马氏相声的热情丝毫没有减少。2014年恰逢相声泰斗马三立先生诞辰100周年，全国各地相继举办纪念活动，以表达对相声泰斗的敬意。

马氏相声历史要追溯到1890年，“相声八德”之一马德禄投身相声行当，“马氏相声”开宗立派。百余年来，经过马德禄、马桂元、马三立、马敬伯、马志明几代“马氏相声”表演者的实践摸索，形成了别具一格的艺术风格，在相声艺术之林中独树一帜。马三立、马志明父子曾先后获得曲艺界最高奖项“金唱片”奖，“马氏相声”第四代传人马六甲也投身相声行业。

这次北京电视台中秋特别节目，马志明携子马六甲、老搭档黄族民从天津赶来，让大家感受一下原汁原味的天津相声《老骥新驹》。“马氏相声”的风格和定位一直都是“面向平常小人物”，深受普通大众喜爱，这段群口相声《老骥新驹》中地地道道的马氏包袱让观众朋友过足“马”瘾，并惊喜“马氏相声”薪火相传，后继有人。

天王孙楠压轴出场，大张伟遇见兔女郎“倍儿爽”

《月来悦开心——2014北京电视台中秋特别节目》的演员阵容虽以笑星为表演主体，但也不乏著名歌手助阵。歌坛天王孙楠此次带来的是《幸福牵手》，歌曲深情大气，为晚会完美收尾。

而一向幽默搞怪的歌手大张伟在演出前接受采访时表示并不知道导演组为他做了怎样的设计，他说已经多次参加北京电视台中秋节目的录制，“对北京电视台的灯光舞美和节目设计一直信心满满”。当舞台上出现一群青春靓丽的“兔女郎”为其伴舞时，大张伟非常兴奋，迅速进入状态，一首《倍儿爽》High翻全场。现场观众也被热烈的气氛感染，伴随劲爆节拍手舞足蹈。

主持人登月宫酣战“天上人间”

本次主持人的出场方式也经过精心设计，除北京电视台当家花旦春妮和亦“正”亦“稳”的曹一楠以“正常面目”示人外，《养生堂》金牌名嘴悦悦扮演月宫仙子嫦娥，擅长搞怪表演的主持人曹扬扮演嫦娥的助理玉兔小白，娇俏活泼的主持人晨阳反串史上最俊美版吴刚。主持人角色化的串联给观众带来前所未有的新鲜感，而他们多才多艺的表演更是令人耳目一新。另外，憨态可掬的北京电视台主持人周妞妞联手主持人那威和相声演员王玥波、侯振鹏联袂演出原创小品《波波减肥记》，现身说法，引导人们追求更加健康的生活方式。

科教频道推出《黄焖世界杯》

科教节目中心

2014年6月13日，四年一度的世界杯开幕，全世界球迷的热情被点燃，全世界的目光聚焦巴西。北京电视台科教频道世界杯期间推出大型真人秀节目《黄焖世界杯》。节目主持人黄健翔热辣点评赛事，明星大腕分享足球趣事，另类讲解足球常识，使《黄焖世界杯》在众多的足球栏目中独树一帜。

一、借力新媒体，实现北京电视媒体独家播出

如何在四年一度的足球盛事中，做出自己的特色？如何在科教并不专长的领域巧妙借助外力，做出让观众认可的节目？在得知黄健翔于2014年世界杯期间加盟新浪，并推出一档脱口秀节目《黄焖世界杯》后，果断作出决定，引进该节目，使其在北京地区电视媒体中独家播出。经过多次洽谈，新浪不仅同意将该节目在科教频道免费播放，还根据电视受众需求，每天特别制作30分钟的电视播出版。

《黄焖世界杯》内容分为三部分：黄健翔脱口秀点评赛事和世界杯相关话题；足球教室解读足球实战技巧；明星嘉宾畅聊世界杯。该节目于每天16时52分在科教频道首播，新浪网凌晨首播，网络、电视双向播出。这是科教频道首次成功借助新媒体平台，实现资源共享，不花一分资金投入，却取得良好收益。

二、齐心协力抢时间，灵活编排见成效

有了优质的节目，节目的编排组合就显得尤为重要。起初，尝试将《黄焖世界杯》首播时间定在16时52分，与《非常幽默》捆绑播出。在经过几天尝试后，发现夜间是球迷朋友收看的最佳时间，为此，6月17日起，又增加了其在23时25分进行重播。结果，平均收视率0.35%，与《法治进行时》重播收视持平。为了进一步提升晚间收视率，传递更多时效信息，从6月23日起，该节目首播时间调整为23时25分。

由于比赛是在北京时间夜里进行，因此《黄焖世界杯》只有在比赛结束后才能进行录制并制作，一档30分钟的节目，最短需要在9个小时的时间里完成录像、制作、上传、播出，时间非常紧张。为抢在第一时间顺利播出，栏目组的同志们分工明确，谁负责下载上传、谁负责剪辑、谁负责吐带发播，每一个环节都紧张而有序。在确保安全播出的情况下，为符合电视观众的收视习惯，栏目组精益求精，不断进行调整和修改，在重点内容处增加字幕，做出提示，使节目在细节上更加完美。

三、新媒体互动，多平台宣传推广见成效

配合电视节目的播出，科教频道通过多平台、多手段进行密集推介，并与观众实时互动。科教频道底拉字幕对《黄焖世界杯》进行密集的预告，并推出观众互动问答，观众通过科教频道官方微博和公众微信，实现实时互动。“选出您心目中的十佳球员”“哪个球员进球最多”等互动问题，都成为观众和网友们热议的话题。在科教频道的官方微信和公众微信平台中，不仅实现了文字和视频的预告和推广，更由于《黄焖世界杯》每日互动问答的提出，吸引了大量年轻人的关注和讨论，增加了科教频道的吸引力。在BRTV网站上，科教频道专门开辟《黄焖世界杯》专页，播放相关视频，为节目持续增热，该节目播出短短几天，节目视频的点击播放量已近200次。

《黄焖世界杯》不光为球迷提供了一顿丰盛的足球大餐，更是科教频道一次大胆创新，大胆尝试，更考验了节目组的迅速反应、灵活应变的能力，借力世界杯、借力新媒体，节约资本，创造最大价值。

《快乐健身一箩筐》走进儿童村献爱心

体育节目中心

2014年5月27日上午，满载着大家的爱心，北京电视台《快乐健身一箩筐》栏目组特邀北汽男排队长王琛和“广场舞小王子”王广成前往位于廊坊的弘德家园儿童村，为那里的孩子们送去书籍、衣物、文具等慰问品，和他们一起提前过了个充满快乐的“六一”儿童节。

弘德家园是一家民间的非营利性慈善机构，专门收住贫困孤儿、贫困事实孤儿、贫困失学儿童等需要救助的学龄儿童，目前已经累计救助贫困孤儿、贫困事实孤儿、贫困失学儿童200余人。

弘德家园的孩子们用最朴实的笑容迎接《快乐健身一箩筐》节目组和体育明星们的到来，虽然彼此并不熟悉，但他们的笑容让人倍感亲切。在家园老师的带领下，编导和体育明星们一起参观了宿舍、餐厅、学习室，每一个房间都是精心布置的，这让人深深地感受到孩子们热爱生活、积极乐观的精神。老师特别带着大家参观了孩子们的荣誉墙，她特别自豪地介绍说，这里的孩子学习都非常努力，有些已经考上了自己理想的大学。

北汽男排队长王琛是球队最终夺冠的大功臣。这位在球场上叱咤风云的球星来家园有一个特殊的任务，就是当一天体育老师，让《快乐健身一箩筐》的编导和孩子们一起上一节有意义的体育课。王琛耐心地为大家讲解排球的基本知识和动作，提示大家在投身运动时要建立起科学的运动习惯。孩子们很快就对排球产生了兴趣，打起来都有模有样。王琛还准备了一份珍贵的礼物——北汽男排全体队员签名的排球，赠给弘德家园的孩子们。

为了欢迎节目编导和体育明星的到来，孩子们特别献上了一段自编自演的舞蹈《荷塘月色》。虽然不是专业舞蹈演员，但孩子们认真到位的舞蹈动作，精心设计的演出服装，感染了在场的每一个人，尤其是“广场舞小王子”王广成，他登上舞台和孩子们一起挥洒热情，为小演员们认真指导舞蹈动作。孩子们意犹未尽，又在王广成的带领下跳起了充满活力的健身舞，筐叔和箩筐编导们也加入其中，和孩子们一起跳起《最炫民族风》感受动感的节拍。

《快乐健身一箩筐》栏目组的每一位成员都积极响应这次颇具体育内涵的公益活动，他们不仅为小朋友准备了各类书籍、文具和衣物，还和孩子们一起跳舞、做游戏，为小朋友们带去关爱、快乐和健康。通过这次公益活动，大家深刻感受到，体育公益活动将竞技体育、大众健身和社会公益有机结合起来，为今后节目的提升明确了方向。

《欢乐二打一》开启棋牌益智竞技节目

体育节目中心

为了更好地完善扑克牌益智竞技类节目的内容，推陈出新，北京电视台体育频道于2014年9月1日开播《欢乐二打一》（民间称“斗地主”）扑克电视挑战赛，采用国家体育总局编制的《中国二打一扑克比赛规则》进行比赛。该节目每周一至周五在BTV体育频道18时播出，每期时长45分钟。这档节目的推出，丰富了北京电视台体育节目的赛事节目内容，成为继《节节高升》之后另一个百姓可以直接参与的体育赛事。

扑克牌“二打一”项目近年来在群众中具有更广泛的认知度和参与度，其规则更简单，参与人群更多，因此也就更容易推广和普及，所以带来的社会关注度和广告投放意向也更强，能够为体育频道赢得更好的经济效益。

根据网络上棋牌竞技平台的数据统计，参与“二打一”比赛的人群要数十倍于参与“双升”比赛的人，因此可以预见到在收视和收入方面较“双升”会有较大的提高。节目组力争将同时段收视率提升一倍，达到0.8%左右。

节目形态的创新

《欢乐二打一》的比赛采用了电脑平台的比赛方式，选手通过电脑软件直接进行比赛。这样的比赛模式突破了《节节高升》所采用纸牌竞技的方式，对比赛过程实时录制，让比赛的进程更加直观，电视观众也能从中感受到比赛的紧张和刺激。在节目包装形态上，《欢乐二打一》也进行了突破和创新，选手比赛实时画面与电脑牌局实现了完美结合。选手在比赛时真实的状态通过先进的包装手段，直接展现在牌局界面上，让比赛的过程更加生动真实，电视观众可以更好地欣赏比赛的全过程。

全方位的推广模式

《欢乐二打一》更好地利用了多媒体平台，从选手选拔到节目内容宣传采用了全方位的推广模式，微信公众平台、官方微博、官方网站、海选网站同步上线，让节目在新媒体的环境中更好地生存和发展。节目在播出的同时，观众可以扫描节目中的二维码，用手机下载比赛客户端，在手机上随时随地参加比赛。微信公众平台成为另外一个节目宣传阵地，每场优秀选手评选、了解比赛咨询、获取比赛客户端下载链接、与其他观众交流观赛心得等等，更多的功能让观众在看比赛的同时更好地参与节目互动，让比赛成为百姓自己的比赛。

足球协会特别节目《前路》圆满完成

体育节目中心

2014 年 1 月 21 日，第十届中国足球协会会员大会在河北香河国家足球训练基地开幕，这是 2003 年以来 11 年间事关中国足球发展的重要会议，除了选举新领导、修改章程外，更重要的是将推出中国足球未来 10 年的发展规划，在经历了近 20 年的低谷后，中国足球再次起航。

重大选题面前，北京电视台体育节目中心精心策划，制定了“新闻在现场”“特别节目正面解读”的立体报道方式，除了在新闻节目《体坛资讯》中与香河会议现场的记者卫星连线之外，当日 20 时 55 分播出的足代会特别节目《前路》还搭设了前方演播室，在 100 分钟的直播节目中，多次与前方演播室直播连线，邀请重量级嘉宾全面解读本届会议对于中国足球未来发展的重要意义。节目播出之后，国家体育总局宣传司领导第一时间与频道取得联系，高度赞扬了本期节目立意好、角度好、内容好，大气，彰显品质。

一、抓住机遇　着眼未来

在京城球迷的心目中，由于对北京国安队的全面报道，很多球迷戏称北京电视台体育频道为“国安台”，而对于中超、亚冠等赛事转播的精益求精，也让很多媒体同行给体育频道安上了“技术台”的名头。以上两个“称号”尽管有些戏谑的成分，但如何在发挥固有优势的前提下为体育频道寻找发展新亮点，一直是体育节目中心管理层所思考的问题。本届“千呼万唤始出来”的足代会正好是一次难得的机遇。对于报道这次承载着中国足球未来之路的重要会议，体育节目中心领导非常重视，参与节目策划，从大局到细节，制定了报道方向。100 分钟的特别节目《前路》播出之后所取得的良好反响也充分体现出体育频道有能力制作出具有“理论高度”和“理性思考”的节目。同时，本次特别节目的成功播出，也为 BTV 和中国足球之间建立了更高层次的联系，为日后获取更多与中国足球相关的播出资源进行了铺垫。

二、充分沟通　挖掘资源

由于本次足代会的特殊性，中国足协对各家媒体提出报道要求非常谨慎，在近 20 次的沟通之后，中国足协给 BTV 预留了四个采访证件，BTV 也成为在会议现场采访报道人数最多的媒体之一（全国电视媒体仅 CCTV 和 BTV 两家有四个采访证件）。此外，为了能充分体现“我在现场”的报道方向，在转传部和台办通讯科的大力配合下，派出 SNG 卫星车前往河北香河进行直播连线和新闻素材的第一时间回传，为足代会整体报道提供丰富的资源，同时也在全国媒体同行面前展示了BTV的实力。

三、重点突出 大美品质

足代会召开当天，各家媒体纷纷将报道重点集中到了新任足协主席蔡振华的身上，一时间有关蔡振华本人的各方面报道铺天盖地。此时，BTV体育频道节目组时刻保持清醒的头脑，将特别节目《前路》的报道方向锁定在了本届足代会的重中之重——《中国足球中长期发展规划纲要》上，从国字号建设、职业联赛发展、青少年后备人才培养等方面正面解读中国足球未来之路，在花边消息满天飞的环境下，BTV独树一帜，导向正确，充分体现了主流媒体的主流观点。

“莫愁前路无知己，天下谁人不识君”，足代会特别节目《前路》在第一时间发出了代表BTV的权威声音，而之所以取名《前路》，也展现了BTV体育频道将密切关注中国足球未来发展走向的态度，以及BTV人的媒体责任感。

体育频道圆满完成2014年环京赛报道任务

体育节目中心

历时5天的2014年环北京职业公路自行车赛于10月14日顺利闭幕，这也是北京市政府申办的最后一届环京赛。BTV转播团队对本届环京赛进行全面报道，将金秋京畿美景呈现在全世界面前，同时以完美的电视信号提供，受到组委会和国际自行车联盟的高度评价。

一、系统集成见真功

自行车多日赛是电视界公认的、转播难度最大的项目。从天上到地上，从城市到山间，直升飞机、摩托车、固定机位，多种拍摄手段加之多种地形地貌，拍摄环节复杂，需要异常强大的系统合成能力和团队配合才能顺利完成。

2014年的环京赛首次骑进河北省，以崇礼为起点的前两个赛段为全新赛程。在蜿蜒起伏的华北平原上，风大树多，大家对信号传输和转播效果完全没有把握，只能靠一遍遍地测试。在确认最佳信号接收方式的同时，寻找最佳的拍摄效果。而在门头沟的妙峰山顶，则因为天气情况、空中管制等多重原因，多次航拍测试均无功而返。

从年初勘路，到比赛开始之前，以宋健生副主任和朱雨稼副主任为首的转播团队多次往返北京和张家口之间。一路上景色从光秃秃的枝杈到一片翠绿，再到姹紫嫣红。

二、赛程密集多转场

为了更多地展示城市风光，自行车赛每天的起终点都不一样。近的相隔50公里，远的相隔近200公里。10月3日，当大多数市民还沉浸在“十一”假期的惬意中时，转播团队已经踏上了环京赛的技术演练之旅。从市内到山区，从北京到河北，起早贪黑，风餐露宿。12天中奔波近2000公里，每天转战一个地方，每个夜晚落脚的地方都不同。

尽管遭遇了雾霾能见度降低、卫星车突发技术故障、风大天寒等多种不利因素，但环京赛转播团队仍旧依靠过硬的技术为京城乃至全世界观众奉献了大美京畿的壮丽景色。

三、后勤保障很得力

每一届环京赛电视转播总共涉及台内转传部、体育节目中心及外单位180多人，分为起点和终点两大团队。如此庞大的团队如果没有好的后勤保障，无以为继。凭借多年赛事组织积累下的经验，体育节目中心的有关同志起早贪黑，为团队妥善安排吃住行，保证即使在寒冷的妙峰山顶，被山风吹透了的同志们也能吃上热乎乎的饭菜。

从五彩斑斓的延庆百里画廊，到一览众山小的门头沟妙峰山顶；从耀眼如火把般的草原天路，到华北平原上林立的风力发电大风车；从巍峨壮丽的天安门广场，到气象万千的鸟巢水立方，跟随着环京赛的镜头，观众们惊喜地发现，北京居然还有这么多“陌生”的景色值得一去。相信在环京赛之后，一定会引发金秋京城百姓的出游热潮。

目前国内有多项自行车赛事转播，环北京职业公路自行车赛是目前国内电视转播界公认的水平最高、难度最大、呈现效果最好的项目。BTV转播团队通过四年的磨炼，再一次证明了自己的实力。

本届环京赛五个赛段，北京电视台体育频道都进行了现场直播，并安排了每赛段50分钟的集锦。此外，三档体育新闻节目《天天体育》《体坛资讯》《声声体育》节目，也都辟出专栏进行报道。

北京味道　全城共享

——BTV生活打造首个主题美食日

生活节目中心

由北京市旅游委与北京电视台联合主办，BTV生活频道承办的“吃在北京·北京味道——2013我最喜爱的北京旅游美食评选”颁奖特别节目于2014年6月19日录制，同时在燕莎友谊商城推出了首个“BTV生活主题美食日”，从眼福到口福，为全北京的吃客们献上最多彩多味的“北京味道”。市政府副秘书长马林，国家旅游局、中国旅游协会副秘书长张越，市旅游委主任宋宇，北京旅游行业协会会长段强，市旅游委副主任曹鹏程，以及北京电视台副总编辑朱江和市商委、市文资办等领导共同见证了一场精彩绝伦的美食文化盛宴！

年度旅游美食评选尘埃落定　美食游多条线路吃遍京城

“吃在北京·北京味道——2013我最喜爱的北京旅游美食评选”活动历时半年，引起了社会各界的高度关注。截至活动结束，共有近300家餐厅、200名厨师报名参评，共计200万人次参加网络票选。最终，由餐饮协会、烹饪协会等专业机构以及美食评论界15名专家终审评议，产生了“年度旅游美食餐厅TOP30、年度旅游美食菜品 TOP20、年度旅游美食青年名厨 TOP10”三大榜单。

6 月 19 日特别节目现场，来自京城各大菜系的名厨展示各自的厨艺绝技，有大家熟悉也常吃的龙须面、刀削面，也有不太常见的薄如蝉翼的闻喜饼；有让人眼花缭乱的削面刀工，也有寻常人家的包饺子大赛，更有失传已久的上层绝学外翻勺，众多绝技串烧整个典礼。除了厨师们的绝活外，现场还展示了台布秀及鱼头王仪式两场文化表演，通过时尚与传统的结合展示北京独有的旅游美食文化。

70 位名厨齐心献技　最大碗炸酱面申报大世界吉尼斯

在燕莎友谊商城广场，生活频道集结 70 位名厨，展示了全世界最大的一碗老北京炸酱面诞生的全过程。大碗直径 1.5 米，高 0.58 米，获奖的 10 位年度旅游美食青年名厨，与 60 位厨师一起，经过和面、切菜、炒酱、擀面、切面、煮面、盛面、摆面码、入酱等九个环节，制作出一碗 316 斤的炸酱面，成功申请了大世界吉尼斯纪录，现场共 500 余位观众分享了这一史无前例的美味佳肴。

北京味道全城共享　BTV 生活开创年度主题美食日

当天，生活频道还宣布启动北京首个“BTV 生活年度主题美食日”。

“BTV 生活年度主题美食日”是生活频道首创的一个文化概念，旨在联合北京的餐厅、大厨、评论家以及美食达人共同为全城百姓奉上一场看美食、吃美食、评美食的美食盛会。首届主题日的主口号定为“北京味道全城共享”，然后根据每年的主题再推一个年度口号。主题美食日由主题特别节目、主题美食秀以及主题地面活动三部分组成，每年第二至第三季度举办一次。首个主题美食日于 6 月 27 日至 29 日举办，主题是“北京味道全城共享之面面俱到”，即以“面”为主题掀起全城的面食文化活动。在美食日期间，大家除了能够在电视上看到一场别开生面的特别节目外，全北京城还有近百家餐厅为吃客们准备了万碗免费炸酱面供品尝。观众只需要登录 BTV 大媒体或拨打 96168 电话就有机会获得 BTV 生活发放的品尝券，连续五天美食不断！

继续合作推进北京美食文化传播

活动现场，北京市旅游发展委员会主任宋宇宣布继续与北京电视台生活频道合作，以“吃在北京·北京味道”品牌为载体，开展《上菜》第二季节目制作、2014 年度评选、百味京华——北京旅游美食大会等系列活动。

《红牛 2014BTV 环球春晚》歌舞如澜

青少·海外节目中心

BTV《环球春晚》是北京电视台倾力打造的荟萃世界各国文艺经典的国际化春晚。马年春节，《红牛 2014BTV 环球春晚》联合世界各国媒体，邀请五大洲的优秀艺术家，在一个没有国界、没有语言局限的“广场氛围”中，一同体验世界文化的感召力和中国文化的亲和力，一同感受世界人民的温暖友谊和中西文化的融合魅力，为万马奔腾、生生不息的中华民族欢歌祈福，为走向发展、走向繁荣的世界礼赞祝愿。

一、环球文化斑斓大观

本届《环球春晚》明星云集。世界五大洲的艺术家欢聚一堂，共襄盛举。如来自英国的摇滚偶像 James Blunt、法国的流行乐代言人伊莲娜·霍莱、世界吉他教父 Steve Vai、韩国嘻哈天团 EXO、台湾地区音乐人齐秦、中国人气歌手吉克隽逸、美籍华裔脱口秀明星崔宝印、享誉欧洲的俄罗斯 TODES 现代舞团等都在《环球春晚》舞台展现了自己非凡的艺术造诣；主持方面，中加文化大使大山、三栖主持人吴大维、红遍美加的崔宝印组成国际主持阵容，他们和春妮、许戈辉、李扬薇一起，带领不同民族、不同国家的演艺明星及艺术大师，为观众带来了世界各地的歌唱、舞蹈、器乐、魔术、交响乐团及现场乐队等多样化的艺术门类和品种，搭起了一座中外文化交融荟萃的桥梁。

二、多国大使推介精品

《环球春晚》是一台包容世界文化多样性，展示世界优秀文化，提供多元文化对话、唱响和谐、温暖、友谊旋律的盛会。每年的大使推介环节都为《环球春晚》带来众多世界顶级艺术家和国宝级艺术精品，其中不乏世界非物质文化遗产艺术珍品。俄罗斯火辣性感的现代舞、阿根廷国粹探戈、法国经典流行乐、冰岛经久不衰的热门综艺表演及新南非街舞都将随着五国大使的绍介轮番出场，动感十足、热力四射的各国风情表演合着五位大使带给中国观众的新年祝福和吉祥贺词，引爆全场。

三、世界经典浪漫重温

许多脍炙人口的世界经典名作都重现《环球春晚》舞台。法国流行乐第一代言人伊莲娜·霍莱，她的一曲《伊莲》是“简单快乐、平淡幸福”的纯真告白。这首蝉联法国歌曲排行 25 周的冠军单曲也成为法国音乐界近 25 年来炙手可热的代名词。

世界范围内发行超过 2000 万张专辑，MTV 大奖获得者英国抒情摇滚歌手 James Blunt 为《环球春晚》带来他 2005、2007 及 2010 年登上欧美排行榜前列的代表曲目 *You're Beautiful*，《1973》及 *Bonfire Heart*，热袭英伦沧桑摇滚曲风。James Blunt 是军旅出身的流行歌手，曾官至上尉，并参加过北约维和部队，有着“英伦上尉诗人”的美誉。在 *You're Dealltiful* 这首歌里，他以“蓦然回首，你映入我眼帘，你是如此美丽，一刹那凝为永恒”唱尽爱情世界里的偶然、巧合与失落的种种情绪，唱出邂逅刹那的美丽及感动；在《1973》中，他以“岁月无情，流年似水，但逝去的美好时光却犹如强烈阳光下的海面，闪烁着无数的光斑，令人着迷”的情绪颂歌友情；而 *Bonfire Heart* 则以“碧血丹心铸爱魂”的义勇精神咏叹爱情，发出了“爱如忠诚的战士”这样独到的爱情宣言。

登上《环球春晚》的阿根廷卡洛斯·加德尔国际探戈艺术团（LA ESQUINA CARLOS GARDEL）以阿根廷探戈的化身卡洛斯·加德尔的名字命名，是阿根廷最高规格的探戈舞团。卡洛斯·加德尔创作的著名探戈舞曲《一步之遥》（Por Una Cabeza）被誉为“不可磨灭的经典桥段”，登上过许多蜚声世界的大片如《闻香识女人》《真实的谎言》等；加德尔舞团三对六人群舞在极致优美的《一步之遥》舞曲中带来阿根廷探戈的国际风范。

四、中外融合跨界品质

《环球春晚》奉行理解与沟通、欢聚与合作的创作理念，多达数百人的世界艺术家与中国艺术家合作，上演“体现世界文化多样性、多元文化多种文明和谐共融的美好画卷”。中西组合、中外混搭的多样化表达，则体现了《环球春晚》跨界交流和艺术对话的创作指导原则。

摇滚吉他教父、格莱美终身评委 Steve Vai 是吉他界的圭臬与典范，他被称为“吉他英雄”，业界用“神乎其技”形容他的技术。他与中国自由音乐人、作曲家三宝、台湾实力派歌手齐秦合作，共同演绎“孤独如狼”的狂野曲风代表作《垭口》，三位对音乐有着独到理解和个性表达的音乐人“三峰相会”，加之中国歌剧舞剧院交响乐团雄浑厚重的交响伴奏，整首音乐交响大气天成，为《环球春晚》献上来自“风的故乡”的无限风光。而最令人期待的莫过于 Steve Vai 丰富的想象力和过人的吉他技巧兼备的现场秀，观众有幸见证他独创的特殊“抖音”技巧，一睹大师风采。

《水晶太极》是武当玄武派十六代传人、武当山武道功夫馆馆长兼总教练清风子与墨西哥水晶球达人合作完成的集太极功夫、杂技、舞蹈等于一体的大型功夫特技舞台秀，他们配合勾勒出一幅天人感应、禅意十足而又极具视觉冲击力的“太极图”。

五、唯新青春中国梦想

每年一度的《环球春晚》都会在预热阶段举行体现全媒体时代思路的演员海选征集活动。2014 年长达四个月的预热造势活动《环球神奇炫》以“老外正能量，我炫我神奇”为主题，面向环球才艺达人，把为他们提供表达舞台与北京世界城市汇聚梦想、主流媒体传播“老外正能量”的宏大叙事结合了起来。

最终，《环球神奇炫》中胜出的选手乌克兰吉米携恩师蒋大为为晚会带来了春潮澎湃的《在那桃花盛开的地方》、韩国人气小天后金素丽、尼日利亚好弟与中国的草根明星旭日阳刚一起合作了歌舞《你好，朋友!》。由法国、英国、美国、俄罗斯、斯洛伐克的五个年轻人组成的弗雷德乐队则为晚会献上了法语版年度金曲《致青春》。

六、全媒体直播互动

不论是以“环球青春中国梦想”为主旨的《环球神奇炫》，还是“四海同春”的《环球春晚》，都对优质内容进行了全媒体渠道传播的开拓尝试。晚会不但与美国 ICN 电视联播网、泰国中央中文电视台（TCCTV）、澳大利亚 ABC、南非电视台 SABC 等多国媒体合作，并在北京电视台国际频道的美国平台、加拿大平台、拉美平台、亚洲平台、欧洲平台、香港亚洲电视 TVBS、新加坡新传媒，及俄罗斯、南非和澳大利亚等媒体全球同步播出，节目同时出击互联网、电信网、移动网三网融合的多终端体验，配合全新上线的北京网络广播电视台（BRTN）网台融合放送，多平台、跨屏幕立体传播、观众个性化、即时性互动体验成为节目最大的传播特色。

开播之前，《环球春晚》进行了全网推广传播，新浪、搜狐、腾讯、网易、凤凰等门户网站的首页、新闻客户端都对晚会进行了宣传；晚会还在新浪微博发起了有奖转发活动，新浪微博 PC 端 Tips 推荐曝光量 60 万次，阅读量 55.2 万次；官博同时发起了有奖转发活动，互动微博的阅读量超过 140 万次，转发近 10 万次；晚会还开发了专属客户端“环球春晚伴侣”APP，掀起了“环球笑脸墙”活动，观众们可以通过 APP 进行实时吐槽、实时将自己的笑脸上传全球笑脸墙、实时抽奖以及通过第二屏信息更多了解艺人及晚会内容，等等。多个视频门户网站也同步播出，可让观众互动、转发、评论等互动收看的视频，即时直播的、多元角度的、全媒体互动收看使《环球春晚》成为观众的震撼视听觉体验之旅。

2014 年“水立方杯”海外华裔青少年中文歌曲大赛成功举办

青少·海外节目中心

8 月 8 日在北京奥运会成功举办 6 周年之际，2014 年“水立方杯”海外华裔青少年中文歌曲大赛颁奖晚会在民族剧院隆重举行。国务院侨务办公室主任裘援平、中国归国华侨联合会副主席乔卫、北京市副市长程红、北京市政协副主席沈宝昌以及各主办、承办单位的领导和嘉宾出席晚会。

“水立方杯”海外华裔青少年中文歌曲大赛是由国务院侨办、全国青联、北京市政府共同主办，北京市政府侨办、北京电视台、北京市演出有限责任公司承办的一项大型文化交流活动。整个活动由海外分赛区选拔活动、北京总决赛和颁奖晚会等几部分组成。活动汇集 23 个国家的 56 位华裔青少年歌手，他们带着浓浓的故乡情，从世界各地汇聚北京，感受祖籍国的脉动。在展示自身歌唱能力的同时，传承中华文化。

北京电视台青少·海外节目中心承接了此次活动的策划组织和录制工作。选手 7 月下旬到京，节目组克服了创作时间短、选手非专业演员、资金有限等困难，赛前深度策划。综合往届大赛经验，将本届大赛内容全面升级，扩大海外华裔青少年中文歌曲大赛的外延，关注参赛选手的生活状态及其情怀，增加中华传统文化和北京城市体验内容。同时在选手培训、赛制设计等方面精心安排，在晚会节目样态、舞美设计等方面力求创新。晚会针对参赛者均为海外华裔青少年的特点，深入挖掘情感元素，通过现场互动，选手才艺展示，丁毅、萨顶顶、塔斯肯、张傲月等明星助演等多层次的电视化呈现方式，将场内场外，形式与内容有机融合。整场晚会制作精良，气氛欢乐热烈，得到出席晚会领导和嘉宾的一致好评。

“水立方杯”已经成功举办过四届，参与面广泛，影响力深入。为海外华裔青少年提供了展示才华的舞台，为数十万华人群体提供了欣赏交流的机会，在海外华人社会产生积极而热烈的反响。同时，

"水立方杯"也吸引了大量海外主流社会人们的关注，成为公益性的文化品牌活动，赢得了选手及其亲朋好友、比赛现场观众，以及各种媒体受众的肯定和支持，体现了浓浓的奥运情、深深的中华情。

2014 年海外有近 1500 名华裔青少年选手参加"水立方杯"中文歌曲大赛，他们中最小的只有 14 岁，学唱中文歌曲促使他们更多地了解了中华文化，也提高了海外华裔青少年学习中文的兴趣，增进了其与祖（籍）国的情感，在弘扬中华文化等方面发挥了重要作用。

北京卡酷卫视承制国产原创三维动画片《戚继光》

动画节目中心

2014 年 3 月，北京电视台卡酷少儿卫视频道承制了 26 集国产原创三维动画片《戚继光》。这部动画片以史实为依据，以打造经典动画作品、塑造民族英雄形象、填补国内动画领域空缺为目标，通过生动的动画人物形象和轻松幽默的叙事方式，向观众展现明代抗倭英雄戚继光"封侯非我意，但愿海波平"的传奇故事，让观众特别是少年儿童了解中国历史，传承民族文化，弘扬爱国主义精神。

中共中央总书记、国家主席、中央军委主席习近平同志在十二届全国人大一次会议闭幕会上的讲话中，曾几次提到抗倭英雄戚继光及戚家军的故事。在新疆喀什看望武警总队某部特勤中队官兵时，他又谈道："看到你们的长警棍，我不由想起明代戚继光训练军队怎么打倭寇的故事。他就地取材，把毛竹削尖，很长，5 人或 7 人一组，先用毛竹竿挡住倭寇，使他们近不了身，盾牌兵再上去击杀，非常有效。我们也要有好的兵法和有效的武器。"

动画片《戚继光》讲述的就是明朝嘉靖年间戚继光带领戚家军金戈铁马、舍生忘死、转战浙江新河、台州和福建等地，清剿倭寇的英雄故事。全片以 13 个篇章对戚继光这一英雄人物进行解读，讲述了他由一个有理想、有抱负的热血青年，成长为一个赤胆忠心、心怀天下的民族英雄的传奇经历。通过对民族英雄戚继光的解读，让青少年树立远大理想，把实现个人梦与国家梦紧密结合起来，像戚继光那样，既实现了个人的理想，又报效了国家。

恪守历史的真实，是对民族英雄最好的尊敬。动画片《戚继光》从编写剧本开始，就聘请了对明史、对戚继光有深入研究的专家学者组成了顾问团，对剧本创作、服装设计、美术设定、道具场景等各个细节，进行反复推敲、精心筛选、严格把关，力求用最真实、最鲜活的故事，再现戚继光个人成长史，戚家军抗倭征战史。为了搞好《戚继光》这个人物形象设计，剧组走访了北京电影学院、中国传媒大学等专业院校、知名艺术工作室和全国优质动画公司，在全国范围内筛选出十余版《戚继光》人物形象设计稿。最终，由北京 10 所学校的中小学生进行投票，确定了现在呈现给观众的角色形象。

《戚继光》的创作团队实力非常雄厚。金牌影视编剧、一级作家邹静之参与了动画片及动画电影剧本的编创工作。卡酷少儿卫视依托自身原创力量，同时力邀实力雄厚的创作人员组成团队，将《戚继光》打造成近年来叙事节奏最快、传奇故事跌宕起伏、信息量最大的国产动画作品。在配音方面，曾担纲《少年派的奇幻漂流》《怪兽大学》《宝贝神探》等作品的配音人员组成了7人配音小组，保障了动画配音的高水准。在语言上，有一节还根据需要使用了方言，使动画片更幽默有趣。

还有一个细节值得称道，就是互动活动“英雄GO赞”——说英雄、看英雄、做英雄。动画片播出前，卡酷少儿频道发起了“英雄GO赞”视频征集活动，邀请全国小观众说出心目中的英雄故事，聊聊自己知道的英雄和身边生活中的英雄人物，征集到的优秀故事和动画片《戚继光》一起在电视上播出。这项活动的举行，有效提升了动画片《戚继光》的播出效果。

《2014BTV卡酷少儿动画春晚》掀起全民动画狂欢

动画节目中心

北京电视台卡酷少儿动画春晚至今已举办七届。《2014BTV卡酷少儿动画春晚》，将主题化、系列化、集群化的创作理念再度升级，以“‘马’上狂欢　我最耀‘演’”为口号，创下了多个之最：规模最大、时间跨度最长、动画角色和观众表演最多、互动形式最丰富。八场主题晚会+两场大型狂欢盛典，一连十天，连播10场，首次将数百位动漫明星云集一堂，向全国小朋友征集创意表演参与节目，创造性地制作了动漫奥林匹克入场盛典，打破了时间、空间、动画和现实的界限，为观众们打造了一场极具故事性、参与性和可视性的全民动画盛宴。本次春晚从策划到制作播出历时四个月，从创作思路和创作经验中总结出“三项收获、七大亮点”。

收获一：资源助力　整合全年热点

动画春晚不仅是卡酷少儿每年献给孩子们的年度大戏，也是频道综合实力的“年检”，借助热门资源有效提升节目人气。

充分发挥时空弹性，90载动画记忆齐聚一堂。跨越时间：精粹中国动画发展90多年以来的经典角色和作品，首次将古今中外上百个经典动画人物集结一堂，让充满时代感的动画回忆，产生最大的共鸣。跨越空间：光头强、开心超人等少年儿童心中的动画明星，遇到了葫芦娃、孙悟空、阿凡提等父母长辈童年的动画人物，迪斯尼世界的小美人鱼和黑猫警长等角色之间的搞笑穿越小剧场，实现了不同年龄、不同国界的动画主题融合。时空转换：晚会以《喜气洋洋嘻哈年》《一马当先爆笑年》《巴啦巴啦魔力年》《欢天喜地开心年》等国产动画精品为主题串联，通过COSPLAY创意表演等流行艺术手法，将动画经典进行重新演绎，展现动画世界中开心、爆笑、情谊、智慧等正能量。

*高效整合人气热点，定位受众收视需求。*动画春晚创意将热门动画资源、热点话题和儿童欢庆元素有机结合，整合2013年收视与人气双爆棚的国产动画资源，邀请了国内知名动画公司“私人订制”《神马羊都喜洋洋》《熊出没之一马当先》《巴啦啦小魔仙之赖床大魔咒》等独家贺岁动画，小观众心目中的动漫明星集体拜大年，借助知名形象提升晚会的人气和影响力。

收获二：创意出奇　颠覆寻常视角

动画春晚是专门做给孩子看的晚会，坚持以创意为创作核心理念，跳脱传统晚会以华丽喜庆演播厅为载体的思路局限，不管是表演环境还是节目设计，都要满足少儿天马行空的幻想。

*创新采用最新技术，打造前所未有视觉盛宴。*本届动画春晚提出“用拍电影的手法做电视”的思路，最后一场《剧星盛典》启用亚洲唯一的、也是国内最先进的3D虚拟摄影棚——CVS摄影棚，这座影棚和其中的3D虚拟技术始终用于国内外的大型电影制作，这是首次与电视媒体进行合作，也是首次在40个工作日内完成近3小时的电影级三维动画素材的制作。打破场地局限，打造了一场震撼性实现风格多样的动漫奥林匹克入场式，喜羊羊方阵、小魔仙方阵、动画机甲方阵，来自海外的海绵宝宝方阵，还有来自月球的玉兔车方阵，视觉效果更加绚丽、场景变化充满想象。构建了动画版鸟巢、海洋、火焰山、外太空等20多个奇幻空间，将表演嘉宾植入动画场景，打破时空界限将动画形象和表演融于一身。

*充分发挥名嘴效应，形成话题热点。*邀请23名BTV名嘴主播实现颠覆式的动画大变身，栗坤、梦遥化身美少女战士，李向显、阿龙、火旺组成葫芦兄弟，春妮实现了“花仙子”的童年梦想，刘婧则变身海的女儿……既有当代少儿熟悉的动画形象，又有中国动画90年中极具时代标志的经典动画人物，名嘴们用可爱的形象、童真童趣的语言，在反差中完成了一场接地气的动漫界大团圆，也吸引了许多70后、80后、90后的中青年观众。充分调动台内资源，不仅节约了时间成本和沟通成本，更最大化实现了节目从宣传到呈现阶段的观众关注热情和认可程度。

*融入趣味流行元素，助力动画时尚。*节目设置构思新颖别致，启用了很多年轻时尚的流行文化元素，贴近孩子们真实生活的喜好，把动画片和时尚自然地结合在一起。比如运用动画特效技术让动画明星懒羊羊穿上绚丽的演出服在舞台上与真人乐队合作原创歌曲；在魔术节目中利用孩子们经常玩的平板电脑将现实世界和童话世界相连接，让动画人物在现实和动画中穿梭；将跑酷等极限运动加入动画趣味元素，这些真实世界通向梦幻动画世界的独家创意，成为动画春晚上绝无仅有的风景线。

收获三：孩子做主　节目紧接地气

本届春晚是史上最具参与性、离观众最近的动漫晚会，晚会内容完全服务于所有孩子、家庭和热爱动漫的草根观众。为了让更多的观众参与到动画春晚活动当中，让孩子成为春晚绝对的主角。

*台上台下粉丝做主，丰富节目筛选互动形式。*本届春晚强调趣味性、互动性和融入性，做到“看什么粉丝说了算”“演什么粉丝做主角”。在前期策划阶段，搜

集动画小粉丝们最喜欢的节目形式，充分发掘民间儿童表演人才和团体资源，让他们做主选出最能代表所喜爱动画形象、展现童真童趣的优秀才艺节目。春晚制作阶段，从全国征集极具热情的动画小粉丝光临，他们现场扮成最喜欢的动画形象，组成独家动画粉丝阵营，与舞台表演融为一体，形成台上台下大狂欢的气氛。

多元立体化宣传，拉近与少儿距离。本届春晚制定了多元立体化的宣传策略，推出“马”上开眼、“马”上支持、“马”上耀演、“马”上涂鸦、“马”上祝福、“马”上幸运6大主题活动，包含票选观众最爱的动画人物、趣味三维猜图、寄送节日祝福、涂鸦节日形象等互动内容，将看、听、画、写、演、玩等多元形式相结合，动画春晚专题页面浏览量104万人，页面点击量2020多万次，2万多名小朋友参与了线上互动活动，“马上耀‘演’”节目征集活动，从全国征集小观众的创意表演节目，实现孩子的动画世界穿越梦想，和最喜欢的主持人一起登上动画春晚的舞台，让小朋友提早体验动画春晚的欢乐氛围，全程参与到动画春晚创制过程中。

纪实频道播出
大型系列纪录片《中国梦·我的梦》

纪实频道节目中心

2014年全国“两会”期间，14集大型系列纪录片《中国梦·我的梦》在北京电视台纪实频道播出，受到各级领导和观众的好评。这部系列片由北京市新闻出版广电局策划，京郊区县广电中心和北京电视台纪实频道节目中心联合摄制。

《中国梦·我的梦》系列纪录片每集30分钟，以纪实的手法为观众呈现了在北京生活工作的十余位普通百姓的“圆梦”故事，生动诠释了“国家富强、民族振兴、人民幸福”这一“中国梦”的基本内涵，阐述了实现中国梦和个人奋斗的内在联系，告诉人们：“中国梦”既是国家梦，也是个人梦，“中国梦”归根到底是人民的梦；实现“中国梦”，每一个中国人都需要付出辛勤劳动和艰苦努力；每个中国人都有一个属于自己的或许并不宏大的梦，但千千万万人的梦想和追求，会最终汇聚成一个强大的“中国梦”。

为了拍好这部系列片，市新闻出版广电局广泛听取专家意见，研究制定了实施方案，明确了系列片的主题就是结合各区县地域特点，展示百姓的“圆梦之旅”，体现大爱、大美和地域文化特色。实施方案对节目制作也提出了明确要求：要以弘扬社会主义核心价值观为核心，以传递正能量、歌颂真善美为主旋律，以实现中国梦为总目标，以原创为基础，外景拍摄、演播室访谈、主持人出镜有机结合，所有节目素材一律采用高清拍摄，后期制作统一使用特定片头。与此同时，市新闻出版广电局还向市财政申请了专项资金。

《中国梦·我的梦》纪录片能否拍摄成功，在很大程度上取决于报道对象的选择。

纪录片各集所呈现的“圆梦”代表，都是百姓身边的平凡人。他们身在平凡岗位，却因为对梦想的长久坚持和不懈努力而最终成功“圆梦”。《老兵夫妇的助学梦》，讲述的是来自丰台区81岁的陈荣超和79岁的杨玉仙夫妇，早年在四川雅安参军，一直关心雅安的建设，在北京退休后拿出多年积蓄，捐建了雅安芦山县龙门乡晨阳希望学校，并资助了多名贫困高中生，践行了多年的助学梦。《镜头里的长城梦》讲述的是出生在密云县的高和平，61岁的他为圆自己拍摄家乡古长城美景的梦，自1998年以来风餐露宿，最终完成了4张长城组图“春之声”“夏之风”“秋之韵”“冬之听”杰作。《“洋农夫”二山的环保梦》讲述的是定居在通州的加拿大人“二山”和他来自山东的妻子张萍开办生产环保护肤产品的工厂“OE有机地球”，主打纯天然冷法手工香皂的故事。《京城汉子的创业梦》讲述的是出生在河北白洋淀的田汉，高中毕业后怀揣50块钱来北京打工，经过多年打拼终于铸就了京汉置业等实力企业的创业故事。《文化馆长的文化梦》讲述的是朝阳文化馆馆长徐伟多年来坚持推行公共文化、群众文化并取得成效的圆梦故事。《朱宝光的京剧梦》讲述的是朱宝光追求京剧梦，最终成为京剧表演艺术家，而后又无私奉献，指导一些京剧迷学戏，帮助大家圆京剧梦。《花甲老人们的芭蕾梦》讲述的是顺义区的一群花甲老人长年坚持训练，最终竟能跳起芭蕾舞，圆了“芭蕾梦”。《“80”后的甜“蜜”梦》讲述的是平谷区“80”后女孩王金花凭儿时梦想及执着，最终在家乡建立起自己的蜜蜂王国，实现了甜“蜜”梦。《夕阳恋·相伴情》讲述的是海淀区的周镜院士、播音界前辈林田夫妇，自1989年重组家庭以来恩爱相伴的夕阳恋感人故事。《“亨特张”的神探梦》讲述的是海淀公安分局双榆树派出所便衣探组组长张惠领，多年坚持在反扒一线的感人故事。《青山绿水骑游梦》《电影梦开始的地方》《长沟的“文创”梦》《密云人的宜居梦》则分别讲述了延庆人、怀柔人、房山人、密云人几个群体，多年致力于建设美好家园、造福百姓的故事。

《中国梦·我的梦》系列纪录片中的这些平凡人物，生动鲜活、真实感人、质朴可信，让普通百姓觉得这些“圆梦”代表离自己很近，有向他们学习的想法和冲动，也坚定了自己的“追梦”理想。

“青春的纪录”

——2014年大学生微纪录片作品大赛启动

纪实频道节目中心

第四届北京国际电影节纪录片单元的亮点之一：“青春的纪录”——2014年环太平洋大学生微纪录作品大赛启动仪式暨2013年获奖作品颁奖仪式于2014年4月17日在北京电视台新媒体演播室举行。

北京市人民政府新闻办公室主任王惠、北京市人民政府外事办公室副主任向萍、共青团北京市委员会副书记杨海滨、北京电视台副总编辑艾冬云、中视协电视纪录片学术委员会会长刘效礼以及澳大利亚纪录片基金会执行董事 Susan Mackinnon、班夫艺术中心电影及媒体中心执行董事 Kerry Stauffer、“青春的纪录”评委、美国、俄罗斯、南非驻华使馆使节同来自全国高校大学生纪录片爱好者参加了当天的活动。

“青春的纪录”——环太平洋大学生微纪录作品大赛是由共青团北京市委员会、北京市人民政府外事办公室、北京市人民政府新闻办公室、北京市人民政府台湾事务办公室、中国电视艺术家协会纪录片学术委员会、北京电视台纪实频道共同举办的年度校园纪实影像活动。活动面向中国两岸四地以及环太平洋地区在校大学生，迄今已成功举办两届。“青春的纪录”的主体活动为环太平洋大学生微纪录作品征集，同时还包括优秀纪录片校园巡展、优秀选题竞标大会、纪录片大师讲堂、纪录片训练营、大学生纪录片论坛、大学生纪录片公社等6项配套活动。

“青春的纪录”以纪录片为载体，以影像为手段，开拓了全新的大学生纪实影像文化平台，拉近了大学生群体与社会的距离，引导青年学生客观观察社会、理性思考人生，培养责任意识。同时，国际化的征集推动了各国、各地区青年人的交流。

2013年“青春的纪录”共征集近500部作品，来自全国各地13个省份的61所高校350个摄制团队以及来自美国、韩国等海外大学生们的作品在征集活动中大放异彩。在这些大学生作品中，关注现实、关注社会的占据绝大多数，不仅有农村留守儿童教育问题、抗战老兵的生存状态，还有思考中国传统文化的传承与保护、理想与现实的矛盾、青年人情感世界等话题，触及社会生活的各个方面，充分反映了当代大学生对社会的观察和思考。

由刘效礼、尹鸿、陈晓卿等国内一流纪录片创作者和专家组成的“青春的纪录”评审委员会对大学生们的作品给予了高度评价，认为有高度、有水准、有活力，特别是大学生们多元的视角以及创作手法的创新，给评委们留下了深刻的印象。

由北京国际纪实影像创意基地、纪实频道共同承办的第四届北京国际电影节纪录片单元，将这项生动的校园纪实影像大赛颁奖暨年度启动仪式纳入其中，使得这次电影节纪录片单元的活动愈加多元。

在当天的颁奖仪式现场，《青城》《我的球队》等20部作品获得优秀作品奖，《踽踽独行》《初夏之初》《我的理想去哪儿了》等10部作品获得评委会大奖，《补》《香港时尚熔炉》等4部作品获得网络大奖。这些作品在业内和社会上获得了广泛好评，网络展映期间，总投票数超过15万张，网络阅读量超过百万。

国际化也是本届“青春的纪录”的特色之一，部分获奖作品就是由中外大学生共同创作的。在当天颁奖仪式现场，远在法国的获奖作者通过视频网络聊天室的方式参与了活动现场的讨论。

多种新媒体手段联合互动以及细腻动人的环节设置让本届“青春的纪录”颁奖仪式耳目一新。微博、手机APP、网络聊天室、Ipad绘图等多种新媒体手段联合互动，打造了一场科技时尚、青春流行的颁奖仪式。

最后，北京电视台副总编辑艾冬云宣布2014年“青春的纪录”环太平洋大学生微纪录作品大赛正式启动。

纪实频道打造纪实影像产业协作平台

纪实频道节目中心

在北京电视台纪实频道2014年6月8日上星播出之后，6月11日上海电视节期间，“北京电视台纪实频道上星播出战略合作说明会”在上海波特曼丽思卡尔顿酒店举行。

说明会上，北京电视台纪实频道向与会的纪实产业机构和嘉宾介绍了频道的基本架构以及上星后频道运作的节目呈现和产业化运营的思路，共同探讨了内容合作、节目品牌开发、拓展产业链等问题。

上星后的北京电视台纪实频道以制播分离为着力点，除了采用卫星传输方式外，还将采用互联网多频传输、IPTV传播等多梯度覆盖方式，进行有效落地，精准传播。在说明会上，北京电视台纪实频道与“纪录中国”移动互联网平台签署战略合作协议，就纪实影像在移动互联网传输方面开展合作。

说明会上，北京电视台纪实频道向北京国际纪实影像创意产业基地颁发了项目合作的授权委托书。北京国际纪实影像创意产业基地将作为与纪实频道紧密合作的枢纽和平台，嫁接多种合作方式，为纪实频道提供持续的高品质的节目，共同推动纪录片产业的发展。

受北京电视台纪实频道委托，北京国际纪实影像创意产业基地与良友（北京）文化传媒有限公司签署协议，意向代理合作节目的全媒体发行，并联合策划制作纪实栏目；与无锡广播电视集团、北京武尔卡诺文化传媒有限公司签署协议，联合开发跑步真人脱口秀纪实节目“雅获跑世界”项目；与五洲传播中心签署协议，就中国题材纪录片的国际联合拍摄与推广展开合作；与BBC环球公司签署合作协议，意向每年联合推出1至2部高品质合拍片；与冰河大地文化传播有限公司、北京麦海熙传媒策划有限公司等独立制作公司签署协议书，就项目孵化、联合推广、委托制作等方面展开合作。

内容和品牌开发的前提是版权保护。在会上，北京国际纪实影像创意产业基地与中国传媒大学凤凰学院签署合作协议，双方将以北京电视台纪实频道的栏目模式版权为起点，探讨纪实影像的版权清理、登记、集体维权等相关业务。

为了延展纪实产业链，北京国际纪实影像创意产业基地还与中国国际教育电视台就节目合作、素材共享、栏目交换、国际交流、创建迪拜北京双年“萨格尔”纪实影片展等；与北青传媒集团就渠道共享、广告发布、品牌开发、线下活动、媒介投融资等；与中央新影电视艺术研究院就节目创作、节目模式研发、高级人才培训等领域，各自签署了战略合作协议。

北京电视台坚持不懈创建文明单位

党委办公室

北京电视台党委对文明单位创建工作高度重视，坚持高标准、严要求，常抓不懈，牢牢把握对外宣传与对内建设两大主题，持之以恒推动创建工作深入开展，树立了精神文明单位的良好形象。

一是扎实开展创建工作。对于文明单位创建工作，北京电视台每年都进行专门的工作部署。台党委明确要求由党委办公室牵头，工会、团委以及相关行政管理部门具体负责创建工作的组织落实，形成了党、政、工、团共同参与、齐抓共管的创建工作平台，建立了有组织、有计划、有落实、有总结的创建工作体系，形成了与改革发展相联动、与日常工作相融合的创建工作格局。2012 年，以学雷锋活动为重点开展系列活动；2013 年，以“五个一”文明创建为重点抓好各项工作落实；2014 年，以弘扬社会主义核心价值观为重点，深入开展党员进社区为群众服务活动，得到了广泛的好评。

二是形成良好道德风尚。在礼敬高尚道德、培育文明新风方面，既有常规的宣传载体，又有持续深入的教育渠道。在工作场所、生活园地设立宣传阵地，利用“BTV 大讲堂”开设道德教育专题讲座。这两年开展的“走转改”活动、党员进社区活动等，有效增强了广大干部职工的道德意识。先后组织开展的系列公益活动也使大家在服务社会的过程中深受教育、深受鼓舞，利用各种集会表扬身边的先进人物、先进事迹，收到了很好的效果。

三是开展新闻宣传和舆论引导工作。作为市属主流媒体和党的宣传阵地，北京电视台牢牢把握正确的舆论导向，切实履行推动首都经济社会发展和城市文明形象建设的重大责任，努力成为传播文明、引导文明、践行文明的首善媒体。先后推出了《北京榜样》等一大批专题专栏，宣传报道典型模范人物；推出了《梦的家园》等一系列少儿电视片，为青少年健康成长提供丰富的精神食粮；《我们的节日》系列文化宣传活动，大力弘扬中华民族优秀传统文化；“筑梦有我——为美丽北京加油”主持人 10 大公益新闻行动，引发了社会的广泛关注，全国 30 余家中央级重点媒体对活动进行了宣传报道。每年都利用 15 个频道，播出各类公益广告、精神文明宣传片等，总时长高达 3 万至 4 万分钟。2014 年，成立了网络文明传播志愿小组，利用微博、微信、网站和手机客户端等，开展网络文明传播活动，取得了良好的效果。

四是加强内部文化建设。北京电视台高度重视组织文化建设，台内网、宣传栏、阅览室、健身房、妈咪屋、篮球场、足球场等文体设施一应俱全。乒乓球、羽毛球、歌咏比赛、联谊会等群众性文体活动丰富多彩；“十佳”系列员工评选表彰活动、党内团内评优活动、优秀节目评奖活动、劳动技能大赛活动等，在员工中形成了强有力的榜样力量和标杆意识。2014年是北京电视台建台35周年，组织了台史征文、资料征集、台庆等活动，开辟了永久性的台史展览区，上千平方米的展厅成为北京电视发展的教育基地。同时，高度重视从业人员的教育培训工作，形成了系统的培训制度和培训体系。2014年，组织台级层面各类培训23项49期，参加培训人数超过10200余人次。

五是落实社会责任。北京电视台坚持唱响主旋律、打好主动仗，在履行社会责任、杜绝虚假新闻、维护媒体公信力方面做了大量工作，在复杂的市场竞争环境下，坚持高品质、高品位、不庸俗、不媚俗、不迎合低级趣味的节目理念。2012年以来，大量节目获得了中国新闻奖、中国广播影视奖等国家级奖项，一批重点节目得到了中央领导同志的多次表扬；组织开展的各类公益活动也得到了社会的高度评价。北京电视台主持人爱心团多年来组织开展关心青少年成长、帮扶弱势群体等社会公益活动，受到广泛好评，先后被评为北京最美慈善义工十大榜样团体、北京青年志愿服务行动优秀服务集体、“首都学雷锋志愿服务示范站”等荣誉称号；老干部志愿服务团既相互帮扶，又热心公益，得到广泛肯定，被评为“首都学雷锋志愿服务站”，目前已经被北京市推荐为“全国离退休干部先进集体”候选单位；96168服务热线，被评为“首都学雷锋志愿服务岗”。

电视节目主编、责编业务培训收到较好成效

人事部

为进一步提升北京电视台节目品质，全面提高栏目主编、责编的政治、业务素质和创新能力，总编室、人事部在2012年、2013年培训工作的基础上，于2014年10月30日在新台3702会议室圆满完成了电视新闻业务主编、责编培训工作，全台31名栏目骨干参加了培训。

电视节目主编、责编业务培训开办以来，在教学模式、课程内容、师资力量、组织工作等各方面不断摸索、积极尝试、勇于创新。此前两年的培训注重基础理论与前瞻性、开拓性等多元化知识的结合，尝试国际化教学模式，强化团队头脑风暴与合作能力，凸显互动性、实践性与趣味性。

2014年，电视节目主编、责编业务培训提出“专业分类、按需定制、小班教学、互动自主”的培训方式和特点。经总编室、人事部的潜心研究、深入分析，在以往普适性教学的基础上再度创新，首次采用定制教学、板块化设置，尝试精准定位、小班制交流，开设了电视新闻和电视综艺节目两期培训，旨在进一步突出培训工作的精准性与实效性。

在2014年电视新闻业务培训中，特别邀请了中国传媒大学新闻传播学部副部长王晓红教授，历任台湾东森电视台节目部制作人、副总编辑、现任职于中国传媒大学新闻传播学部电视学院的张树华教授

作为主讲嘉宾，两位业内专家通过《电视新闻观念变革与实践》和《电视新闻现场连线直播与专题节目制作》两部分内容展开，分别从宏观行业走势和微观实践操作的不同角度入手，全面剖析、深入探讨了当下电视媒体的发展变革，以及新闻直播和专题节目制作的诸多细节问题和处理方式。

其中，《电视新闻观念变革与实践》课程观点新锐、内容丰富，结合国内外案例，尤其是BBC、FOX等新研发的新闻节目，探讨了应对互联网冲击的电视新闻观念变革和创新路径，提出“以社交化为核心的形态创新，将新媒体功能前置于新闻生产前端，让更多公众参与节目生产；优化新闻编辑，提升新闻服务意识；向电视新闻本质回归，落小、落细、落实做好主题报道”。《电视新闻现场连线直播与专题节目制作》课程则从细微处入手，以大量播出的新闻资讯、专题节目为例，对视频包装、剪辑手法、画面意境、记者出镜、电话连线、动画效果、字幕滚动方式及主持人语言等电视节目制作的细节问题进行深入解析，生动展现了“一个小改变带来的质量大提升”，强调电视新闻制作的基本功与细节处理的重要性。

2014年的电视节目主编、责编系列培训对于“定制性”内容和“小班制”形式的尝试非常成功。参训学员一致认为这种“短而精”的培训形式内容贴近、课程紧凑、集中高效，凸显了教学信息的针对性和吸引力。大家反映课程抓住了当前电视节目生产中的热点、问题与难点，既能“从理念上系统提供给电视媒体从业人员一个努力的方向”“从宏观、决策、观念的层面帮助调整思路”，又能从实践出发，“发现问题、及时解决，从细节入手提升节目质量，对业务实践具体有很强的指导意义”。

北京电视台举办35年台史展

史志办

2014年5月12日上午，北京电视台建台35周年台史展揭幕。市委常委、宣传部长李伟，中国文学艺术界联合会原副主席李牧，中国文学艺术界联合会副主席、中国电视艺术家协会主席赵化勇，市委宣传部常务副部长王海平，市新闻出版广电局局长李春良，北京广播电视台党委书记刘志远等出席揭幕仪式。北京广播电视台台长、北京电视台台长赵多佳在揭幕仪式上致辞。

1979年5月16日，北京电视台成立，到2014年5月16日，已走过了35年的历程。举办建台35周年台史展，旨在展示北京电视台一代又一代电视工作者艰苦创业、辛勤耕耘、锐意进取、开拓创新的奋斗历程，总结历史经验，传承BTV精神，为鼓舞全台职工建设“首善媒体·大美品质”做出更大贡献。

北京电视台35周年台史展，分活动展区和固定展区（集中展区）两部分。活动展区设在北京电视台新址综合业务楼一层大厅，集中展出了几代北京电视人发扬“争首善、做示范、创一流”的进取精神，创造了100个影响北京电视台发展进程的“第一次”，如“北京电视台第一次播出”“建设第一座电视发射塔”“拍摄第一部专题片《新中国的同龄人》”“播出第一个新闻节目”“拍摄第一部电视剧《结婚现场会》”“建立全国第一个电视剧制作机构”“建成第一批数字化机房”“北京电视台节目第一次上星”“第一个高清频道试播”“新媒体发展中心第一次亮相文博会”“北京卫视第一次在香港落地”等等。正是这一个个“第一次”，在北京电视台成长史上书写了一页页华彩乐章，也在北京电视人心中镌刻下一条条难忘的印记。

固定展区设在综合业务楼三层大厅，分六个部分全面系统地展现了北京电视台的发展历程和巨大成就。第一部分“亲切关怀·巨大鼓舞”，展出了党中央、中央主管部门和北京市委、市政府领导给北京电视台的题词以及到北京电视台莅临指导的照片，充分体现了党中央、中央主管部门和市委、市政府对北京电视台的关怀和支持；第二部分“艰辛历程·铸就辉煌”，展现了北京电视台从初创时期、白手起家的小西天，到过渡时期、稳住根基的皂君庙，从发展时期、创造繁荣的苏州街，到跨越时期、铸就辉煌的建国路，四个台址连接一起的发展轨迹，再现了北京电视人艰难困苦、玉汝于成的奋斗精神；第三部分“记者足迹·遍布全球”，展现了北京电视台的记者立足北京、胸怀全国、放眼世界，走遍北京城乡的大街小巷、山山水水，走遍伟大祖国的大江南北、长城内外，走遍世界各地的江河湖泊、都市乡村，把最鲜活的新闻，最动人的故事送到观众心中；第四部分“新兴媒体·方兴未艾”，展现了北京电视台坚持台网深度融合、全台共同办网的原则，积极应用最新技术、大力发展新媒体的成果；第五部分“对外交流·日趋活跃”，展现了北京电视台专门开辟国际频道，不断扩大对外交流窗口，各种形式的节目源源不断走向世界的成就；第六部分“建设队伍·培育人才”，展现了在北京电视台这个广阔的舞台上，一批又一批优秀人才脱颖而出，快速成长的情况，正是这些优秀人才，为北京电视台的发展繁荣奠定了人才智力基础。

北京电视台建台35周年台史展，是一个永久性的展览，也是一个展示BTV形象、传播BTV文化的窗口。随着北京电视台的发展繁荣，这个台史展也将越来越丰富多彩。

技术管理和新技术应用

整合资源　技术驱动　提升内容价值

总工程师办公室

北京电视台制播领域正在发生显著的变化。一方面，部分节目中心已经走上企业化独立经营道路。为迅速提升内容价值，降低生产成本，一些具备市场意识、创新意识的电视栏目，开始尝试与新媒体技术企业直接合作，将企业引入到制播业务流程上游环节。另一方面，随着电视技术的更新换代，主流广电企业纷纷走上转型之路，将经营重点从“提供技术产品”转向“提供技术服务”，积极参与、渗透到电视台制播业务当中。

短期内，上述合作模式有效提升了节目质量，丰富了节目内容，但也导致电视台技术部门面临丧失新媒体技术发展主导权的窘境。与此同时，新媒体互动数据长期掌握在互联网企业手中，也日渐成为新媒体业务的长远发展中的隐疾。

技术部门的现状与优势

长期以来，北京电视台技术部门将自身定位于“为节目部门提供技术支持服务”，但在技术服务社会化的背景下，常规技术支持服务无法体现技术部门核心价值。相比于台外技术服务企业，北京电视台自有技术体系架构完整，足以涵盖、支撑从内容聚合到内容生产，再到内容播控与分发的完整媒体产业链。同时，技术部门组织架构健全，拥有一支熟悉业务流程、素质过硬的技术队伍，便于在整合现有技术资源基础上，统筹规划，整体推进新媒体技术应用拓展。技术部门对于台内业务、技术痛点，具备深刻的了解和体认，这是任何技术服务企业无法企及和取代的。

面对新媒体转型课题，北京电视台技术部门唯有立足现状，根据自身整体优势，借助改革创新机遇，以组织架构创新为切入点，整合自身资源，积极践行技术创新、管理创新，彰显自身技术引领力，才能掌握新媒体技术主导权。

整合资源，技术驱动

新媒体技术手段的普及，离不开新型组织架构的有力支撑。为此，北京电视台由台领导牵头，汇集青年技术骨干，成立了新媒体技术推进工作组。新媒体技术推进工作组是按照互联网思维建立的跨部门、扁平化的组织机构，力图打破不同技术领域间固有藩篱，整合技术资源，主动出击，采取技术驱动模式，在台内寻找适当应用场景，引进新媒体技术，与节目部门开展新形式合作，探索新型运营模式，并在此基础上形成长效机制，提升节目内容价值，提高北京电视台整体传播力。新媒体技术推进工作组成立后，即着手为新媒体技术、管理体系建设制定总体策略与规划。

由点及面，稳步推进。技术系统建设是新媒体技术推广的前提。为有效控制技术风险，最大限度降低成本投入，根据“立足自身，自然延展”的发展建设原则，新媒体技术推进工作组针对新媒体技改项目特点，制定了差异化的实施策略。对于“网台和电视台业务数据互通”等业务需求明确、紧迫，且技术成熟度较高的技改项目，组织技术力量投入设计实施。对于“全媒体演播室”等需求迫切，但成本投入较高、面临一定技术风险的建设项目，采取“先试水，后推广，由点及面，稳步推进”的策略，选择适合的应用场景，部署新型技术手段，待其在实际应用中取得成功后，再推广到大型技改建设项目当中。梳理流程，打造技术服务。技术系统设计建设与运行维护，是技术工作中紧密衔接、密切相关的两个阶段。新媒体技术体系规划之初，新媒体技术推进工作组就把梳理、完善业务、技术流程，放在了重要位置，力图在进行技改项目建设的同时，逐步梳理完善新媒体流程规范，在此基础上切实打造一批“新媒体技术服务”，在实现技术转型的过程中，同步探索技术部门角色定位转型、运转模式转型的方法和路径。

建立沟通平台，推广新媒体技术应用。为促使技术部门先期深入到节目研发、策划阶段，尽快推广新媒体技术应用，新媒体技术推进工作组设置了专门机构，建立长效沟通机制，与业务部门保持密切联系。同时利用移动互联网社交平台，作为与节目部门间交流、展示的桥梁。

务求实效，推进新媒体技术应用落地

新媒体技术推进工作组于 2014 年初成立后，秉承“集中力量，分工协作，开拓思路，务求实效”的原则，迅速投入到各项任务的具体落实工作当中，取得了一系列阶段性成果。

应用新型技术手段，提升内容价值。世界杯报道期间，技术部门依托新媒体技术推进工作组，整合技术力量，与各节目中心密切沟通、大力配合，在大型赛事转播活动中，首次大规模部署、应用新媒体技术手段，增强节目互动性，丰富视觉呈现，在进行技术验证的同时，取得了良好的传播效果。

早在节目创意启动阶段，新媒体技术推进工作组即协调各部门技术力量，先期介入节目策划环节，充分听取业务部门的意见，推介新媒体技术应用；围绕《最强战队》《天天体育》《激战巴西》等一批重点栏目，制订有针对性的技术解决方案。赛事转播期间，一批新型技术手段发挥了重要作用，其中包括：

一是引入移动社交平台数据，增强节目互动性。世界杯转播报道期间，依托全媒体演播互动平台和演播室虚拟植入技术，将观众投票结果以三维动画方式实时呈现在画面中，提升观众互动体验，实现观众对节目进程的深度参与，使观众互动真正成为重要的节目内容元素。

二是丰富视觉呈现，提升节目表现力。在《最强战队》等栏目中，利用虚拟植入技术，主动贴合节目内容，根据赛事进程和内容编排，及时制作大量三维动画，营造虚拟场景，烘托节目氛围，优化视觉效果。

三是打破线性播出模式，推出新型收视方式。配合业务部门推出“看吧”服务，集中呈现世界杯内容，为观众提供焦点式收视服务；同时利用“微门户”平台，为线下观众提供演播室机位信号，使用户可以根据自身喜好，选择不同机位视角观看节目。

四是密切追踪编导需求，推出专题媒

资检索服务。技术部门协同总编室，对媒资系统中现有的世界杯相关内容进行深度整理、重新编目，汇聚至专题检索页面中，方便编导充实节目内容，提升节目信息量。

五是引入互联网传输技术，提升素材传输便捷性，降低业务运转成本。通过引入4G传输技术，编导利用随身携带的4G背包，可以随时随地发起直播；依靠Aspera高速传输技术和Vtube云服务，前方报道团队可以在任何地点，通过互联网将素材直接发送到台内生产网。在极大提升工作效率和灵活性的同时，采用新技术的成本投入，仅相当于传统卫星直播方式的1/6。

2014年世界杯转播报道，是北京电视台第一次在大型直播活动中全流程、体系化、规模化运用新媒体技术手段，在丰富节目内容元素，提升视觉呈现效果的同时，有效降低了技术成本，为新媒体技术的常态化部署和应用，提供了技术验证和可行性依据。

技术系统建设与技术管理齐头并举。除在世界杯期间对新媒体技术手段进行大规模试水之外，技术部门还依托新媒体技术推进工作组平台，进行了以下几项工作：

一是组织实施了“网台和电视台业务数据互通”项目，实现了新媒体业务生产过程中对媒资的查询检索、节目素材与节目单调用、两网间节目数据相互迁移，以及全台范围内的系统运行统一监控，解决了长期困扰北京电视台的新媒体网、办公网、生产网之间业务数据互通等业务。

二是组织各部门技术力量，对已有新媒体技术服务进行集中梳理，同时修订、完善新媒体演播室业务流程、播出在线包装业务流程等一批流程规范，力求在此基础上将其打造成为可供业务部门使用的技术服务。

三是建立“新媒体技术推进工作组”微信公共账号，开辟内网“新技术”专栏，搭建业务部门与技术部门间沟通桥梁，介绍互联网传播理念，推广全媒体技术应用落地；定期组织与台内节目部门的需求调研、与台外有关单位的交流和学习。

新媒体技术推进工作组简介

“新媒体技术推进工作组”成立于2014年1月，是技术部门引入互联网思维，汇聚台内青年技术骨干建立的跨部门、扁平化组织机构，力图整合技术资源，创新发展，统筹规划，依托技术驱动模式，推进新媒体技术应用，探索新型运营模式，掌握新媒体技术主导权，提升节目内容价值，提高北京电视台整体传播力。

新媒体技术推进工作组由毕江副总工程师担任组长，信息网络管理部周旭辉主任、总工程师办公室林平主任担任副组长，下设三个项目组和一个统筹组。新媒体技术推进工作组成立一年来，秉承“集中力量，分工协作，开拓思路，务求实效”的原则，致力于规范新媒体技术应用流程，开展新媒体技术项目建设，推进新媒体技术的普及和常态化，在满足新媒体业务需求，解决业务、技术痛点方面，取得了显著成效和长足进步。

创新技术手段，服务世界杯报道

总工程师办公室

为进一步丰富世界杯报道形式，为节目部门提供更有力的技术支撑，依托新媒体技术推进工作组的统一部署，技术部门主动思考、积极准备、推陈出新，从互动、传输、发布等角度出发形成了以下一系列新技术手段，全方位服务世界杯报道。

演播室多屏互动与虚拟呈现。该技术通过微博微信平台发布节目竞猜题，收集观众答题信息，以虚拟方式呈现竞猜结果。通过互动增强与观众的黏性，通过虚拟增强荧屏的丰富性。

4G信号回传。通过移动4G网络将前方信号回传至台里，现已在节目对播中使用。不仅信号质量稳定，而且经济实惠。

互联网加速传输软件。该技术能将文件在互联网的传输速度提升至约10倍速，能大大缩短文件传输时间、提高传输效率。现已在世界杯素材等节目回传中普遍使用。

定制主题媒资页面。挑选出媒资中与世界杯相关的内容，组成世界杯专题页面，使编辑记者能够通过访问页面迅速获取所需媒资素材。

推出IPTV看吧世界杯板块。在IPTV看吧中推出世界杯板块，面向观众打造世界杯节目的点播平台。

多通道分发。为不同的发布渠道和平台提供适配的节目格式，并支持多机位、多路流的点看。现在体育节目中心《最强战队》栏目试用，能够在微信链接中点看不同角度的节目直播流。

《2015BTV春晚》应用虚拟植入技术效果好

王　祎

北京电视台制作部虚拟植入团队参加了《2015BTV春晚》的录制，在三个重点节目中应用了虚拟植入技术，取得了理想的效果。

一、自主研发“多点标记法”

本次春晚的舞台场景比历届春晚场景宏大很多，在进行虚拟场景定位过程中，使用厂商提供的原有技术流程无法保证场景定位的厘米级精确性。为了保证虚拟场景与实际舞台及演员在节目录制中不发生漂移，虚拟团队在现场不断尝试，创造了“多点标记法”的定位手段。该手段在以往单点标记定位的基础上，创新地提出了分步、多点、虚拟参照与实际参照相结合的工作流程。该流程完美地解决了复杂场景精确定位的问题，确保本次虚拟定位准确无漂移，成为制作部虚拟技术从应用到研发的一项重要的创新成果。

二、大屏与虚拟场景结合，达到出屏效果

为了完成春晚导演组的创意，在《传奇》节目的结尾让一只火凤凰从右侧大屏幕飞进舞台现场并绕演员飞行。虚拟团队采用了预渲染序列的方式，在虚拟系统中完成定位匹配和播控，突破了北京电视台现有设备的运算极限以及播控同步的制约。屏幕中的凤凰飞进舞台后，在空间、透视、飞行轨迹上和现场拍摄完全匹配，达到了在摇臂移动的情况下实现高准确度出屏的特效。

三、让新技术为内容创作扩充空间

虚拟团队在本次春晚工作中最重要工作原则就是必须要参与到节目内容生产环节中去，让新技术应用承载内容、服务内容，为内容创作提供创新思路。团队从春晚建组开始就和导演组及舞美、舞蹈、灯光、大屏团队一起探讨节目运用虚拟技术的创意和方案，并不断进行效果测试。先后与导演组策划11次，最终确定了3个重点节目采用虚拟技术实时录制。它们分别是杨丽萍导演的舞蹈《莲花心》、表现国粹京剧的《传奇》、歌曲*Let it go*。

在《莲花心》舞蹈前期策划中，虚拟团队将虚拟技术能够达到的设计效果提供给导演组，让导演在进场之前就能了解新技术与舞蹈及道具融合后的大致情况，并根据导演反馈的需求制作出了虚拟效果设计方案。在进场彩排过程中，虚拟团队把创作设备搬到舞台边，让导演及虚拟场景创作人员进行面对面的现场创作，通过特效软件实时修改，进行所见即所得的内容创作。这种工作方式，让新技术不再是导演搞不懂的黑匣子，消除了艺术家对新技术的疏离感，使虚拟植入成为导演能用、好用的创作工具，取到了非常理想的效果。杨丽萍团队对于虚拟植入团队的这种现场创作，让技术参与内容生产的工作方式给予了极高的评价。

通过此次参与春晚创作，虚拟植入团队更加明确：新技术的应用必须更多地进行贴合实际需求的自主研发，从技术应用层面向内容承载层面过渡，从技术提供者向内容创作者的角色进行转变，让新技术能够切实转化为新内容。

北京电视台获得ITSS信息技术服务运行维护标准符合性证书

信息网络管理部

为使北京电视台信息系统运维秩序化、标准化，信息网络管理部参考国家信息技术服务标准ITSS进行了运维体系建设和实践，培养了核心的运维团队，从人员、流程、技术、资源四个方面进行了运维能力的培养，在不断优化的循环下将运维能力逐步提高，已经具备了国家信息技术服务标准要求的运维能力。

2014年11月，北京电视台向工信部ITSS秘书处提交了《信息技术服务运行维护第一部分：通用要求》符合性评估申请，同时邀请工信部电子工业标准化研究院专家，于2014年12月8日至10日对北京电视台信息系统运维服务进行《信息技术服务运行维护第一部分：通用要求》符合性评估。专家用3天时间从文档体系、现场考察、高管访谈、技术访谈几个方面进行了严格的评估检验，评估结果为通过。从此，北京电视台成为全国首家通过国家ITSS通用标准的甲方单位，在行业内外产生了很大影响。北京市经济和信息化委员会通过挂牌的方式推荐北京电视台信息系统运维成为ITSS服务标准的应用示范基地，并将北京电视台首家通过ITSS标准认证纳入到北京市经信委信息化大事件年鉴中。

转播传送部圆满完成“十一”大型直播技术保障

段　然

2014年10月1日，北京电视台推出《家国梦　岁月情——新中国成立65周年抒怀》大型现场直播。以当天的升旗仪式和盛大的国庆游园活动为主要内容，重点展示天坛、玉渊潭、园博园、朝阳公园、陶然亭公园的游园现场和精彩演出，总直播时长达到12个小时。

为了保证直播安全，转播传送部共派出一辆10讯道高清转播车，一辆8讯道高清转播车，一辆4讯道高清卫星车，两辆高清SNG新闻卫星车，另外租借了两套高清EFP箱载系统，两辆卫星车，在6个注入点进行直播连线。为了确保“十一”重要直播顺利完成，转传部动用了所有的设备和人员。

从9月初开始，转播传送部各个科组都对所属的设备开展了有针对性的安全隐患排查工作。在直播前，又多次前往直播现场进行考察测试，制订了直播技术方案。

为应对可能出现的各种突发情况，部领导要求转播车、卫星车、EFP系统在9月29日早9点前全部到达直播现场，并对设备进行加电测试，卫星进行通路测试，9月30日全天按照台里的直播要求，进行了全程的模拟演练。

和台内的技术部门相比，外出直播队伍经常需要面对的是各种各样的突发情况，随时解决难题，确保直播安全。例如这次在天安门广场的转播任务，为了确保直播安全，部门派出了以传输科科长和音响科科长为首的技术骨干。按照天安门管委会的要求，转播车只有在9月30日晚上才能进入，这给前期测试带来了很大困难。不能够现场测试，就把车停在新台进行全程模拟演练。9月30日在现场，为了配合安保，卫星车更改了停放位置。凭借着丰富的经验和职业素养，同志们在极短的时间内完成了卫星车停放、加电、找星和传送的任务，保证了10月1日早上升旗仪式的顺利直播。天坛公园内，为了满足公园的要求，保护古迹，同志们需要爬到预先架设的5米高的脚手架过桥上，在地面上铺设近300米的覆线板。在园博园内，为了保护公园地面，转播车进场需要铺设木板进行缓冲，光进场停车就花费了几个小时。整个10月1日上午，所有直播点的信号都传送得非常顺利，但是当天下午，突然天降大雨，一些直播点的现场节目演出被迫中止，但为了保证台内的大直播能够继续进行，转播传送部对调整后的直播方案提供了强有力的技术支持。例如在朝阳公园内，转播一科的8讯道高清转播车用EVS硬盘录像机把上午的一些素材进行了快速的剪辑，制作了视频短片，为演播室的现场连线提供了素材；现场主持人的对播位置受到降雨和现场节目取消的影响需要调整，于是，同志们冒着大雨迅速地延长了摄像机电缆，保证了现场连线的效果；大雨对大楼楼顶的微波高机位景观摄像机造成一定影响，楼顶的防雨设施比较薄弱，技术人员第一时间赶到楼顶为摄像机采取防雨保护措施。为了保证直播的安全，大家没有一个人放松要求，每个人都一直坚守岗位，直至播出完全结束。

BRTN网站和BTV大媒体客户端上线

新媒体发展中心

2014年1月8日上午，北京网络广播电视台门户网站与北京BTV大媒体客户端顺利正式上线。

北京网络广播电视台网站经历了近18个月的规划设计、工程实施与运营磨合。在技术创新上，首次采用了自动化的直播流体系，实现了从流采集、流翻转并存储、播放，最终在互动电视社区呈现了北京电视频道网络直播以及7天时移，同时还可应对大型活动快速呈现不同的直播切换。通过搭建互动平台实现了多维度节目社区，便于开发互动、时移、多媒体等各类新型视听节目服务业态。整个系统还搭建了运营平台来统计分析全网实时流量监控、全网实时排行功能、当日稿件排行功能、绩效统计功能等，并监测多个维度的全国网民访问网站快慢等效果，对用户体验提供优化建议。

为配合本次网站上线，应对新媒体发展，北京电视台开发、部署了多款不同功能的手机APP客户端。在网站直播流体系的基础上开发了直播客户端，整合北京电视台全部频道资源，随时随地观看BTV各频道直播，7×24小时回看，精彩栏目点播。为移动用户专属打造的操作界面，简单移动，稳定流畅，海量内容轻松浏览搜索，随身带，随时看。

针对电视直播，设计并开发了双屏交互电视系统，让观众在看电视的同时，使用不同平台的APP接收电视互动信息，并可即时参与电视节目互动，创造了一种新型“广播电视+移动互联网”的双屏交互电视观看模式，可对广告投放、微博转发、信息发布、视频播出等各种移动互联网应用进行整合，实现与传统广播电视的紧耦合互动业务。

BTV 大媒体 APP，首次把客户端部署于公有云平台，并对 APP 前后台进行了安全漏洞扫描工作，保证系统安全稳定上线。

伴随本次上线，还采用了广电第一个按照云计算模式构建了制、编、播的全媒体业务支撑平台，提供了更为敏捷的适配，可方便根据不同应用场景动态适配，通过更为人性化的操作界面轻松管理各类资源，并提供无缝扩容，让各个平台之间实现资源共享，大大提高了资源的利用率。

利用新媒体手段创新“两会”报道

新媒体发展中心

2015 年北京“两会”拉开帷幕。北京电视台充分利用新媒体手段创新报道形式，积极探索网络议政，第一时间传递“两会”声音，积极引导网上舆论，传播正能量。新媒体平台呈现的及时性、互动性、广泛性，得到了代表委员的纷纷点赞，吸引了网民的积极参与。市人大主任杜德印，政协主席吉林，市委常委、宣传部长李伟等视察新媒体。

此次北京电视台新媒体“两会”报道主要有三大亮点：

一、“微”观“两会”——掌上新闻互动平台人气超高

BRTN 北京网络台此次专门研发了 BTV 掌上新闻互动平台，设置了专属二维码，代表委员和网民只要扫描二维码，就可以进入互动平台。其中有五大看点：

一是“提案议案大家谈”——提案议案一目了然，全民观点一屏呈现。进入互动平台的每位代表委员都有属于自己的专属空间，他们头像、名字、提案议案、视频采访同时呈现。在这里网民可以与代表委员进行一对一的在线交流，代表委员彼此之间也能沟通交流，还可以把自己的视频、页面分享到微博微信朋友圈，扩大“两会”影响力。

二是“直播‘两会’边看边聊”——“两会”直播尽在“掌握”，边看边聊零距离热议。掌上新闻互动平台可以同步呈现电视直播信号、网络直播信号，网友可以通过手机看直播聊“两会”。

三是 BRTN 访谈间——多屏融媒准确直达，倾听“两会”现场声音。聚合了“两会”期间对近百位代表委员的视频专访，与电视专题、网站报道内容深度打通。

四是“微言献策”——微言畅议民生计，献策“两会”建北京。专门为网民设置的话题区，网民可以提供线索、发表观点，以“微”方式参与“两会”。

五是“两会”媒体聚焦——汇聚最新“两会”前沿，传递会场内外资讯。汇聚各大媒体“两会”报道资讯，第一时间权威、准确、详尽报道会议进程和每日热点，全方位地展现“两会”盛况。

这个创新的新媒体“微”平台，如同真实议事厅之外的又一个“掌上议事厅”，让代表委员们兴奋不已，他们的积极参与让掌上新闻互动平台拥有了超高人气。人大代表刘峰在自己的朋友圈中写道："'两会'期间新媒体的报道，让更多的人关注'两会'，让百姓了解我们提了哪些议案、解决了哪些问题。"人大代表高淑芹表示："我觉得这种方式特别好的是，你们把大家的议案或建议内容都放上来，我们就能看到谁提了什么内容，如果有人和我提同样的内容的话，就可以考虑大家相互之间进行合作，以后做一些联合调研。"

截止到1月29日"两会"闭幕，BTV掌上新闻互动平台共有309位代表委员加入，拥有了自己的专属议政区；有3万多位网民浏览页面，对代表委员的议案提案进行点赞评论，平台页面阅读量达63689次，网友发帖量19754人次，转发到朋友圈792次，单条最高回复量达到95条。

二、直击"两会"——网络直播与在线访谈互动活跃

网络直播和在线访谈是BRTN北京网络台报道北京"两会"的一大特色。"两会"期间，BRTN北京网络台网站、BTV大媒体客户端、BTV官方微信与BTV卫视、BTV新闻频道同步进行了三场大会直播，分别是政协、人大开幕式和人大常委会工作报告。设在人大与政协两个会场的网络直播演播室及BRTN访谈间开门迎接代表委员，畅言热点话题、解析最新提案，受到会场内外的极大关注。

"两会"期间，有213位代表委员接受了BRTN记者的采访，其中有98位代表委员走进直播访谈间，畅谈食品安全、停车收费、养老制度改革、医疗改革、交通改善、环境整治等话题。网友通过新媒体多平台"进入现场"，第一时间聆听代表委员议政建言，并通过"边看边聊"与代表委员在网络直播中直接互动。代表委员可以通过设在网络直播间的多媒体互动大屏，及时看到网友评论，并回答网友提出的问题。

多场次、高频率、多平台呈现的直播访谈、在线访谈，吸引了大批网友每天围观、评论，互动活跃，也及时传递了代表委员心声，扩展、畅通了代表委员参政议政渠道。

三、多平台联动——实现报道内容深度融合

在新媒体"两会"报道中，BTV掌上新闻互动平台、BRTN网站、BTV大媒体客户端、北京电视台官方微博微信进行了多平台联动，电视端、移动端、PC端多屏互通，实现了多平台报道内容深度融合。

1月20日，北京网络台BRTN网站"北京'两会'专题页"上线（http://news.brtn.cn/special/2015bjlh/）。"两会"期间，累计发布"两会"报道原创稿件347条，其中视频稿件160余条。通过网络专题、BTV大媒体手机客户端、BTV官方微博微信平台发布聚合相关资讯1500余条，第一时间权威、准确、详尽、全方位地展现"两会"盛况，报道会议进程和每日热点。从1月21日开始，BRTN"两会"专题PV（页面浏览量）迅速攀升，截至1月28日，"两会"专题页PV占BRTN新闻页面总PV的六成，带动网站新闻页面流量较平时增长了400%。

尤其是此次重磅推出的《直播"两会"》《小聂探"两会"》以及与电视同步直播的政协、人大开幕式和人大常委会工作报告，在直播页面流量上表现尤为突出。

北京电视台官方微信订阅号，在每天推送一次的图文信息组中均有“两会”内容，共发布9条图文稿件，网友分享到朋友圈4816次。北京电视台官方微博发起的《2015北京“两会”》话题，参与量达到828.4万，1月22日至29日共发布北京“两会”内容73条，信息到达人数5187万。

此次“两会”报道，充分体现了新媒体互动的强大力量，也展示了新闻报道大趋势，不再是点状或者线状报道，而是更多地强调互动性、立体性。这样一个由代表委员和网民零距离共商国计民生的开放、透明、阳光的有效互动平台，将网络用户的需求直接转化为共情需求，网络用户的意见和建议通过电视直播、网络直播更加直接开放地传递出去，为相关部门的决策提供了直接参考，更为分析舆情、引导舆论提供了真实有效的大数据。

新媒体发展中心推出APEC专题报道

新媒体发展中心

2014年APEC会议，是继2008年北京奥运会、2010年上海世博会之后，中国举办的规模最大的国际性会议。此次会议期间，来自世界各国的4000余名记者汇聚北京，聚焦大会。作为本地核心宣传媒体，北京电视台为本次APEC会议报道进行了充分的准备，推出了多平台全方位立体化的APEC专题报道。

11月1日，BRTN网站“迎接APEC当好东道主”网络专题上线，除了即时新闻报道、APEC资料简介等常规内容之外，还设置了“720度全景APEC”“微距APEC”“我拍APEC”“心语小亭——做文明有礼好乘客”“APEC北京在行动”等一系列新媒体原创内容板块。其中最具创新性的，就是BRTN北京网络台网站及BTV大媒体手机客户端同步上线的“720度全景APEC”互动影像。

BRTN北京网络台在本次APEC会议期间，首次采用全景呈现的富媒体技术，利用全景拍摄设备与呈现技术，成功实现了720度全景视频的拍摄、采集、制作、处理、发布和多终端推送等一系列功能。

在BRTN网站的APEC专题页中，水立方烟花表演、国家会议中心APEC新闻中心、雁栖湖APEC新闻中心、国宴餐厅和后厨以及长安街APEC花坛的全景视频一一呈现，最神奇的是，随着手指在视频播放器上的滑动，可以任意放大缩小、随意拖动每一个场景，天上地下的实时视频都一览无余，没有任何视觉死角。这就是呈现在观众面前的“720度全景APEC”互动影像，它的特点有三：

一是全，即全方位展示720度球型范围内的所有景致。

二是景，即实景，真实的场景，在这里不用顾忌新闻镜头的指向，每个人都能自己选择他们想聚焦的东西，将移动新闻镜头的权力交给用户自己，充分表现全景视频的互联网特性。

三是720度：即720度环视的效果，虽然视频都是二维的，但是通过软件处理之后得到的720度全景，却能给人以三维立体的空间感觉，使观者犹如身在APEC会场当中。

在APEC会期中，新媒体发展中心和信息网络管理部共同研发的“720度全景APEC”互动影像已经被称为APEC新闻中心宣传报道工作的三大亮点之一。中共中央政治局委员、中央书记处书记、中宣部部长刘奇葆，中宣部副部长、国务院新闻办主任蔡名照，中共北京市委常委、宣传部长李伟等领导先后来到设置在国家会议中心新闻中心的全景展示屏前亲手操作体验并给予高度评价。

本次的720度全景视频制作与发布，是北京电视台将互联网思维运用在新媒体报道中的一次全新尝试，利用当下最前沿的技术手段来创造全新的新闻呈现模式，采用创新的业务模型来引领新媒体报道潮流，这也是加强媒体跨界融合，传统媒体向新媒体转型的一次探索。

截至11月12日APEC闭幕，新媒体发展中心在BRTN网站、BTV大媒体客户端、BTV官方微博微信发布的APEC稿件数量累计达到1500余篇，其中原创视频、图文稿件200余篇。“720度全景APEC”共制作发布互动影像14条，“微距APEC”共拍摄图片故事11篇，仅BRTN网站专题在APEC期间的总点击量就超过212万次，在与540多家境内外媒体4000多名记者同台竞争中，勇于创新突破，做出了特色。

北京电视台负责建设的APEC2014掌上新闻中心正式上线

新媒体发展中心

2014年11月1日，由北京电视台负责建设的APEC2014掌上新闻中心顺利上线。掌上新闻中心设有简体中文和英文两种语言版本，包括最新动态（公告通知、中心新闻）、预定申请、媒体服务、帮助中心等板块，旨在为全球4000多名媒体记者提供移动端媒体信息化伴随服务，为2014APEC会议主办方搭建一套连接主办方、海内外媒体记者、会议现场和会议综合服务的移动互联网化信息伴随服务系统。掌上新闻中心正式上线，是北京电视台首次为重大国际性会议提供的技术和内容等方面的支持，有助于塑造北京电视台良好的国际形象。

受北京市APEC2014筹备工作领导小组委托，北京电视台承担了APEC2014新闻中心官方网站的开发制作任务。基于技术平台支撑，新媒体发展中心提出了建立“掌上新闻中心”的建议，得到外交部和筹备领导小组的认可。该项工作开创性地将移动互联网与网站内容深度打通，为全世界媒体提供无处不在的优质服务，这在APEC媒体服务历史上属首次。此外，APEC2014官方网站自9月22日上线以来，有近70个国家和地区的19367名访问者访问，网页浏览量达103473次。

典型经验

传递中国的声音，见证语言的力量

——北京卫视《我是演说家》引发社会共鸣

卫视节目中心

2014 年 10 月 4 日至 2015 年 1 月 24 日，北京卫视每周六晚间 21 时 08 分播出大型原创励志演讲类节目《我是演说家》。这个节目由北京卫视联合北京能量影视传媒公司共同策划出品，以“见证语言的力量”为创作理念，以演讲竞技为节目形式，吸引来自两岸四地各行各业的普通中国人和海外华人，登上舞台用演讲分享各自的人生故事与时代感悟。

《我是演说家》节目共播出 20 期，全国 34 个城市平均收视率 1.18%，排名全国同时段第三位。节目播出期间，《我是演说家》多次登上新浪微博疯狂综艺季和电视节目排行榜第一名，热门话题榜单前三甲，网民自发浏览话题量达到 6.9 亿次，发表评论 89 万条。《我是演说家》在多媒体融合的时代里，成功掀起了一股语言的旋风。

激活古老传播形态的全新时代价值

“演讲”是人类文明进程中历史最悠久的传播形式之一，无论是中国先秦诸子的坐而论道，还是古希腊哲学家的辩论演说，都是演讲艺术发展勃兴的文化源头。《我是演说家》节目旨在通过对“演讲”这种古老文化形态的电视化演绎，激活演讲艺术的时代价值，展现中国语言文化的深厚魅力，诠释当代中国人的精神风采，弘扬社会主义核心价值观，并聚焦中华民族伟大复兴的中国梦。

在近些年的电视荧屏上，演讲类节目并不鲜见，央视的《百家讲坛》《开讲啦》等演讲类节目都曾取得过巨大的社会反响。而《我是演说家》则完成了从创作理念到艺术呈现的一次创新。

一是它不是依托于书本的知识传授，而是扎根于生活的情感分享。演讲人并不是在以“拥有者”的姿态对某些知识进行讲座，而是以“分享者”的身份把他们所经历和感悟到的事情讲给观众听，不说教、不训诫、不喊口号，不曲高和寡，不空中楼阁，选手的每一次讲述都在还原生命的本色和生活的本色。

二是它不是为明星谋求关注的秀场，它是为普通人赢得尊敬的舞台。通过海选登上《我是演说家》节目的 62 名选手来自全国各地、各行各业，他们不是明星，他们没有特异功能，他们的身份是普普通通的上班族、打工者、农民、学生、公益爱心人士。《我是演说家》最大的创新正是对平凡大众和真实人生的回归，用普通人的故事去呈现生命的精彩，引发观众身份的认同和情感的共鸣。从这个意义上讲，《我是演说家》展示的是我们这个民族在复兴道路上崭新的群体人格。

三是它不是用夸张猎奇吸引眼球的哈

哈镜，而是真实观察人生百态的万花筒。《我是演说家》在选手选拔和话题设置上，坚决摒弃猎奇比怪的媚俗倾向，坚持社会主义核心价值观的传播和塑造，坚持用选手原生态的真实人生去打动观众，在语言之美、人格之美、德行之美的厚重地基上，筑造中国文化的时代高度。

呈现中国人、中国情、中国梦的本色

《我是演说家》的“我”就是每一个普普通通的中国人，他们在说话，就是中国在说话；他们在聆听，就是中国在聆听。这档节目凭借语言的力量，向这个时代和世界传递出三个信号：

1. 在这里看到自信中国人的面孔。

中华民族曾经拥有过举世瞩目的荣耀，也曾经历过深重的苦难。当前，我们的党和国家正处在蓬勃发展的最好时期，阳光、进取、乐观、拼搏的精神，渗透在每个中国人的身上。《我是演说家》通过每位选手的演讲，呈现出自信中国人的群体面孔。比如23岁的演讲者李帅，出生时就被诊断为“脆骨症”，但他通过每天一千多个俯卧撑的锻炼，强壮着自己的体魄，也强大着自己的心灵。李帅告诉观众：“每天把你从床上叫醒的不是闹钟，而是你心中的梦想”。比如正在与癌症进行搏斗的单亲妈妈章早儿，她想告诉所有的单亲家长，不要去抱怨命运的不公，你或许拥有不完整的家庭，但你同样可以拥有完整的爱。再比如与马云一同站上纽交所敲钟台的“快递哥”窦立国，从月薪600块钱的餐馆服务员，到5年攒下200万元的快递人员，他始终相信自己能够做得比别人更好，自信是他追逐梦想的最大动力。

2. 在这里看到当代中国人的情怀。

《我是演说家》不是在刻意挖掘或者描画人们的美丽心灵，因为这些美丽心灵原本就植根在中国人的心里。作为创作者本身，只要懂得敬重这种情怀，有能力发现这种情怀，有办法呈现这种情怀，就永远不必担心作品失去触动心灵的力量。比如90后女孩孙思奇，因为求学在外而错过了见外公外婆最后一面的机会。于是，她在收到哈佛大学的录取通知书后，却选择了拒绝，毅然回到父母身边守护亲情。比如热爱旅行和探险的北京夫妇张昕宇、梁红，他们无数次向生命禁区发起挑战，只因为有无数外国人告诉他们“中国人到不了那里”。于是，他们攀援下熔浆活跃的火山口，他们宿营在零下70多摄氏度的世界寒极，他们深入炮火纷飞的中东战场，两个人的背包里永远都装着一面五星红旗，他们向世界证明只要中国人想做，就一定能够做到。

3. 在这里看到朴素而绚丽的中国梦。

正像著名演说家马丁·路德·金的那篇《我有一个梦想》所释放出来的巨大能量一样，《我是演说家》节目希望所有正在聆听演讲的人都能够从演说家的语言中感受到强大的力量，去指引、鞭策、激励自己更好地生活，去推动这个国家变得更加美好，更加强大。因为演讲者和倾听者就是这个国家的建设者，就是未来的创造者和幸福的分享者，这是中国在说话，这是中国在聆听。比如《我是演说家》的总冠军，清华学子梁植所表达的对两岸统一的梦想，他说：“回家不需要理由，不回家才需要理由。”比如节目亚军陈秋实所做的“大国风范”的演讲，他说：“中国再大也是由亿万个你我组成的，你我什么样，中国就什么样。”

正能量传播引发时代共振和社会共鸣

《我是演说家》播出后引发了强烈的时代共振和社会共鸣。《光明日报》撰文评价《我是演说家》开创了“演说”的新时代，文章认为：“北京卫视通过节目展现了自己鲜明的价值观。节目通过理性的思辨、感性的陈述，通过语言碰撞的火花、表达诉求的宣泄和一个个勇敢面对、热血励志的人生故事，承担起了传播正确价值观的社会责任，也把电视综艺节目的风骨情怀提升到了一个全新的高度。”清华大学新闻与传播学院常务副院长尹鸿给出评价：“这档节目正能量、大反响，验证了最后决赛的主题：语言的力量，是值得重视的年度电视现象。”《我是演说家》栏目荣获了第五届中国电视满意度博雅榜卫视文教类十佳栏目称号。

众多网友也通过各种渠道表达了对这档节目的赞赏。网友@天佑徐永贵：走到最后的都是好演说家，他们都有自己的演说风格，内容有思考，有情怀，有力量；情感足、立足高，互动性、感染性、力道感完美统一。网友 Maria－Model：听别人的故事，震撼自己的心灵。语言是有力量的，真诚的语言更有魅力。《我是演说家》让我见证了语言的力量。网友李凯琪 123：《我是演说家》播完了。追了好久啊，真的很好看，希望第二季早点来。

以生命的名义，传递生命的美丽

——北京卫视《生命缘》节目反响强烈

卫视节目中心

2014 年第三季度，北京卫视推出全国首档原创医疗纪实季播节目《生命缘》。节目采用记者“走基层”蹲点采访的创作方式，以纪录片式的拍摄手法，记录发生在医院里，医护工作者、病患和家属之间的生命故事。首季《生命缘》在每周六晚 21 点档播出，面对周六晚间综艺节目的激烈竞争，《生命缘》低调亮相，强势发声，一经播出就产生了巨大的社会影响力。首播取得了全国 35 个城市 0.64% 的收视率，仅位列《非诚勿扰》《快乐大本营》等三档综艺节目之后，排名同时段第四名。随后几期全国最高收视率 0.79%，成为北京卫视原创自制的、在省级卫视中独树一帜的纪实品牌节目。

记者动真情　用心讲故事

一方面，《生命缘》节目播出的故事引发社会的广泛共鸣，另一方面，《生命缘》节目的创作经历和幕后故事也成为具有标杆意义的媒体热点。

2014 年参与首季《生命缘》制作的编导只有 7 人，其中 5 人都是正处在哺乳期的妈妈，孩子还不满一岁。对于她们而言，在节目中见证生命的奇迹，与在现实中哺育生命的成长同步进行着。年轻编导赵菲菲，孩子只有10个月大，晚上睡觉离不开妈妈。赵菲菲熬夜编片子的时候就把孩子抱到机房，多少个夜晚小家伙都是在机房的桌子上进入梦乡的。刘书含的父母为了支持女儿的工作，带着小孙子住在旁边的宾馆里，书含编片子的空隙就跑去给孩子喂奶，亲亲孩子再继续回来工作。在医院采访的妈妈编导都是随身带着吸奶器工作在一线上。她们在用自己的生命，体会、记录、传播着生命共通的美丽，她们的真情付出，换回带着露珠的报道。《生命缘》团队也在无数生命故事的参照面前，快速成长、成熟，成为北京卫视最具战斗力的新闻团队。

2014年10月15日出版的《光明日报》，在头版头条位置刊发题为《只追寻有价值的收视率——北京电视台〈生命缘〉妈妈记者团的故事》的专题报道。随后，《光明日报》和光明网又接连推出《记者动真情　报道带露珠》《用心讲故事　群众真认可》《白衣天使深情讲述妈妈团的故事》等文章，对《生命缘》节目投以持续的关注。这组系列报道及光明日报社编委会报送的《关于光明日报推出“北京电视台<生命缘>女记者团队”系列报道引发强烈社会反响的报告》引起中央领导同志高度重视。中共中央政治局常委刘云山同志指出，记者好形象，社会正能量。媒体应多挖掘这样的典型。中共中央政治局委员、中宣部部长刘奇葆同志指出，坚持“走转改”是出好新闻、好记者的有效途径。

《生命缘》的三点创新

一档没有大明星、大投入、大宣传的纪实电视节目，成为一个引发社会共鸣和舆论热议的文化现象，这是《生命缘》节目的魅力，更是生命自身的魅力。《生命缘》的成功，既得益于北京卫视在电视艺术创新上的积极探索，更得益于北京卫视在价值观传播上的努力坚守。

《生命缘》与传统纪实类节目，特别是医疗类纪实节目相比，能够深入人心的关键在于三个方面的创新。

1.《生命缘》不是对个体命运的散点聚焦，而是对个体间命运关系的脉络呈现。用一个字来概括，《生命缘》的核心在“缘”。

作为一档医疗题材的电视节目，《生命缘》在筹备之初就在刻意避免“走老路”，避免把节目做成对医护工作者单方面的歌功颂德，或是将缓和医患关系作为节目的初衷。《生命缘》的创作初衷是呈现生命个体的力量和彼此间的联系，所以节目将主体定位在医护工作者、病患和家属三者的关系上，将他们置于同等重要的位置，用平等、包容、克制的镜头语言进行记录。

在《生命缘》节目中，镜头记录下连续手术20多个小时却仍没能留住患者生命的医生，收到来自逝者家属的短信，信中写道：“我知道您也承受了很大的压力，感谢您二十几个小时的坚持与坚守。”这份崇高的理解是对生命最大的尊重。镜头也记录下一位来京务工的60岁父亲，在工地坠落受伤却没钱支付医药费，工地的包工头辗转借到40万元的救命钱，帮他渡过难关，这份诚信与无私是对生命之缘更温暖的诠释。当然，节目也曾记录下那些因为压力过大而早早满头白发的青年医生，那些在谈起患者时难掩泪水的主治医师，那些为了工作长时间告别家人的值班医生，这些都是让生命缘紧紧相扣的坚守与付出。《生命缘》记录这些故事，不是在强调医生对患者的单向奉献，而是在呈现医生、患者、家属之间的命运相系，生命共担。

2.《生命缘》不是对生命常态的夸大演绎，而是对生命极致状态的真实记录。

《生命缘》的故事题材常常能够震撼人心，是因为节目捕捉的是生命在面临极致挑战时的真实状态。在《生命缘》已经播出的节目里，曾经报道过高难度的器官移植手术、心脏主动脉抢救治疗、危重新生儿抢救、合并症的危重孕产妇抢救、神经外科开颅手术以及其他多种急诊室紧急抢救。这些极致化的生命故事，最大程度上展现了生命的美丽与顽强，这种生命自身的力量足以震撼人心。

虽然面对的是极致故事，但《生命缘》在记录和讲述的过程中，却保持着一份冷静、理性和克制。不去干扰正常的治疗进程，不去编排人物的情感表达，不用夸张渲染来制造猎奇。看似原生态的记录方式，却因为采访的深入与细腻，得以将生命面对挑战时坚不可摧的顽强和密不可分的缘分，真实饱满地呈现给观众。《生命缘》对真实的坚守，既是对生命个体的尊敬，也是对电视观众最大的尊重。

为了尽可能全面地记录生命的真实状态，《生命缘》开创了国内医疗纪实节目的多个第一次：第一次将记录的触角延伸到急诊室、抢救室、手术室等生命救助的最前线；第一次在纪实节目中使用医疗直升机全景拍摄；第一次大范围使用医院内的监控视频；第一次将吸盘式摄像机安装在急救车、抢救室、待产室等场景，拍摄似抢救生命争分夺秒。

与拍摄手段的“创新”相对的是拍摄过程的“坚守”。几乎每一期《生命缘》节目，素材量都接近5000分钟，用100∶1的剪辑比例制作成50分钟不到的节目，在跟随拍摄的十几个故事中，只有一两个故事能够最终与观众见面。《生命缘》十几路记者24小时蹲守在全市20余家医院里，用最“笨”的方法，记录最真的感动。记者们与拍摄对象同喜同悲，很多记者都与医生、患者成为了最信任的朋友。所以，《生命缘》开创的医疗纪实节目模式，是一种节目样态上的至简，却是一种拍摄方法上的至繁，是一种节目体量上的至轻，却是一种生命价值上的至重。

3.《生命缘》用最直抵人心的方式，影响着人们的价值观念。

一档节目的影响力，不在于它取得难以超越的收视业绩，而在于它从根本上影响着人们看待生命、对待彼此的观念和方式。《生命缘》作为一档纪实节目，让观众收获到对生命的敬畏与尊重，并影响着人们对于生命意义的思考。新一季《生命缘》里影响最大的一期节目是《请你替我活下去》，讲述了一名身患脑瘤的6岁女孩丹丹，在生命的最后时刻，主动捐出自己的器官，成功救治了5名患儿的感人故事。丹丹的父亲告诉栏目组，年仅6岁的女儿之所以做出捐献器官的决定，正是因为他们全家曾经看过《生命缘》的节目，看到过其他患者捐赠器官的故事。而不只一位医院院长表示，在这期节目播出以后，医院接到的咨询器官捐赠的电话明显多出很多。可以说，是《生命缘》节目促成了丹丹与另外5个孩子的生命之缘，也促成了更多人对于生命价值的思考与践行。

《生命缘》也充分体现出北京卫视在社会主义核心价值观宣传上的擅长，那就是在节目创作中将价值观进行命运化、情感化、故事化、纪实化的呈现，用一种观众更容易理解、更乐于接受、更直抵人心的方式去传播价值。

《生命缘》成为医院与百姓间的情感纽带

《生命缘》不仅在普通观众中引发共鸣，更获得了医疗界的高度认可，被广大医生称为“促进医患和谐”的良心节目。国家卫计委主任李斌多次对《生命缘》提出表扬。国家卫计委宣传司司长毛群安、北京卫计委主任方来英、副主任钟立波等，多次亲临北京电视台和节目组座谈，对《生命缘》节目给予高度评价。

在很多医疗界人士心中，《生命缘》的重要意义，首先是帮助观众对于生命的价值与生活的意义，有更加主动透彻的思考，促成更多人用理智和积极的心态面对疾病和生死。其次是借助《生命缘》的珍贵画面，完成了对很多医疗常识的传播，尤其是对于一些危重疑难病，观众通过节目了解到患病状况和治疗过程，消除了内心的无知和恐惧，帮助人们更加积极、科学地面对疾病治疗。最后，就是在医院与百姓间连接起互信、互爱、包容、理解的情感纽带，让医患关系更加和谐。

《未来之路》呈现三大特点

——《杨澜访谈录》APEC会议访谈反响强烈

卫视节目中心

2014年11月10日，亚太经合组织第二十二次领导人非正式会议在京召开。北京卫视作为首都最具影响力、同时也是全国最具价值引领力的主流电视媒体之一，在APEC会议期间推出《杨澜访谈录》APEC会议系列高端访谈《未来之路》，专访APEC成员经济体领导人——韩国总统朴槿惠、新加坡总理李显龙、智利总统巴切莱特，并采访中国外交部部长王毅，倾听他们对于此次会议的期待和对于未来的思考。北京卫视也成为APEC会议期间，唯一对成员经济体领导人进行系列专访的中国媒体，从首善媒体的角度诠释了北京影响力。节目播出后取得了广泛的国际赞誉和社会反响。

总结《未来之路》高端系列访谈的创作，有三个方面的特点：

一、顶层谋划，前瞻布局，以权威高度彰显首善媒体实力

为了筹备此次APEC会议的报道，北京卫视从2013年就开始启动策划工作。为全面配合北京电视台整体报道规划，同时发挥北京卫视全国上星频道的平台优势及栏目资源优势，由北京电视台副总编辑徐滔统筹指挥，北京卫视联合《杨澜访谈录》创作团队共同策划了《未来之路》系列高端访谈。卫视中心和栏目主创团队，对嘉宾拟定、节目风格、话题方向等各个环节进行商讨策划，从筹划雏形到确定主题，再到敲定采访嘉宾，整个前期筹备耗时超过一年时间。

在采访嘉宾的选择上，北京卫视《杨澜访谈录》团队充分参考此次 APEC 会议区域经济一体化、创新经济增长及互联互通等核心议题，嘉宾名单涵盖了在这些方面与中国关系密切的几个成员经济体代表，并充分考虑到环太平洋经济体分布的平衡，经过与外交部和各驻华使馆的多次沟通，最终确定中国外交部部长王毅、韩国总统朴槿惠、新加坡总理李显龙和智利总统巴切莱特等四位嘉宾。

考虑到节目时间紧、任务重、难度大的特点，北京卫视节目团队通过多管齐下的方式，共同搭建疏通与采访嘉宾的联系渠道，快速有序地推进节目进程，并积极拟定备选方案，最终确保了此次系列访谈的成功播出。这是一次顶层谋划、前瞻布局的大型媒体行动，是北京卫视作为主办城市主流媒体一次义不容辞的权威发声，是北京卫视作为首善媒体责任担当的一次实力展现。

二、专业视角，个性话题，以高端品质打造首善媒体形象

《未来之路》系列访谈在内容上充分兼顾专业性和贴近性，既有高端气质，又有普世价值，既满足了观众对本次 APEC 会议的关注，同时也满足了观众对成员经济体领导人个人魅力的好奇。

在话题策划方面，节目重点围绕亚太经合组织的发展、各成员经济体间的经验交流，以及国家经济未来方向等专业话题展开。同时，在话题策划上也着力展现了每位受访嘉宾的个人魅力，例如韩国总统朴槿惠谈到了她从总统女儿到身为总统的心态转变；新加坡总理李显龙谈到了他任职 10 年来最大的困难；智利总统巴切莱特分享了她作为南美首位民选女总统，对女性影响力的深刻见解。话题的专业性、包容性与丰富性，满足了不同群体观众的收视需求，也让《未来之路》节目呈现出独树一帜的品牌魅力。

在筹划阶段，为满足节目的专业化要求，栏目组积极联络 APEC 组委会和外交部相关人士，咨询相关内容。外交部新闻司司长华春莹多次与栏目核心筹备组见面沟通，为核心话题的确立、嘉宾人选的确定和政治语境的把握给予了关键性指导。也正是得益于外交部新闻司的大力支持，《未来之路》栏目组才能够在 10 月 29 日的外交部蓝厅论坛上，与中央电视台记者共同采访到外交部部长王毅。

在嘉宾联络方面，为了邀请朴槿惠总统接受采访，《未来之路》团队早在一年前就开始与韩国驻华大使馆沟通申请，最终北京卫视的媒体形象和团队诚意打动了韩国方面，选定北京卫视作为韩国在 APEC 会议期间向中国观众发声的主窗口。

在采访设计阶段，为保证提问的严谨和专业，栏目组聘请了多位国际问题研究专家、区域问题研究专家和 APEC 研究专家，多次开会讨论，对提问方向、语言措辞、交流语气等细节进行反复的研究和琢磨，确保《未来之路》的每一处细节都能够体现北京卫视的专业品质，都能够体现首都媒体的高端实力。

在采访阶段，由于受邀嘉宾的时间限制，栏目组需要在短短十天时间里，转战首尔、新加坡、北京三座城市，完成四期节目的全部采访工作。其中，对韩国总统朴槿惠和新加坡总理李显龙的采访，都是在两人即将动身前往北京之前，而对智利总统巴切莱特的采访更是在 APEC 会议期间完成，由于播出时效强，两个报道小组几乎是昼夜不停完成拍摄和制作工作，确保了话题的时效性和鲜活度。而片中所涉及的各经济体视频素材，则是在一年筹备期中，栏目组陆陆续续拍摄积累下来的。

在审核阶段，栏目组会将每期节目文稿发送至外交部进行审核把关，对照意见进行修改，最后再由卫视节目中心主任马宏、副主任李利影进行审核，连续五天时间里，都是在深夜才完成最后的审核，各个环节的竭尽全力，确保了播出的每一期节目，每一条宣传片，每一条文字预告，甚至每一个角标都精准无误。

三、国际赞誉，观众认可，以卓越影响树立首善媒体典范

《未来之路》高端系列访谈共播出五期，其中 11 月 9 日周日，《未来之路》专访韩国总统朴槿惠单期全国收视 0.51%，排名同时段全国第四，创下了《杨澜访谈录》在北京卫视开播至今的最高排名。这也说明，在周日晚间与省级卫视综艺节目的直接对抗中，北京卫视凭借高品质的访谈节目，依然能够赢得观众的认可，成为省级卫视中独树一帜的文化高地。

《未来之路》访谈播出以后，新加坡总统府和韩国驻华大使馆都对节目给予了积极的反馈，新加坡驻华大使馆在李显龙总理采访播出后的第一时间就与栏目组取得联系，给予了充分肯定，并希望能够在新加坡官方媒体对当期节目进行重播。韩国使馆也联系栏目组，希望北京卫视能够尽快安排对朴槿惠总统采访的重播。《北京晚报》《北京青年报》《新京报》《法治晚报》等北京主流平面媒体也以最快的速度对《未来之路》访谈节目进行了转载和跟踪报道，网络媒体更是大范围转载。

北京电视台国庆 65 周年大型直播获得成功

新闻节目中心

2014 年 10 月 1 日当天，北京电视台推出 12 小时大直播——《家国梦　岁月情——新中国成立 65 周年抒怀》，全景展示“十一”当天，北京市举行的隆重热烈、欢乐祥和的庆祝活动盛况，与电视观众一起回忆 65 年间的梦想与经历、艰辛与感动、奋斗与荣耀，共同抒发对祖国母亲深厚的感情，直播取得了圆满成功。

一、高度重视　确保导向正确

2014 年 9 月 9 日接到市委宣传部指示后，台长赵多佳立刻召开紧急会议安排部署，强调国庆 12 小时现场直播是党中央和市委、市政府交办的重大政治任务，一定要圆满完成。赵台长将节目的名称定为《家国梦　岁月情——新中国成立 65 周年抒怀》，并强调要突出“抒怀”，每位编导和工作人员都要带着对祖国的深厚情感来做节目，用我们的情感感染广大电视观众，共同抒发对祖国母亲的真挚感情。

从接受直播任务到 10 月 1 日播出期

间，台领导共召开全台会议5次，动员和部署工作；召集各种小型会议20余次，听取工作汇报，研究直播内容；台领导还多次到5大公园现场踏勘和检查直播准备情况，协调解决各种具体问题。为了确保国庆直播导向正确，台领导还带领主创人员逐字逐句学习习近平总书记年初在北京考察时的重要讲话精神，以讲话精神统领直播报道内容。正是这样的靠前指挥，使得直播工作紧张有序、忙而不乱，整个直播在10月1日准时、准确、精彩呈现。

二、精心策划　确定主题架构

经过多次研究讨论，最终确定节目定位为“追述往昔、诠释当下、展望未来”。为了将“十一”当天对庆祝活动行进式直播展示和对共和国65年历史往事的钩沉有机结合，确定了“两纵两横”的直播节目架构。两纵：以共和国65周年发展历史和“十一”升旗仪式、当天各公园游园活动为两个时间纵轴；两横：以北京、全国、世界范围内当天的庆祝活动和社会经济、工业农业、文化科技等重要行业的成就为两条横轴。

以两纵两横架构为坐标，将节目分为四个篇章，分别是：第一章节《梦想的开始》，第二章节《家国的变迁》，第三章节《我们的故事》，第四章节《放飞新梦想》。

三、通力协作　确保精彩呈现

直播节目内容的信息来源主要分为四大类别，分别是：演播室部分、直播信号、专题片制作和新媒体互动。

第一大类信息来源主要是直播信号，包括天安门、天坛、陶然亭、玉渊潭、朝阳公园、园博园6个直播注入点；游园指挥中心、交管局、气象局、交通委、首都机场设置光缆传输；长安街沿线、中轴线沿线、各区县安排4G回传信号，上海、广东等电视台信号，与新华社、国际台合作融入国内外人士的反映，实时引入亚运会和中网直播信号。最终外来实时直播信号达到28路，这在北京电视台的历史上还是首次。

第二大类信息来源主要是演播室部分——演播室设有访谈区、互动区、播报区，根据不同的内容安排、风格变化，营造不同的直播现场。

第三大类信息来源主要是制作46个专题片，充分调动全台各中心精兵强将，同时与中央新影、科影等单位合作，购买、借用大量历史珍贵资料，制作专题片。为了制作好这些专题片，总编室、新闻、卫视、文艺、科教、财经、体育、生活、青海、纪实高清、新媒体中心等十余个节目中心共同组成采访报道团队，分赴各地采访，拍摄人物故事。

第四大类信息来源主要是新媒体互动，在电视上呈现的同时，新媒体还通过BTV官方微博、BRTN网络台PC端和BRTN网络台移动端同步呈现。同时，新媒体还加大了在微信电视和新浪网的节目推送，让更多的网民可以通过手机等移动终端观看国庆直播。截至10月1日24点，微博话题互动量达到20多万，覆盖人群近2000万。官方微博共发布直播相关微博29条，转发量6139次，评论1317条。

在22天的时间里，北京电视台直接参与这次大型直播活动的人员超过1000人，大直播刚刚结束，台国庆直播领导小组发出微信：细雨蒙蒙秋风阵阵，掩朝霞难掩红旗飘飘；深夜未眠凌晨即起，斗志昂扬全因爱国情深。

南水北调北京通水活动大型直播圆满完成

新闻节目中心

2014 年 12 月 27 日，南水北调中线工程北京通水活动在该项工程的终点——团城湖明渠广场举办。为了记录这一历史性的时刻，新闻中心提前筹划，精心准备，于当天上午 9 点，推出了为时 2 个多小时的大型直播《汤汤江水进京来》，全景展示工程的宏伟景象，描绘江水进京美丽画卷，倾诉北京人对水源地人民和数十万建设者的感恩之情。

一、提前筹划，掌握直播主动权

新闻中心在半年多时间内，派出 6 路记者，远赴水源地丹江口和中线工程沿线采访。兰玲、金蕾、张丽丽、陈静岩、王陆华、李昂等记者深入到工程一线、移民新村，寻找工程建设中的亮点难点，挖掘库区移民和建设者的感人故事，展示移民的绿色新生活。大家共采写了 50 余篇报道，并为通水仪式的直播积累了丰富的新闻素材。进入 10 月，南水北调已具备随时通水的条件和可能，新闻中心要闻部抽出梁雪松、李烨等主力编辑记者，专门负责直播脚本的撰写。从 10 月初到 12 月底，通水日期一再变化，每次变化，编辑记者都根据最新的进展和宣传要求修改直播方案，前后共拿出直播脚本 5 稿。

二、主题突出，深入开展“走转改”

12 月初，新闻战线深入开展的走转改活动，艾冬云副总编要求在南水北调中也要贯彻走转改，通过深入扎实的采访报道，将南水北调移民和工程建设者的生活状态真实、生动地展现在屏幕上，用记者的眼睛去寻找感人的故事，用我们忠实的记录来打动观众。

记者田海燕在河南采访时了解到，方城垭口项目经理陈建国为了保证工程能够如期高质量地完工，在兄长、母亲相继离世的情况下，毅然把身患重病的父亲接到工地。他一边昼夜不停地抓工程，一边照料年迈的父亲。陈建国最大的心愿就是能够带着父亲一起到北京南水北调工程的终点团城湖看一看。

田海燕将邀请陈建国父子到北京，帮助他们圆梦的想法汇报给新闻中心领导，得到了新闻中心主任张庆和艾冬云副总编的支持，艾冬云副总编还亲自参与策划了陈建国圆梦北京的报道，并亲自带着他们来到团城湖，将一瓶丹江口的清水送给了北京南调办的工作人员。他们来到八一电影制片厂，与电影《天河》的主创人员座谈，观看了以他们的故事为原型的电影。

27 日通水当天，在《北京新闻》中“记者好形象社会正能量”走转改专题节目中，记者以时间为线索，展现陈建国父子的北京圆梦之行。

三、形式多样，展现直播魅力

为了全面立体地展示南水进京的全貌，在 27 日通水仪式当天，报道组在团城湖、首都博物馆南水北调工程展、郭公庄水厂等地设立直播接入点，丰富报道形式和内容。

同时，报道组还为直播准备了丰富的小片，这些小片中既有对工程建设和移民工作的总体和宏观展示，也有对移民和技术人员典型的微观刻画。在制作小片时，吸收了“国庆大直播”的经验，要求记者在采访编辑小片时，力求从感人的人物入手，以故事反映工程建设者的不易，以故事讴歌移民的无私奉献。这种以小见大、以情动人的讲述方式，使小片具有了更多的人文情怀，同时，也更容易引起观众的共鸣。

《2014北京喜剧幽默大赛》奉上欢乐盛宴

文艺节目中心

《北京喜剧幽默大赛》自2011年起已连续举办四届，逐渐成为在北京地区乃至全国范围内较有影响力的语言类电视品牌节目。几年来，大赛秉承推新人、出新作的宗旨，不仅推出了方清平、李鸣宇、苗阜、王声等众多的青年笑星，还为北京电视台的春节联欢晚会推送了大量的优秀作品。《2014北京喜剧幽默大赛》自12月26日起至2015年元旦连续七天在文艺频道晚间播出，在新年期间为首都乃至全国观众奉上了一道欢乐的盛宴。

六台联动，“北方曲艺过长江”

《2014北京喜剧幽默大赛》的录制，由北京电视台牵头，在2013年联袂天津、济南电视台基础之上，2014年又吸引了成都、长春、石家庄电视台的加盟，将合作台的规模扩大到了6家。6台联动，共同出资，共同播出，既打破了“北方曲艺不过长江”的传统说法，又增加了作品和选手的征选范围，进一步扩大了“北京喜剧幽默大赛”的品牌影响力，可谓一举三得。

评委点赞，“具有春晚节目水平”

从8月份开始，“大赛”导演组就深入各地剧团，观看演出挖掘节目，足迹不仅踏遍北京、天津、山东，还首次辐射到了宁夏银川等相对偏远地区。经过几个月的不懈努力，通过邀约、电话、电邮、信函等联络方式，共收到来自北京、天津、山东、黑龙江、吉林、四川、陕西、河北、云南、广东、宁夏等多个省区市及美国、英国等海外选手报名作品500余件。经过导演组对作品和表演的反复修改不断打磨，最终慎重筛选出20组节目进入了决赛。在节目录制现场，“大赛”评委潘长江、刘伟、杨蕾在赛场上经常笑得前仰后合，对本届大赛的节目和选手都给予了很高评价，纷纷称赞节目主题内容贴近生活，形式新颖不拘一格，甚至表示有的作品应该直接上春晚。“大赛”的助演嘉宾李伟建、苗阜、王玥波、高晓攀、李鸣宇也纷纷称赞本届大赛作品好、水平高，与选手们的合作得到了学习和提高，受益匪浅。

宣传推广，有效利用互联网

为了做好“大赛”的宣传推广工作，从2014年11月起，文艺频道宣传团队就开始制订整体计划，在分析往届宣传推广工作的经验和不足的基础上，重点结合移动互联网相关产品，进行了全方位、多渠道宣传推广工作。除《北京日报》《北京晚报》《北京晨报》《北京青年报》《京华时报》等平面媒体进行报道外，本台新闻频道、财经频道、生活频道等十余档资讯类栏目也对“大赛”进行了跟踪报道，BRTN 网站、台官方微信、微博还在大赛期间持续发布动态消息，为大赛的精彩亮相营造了良好的氛围。与此同时，自 12 月中旬以来，“大赛”的新媒体在新浪、腾讯、网易、搜狐四大主流门户网站的门户首页、娱乐首页、要闻版面等重点区域进行了十余次推荐；装机量在同类产品中排名第一的“喜马拉雅”APP 进行的首页头图、今日焦点、推荐专辑、热门排行等位置推荐十余次。

主动经营，“精品节目下基层”

本届“大赛”还在市场化经营方面迈出了可喜的一步。凭借过往良好的收视业绩和口碑影响力，喜剧幽默大赛组带领“大赛”的获奖选手、优秀作品在西城、平谷等地举办了“精品节目下基层”演出活动，还首次走出京城，在天津知名的专业相声剧场举办了大赛作品专场演出，让优秀选手与作品进一步直接面对观众和市场。在进一步宣传大赛，推广品牌影响力的同时，也对品牌节目的市场化运作进行大胆和有益的尝试。

多渠道多维度推广模式
助力春晚有效传播

——2014 春晚宣传推广工作经验

文艺节目中心

2014 年北京电视台春节联欢晚会于 1 月 31 日（大年初一）晚 7 时 35 分，在北京卫视和文艺频道同步播出，收视率 17.86%，市场份额达到 46.81%。与此同时，北京电视台新媒体中心 BRTN 网站与新浪视频、搜狐视频、腾讯视频、爱奇艺、PPS、优酷、土豆六家拥有晚会版权的视频网站，在首页重点位置推荐了春晚的直播流，累计在线人数 1500 万，最高同时在线人数 600 万，点播视频上线三天，视频播放量突破 1.38 亿。1 月 21 日，新浪娱乐官网上线，累积流量 1500 万，日均流量 120 万；同日腾讯新闻客户端专题上线，累积流量 1.3 亿，日均流量 1000 万。全网推送“首轮明星阵容公布”“晚会带妆联排”“播出预告”等六轮宣传稿件，转发 387 万篇，覆盖新浪、搜狐、腾讯、网易、凤凰等五大门户网站。晚会播出后，观众普遍对晚会演员嘉宾阵容表示惊喜；赞赏节目编排多角度展现新北京风貌，又不失老北京文化味道；肯定节目内容贴近生活，有共鸣、有欢笑、有感动。

为了做好春晚的宣传推广工作，从 2013 年 11 月起，文艺频道宣传科就开始制订宣传计划，针对2014春晚确定了以话题营销、多渠道传播为主线的推广思路。首先是通过办公室和总编室的整体协调，提前申请到北广传媒移动电视、地铁电视、城市电视、歌华有线、交通广播、文艺广播的重要推广位置，从1月6日春晚发布会召开之日起，分阶段以不同形式推送宣传内容。台内宣传方面，新闻频道《北京新闻》《北京您早》《特别关注》《直播北京》《新闻晚高峰》《晚间新闻报道》《锐观察》《这里是北京》，总编室《电视先锋榜》，文艺频道《每日文娱播报》《我爱我家》《影视风云》，财经频道《首都经济报道》，生活频道《生活2014》，纪实频道《纪实天下》《影事》等相关栏目对春晚进行了跟踪报道或制作特别节目，对春晚宣传起到了极大的推动作用。

2013年12月初，宣传科邀请新媒体中心与导演组一起进行了春晚官方网页、官方微信、官方微博的阶段推广计划的制订，策划了“父母家门”亲情照片征集、在春晚寻找你的声音等线上活动。从12月开始，发起了向全北京的小朋友征集描绘“北京的春天”画稿的活动，收到10余所小学3万多幅作品。春晚发布会后，新媒体中心每天通过北京电视台官方微博、微信发布春晚图文消息，在春晚播出当日还实现了全台所有认证微博统一变脸和春晚微直播互动。同时，北京卫视官方微信、微博也在春晚发布会后持续发布动态消息。晚会播出当天，北京卫视官方微信、官方微博从上午9点多开始发布春晚播出时间和精彩内容预告，同时通过北京卫视粉丝服务平台向官方微博的全部400万粉丝进行点对点私信发布，为春晚的精彩亮相营造收视期待。

对于春晚内容在平面媒体的推介，春晚宣传团队针对每家的不同定位和需求，进行了策划。自2013年12月中旬，文艺宣传科撰写稿件20余篇，内容包括节俭办春晚、舞美创新、主题立意、内容设计、演员阵容等多方面，在《人民日报(海外版)》《光明日报》《北京日报》《北京晚报》《北京青年报》《新京报》《北京晨报》《京华时报》《法制晚报》以及外地驻京重点纸媒《华商报》《华西都市报》《天天新报》《东方早报》《今晚报》《广州日报》等平面媒体广泛刊发。晚会播出之后，《北京日报》《北京晚报》《北京晨报》《北京青年报》《京华时报》围绕重点节目以大篇幅带图新闻进行了播后评论。除此之外，央广《音乐之声》、北京交通广播、文艺广播等相关电台频率也通过新闻和专题节目对晚会进行了重点播报。

本次春晚在新媒体推广方面进行了周密的部署，如通过独家内容提供和专访报道策划，史无前例地实现了新浪网、腾讯网、搜狐网在春晚播出当天24小时头条预告。自1月2日起至2月2日，文艺频道宣传科策划并执行了全网推广方案，推送“发布会首轮明星阵容公布”“第二轮明星阵容公布”“晚会录制稿件”“播前冲刺稿件”“播出预告”“播后综述”等6轮宣传稿件，全网转发近387万篇，覆盖了新浪、搜狐、腾讯、网易、凤凰五大门户网站核心位置。其中，QQ全国范围弹窗1次，门户首页文字链推荐25篇，娱乐首页焦点图推荐6篇、娱乐首页头条文字链推荐15篇，QQ登录弹窗文字链推荐11篇，娱乐要闻推荐10篇，新闻客户端推荐15篇，360导航热词推荐3条，全网新闻累计流量超过156亿次。在展示专区方面，共搭建晚会专区5个，包括搜索引擎（百度）、门户网站（新浪娱乐）、新闻APP（腾讯新闻客户端）、视频垂直（爱奇艺）、社交平台（微信）。1月21日，晚会专区在新浪娱乐上线，累积流量1500万，日均流量120万；当天，晚会专区在腾讯新闻客户端专题上线，累积流量1.3亿，日均流量1000万。1月31日，晚会专区在爱奇艺视频专题上线，BTV春晚点播视频累计播放量近2200万；当天，由文艺频道宣传科独立运作的晚会微信互动页面正式上线，集合抽奖、节目评选、新闻报道、精彩视频等功能，在晚会播出期间通过二维码导入用户320万，成功参与抽奖用户近10万人，由合作方腾讯派送奖品总值约合18万元。

在线视频推广方面，搜狐视频、腾讯视频、爱奇艺、PPS、优酷、土豆等六家拥有晚会版权视频网站，直播累计在线人数1500万，最高同时在线人数600万，点播视频上线三天，视频播放量突破1.38亿。搜索引擎方面，2月1日，北京电视台春晚相关内容在百度搜索风云榜总榜排名第七，在各卫视春晚中排名第一。截至2月3日，“2014北京春晚”百度搜索结果1110万条，为“2013北京春晚”搜索结果（516万）的2.15倍；“2014北京春晚”百度新闻搜索结果387万篇，为“2013北京春晚”相关新闻（115万）的3.37倍。在新浪微博推广过程中，截至2月3日，2014北京电视台春晚相关内容，新浪微博总话题量566万条，好评内容95%以上。其中，单一关键字“2014北京春晚”新浪微博话题量164万条，为“2013北京春晚”单词话题量（39万）的4.21倍；1月31日，文艺频道宣传科组织10万名微博粉丝发布北京春晚相关微博内容。关键字“2014北京春晚”在微博热门话题排行榜总榜排名第五，在各大卫视春晚中排名第一。1月29日，“BTV文艺频道”账号发布了晚会官方预告微博，截至2月3日，单条微博阅读量890.2万，转发230477次，评论24440条。

晚会结束后第二天，春晚综述稿件推送新浪、腾讯、搜狐、网易、凤凰五大门户网站首页第一屏显著位置，同时联系五大门户网站，以及爱奇艺、PPS、优酷、土豆四大视频垂直网站进行本次春晚点播视频的推送策划，在新浪娱乐推出的《春晚十大受关注节目盘点》，推送春晚节目4个，在全国卫视春晚节目入选数量排名第一；在腾讯娱乐推出的《24个节目带你看完全部马年春晚》，推送春晚节目6个，入选数量在各台春晚中排名第一，同时使用了腾讯视频全国QQ弹窗资源，曝光量达500万次。针对论坛贴和微信朋友圈口碑传播，文艺频道宣传科在播出后迅速联络天涯、猫扑、百度贴吧、人民网论坛、新华网论坛、凤凰网论坛6大平台，发帖24篇，其中50万阅读量帖子5篇，30万阅读量帖子4篇，10万阅读量帖子10篇，猫扑要闻、猫扑精选论坛首页推荐2篇；组织在电视行业有影响力的专家发布微信朋友圈口碑内容200条。在整个新媒体推广中，本次春晚还申请到新浪微博、腾讯娱乐页面置顶位置的硬广投放，合计刊例价为260万元。

除了以上这些推广模式之外，为了贴合春晚重亲情、接地气的风格，实现点对点的精准投放，本次春晚宣传还打破常规，首次尝试了公交车身海报发布和电影院线片前宣传片投放。为此，春晚宣传团队精心挑选了北京市几条环城重点线路，如：环二环的44路、环三环的300外、环四环的740路，以及从公主坟到四惠站、穿越两广路途经前三门大街的57路等4条核心公交线路。据公交集团提供的历史数据估算，从1月6日到2月6日，此次投放公交车的春晚海报每天覆盖的人群超过50万。另一方面，春晚的两版宣传片自1月中旬以来，选取了北京票房最高的万达所属三家院线及耀莱两家院线进行了片前广告投放，以此聚集目标人群注意力和关注度。

策划的力量

——《每日文娱播报》2014年国庆特别节目创作体会

文艺节目中心

2014年国庆期间，《每日文娱播报》制作了八期特别节目《十二年再回首》之《华语电影进入‘小时代’》《另类审美》《流行音乐怎么了?》《明星与媒体的关系》《生活剧的新活法》《谁让女人成汉子》《演艺圈‘卖萌时代’》《演艺圈话流行》。这些节目内容丰富、生动活泼，从不同的角度以轻松幽默的手法，呈现了近十多年来中国演艺界的发展变化。明快的节奏中不乏深度思考，有限的篇幅里不少精华，观众和网友纷纷为节目点赞。

提早策划——让主题更鲜明

《每日文娱播报》作为一档一周七天的直播节目，始终把特别节目的策划放在重要位置。早在两个月前，节目组在策划中秋节目时，就已经把制作国庆特别节目提上了议事日程，8月上旬就敲定了国庆特别节目的主题。因为2014年正值“播报”成立12周年，12年间，中国的演艺市场从规模到质量都有了突飞猛进的变化，庞大的娱乐产业注入了许多新鲜的血液，12年间，“播报”作为参与者和记录者见证了文娱界的点滴变化。因此，节目组决定以“十二年再回首”为主题制作系列节目，从不同的角度，以“播报”特有的方式来观察和思考12年来中国演艺界的发展变化。提前近两个月的策划，为节目制作赢得了充裕的时间，也让节目组可以从容地不断提出新想法，改进、完善节目的选题。

精心策划——勇于自我否定

定了主题和基调后，具体从哪个角度切入来审视演艺圈，是此次最让主编和编导头疼的事情。不是没想法，而是想法太多。大家不断提出想法，然后从可视性、趣味性、深度、广度、素材量等各方面进行综合论证，不断否定自己，又不断提出新思路。比如节目组曾经考虑明星真人秀节目如今风生水起，是否能以此制作一期节目，但是考虑到真正妇孺皆知的明星真人秀节目其实并不多，出于对收视率的担心，节目组放弃了这个角度。虽然明星真人秀没做成，然而正是因为讨论到这个话题，大家想到了《爸爸去哪儿》第二季中曹格的女儿“姐姐”，一个相同的问题同时闪过所有策划人员的脑海——为什么一个并不符合中国传统审美的小朋友会如此受喜爱呢？大家又发散思维联想到演艺圈的许多当红明星，诸如张亮、黄渤、王宝强、贾玲等等都不是传统意义上的帅哥美女，但是却一个比一个受追捧，于是乎此次特别节目的另一个角度呼之欲出——“演艺圈的另类审美”。就是按照这样的联想法，同时兼顾节目本身积攒的视频素材，最终确定了其他几个角度——女汉子、媒体与明星的关系、演艺圈流行语等。

重复策划——找好选题切入点

《每日文娱播报》国庆特别节目，每一个步骤都凝聚着策划的力量。而每期选题的角度，也是我们最重视、策划时着力最多的方面。通过反复讨论，节目组一致认为，像电影、音乐、电视剧比较大的话题，要从小的角度切入，如果眉毛胡子一把抓，什么都想说的话，最终反而什么都浅尝辄止，说不清楚。比如电视剧这一期，节目组选取了生活剧为主题，从生活剧的题材、表现形式等方面的变化来反映中国电视剧市场12年来的发展，从而折射出中国人社会生活的变迁。而女汉子、卖萌这样小的话题，则要小中见大，挖掘这些现象背后的深层次意义。比如“明星卖萌”这一期，从明星卖萌的表象看到的是：自媒体时代下，明星自我定位的改变，他们乐于借助这种卖萌的方式让自己更接地气，拉近自己与观众的距离，塑造亲切的个人形象。当然，为了给观众带来更多的新鲜感，在策划时，节目组决定要在主持人串场方式上有一个颠覆——主持人走出录影棚，根据当期节目主题选择合适的棚外场景进行录制，比如到中国电影博物馆录制《华语电影进入“小时代”》，走进国家大剧院录制《流行音乐怎么了?》，甚至跑到开幕不到半年的北京杜莎夫人蜡像馆录制《演艺圈卖萌时代》和《另类审美》等。经过检验，这样的串场方式深得观众的喜爱，这也为日后“播报”做特别节目探索了一种新方式。

经过主编团队和编导们的共同努力，8期国庆特别节目《十二年再回首》不仅获得了较高的收视率，忠实的观众还在网络上对节目进行了二次传播，形成了新的议题。

《第三调解室》节目社会效益好

科教节目中心

北京电视台播出的《第三调解室》节目，是由北京电视台和北京市司法局于2011年3月联合创办的一档法律服务节目。该节目的素材都是来源于当下发生的“民事纠纷”案例。在节目演播室现场，纠纷双方当事人面对司法局人民调解员、心理咨询师、律师等嘉宾及节目主持人，讲述自己面临的矛盾冲突及种种困境，为自己“讨个说法”。节目以调和双方矛盾为目的，通过展开当事人的故事，掰开了揉碎了地分析双方矛盾的焦点，立足法律法规和社会公序良俗，促成当事双方在现场达成和解，并签署具有法律效力的“调解协议书”。这个节目自创办以来，凭借对社会微观矛盾的深切关注和对普通百姓的真诚相助，赢得了广大观众和业内人士的认可，取得了良好的社会效益。

一、有效化解矛盾，快速解决纷争

《第三调解室》在解决矛盾方面具有其独特的优势。

一是团队优势。《第三调解室》的调解专家团队是由律师、心理专家、人民解调员共同组成。其中，律师从法律视角为当事人分析案件，答疑解惑；心理专家则侧重于心理剖析，调整当事人心态，平息其情绪；而人民解调员则凭借其丰富的基层工作经验进行调解。专家团成员发挥各自优势，相互配合，确保了调解工作顺利进行。

二是媒体优势。《第三调解室》是以电视为媒介，其调解过程及结果面向公众公开，调解各方也会接受来自社会舆论的监督，故而能更为理性地提出调解意见，从而确保调解工作公平、有序进行。

三是法律优势。矛盾各方通过《第三调解室》达成的调解协议具有法律效力，如果一方反悔，另一方当事人也可以凭此调解协议向法院起诉，从而获得法律支持。

二、节省社会资源，提高社会效益

通过《第三调解室》解决纠纷极大地节省了社会资源，提高了社会效益。首先，节省了司法资源。通过调解方式平息矛盾，争议各方无需再通过法院诉讼，这极大地节省了司法资源，提高了社会整体效益。其次，节省了争议各方的成本。争议各方如通过诉讼方式结案，其周期较长。以民事案件为例，一审审限为6个月，二审为3个月，争议各方势必会在这一过程中耗费大量精力、物力、财力，而通过调解结案，争议各方会节省各项成本。再次，与法院判决相比，化解矛盾更加彻底，社会整体效益更大。通过判决结案，虽在法律意义上能定纷止争，但当事人的矛盾往往并未得到真正化解，甚至还可能加深，导致负面的社会效益。但调解则可以真正化解当事人的内心积怨，有效解决各方的矛盾。从这一意义上，它比判决具有更大的社会效益。

三、普及法律知识，弘扬社会正气

律师、人民调解员等调解专家在调解案件过程中，会力求用生动、简洁的语言解释相关法律问题，社会公众在观看该调解节目的同时，也能全面了解该案所涉及的有关民法、婚姻法、继承法、物权法等法律知识。因此，《第三调解室》本身就是一堂生动的普法宣传课。在电视台节目主持人的主持下，律师、人民调解员和心理专家协力参与调解的过程，这种公众喜闻乐见的方式，树立以孝亲养老、夫妻忠实、邻里和睦等正确的社会道德观，有力地弘扬社会正气，促进社会和谐。

2014年《为你而歌》系列专题片创作经验

王 卉

2014年6月30日至7月11日，由市委组织部、市委宣传部联合策划，北京电视台科教节目中心承制的大型党员先进人物系列专题片《为你而歌》（第十二部）在北京电视台卫视、科教、新闻三个频道同步播出，讲述了12位共产党员先进人物平凡无私的故事，展现了基层共产党员一心为民的形象，弘扬了社会主义核心价值观，歌颂了共产党员的时代精神。内容真挚感人、质朴真实，受到了观众的广泛好评。

创新节目样态——主旋律深入人心

从2001年开始，《为你而歌》连续制播了12部157集节目，作为党员经常性教育的重要教材，已经成为每年市委市政府向党的生日献礼的品牌节目。十多年来，北京电视台的创作人员坚持不断创新典型宣传方式，追求艺术品质突破，尤其是第12部《为你而歌》，在内容、样态和呈现方式上都进行了较大的创新突破。

紧扣时代引发共鸣。2014年《为你而歌》系列专题片积极顺应时代呼声和人民期盼，立足普通共产党员的“中国梦”，深入展示了他们在平凡的岗位上不懈奋斗、服务人民、为了群众利益不计得失的实际行动与内在精神世界。比如，大学生村官胡建党，毕业后扎根农村，在用新观念、新技术积极带领村民致富的同时也实现了自身的理想与价值。再比如，社区好管家高淑芹精心绘制“民情图”，主动帮扶困难家庭，把居民当亲人，为群众排忧解难，被社区居民当作贴心人。

纪实风格质朴感人。采用纪录片拍摄手法，通过大量鲜活的纪实画面和同期声，直观展现主人公的真实工作与生活状态，让观众觉得亲切、可信，让典型报道更接地气，更具感染力和说服力。

特约评论升华点题。节目邀请了央视新闻评论员杨禹，在每期节目开篇和结尾进行评论，紧紧围绕先进人物的感人事迹展开，高度提炼了共产党员闪光的精神内涵。特约点评环节提纲挈领、语言朴素、情真意切，帮助观众更加透彻地理解节目中传递的价值理念，进一步升华了主题与立意。

创新编播方式——优质平台提升传播影响力

《为你而歌》12期节目在北京地区首播平均收视率为1.89%，其中最高单期收视率达到2.45%，相比2013年单期最高收视率2.12%提升了16%，并创造了自2001年开播以来12部系列片中的最佳收视效果。播出期间，节目平均市场份额达到8.93%，始终位列北京地区同时段收视第一，全国省级卫视同时段收视第二名。优异的收视表现，得益于电视台对主旋律作品的高度重视和对编播方式的创新。

在频道编排上，安排了三个主力频道同步播出，其中每天18时12分在北京卫视首播，次日在科教频道19时06分和新闻频道19时38分重播。北京卫视作为北京电视台最具影响力的卫视频道，近两年收视业绩稳居全国省级卫视第四名，北京地区所有频道第一名，有力保障了《为你而歌》节目的覆盖力和影响力。

重点时段提升传播效果。北京卫视拿出了全天编排中最具收视保障和传播力度的高竞争力时段，作为《为你而歌》系列专题片的宣传阵地。由《养生堂》《北京新闻》和《新闻联播》三档节目构成的板块，始终稳居同时段全国省级卫视的第一名。将《为你而歌》安排在《养生堂》和《北京新闻》两档高收视节目之间播出，借助这一板块的收视吸附力和影响力，大大增强了传播效果。此外，在科教、新闻频道的重播也安排在了收视人群最密集的晚间黄金档。

整合资源高密度宣传。北京卫视、科教频道均采用在线包装全天候预告系统，从早9点至晚间11点以右上角翻屏和屏幕下方的滚屏字幕的形式，重点预告《为你而歌》的播出时间和频次，以达到更好的宣传效果。在全台11个频道滚动播放《为你而歌》的节目宣传片，播出总量达到1000余次，构建起全天候、高频次的宣传矩阵，进一步提升了《为你而歌》在荧屏上的曝光度和关注度。播出前夕，市委组织部和市委宣传部向全市196.2万多党员发出通知，组织收看《为你而歌》，有效扩大了节目的社会关注度与影响力。

派出实力团队精心制作。在策划阶段，市委组织部和市委宣传部高度重视，给予了及时、有力的指导，有关领导多次召集北京电视台制作团队召开策划会，明确立意，制订方案，沟通细节，确保拍摄顺利完成。在摄制阶段，北京电视台特别邀请到《新闻联播》“走基层”系列节目的负责人，作为总导演对节目进行总体把控，保证了节目的艺术品质和表现力。在时间短、任务重、要求高的情况下，北京电视台创作团队全体成员加班加点，不怕苦、不怕累，高质高效完成了摄制任务。值得一提的是，在2014年《为你而歌》制作过程中，北京电视台秉持“厉行勤俭节约，反对铺张浪费”的原则，科学高效调度资源，合理利用已有基础，细化拍摄制作计划，与往年相比节约了近70万元经费。

传递社会正能量
——观众反馈好评如潮

节目播出后，许多观众通过热线、来信和网络留言等多种方式表达了观看后的感动之情。一位大学教授说：“今年的《为你而歌》先进人物那么接地气，让我们感到就一个字——真！”北京市八一中学艺术中心张主任和同样在艺术领域工作的爱人一同观看了节目，张主任说：“我们俩人期期不落地看完了《为你而歌》，真的很感动！希望北京电视台制作出更多这样积极向上、富有正能量的好节目！”在北医三院工作的宋医生说：“可能是职业的缘故，赵继宗院士那期《仁心仁术》是我特别喜欢的，电视片让我身临其境，我被赵院士的敬业精神和高超医术深深地感动了。”密云冯家峪村的大学生村官小徐对《小村官的真功夫》和《会算账的村支书》两期节目格外喜欢，光看电视还不过瘾，自己又上网搜索了关于节目主人公姬有和胡建党更多的资料认真学习。小徐表示要以他们的事迹来激励自己，在村干部的岗位上，一心为民、敢于创新，让村里的百姓能过上更加幸福美好的日子。

五大创新
开启财经频道创新模式

财经节目中心

2014 年，财经频道在编排、内容、活动、样态、经营五个方面大胆创新，开启了财经频道的创新模式。

编排创新，日常及节假日节目各具特色

日常节目强化财富节目带概念，提高节目辨识度。经过不断优化调整，以财富、收藏类等契合和引领社会热点的内容为特色的财富类节目已成为财经频道最大的亮点。2014 年财经频道进一步强化“财富节目带”概念，努力形成品牌效应：增加了《理财》《拍宝》这两大财富节目带主要构成栏目的播出时长，使财富类节目进一步形成规模，提高了节目的品牌识别度，在一定程度上改变了过去财富类节目眉不清目不秀、标识不明显的状况。

节假日尝试财富节目带首、重连播。2014 年节假日编排再次创新，在元旦、春节、“十一”期间对大型特别节目《财富之夜》采用了首、重连播的方式，取得了良好的收视成绩。以“十一”期间《财富之夜》为例，首播和重播分别比三季度日常节目收视提升了 63% 和 37% 。

内容创新，延展财富节目带宽度

2014 年，财经节目中心多档栏目不断进行了创新尝试：

《理财》尝试推出了《我是玩家》《暗战》《中国好手艺》系列节目。《我是玩家》借鉴《我是歌手》节目样态，将专家请到演播室讲述自己的收藏故事；《暗战》动静结合，把市场淘宝和收藏品的鉴别知识相互融合，引导观众提高鉴别能力；《中国好手艺》突破了以往收藏类节目看宝贝说价值的惯性思维，深挖藏品背后的文化价值和手艺人的故事，是《理财》栏目提升节目气质的一次有益尝试。

《财富故事》打通周末时段，推出《收藏家》，以历代收藏大家为切入点，讲述他们的收藏故事、传奇经历和文化感悟，引领观众欣赏大家们的稀世藏品，探寻收藏的真谛，有效拓宽了节目涉猎范围，丰富了节目内容，延伸了财富节目带宽度。

《拍宝》注重嘉宾选择新颖化，不断有新的权威性收藏专家加入到节目中来。节目形态新颖化，不局限于演播室，更多地走出去做有影响力的公益活动。节目元素新颖化，增加贴近观众的民生元素。

样态创新，丰富节目储备

在春节和国庆节期间，频道集中优势资源，对品牌栏目《财富之夜》进行了全

面改版升级。

春节期间，节目将场景设置在“理财客栈”和“理财当铺”中，邀请了赵忠祥、王玥波等收藏名家以及汪国新等书画名家，通过斗宝、竞猜等形式在嬉笑演绎之间将精彩内容串编，打破了以往演播室主持人播报的传统方式。

“十一”期间，《财富之夜》再次创新，借鉴时下热门的大型季播娱乐节目的做法，加入了大量的娱乐化字幕和声效元素，为节目锦上添花，增添了可视性。

一方面加快栏目的样态改造，另一方面频道积极丰富节目储备。2014 年初，财经节目中心依照定位和规划，在全中心范围内公开征集节目创新方案。编辑记者踊跃参与，最终征集到各类节目方案 18 个。经主任办公会研究后，其中较成熟的节目作为季播节目试水播出。

活动创新，扩大频道品牌影响力

推出原创季播节目《快乐收藏——首届民间收藏知识大会》。该项活动是财经频道精心策划推出的大型原创收藏知识类闯关真人秀节目。它“以民间收藏知识竞赛为核心，藏友比拼眼力为主体”，以“收藏达人秀、藏品专家评、文化名人说”为基调，以“知识还原历史，文化提升价值”为主线，打造一场百姓喜闻乐见的民间收藏盛典。首都博物馆研究员王春城说：“该项目的推出改变了目前电视收藏类节目偏重价格表现的现状，有望开创中国收藏类电视节目的新局面。”《快乐收藏——首届民间收藏知识大会》自 2014 年 8 月 31 日启动以来，有近 600 名收藏爱好者先后通过大会设在全市古玩收藏市场的 13 处报名点、电话专线以及 BRTN 网站等方式踊跃报名。大会组委会先后组织了 7 场海选面试，选出了近百名选手参加电视初赛录制。

大会由王春城、郭颖、杨实三位业界专家组成初赛评委阵容。节目播出当天，财经节目中心与 BRTN、BTV 微信、BTV 微博以及 BTV 大媒体再次联手，聚集各路“微能量”，集结多种形式推送了这档有知识、有历史、有文化、有故事的闯关真人秀节目。同时，频道及各栏目微信微博打破常规，搞了一次财经自己的微矩阵，充分体现了财经节目中心一贯坚持的深度“触网”的工作模式。

《天下财经》成功推出“请你操盘”大型公益活动，上千名选手参与活动。节目中还开设相应板块，全景展现选手排名、持股情况，引入“真人秀”元素，记录选手当天的实际操作情况和真实生活，增强节目可看性。9 月，栏目组还携手北京市证券业协会和财经媒体、投资机构，举办了主题为“新经济、新展望、新机遇”的大型联合报告会，投资者参与踊跃。

推出大型系列特别节目《大引擎》。为充分展现北京近年来在转变经济发展方式中，以文化创新、科技创新“双轮驱动”的发展战略所取得的成就，把中国梦宣传报道不断引向深入，财经节目中心拍摄制作了 5 集大型纪录片《大引擎》，以财经视角记录北京市文化建设的新风貌、新境界和新追求，反映人民享受文化发展成果的新水平、新创造和新要求。

经营创新，打造财经定制时段

近年来，随着媒体环境的复杂化和受众收视的碎片化，传统电视广告的传播效果减弱，广告投资商的传播需求更加个性化、多元化，定制植入成为广告及电视行业进一步适应新传播环境做出的新尝试。

面对市场巨变以及传统经营模式暴露出的诸多弊病，财经频道积极响应台领导“全面深化改革”的要求，及时更新观念，重新定义节目与经营的关系，推出“定制节目带”概念，为2015年频道在晚间黄金时段推出专业定制财经时段——《财经八点档》的创新试点做充分准备，以期用崭新的经营模式实现节目与经营的融合发展，全方位进入节目与经营并举的新格局。

一次新的尝试与突破

——健身系列专题片《你早北京》得失谈

赵　迪

从筹备、拍摄到剪辑、播出，一个多月的时间终于完成了《快乐健身一箩筐》开播以来的第一个健身系列专题片《你早北京》。无论它的影响有多大，至少对于“一箩筐”和专题片的参与者来说都是一次尝试与突破。

从项目描述到人物刻画的转变

以往的“一箩筐”重在描述运动项目本身对于健康的好处和健身的帮助。《你早北京》虽然不离健身，但侧重点却放到了人物与运动和城市的关系上。

专题片离不开人，人物形象又必须杜绝脸谱化。本期节目的几位主人公虽然都爱运动，都是老北京人，但各有特点，有曾患抑郁症的人，有打破吉尼斯纪录的人，也有南城的市井百姓。他们的身份不同，视野就不同。在这个层面下的采访，更注重强化人物，从单纯的“这项运动如何健康”，深入到“我为什么要参与、我的改变以及背后的深意”等比较本质的内容。过去的“我问，你答”模式逐渐变成了“你说，我听”，这种形式使人物变得丰满起来。三个片子中每个出镜的人都自然、真实地表达自己的观点，述说自己的故事，几乎没有水词。或凝重、或大笑，每个表情都显得比以往更生动。

找到合适的人，为呈现精致的片子提供了保障。以后再做专题片，前期准备要更充分。挖掘人物是关键，还可以了解得更多一些。

电视包装的改变

日常播出的“一箩筐”，包装一直是比较出色的，各种健身贴士、重点字幕的提示、音效等非常到位。《你早北京》完全摒弃了这种类型的包装，更重在刻画电视语言、音乐及细节包装。这对于节目感染力的提升和整体呈现上都发挥了很好的效果。

电视语言包装。电视最大的优势就是具有视觉与听觉的双重功能。本期节目的剪辑除了重视画面的美感，节奏把握也很重要。几乎每个画面都是与配音的节奏相对，看起来会比较舒服。另外，除了画面恰当、精巧、震撼外，专题片的解说词是至关重要的。本期节目开篇的第一句话“北京城，胡同浩繁以千计”一出，就会让所有人从听觉上感受到区别。配音的语音、语调深沉，文字也比以往更为讲究。在不长的制作时间里，《你早北京》的每句解说词都经过了多次推敲与修改，有深度，但不矫揉造作。

音乐包装。一部优秀的电视专题片，配乐犹如锦上添花。专题片的配乐要抓好片头、中间叙述、升华之处、片尾等环节。《你早北京》的开端就是北京清晨5点半的各处街景，无解说，只通过比较有气势的音乐，将观众的注意力吸引到片中。第一个小片的尾声，画面是从香山俯瞰北京，配乐则是大气、动人，抒发情感，与解说词搭配起来相得益彰。花毽小片的动感强，京味元素浓，配乐随时搭配着画面改变，既有深沉厚重，有时也会有些游戏、顽皮之感，起伏有致，观感自然。

细节包装。《你早北京》的配音很成功，语速、音调都很让受众接受，能迅速进入情境之中。本期节目未使用箩筐转场，每个小片是通过黑起黑落的暗转完成，显得更为稳重。节目为了突显画面，除了解说词到人物采访通篇都有明显字幕外，主题字幕与人名条字幕使用的都是颜色较淡的字体，不抢任何风头，使观众不容易跳脱情节。本期片尾也是用精美画面制作而成，与前面的内容吻合，看起来风格相同。这些细节也起到了提升的作用，使节目看起来完整、流畅。

虽然《你早北京》得到了多位老师们的鼓励，但我们深知还有诸多问题亟待解决。

细节展现不够丰富。专题片可以弱化故事情节，但不可以缺少细节描述。一期专题片如果有几个精彩的细节，可以使人眼前一亮，过目不忘，至少也能起到画龙点睛的作用。

着眼点应再大些。本片虽然叫《你早北京》，人物选取和运动项目都比较有代表性，但北京这个城市与人物的关系，展示还不够丰满。比如为什么香山一年四季都是北京人最热衷的健身圣地，北京人的情结在哪里？什刹海这些老地方，在北京人心中的感情到底有没有变化等等。这些笔墨还触及得不够多。

创新工作机制，培养青年人才

党委办公室

面对青年人才培养工作的形势和任务，党委办公室探索建立了“导师+青年+项目”的人才培养模式，明确了以青年创新工作站为组织、以创新项目为依托、以青年员工为骨干的创新人才培养工作体系。

经过一年多的工作，初步选拔建立了15个青年创新工作站，190余名一线青年员工成为工作站的骨干成员，累计集中开展相关创新攻关工程70余项，在节目创新、技术创新、管理创新、营销创新等方面取得了一系列显著成果。目前即将开展的第一批创新工作站终评验收工作，将对一年来的创建成效进行全面总结，为形成成熟的青年人才培养模式奠定基础。

一、建立创新培养机制，形成完整的青年人才培养链条

在创建过程中，积极把握好分类培养、实践培养、个性培养三大原则。分类培养，就是根据不同类型青年人才的特点和需求，分类实施培养计划，提出目标明确、符合实际的培养举措；实践培养，就是结合创建项目的实际，搭建实践锻炼平台，在推动项目实施的过程中增强青年人才的创新素质和综合素质；个性培养，就是坚持以青年人才为本，有针对性地制订和实施培养计划，开展个性化的培养和指导，彰显青年人才的个性特征。

为此，按照节目、技术、管理、营销四大类型，建立了青年创新工作站的基本培养流程。

一是进行申报，鼓励各部门青年人才从自身的工作特点、资源特点、兴趣特点出发，明确创新内容和创新目标，提出创新计划。

二是开展初评，由台内领导、专家组成的评审委员会对创新计划的可行性进行论证和评价，帮助青年人才理清思路、完善方案。

三是深度培养，邀请相关领域的专家学者、业务骨干为青年人才实施创新项目提供指导，举办专题培训，组织集体学习观摩台内外各种有影响的创新活动，提高青年人才的思想认识。

四是明确要求，对通过初评的青年创新工作站提出了举办青年创新讲堂活动、建立全程工作台账、形成创新成果报告、制作视频短片等要求，以压力形成动力、催生成果。

五是开展验收，对青年创新工作站的创建过程进行总体把握和科学评价，确保创建工作取得实效、人才培养收获硕果。

二、搭建创新激励机制，把握青年人才培养的“时、度、效”

在创建过程中，把促进青年人才快速成长的目标与尊重人才培养规律、创新成果产出规律有机结合起来，科学把握推进的力度和节奏，分别确定了青年人才培养的短期、中期、长期目标。短期目标，就是初步形成重视创新、重视青年人才培养的环境和氛围；中期目标，就是产生一批具有一定创新价值的项目成果和人才成果；长期目标，就是建立健全优秀青年人才脱颖而出、发挥作用的制度体系。

以此为基础，将激励促进工作贯彻到青年创新工作站创建的全过程，形成较好的激励效果。

一是评比激励，在申报初评、验收终评等工作中，采取优胜劣汰、竞争择优的办法，鼓励申报者把握方向、明确思路、推陈出新，形成更多更好的创新成果。

二是跟踪激励，对通过初评的青年创新工作站的创新过程进行全程跟踪，定期了解阶段性创建情况和工作效果，召开中期人才培养工作交流会，通过简报等形式把握创建工作的节奏，并与经费使用等形成关联。

三是后续激励，对通过验收终评、正式挂牌的青年创新工作站，对其下一年度的创新计划和工作安排提出要求，推动其进一步发挥创新效应和人才培养的示范作用。同时，对于申报但未通过初评的创新项目，鼓励申报者所在部门进行有计划、有重点地扶持和推动，逐步形成上下联动的两级创新激励体系。

三、完善创新保障机制，营造青年人才发展的良好环境

在创建过程中，强化对青年人才培养工作有关重大问题的调查研究，积极学习兄弟单位开展相关工作的宝贵经验，继承北京电视台连续多年举办的岗位创新评比表彰活动的有益做法，着力构建与北京电视台改革发展相切合、与青年人才培养工作规律相切合、与干部人才管理制度相衔接的工作体系。

按照这一要求，建立健全四大保障机制。

一是组织保障，明确由党委办公室牵头、相关部门配合、团委具体承办的青年创新工作站创建工作组织机制，纳入全台年度思想政治工作要点和重点工作折子工程，确保相关工作有计划、有总结、有目标、有责任。

二是经费保障，为第一批创新主体和人才培养工作提供约100万元的专用经费，纳入全台年度公用经费预算，为各青年创新工作站学习考察、研讨交流、社会实践、项目推进提供了较为充足的经费支撑。

三是宣传保障，通过台内网、内刊、微信等渠道积极宣传青年创新工作站创建工作的进展情况、有效做法、具体成果，形成了一定的工作声势。

四是政策保障，目前正在逐步建立青年创新工作站项目建设成果落地实施绿色通道以及重点培养的青年创新人才评先评优、晋升岗位的绿色通道，推动人才培养成果落实到位。

创新方式、完善机制，着力推进学习型党组织建设

党委办公室

北京电视台现有7个党总支、56个党支部，拥有1500余名党员。近年来，党委办公室按照台党委和上级的要求，紧密结合电视台改革发展的特点和干部队伍建设的实际，不断创新推进学习型党组织建设的方式方法，坚持以党委中心组为龙头、以中层干部为骨干、以党员干部为重点的学习制度，建立了较为完善的学习教育培训体系，形成了一系列品牌活动，取得了显著成效。

一、创新工作机制，强化学习型党组织建设的组织领导

把学习型党组织建设作为一项重大任务和战略工程，融入到北京电视台改革发展的全过程、各方面，不断完善工作制度，加大工作力度，建立了主要领导牵头抓，分管领导具体抓，党委办公室等职能部门协调抓，全台党总支、党支部配合抓的工作格局，形成了有计划、有部署、有落实、有检查、有总结的创

建工作格局，使学习型党组织建设由虚到实、更有作为。

二、创新工作载体，搭建学习型党组织建设的多元平台

积极抓好各种宣传教育平台的建设，创造性地管好、办好、用好台内网党建之窗、党建视频、精神文明精神专网、群众路线教育实践专网、京视青年、党委宣传栏、宣传系统快报摘编等宣传学习载体的建设，及时编发链接各类学习教育信息、工作简报。充分挖掘和开辟互联网、移动终端等多媒体学习教育形式，利用微博、微信、客户端、微信电视等渠道开展教育培训，增强了学习教育的生动性和感染力，形成了良好的学习沟通机制。在工作场所、生活园地精心设计社会主义核心价值观的宣传标语和宣传海报，设立勤俭节约、反对浪费宣传条幅，形成培育和践行社会主义核心价值观的良好氛围。

三、创新工作内容，丰富学习型党组织建设的有效资源

按照上级要求和全台改革发展中心任务，认真研究党委中心组学习安排和全台党员干部群众学习培训计划，每年结合全台工作实际，精选编排学习内容，制定督促学习的措施，确保学习要求落到实处。

2012年以来，组织党委中心组开展集中学习78次，组织广大党员干部群众认真学习贯彻党的十八大、十八届二中、三中、四中全会和习近平总书记系列重要讲话精神；对习近平总书记在全国宣传思想工作会议上的讲话、关于媒体融合发展的论述、在文艺座谈会上的讲话等重点篇目进行深入精读和交流研讨；对新媒体与传统媒体融合发展进行形势研判和趋势分析；对加强内部管理、完善财务审计制度等管理问题进行知识普及和讨论研究。全台每年都要安排数十次的政治理论和政策法规学习，提高了广大干部群众的理论水平和工作能力。

党委中心组成员通过积极参与党的群众路线教育实践活动、“走转改”活动、作风建设年活动等，加强党风党纪、廉洁自律教育，增强反腐倡廉意识；建立了年度调研机制和每月深入基层联系服务群众机制，定期召开领导班子专题民主生活会，在全台党员干部职工中树立了爱学习、求进步的良好形象。

在抓好理论学习的同时，着眼于电视媒体改革发展的新形势、新情况、新问题和党员干部职工的新期待、新要求、新愿望，组织开展了多层次、多样化的学习教育活动。

一是会同总编室、人事部，连续多年组织开展全台采访、编辑、播音主持岗位从业人员的马克思主义新闻观教育培训，每年的集中学习不少于3天，采取专家讲座、网上答题等多种方式进行，对缺席人员集中补课，确保马克思主义新闻观教育全覆盖、零遗漏。

二是分层分类开展学习贯彻习近平总书记系列重要讲话精神集中轮训、党支部书记学习贯彻十八大精神专题培训、新任中层干部岗位能力专项培训以及其他专项培训。

三是结合培育社会主义核心价值观和“五个一”文明创建活动开设“道德讲堂”，形成常态化学习交流制度。

四、创新工作方法，形成学习型党组织建设的独特经验

经过几年的努力，坚持立足北京电

视台的单位特点、职能特点、队伍特点和资源特点开展工作，形成了自身的创建工作特色。

一是上下联动，就是把建设学习型党委与建设学习型领导班子、学习型党总支（党支部）、学习型科室（栏目组）、学习型专业人才队伍等有机联动起来，在台党委统筹台级重点学习活动的同时，引导鼓励下级党组织和各部门各单位开展具有自身特点的学习活动，提升学习型党组织建设的内涵和外延。

二是内外结合，就是将自身创建工作与履行舆论引导责任充分结合起来，不断加大对推进首都学习型城市建设和学习型党组织建设典型单位、典型事迹的宣传报道力度。

三是着眼发展，就是把推进学习型党组织建设工作，作为解决北京电视台改革发展重点问题、难点矛盾的重要契机，既重点抓好解决思想思维问题的理论学习，又高度重视解决实际问题的专题学习，实现创建工作推动发展、取得实效，一批品牌学习项目分别在国家级和省部级重要活动中进行经验交流、得到表彰推广，2014 年北京电视台被评为北京市建设学习型党组织工作示范点。

弘扬志愿者精神　展示老同志风采

——记北京电视台老干部志愿服务团

老干部工作办公室

北京电视台老干部志愿服务团自成立以来，坚持为老同志服务，坚持自我管理，坚持奉献爱心，坚持老有所为，2014 年 3 月被首都文明委授予“首都学雷锋志愿服务站”称号。

一、坚持组织倡导与自我管理相结合，加强志愿团规范化建设

在老干部党总支的直接领导和策划下，2011 年启动了老干部志愿服务团项目，把志愿服务团建设作为重要抓手，进一步加强老干部服务管理工作，大力倡导社会主义核心价值观。在 3 月 5 日学雷锋活动纪念日，老干办党支部联合退休职工 4 个党支部，向全台退休职工党员发出倡议：大力弘扬“奉献、友爱、互助、进步”的志愿服务精神，全面构建 BTV 老干部幸福、和谐、温馨的大家庭，期待大家踊跃加入志愿者队伍。经过半年多紧张的筹备，在 12 月 21 日国际志愿者日到来之际，正式成立了由老党员带头、退休职工参与的老干部志愿服务团。

志愿服务是一项有规律可循的工作，规范化能够使它走得更远。志愿团一成立就召开专题会议，研究志愿团章程、机构设置和人员职责分工，为志愿团规范化发展奠定了坚实基础。在此基础上，确定了志愿者的口号为：我参与！我奉献！我幸福！我快乐！制定了志愿者自愿报名的条件：热爱公益、遵纪守法、乐于奉献；为人诚恳、工作热情、责任心强；具有良好的沟通交流能力；身体健康，年龄不超过75岁，有一定的参加活动时间保障。

根据志愿者的兴趣专长和年龄身体状况，分设了策划组、医疗组、宣传组、摄影组、编辑组、联络组。2013年9月，通过面向全体老同志开展半年的征集工作，由志愿者填词谱曲共同创作了志愿团团歌——《BTV志愿者之歌》，经台领导批示后制作成MV，在各频道播出，并在东方太阳城老年社区传唱，进一步弘扬了BTV志愿者精神。三年多来，BTV老干部志愿团由成立之初的40人发展到了目前的140人。

二、坚持互助服务与社会服务相结合，传播放大社会正能量

老干部志愿服务团成立三年间，经历了积极探索、逐步完善和延伸拓展三个阶段，从个体的彼此关心，到集体的志愿行动；从内部互助传递温暖，到服务社会奉献爱心。通过这种由个体到团体、由内部到社会的互助式的关爱与服务，实现单位、社区、家庭的有机结合，探索老干部志愿团在社会转型期新的工作方式，提升了老干部志愿团的服务效果与水平。这种工作模式，我们形象地概括为：一个“小循环”和一个“大循环”。

小循环，是志愿者互助服务的小循环。志愿团工作立足于老干部自我服务、自我管理，这是成立志愿团的初衷。平日里，志愿者们自觉自愿地互帮互助：有的以电话、短信、上门看望等形式对老同志嘘寒问暖；有的为大家发放刊物杂志、工资条、药品、体检报告等；有的在社团活动中收取会费、发放歌片、招呼上下车、收发停车证；有的在集体学习和党日活动中主动做会务服务、摄影摄像、录制MV、制作活动专题片等；有的积极参加书法摄影布展、撤展等日常活动。

志愿者们根据本人兴趣爱好，发挥特长，积极参与，既展现风采，发扬了团结友善、助人为乐、无私奉献的精神，也为老干办增加了助手，为开展好各项活动提供了安全保障。

2013年，在老干部志愿服务团成立两周年之际，老干部志愿服务团向全体志愿者发出新倡议：在离退休老同志中建立并逐步完善“一对一志愿服务通讯网”，让有困难、有伤病的老同志能够得到及时有效的关爱和帮助。目前，这个通讯网已扩充为老干部“志愿互助”服务联系网，有200余名老同志加入并受益。

大循环，是参与社会服务的大循环。结合志愿团实际，组织老同志积极参加所在社区及延伸到社会的志愿服务活动，使志愿者互助服务小循环与社会服务大循环相结合，以小环境影响大环境，践行价值观传递正能量。如有的志愿者自觉为所居住的楼门解决治安隐患问题，有的帮助邻里照顾病人，有的志愿参加社区巡逻，有的积极组织社区合唱队、舞蹈队参加演出并获奖，有的主动捐款捐物，形成了服务社会、扶老济困、互帮互助的良好风尚，温暖了身边的每一个人。

2013年，开展的“捐赠日”活动，把老同志的关爱延伸到社会中去。如志愿服务团部分成员向北京周边穷困山区捐赠衣物116件，并将捐赠延伸至甘肃、安徽、青海等外省贫困地区。再如退休职工邹丽娜同志，一直有多做公益活动的良好心愿，她除了参加BTV志愿团活动之外，还加入了公益组织——中国狮子联会，作为北京会员管理委员会快乐100服务队的队员，去年随团赴甘肃南部，为长征沿途的贫困藏区小学捐建图书馆3所；2014年5月，为“长征路上图书馆”项目募捐，举办大型募捐晚会，她作为总导演，积极奔波努力工作，为延安四所小学和一所中学筹款20万元。

三、坚持政治引领与文化浇灌相结合，为志愿服务注入强劲动力

近几年，老干部志愿团在开展活动中，重视强化政治理论学习，重视发挥政治引领作用，同时，还通过健康向上的文化活动，提升文化修养和人生价值理念，达到寓教于乐、以文怡人的目的。

2011年以来，每年开展1次至2次主题实践教育活动，如开展“颂党恩抒豪情、添光彩乐晚年”主题活动，在市老干部局组织的2011年北京市最佳离退干部党支部“主题党日”评比活动中荣获一等奖。重阳节前夕，开展“节水我行动，造福你和他”志愿者大行动，170余名老干部在十三陵水库交流节水小窍门，争先恐后在“节水”宣传条幅上签名。在志愿者的感染带动下，所有老同志都成了节水志愿者，这一活动在《晚晴》栏目播出后，引起了良好社会反响。

2012年，两次开展“BTV老干部太阳村爱心之行”主题活动，到顺义区北京市太阳村儿童教育咨询中心，捐资认养了“BTV老干部爱心树”，给太阳村的孩子们捐赠了学习用品、音像资料、图书、衣物玩具千余件和部分生活用品，价值近4万元。

2013年，举办庆国庆、迎重阳老同志“中国梦·我的梦”主题活动成果展，精选出的实物书法及130幅摄影作品，展现了老同志积极向上的精神风貌。

2014年“六一”前夕，老干部志愿服务团为实现京津冀一体化协同发展做点力所能及的事情，与主持人爱心团两名成员，一行30人往返6个多小时来到河北兴隆县克梨木联合小学，与当地近300名师生一起举办“大手拉小手，爱心互助庆‘六一’”活动，吸引了克梨木村200多名村民前来观看，校领导感谢BTV志愿者为他们带来如此精彩的演出，让孩子们度过了一个难忘而快乐的儿童节。

组织机构

组 织 机 构

中共北京电视台委员会

书　记：赵多佳
副书记：韦小玉　彭司海
委　员：田　方

北京电视台领导班子成员

赵多佳　北京电视台党委书记、北京电视台台长
韦小玉　北京电视台党委副书记（2015 年 3 月任）
北京电视台常务副台长（2015 年 1 月任）
彭司海　北京电视台党委副书记、北京电视台纪委书记
田　方　北京电视台党委委员、北京电视台总工程师
朱　江　北京电视台副总编辑
王　澎　北京电视台副台长
李岭涛　北京电视台副台长
艾冬云　北京电视台副总编辑
徐　滔　北京电视台副总编辑
窦晓东　北京电视台党委副书记、常务副台长（2015 年 1 月免）

共青团北京电视台委员会

书　记：陈　庆
副书记：洪　聿　王　寅
委　员：张宇明　张恺轩　吴秋辰　靳萌萌

机构设置

内设机构：

党委办公室、办公室、监察审计办公室、人事部、保卫部、计划财务部、工会办公室、行政部、基建办公室、研究发展部、总编室、广告部、经营管理部、新媒体发展中心、总工程师办公室、制作部、播出部、动力部、技术设备管理部、转播传送部、信息网络管理部、卫视节目中心、新闻节目中心、海外节目中心、文艺节目中心、科教节目中心、财经节目中心、体育节目中心、生活节目中心、青少年节目中心、影视剧中心、纪实频道节目中心、动画节目中心

内部机构：

办公室—史志办、人事部—老干部工作办公室

注：青少年节目中心、海外节目中心，在台内合并为青少·海外节目中心

北京电视台在职中层干部

序　号	姓　名	部门及职务
1	郝　洪	党委办公室主任（试用）
2	孙书明	党委办公室副主任
3	宋　莲	办公室主任
4	王　昕	办公室副主任
5	李　晗	办公室副主任（试用）
6	史椰森	总编室主任
7	高　譪	总编室副主任
8	刘　虎	总编室副主任
9	毕　江	北京电视台副总工程师
10	林　平	总工程师办公室主任（试用）
11	王立冬	总工程师办公室副主任
12	徐志军	总工程师办公室副主任（试用）
13	秦新春	研究发展部主任（试用）
14	马克燕	研究发展部党支部专职书记
15	李文升	研究发展部副主任
16	刘晓隽	研究发展部副主任（试用）
17	周久兰	监察审计办公室主任（试用）
18	周志豪	监察审计办公室副主任（试用）
19	钱　毅	工会办公室主任、党支部书记
20	李迎军	工会办公室副主任
21	杨建忠	人事部主任
22	高　扬	人事部副主任
23	陈　冬	人事部副主任（试用）
24	孙成刚	计划财务部主任
25	汪　红	计划财务部副主任
26	王京梅	计划财务部副主任
27	王开平	行政部主任
28	纪　勇	行政部副主任
29	卢英锁	行政部副主任
30	姚大禹	行政部副主任

续表

序　号	姓　名	部门及职务
31	钟　强	保卫部主任
32	赵修明	保卫部副主任
33	马世飞	保卫部副主任
34	张晓耕	广告部主任（试用）
35	张宇青	基建办公室副主任
36	朱晓宇	基建办公室副主任兼招投标管理工作领导小组办公室主任
37	孙洪斌	经营管理部主任
38	买剑平	经营管理部副主任
39	齐学耕	经营管理部副主任
40	马　宏	卫视节目中心主任（试用）
41	张　丽	卫视节目中心副主任
42	李利影	卫视节目中心副主任
43	邵　晶	卫视节目中心副主任（试用）
44	张　庆	新闻节目中心主任（试用）
45	周永萍	新闻节目中心新闻编辑部主任
46	王　毅	新闻节目中心新闻编辑部副主任
47	徐京玲	新闻节目中心副主任兼要闻采访部主任
48	张晓鲁	新闻节目中心要闻采访部副主任
49	丁晓阳	新闻节目中心副主任兼社会新闻采访部主任
50	袁　朴	新闻节目中心社会新闻采访部副主任
51	刘　民	新闻节目中心副主任兼新闻评论部主任
52	黄　瑨	新闻节目中心副主任兼新闻专栏部主任
53	李大功	新闻节目中心综合管理部主任
54	袁子勇	青少年节目中心主任（试用）
55	严　崴	海外节目中心副主任
56	陈　晔	青少年节目中心副主任
57	张　苏	青少年节目中心副主任（试用）
58	潘全心	文艺节目中心主任（试用）
59	齐建彤	文艺节目中心副主任
60	朱礼庆	文艺节目中心副主任
61	庄小红	文艺节目中心副主任（试用）
62	杜　研	科教节目中心主任

续表

序　号	姓　名	部门及职务
63	张　宾	科教节目中心副主任
64	宁文茹	科教节目中心副主任
65	王　勇	科教节目中心副主任
66	张　恒	影视剧中心主任
67	郭跃进	影视剧中心副主任
68	严　澍	影视剧中心副主任
69	宗燕红	财经节目中心主任
70	岳　民	财经节目中心副主任
71	蓝　霖	财经节目中心副主任
72	白　平	财经节目中心副主任（试用）
73	焦少波	体育节目中心主任
74	邱大卫	体育节目中心副主任
75	宋健生	体育节目中心副主任
76	王少华	体育节目中心副主任
77	赵　彤	生活节目中心主任
78	刘学军	生活节目中心副主任
79	任友红	生活节目中心副主任
80	白艳军	生活节目中心副主任
81	张　帆	动画节目中心主任
82	何　蔚	动画节目中心副主任
83	周　方	动画节目中心副主任（试用）
84	陈大立	纪实频道节目中心主任
85	蒋　虎	新媒体发展中心主任
86	赵志成	新媒体发展中心副主任
87	张　红	新媒体发展中心副主任
88	史月光	新媒体发展中心副主任
89	王　方	播出部主任（试用）
90	刘宏亚	播出部副主任
91	金　强	播出部副主任
92	刘　威	播出部副主任（试用）
93	郑　星	制作部主任
94	王　浩	制作部副主任

续表

序　号	姓　名	部门及职务
95	程　军	制作部副主任
96	孙海峰	制作部副主任（试用）
97	朱雨稼	转播传送部副主任
98	韩士聪	转播传送部副主任（试用）
99	王晓龙	动力部主任
100	刘　颖	动力部副主任
101	侯宏炜	动力部副主任（试用）
102	刘晓光	技术设备管理部主任（试用）
103	章泽群	技术设备管理部副主任
104	戴巧玲	技术设备管理部副主任
105	周旭辉	信息网络管理部主任
106	李　湧	信息网络管理部副主任
107	李　程	信息网络管理部副主任（试用）
108	冯　平	史志办公室主任
109	闫军才	史志办公室副主任
110	刘绍芬	老干部工作办公室主任
111	孟传妍	老干部工作办公室副主任
112	李　果	北京卡酷传媒有限公司总经理
113	刘方平	北京电视产业发展集团副总经理
114	牛振青	北京京视卫星传媒有限责任公司总经理
115	赵峥铮	北京京视电广传媒有限责任公司总经理
116	刘　泓	北京京视电广传媒有限责任公司副总经理
117	曹　征	新纪实（北京）传媒投资有限公司总经理
118	赵福明	总编室正处级干部
119	李雅涛	行政部主任助理
120	许建海	紫禁城影业公司总经理
121	于金伟	影视剧中心主任助理
122	宗　昊	正处级干部（援藏干部）
123	赵　波	纪实频道节目中心副主任（援藏干部）
124	翟　涛	副处级干部（援疆干部）

（截至2014年12月31日　党委办公室）

北京电视台科级干部

序　号	姓　名	部　门	职务名称	职务级别
1	林　敏	监察审计办公室		正科级
2	蒋效中	监察审计办公室	科　长	正科级
3	白希军	监察审计办公室	科　长	正科级
4	唐乐平	人事部	科　长	正科级
5	李晓亭	办公室	科　长	正科级
6	曹　勇	办公室	科　长	正科级
7	张　铭	办公室	副科长	正科级
8	秦　爽	办公室	科　长	正科级
9	王　伟	办公室	科　长	正科级
10	刘海述	办公室	科　长	正科级
11	王宇哲	办公室	科　长	正科级
12	李耀仙	计划财务部	科　长	正科级
13	赵亚波	计划财务部	科　长	正科级
14	李培云	计划财务部	科　长	正科级
15	冯　妍	计划财务部	科　长	正科级
16	陈　方	计划财务部	科　长	正科级
17	史楠楠	计划财务部	科　长	正科级
18	赵景瑞	计划财务部	科　长	正科级
19	石　慧	计划财务部		正科级
20	张　毅	保卫部	科　长	正科级
21	李　锐	保卫部	科　长	正科级
22	张建宁	保卫部	科　长	正科级
23	毕小兵	保卫部	科　长	正科级
24	董英秀	工会办公室	科　长	正科级
25	李有成	基建办公室	科　长	正科级
26	李学红	基建办公室	科　长	正科级
27	张向华	基建办公室	科　长	正科级
28	方亦军	动力部	科　长	正科级
29	程　毅	动力部	科　长	正科级
30	杜　伟	动力部	科　长	正科级

续表

序　号	姓　名	部　门	职务名称	职务级别
31	赵　阔	动力部	科　长	正科级
32	左云彩	动力部	科　长	正科级
33	张　焱	动力部	科　长	正科级
34	段　平	行政部	科　长	正科级
35	姜　涛	行政部	科　长	正科级
36	闫　欣	行政部	科　长	正科级
37	李金明	行政部	科　长	正科级
38	崔子强	行政部	科　长	正科级
39	崔国飞	行政部	科　长	正科级
40	罗丽红	总编室	科　长	正科级
41	李　昕	总编室	科　长	正科级
42	黄　晋	总编室	科　长	正科级
43	李　鹏	总编室	科　长	正科级
44	孙湘源	总编室	科　长	正科级
45	周　红	总编室	科　长	正科级
46	田爱民	总编室	科　长	正科级
47	王　华	总编室	科　长	正科级
48	李　伟	广告部	科　长	正科级
49	张　皓	播出部	科　长	正科级
50	王　进	播出部	科　长	正科级
51	董秀琴	播出部	科　长	正科级
52	张宏斌	播出部	科　长	正科级
53	刘新同	播出部	科　长	正科级
54	梁建华	播出部	科　长	正科级
55	安贵江	播出部	科　长	正科级
56	王志华	播出部	科　长	正科级
57	赵宏伟	总工程师办公室	科　长	正科级
58	叶晋卿	总工程师办公室	科　长	正科级
59	牛伟旗	经营管理部	科　长	正科级
60	李　健	经营管理部	科　长	正科级
61	李峪华	经营管理部	科　长	正科级
62	杨　播	经营管理部	科　长	正科级

续表

序号	姓名	部门	职务名称	职务级别
63	刘继东	生活节目中心	科长	正科级
64	霍雯	生活节目中心	科长	正科级
65	王宏	生活节目中心	科长	正科级
66	倪小康	生活节目中心	科长	正科级
67	凌英	生活节目中心	科长	正科级
68	许亮	生活节目中心	科长	正科级
69	王昆	生活节目中心	科长	正科级
70	王蔚然	生活节目中心	科长	正科级
71	李璐	生活节目中心	科长	正科级
72	高燕	生活节目中心	科长	正科级
73	宋虹君	生活节目中心	科长	正科级
74	马莉	新闻节目中心	科长	正科级
75	董二兵	新闻节目中心	科长	正科级
76	史慎	新闻节目中心	科长	正科级
77	张耀	新闻节目中心	科长	正科级
78	伊国庆	新闻节目中心	副科长	正科级
79	陈楠	新闻节目中心	科长	正科级
80	李斌	新闻节目中心	科长	正科级
81	李欣	新闻节目中心	科长	正科级
82	颜匀	新闻节目中心	科长	正科级
83	张文天	新闻节目中心	科长	正科级
84	柏广群	新闻节目中心	科长	正科级
85	吴群	新闻节目中心	科长	正科级
86	王晔	新闻节目中心	科长	正科级
87	朱晓梅	新闻节目中心	科长	正科级
88	赵欣	新闻节目中心	科长	正科级
89	代晓	新闻节目中心	科长	正科级
90	林力	新闻节目中心	科长	正科级
91	刘钊	新闻节目中心	科长	正科级
92	肖艳萍	新闻节目中心	科长	正科级
93	楚钊	新闻节目中心	科长	正科级
94	胡阳	新闻节目中心	科长	正科级

续表

序　号	姓　名	部　门	职务名称	职务级别
95	马国颖	新闻节目中心	科　长	正科级
96	宋　民	青少·海外节目中心	科　长	正科级
97	姜　华	青少·海外节目中心	科　长	正科级
98	张　立	青少·海外节目中心	副科长	正科级
99	张　弘	青少·海外节目中心	科　长	正科级
100	李晓军	青少·海外节目中心	科　长	正科级
101	王　旗	青少·海外节目中心	副科长	正科级
102	寇建国	青少·海外节目中心	科　长	正科级
103	沈　澜	青少·海外节目中心	科　长	正科级
104	吴　玮	青少·海外节目中心	科　长	正科级
105	刘　岩	青少·海外节目中心	副科长	正科级
106	陈立强	制作部	科　长	正科级
107	韩　烜	制作部	科　长	正科级
108	余一华	制作部	科　长	正科级
109	何　旭	制作部	科　长	正科级
110	匡　葵	制作部	科　长	正科级
111	崔歌平	制作部	科　长	正科级
112	陈嘉超	制作部	科　长	正科级
113	姚银壮	制作部	科　长	正科级
114	章文博	制作部	科　长	正科级
115	周　宏	制作部	科　长	正科级
116	殷　亮	制作部	科　长	正科级
117	刘伟立	制作部	科　长	正科级
118	张　硕	制作部	科　长	正科级
119	覃　刚	制作部	科　长	正科级
120	李文军	制作部	科　长	正科级
121	周东红	制作部	科　长	正科级
122	左　晶	制作部	科　长	正科级
123	王建业	制作部	科　长	正科级
124	王晓光	技术设备管理部	科　长	正科级
125	贾玉升	技术设备管理部	科　长	正科级
126	李　玲	技术设备管理部	科　长	正科级

续表

序号	姓名	部门	职务名称	职务级别
127	王克	技术设备管理部	科长	正科级
128	王嘉	技术设备管理部	科长	正科级
129	杨梓江	转播传送部	科长	正科级
130	叶志云	转播传送部	科长	正科级
131	姜世杰	转播传送部	科长	正科级
132	盛启立	文艺节目中心	科长	正科级
133	付德刚	文艺节目中心	科长	正科级
134	田歌	文艺节目中心	科长	正科级
135	孔洁	文艺节目中心	科长	正科级
136	段嵘	文艺节目中心	科长	正科级
137	于瀛	文艺节目中心	科长	正科级
138	姜力	文艺节目中心	科长	正科级
139	孙仝	文艺节目中心	科长	正科级
140	赵楠	文艺节目中心	科长	正科级
141	高文曦	文艺节目中心	科长	正科级
142	郭悦	文艺节目中心	科长	正科级
143	裴晓林	文艺节目中心	科长	正科级
144	陶继忠	科教节目中心	科长	正科级
145	杨子云	科教节目中心	科长	正科级
146	施卫平	科教节目中心	科长	正科级
147	许越	科教节目中心	科长	正科级
148	许世忠	科教节目中心	科长	正科级
149	穆彤	科教节目中心	科长	正科级
150	杨韵仟	科教节目中心	科长	正科级
151	王丹英	科教节目中心	科长	正科级
152	王壮壮	科教节目中心	科长	正科级
153	李铁军	财经节目中心	科长	正科级
154	韩梅	财经节目中心	科长	正科级
155	宋北光	财经节目中心	科长	正科级
156	陈栩	财经节目中心	科长	正科级
157	杨健	财经节目中心	科长	正科级
158	鲍文	财经节目中心	科长	正科级

续表

序　号	姓　名	部　门	职务名称	职务级别
159	王春元	财经节目中心	科　长	正科级
160	李长平	体育节目中心	科　长	正科级
161	周　欣	体育节目中心	科　长	正科级
162	胡宁扬	体育节目中心	科　长	正科级
163	赵　华	体育节目中心	科　长	正科级
164	孙　松	体育节目中心	科　长	正科级
165	林　琛	体育节目中心	科　长	正科级
166	田　丰	体育节目中心	科　长	正科级
167	章　玫	体育节目中心	科　长	正科级
168	曹晓磊	体育节目中心	科　长	正科级
169	鹿新新	影视剧中心	科　长	正科级
170	张立新	影视剧中心	科　长	正科级
171	杨凌一	影视剧中心	科　长	正科级
172	陈　彤	影视剧中心	科　长	正科级
173	贾晋平	影视剧中心	科　长	正科级
174	高艺微	党委办公室	科　长	正科级
175	蒋奕雯	党委办公室	科　长	正科级
176	赵跃东	京视传媒		正科级
177	梁　爽	老干部工作办公室	科　长	正科级
178	文　平	老干部工作办公室	科　长	正科级
179	史　兵	研究发展部	科　长	正科级
180	刘　锐	研究发展部	科　长	正科级
181	马英男	研究发展部	科　长	正科级
182	许之明	信息网络管理部	科　长	正科级
183	孙　波	信息网络管理部	科　长	正科级
184	陈　宇	信息网络管理部	科　长	正科级
185	韩益亚	信息网络管理部	科　长	正科级
186	齐　婷	卫视节目中心	科　长	正科级
187	李志兵	卫视节目中心	科　长	正科级
188	景　林	卫视节目中心	科　长	正科级
189	吕　军	卫视节目中心	科　长	正科级
190	韩　勇	卫视节目中心	科　长	正科级

续表

序　号	姓　名	部　门	职务名称	职务级别
191	郑　蓉	卫视节目中心	科　长	正科级
192	吴　江	纪实频道节目中心	科　长	正科级
193	钱丹丹	纪实频道节目中心	科　长	正科级
194	秦　蕾	纪实频道节目中心		正科级
195	高国华	纪实频道节目中心		正科级
196	孙　兵	新媒体发展中心	科　长	正科级
197	尚　宁	新媒体发展中心	科　长	正科级
198	侯国强	新媒体发展中心	科　长	正科级
199	胡　泊	新媒体发展中心	科　长	正科级
200	张宝生	新媒体发展中心	科　长	正科级
201	海　仑	新媒体发展中心	科　长	正科级
202	韩　梅	新媒体发展中心	科　长	正科级
203	杨文华	新媒体发展中心	科　长	正科级
204	郑　欣	监察审计办公室	副科长	副科级
205	吴　峰	人事部	副科长	副科级
206	张兰岚	人事部	副科长	副科级
207	张　亮	人事部	副科长	副科级
208	江明慧	人事部	副科长	副科级
209	邢亚平	办公室	副科长	副科级
210	贾　岩	办公室	副科长	副科级
211	刘　妍	办公室	副科长	副科级
212	李　宇	办公室	副科长	副科级
213	李天莉	计划财务部	副科长	副科级
214	彭　嘉	计划财务部		副科级
215	戴晋军	保卫部	副科长	副科级
216	王喜宗	保卫部	副科长	副科级
217	周　疆	基建办公室	副科长	副科级
218	黄晓峰	动力部	副科长	副科级
219	殷　鹏	动力部	副科长	副科级
220	张　勇	动力部	副科长	副科级
221	张　岩	动力部	副科长	副科级
222	宋明防	动力部	副科长	副科级

续表

序　号	姓　名	部　门	职务名称	职务级别
223	苑宏伟	动力部	副科长	副科级
224	张红燕	行政部	副科长	副科级
225	祁景田	行政部	副科长	副科级
226	朱　洪	行政部	副科长	副科级
227	曹京立	行政部	副科长	副科级
228	马树军	行政部	副科长	副科级
229	丁　军	总编室	副科长	副科级
230	连燕青	总编室	副科长	副科级
231	苏小兵	总编室	副科长	副科级
232	刘　琪	广告部	副科长	副科级
233	张　勃	播出部	副科长	副科级
234	杨建英	播出部	副科长	副科级
235	程　宏	播出部	副科长	副科级
236	于先靖	播出部	副科长	副科级
237	苏　力	播出部	副科长	副科级
238	赵　悦	播出部	副科长	副科级
239	肖春艳	播出部	副科长	副科级
240	王　辉	播出部	副科长	副科级
241	武　岳	播出部	副科长	副科级
242	褚　存	播出部	副科长	副科级
243	尹　言	总工程师办公室	副科长	副科级
244	刘春艳	生活节目中心	副科长	副科级
245	李　翔	生活节目中心	副科长	副科级
246	黄殿琴	生活节目中心	副科长	副科级
247	王　倩	生活节目中心	副科长	副科级
248	张若南	新闻节目中心	副科长	副科级
249	徐志贤	新闻节目中心	副科长	副科级
250	卢晓南	新闻节目中心	副科长	副科级
251	宋　扬	新闻节目中心	副科长	副科级
252	张　炜	新闻节目中心	副科长	副科级
253	尹　航	新闻节目中心	副科长	副科级
254	樊　煜	新闻节目中心	副科长	副科级

续表

序　号	姓　名	部　门	职务名称	职务级别
255	赵　蕾	新闻节目中心	副科长	副科级
256	刘非非	新闻节目中心	副科长	副科级
257	刘　效	新闻节目中心	副科长	副科级
258	梁雪松	新闻节目中心	副科长	副科级
259	刘　婧	新闻节目中心	副科长	副科级
260	李　颖	新闻节目中心	副科长	副科级
261	李光军	新闻节目中心	副科长	副科级
262	杨晓飞	新闻节目中心	副科长	副科级
263	田　刚	新闻节目中心	副科长	副科级
264	国培源	新闻节目中心	副科长	副科级
265	徐春梅	青少·海外节目中心	副科长	副科级
266	马　嘉	青少·海外节目中心	副科长	副科级
267	李　孜	青少·海外节目中心	副科长	副科级
268	崔笑田	青少·海外节目中心	副科长	副科级
269	徐　剑	青少·海外节目中心	副科长	副科级
270	吴　筠	青少·海外节目中心	副科长	副科级
271	宫　昊	青少·海外节目中心	副科长	副科级
272	刘健辉	青少·海外节目中心	副科长	副科级
273	章向东	青少·海外节目中心	副科长	副科级
274	敖　娜	青少·海外节目中心	副科长	副科级
275	郭　巍	青少·海外节目中心	副科长	副科级
276	王　赤	青少·海外节目中心	副科长	副科级
277	周海峰	制作部	副科长	副科级
278	冯耀华	制作部	副科长	副科级
279	石　巍	制作部	副科长	副科级
280	王　江	制作部	副科长	副科级
281	郭振渊	制作部	副科长	副科级
282	赵新生	制作部	副科长	副科级
283	孙大庆	制作部	副科长	副科级
284	刘光辉	制作部	副科长	副科级
285	黄之为	制作部	副科长	副科级
286	李　勇	制作部	副科长	副科级

续表

序　号	姓　名	部　门	职务名称	职务级别
287	王　祎	制作部	副科长	副科级
288	陈志明	制作部	副科长	副科级
289	王　倩	制作部	副科长	副科级
290	陆　军	制作部	副科长	副科级
291	韩正雷	制作部	副科长	副科级
292	梁　爽	制作部	副科长	副科级
293	张保军	技术设备管理部	副科长	副科级
294	邹　庆	技术设备管理部	副科长	副科级
295	刘顺平	技术设备管理部	副科长	副科级
296	谢苏文	转播传送部	副科长	副科级
297	刘燕伟	转播传送部	副科长	副科级
298	康金平	转播传送部	副科长	副科级
299	谢　原	转播传送部	副科长	副科级
300	魏建国	转播传送部	副科长	副科级
301	马　捷	转播传送部	副科长	副科级
302	郝　纪	转播传送部	副科长	副科级
303	王炳川	文艺节目中心	副科长	副科级
304	张文华	文艺节目中心	副科长	副科级
305	顾　杨	文艺节目中心	副科长	副科级
306	孙　勤	文艺节目中心	副科长	副科级
307	李雪萍	文艺节目中心	副科长	副科级
308	宋　毅	文艺节目中心	副科长	副科级
309	董炬光	科教节目中心	副科长	副科级
310	彭　皓	科教节目中心	副科长	副科级
311	郑　兵	科教节目中心	副科长	副科级
312	白红洁	科教节目中心	副科长	副科级
313	刘　佳	科教节目中心	副科长	副科级
314	李　玲	财经节目中心	副科长	副科级
315	谢燕秋	财经节目中心	副科长	副科级
316	梁　岚	财经节目中心	副科长	副科级
317	范红军	财经节目中心	副科长	副科级
318	郑长红	财经节目中心	副科长	副科级

续表

序　号	姓　名	部　门	职务名称	职务级别
319	司　健	财经节目中心	副科长	副科级
320	马　旭	财经节目中心	副科长	副科级
321	马　昊	财经节目中心	副科长	副科级
322	关　月	财经节目中心	副科长	副科级
323	赵文涓	财经节目中心	副科长	副科级
324	司　虹	体育节目中心	副科长	副科级
325	高海宁	体育节目中心	副科长	副科级
326	丁　屹	体育节目中心	副科长	副科级
327	张　洪	体育节目中心	副科长	副科级
328	金　巍	体育节目中心	副科长	副科级
329	刘　宇	体育节目中心	副科长	副科级
330	王　速	体育节目中心	副科长	副科级
331	张　蕾	影视剧中心	副科长	副科级
332	李　燕	影视剧中心	副科长	副科级
333	贾建华	影视剧中心	副科长	副科级
334	曾　艺	动画节目中心		副科级
335	黄新荣	研究发展部	副科长	副科级
336	李　玲	研究发展部	副科长	副科级
337	冯新春	信息网络管理部	副科长	副科级
338	郑　岩	信息网络管理部	副科长	副科级
339	陈广鑫	信息网络管理部	副科长	副科级
340	季　民	信息网络管理部	副科长	副科级
341	王学奎	信息网络管理部	副科长	副科级
342	芮　浩	信息网络管理部	副科长	副科级
343	李　彬	卫视节目中心	副科长	副科级
344	邢志国	卫视节目中心	副科长	副科级
345	黄　炜	卫视节目中心	副科长	副科级
346	田　天	卫视节目中心	副科长	副科级
347	华剑雄	卫视节目中心	副科长	副科级
348	王　泓	卫视节目中心	副科长	副科级
349	俞　恺	纪实频道节目中心		副科级
350	王　悦	纪实频道节目中心		副科级

续表

序　号	姓　名	部　门	职务名称	职务级别
351	于　煊	新媒体发展中心	副科长	副科级
352	徐　薇	新媒体发展中心	副科长	副科级
353	马　迟	新闻节目中心	副科长（派）	副科级
354	赵　菁	卫视节目中心	副科长（派）	副科级
355	常海龙	财经节目中心	副科长（派）	副科级
356	刘朝晖	文艺节目中心	副科长（派）	副科级
357	韦　嘉	财经节目中心	副科长（派）	副科级
358	许小净	新媒体发展中心	副科长（派）	副科级
359	齐若凡	新媒体发展中心	副科长（派）	副科级
360	任效松	新媒体发展中心	副科长（派）	副科级
361	于东玉	文艺节目中心	副科长（派）	副科级
362	李　鹏	文艺节目中心	副科长（派）	副科级
363	陈　庆	党委办公室	团委书记（派）	正科级
364	洪　聿	党委办公室	团委副书记（派）	副科级
365	王　寅	卫视节目中心	团委副书记（派）	副科级
366	赵　涛	信息网络管理部	副科长（派）	副科级
367	王昱斌	生活节目中心	副科长（派）	副科级
368	黄　广	新闻节目中心	副科长（派）	副科级
369	杨　行	文艺节目中心	副科长（派）	副科级
370	王　璐	卫视节目中心	副科长（派）	副科级
371	钟南南	科教节目中心	副科长（派）	副科级
372	刘　星	办公室	副科长（派）	副科级
373	周　轩	广告部	副科长（派）	副科级
374	王晓薇	广告部	副科长（派）	副科级
375	柴　焱	信息网络管理部	副科长（派）	副科级
376	李玉国	科教节目中心	副科长（派）	副科级

（截至 2014 年 12 月 31 日　人事部）

人 员 情 况

全台在职职工总数 3655 人。其中：在编人员 1382 人，派遣人员 2273 人。

政治面貌

人员＼政治面貌	合计	中共党员	共青团员	其他
在编人员	1382	818	0	564

年龄情况

人员＼年龄	合计	≤30	31～40	41～50	51～60	≥61
在编人员	1382	2	313	693	373	1

学历情况

人员＼学历	合计	博士	硕士	大本	大专	中专	高中	初中及以下
在编人员	1382	4	133	1086	137	5	13	4

专业技术人员情况

专业技术资格系列＼技术职务级别	初级（4）	初级（5）	中级	副高级	正高级	未评聘	总计
播音	16	1	21	5	5		48
档案管理	1			1			2
工程	33	4	102	95	8		242
会计	12	1	5	11			29
经济			32	12			44
审计	1		2				3
统计	1		1	1			3
图书资料	3		2				5
卫生			2				2
新闻	112		330	147	34		623
艺术	21		62	43	5		131
政工	14		11	8			33
						217	217
总计	214	6	570	323	52	217	1382

（截至 2014 年 12 月 31 日　人事部）

频道·栏目

频道设置

BTV 北京卫视

北京卫视是北京电视台上星综合频道。2014 年，北京卫视在全国收视率稳居省级卫视第四名，并且是排名前五的省级卫视中增长最快的频道，是名副其实的“北方第一卫视”。这一年，北京卫视荣获“观众最喜欢的十大卫视”前四强，以及“中国品牌媒体卫星频道十强”称号。

2014 年，北京卫视推出《最美和声》《妈妈听我说》《勇敢的心》《生命缘》《我是演说家》等大型季播节目，其中《生命缘》和《我是演说家》一同被国家新闻出版广电总局评为 2014 至 2015 年度“广播电视创新创优栏目”。同时，北京卫视的《养生堂》《档案》《我是大医生》《大戏看北京》等栏目也不断推出精品节目。《档案》策划制作的大型历史纪录片《伟大的抗美援朝》荣获中宣部评选的第十三届精神文明建设“五个一工程”奖。

BTV 文艺

北京电视台文艺频道以“欢乐的创造者、价值的传播者、文艺潮流的引领者”为宗旨，致力于打造文艺节目创新基地，将文娱资讯、明星访谈、大型综艺、喜剧表演、文娱评论、文化专题和访谈作为频道核心内容，不断吸引和拓宽年轻观众比例。

2014 年，BTV 文艺共有 19 档节目，包括日播栏目 4 个，周播栏目 10 个，编辑类栏目 5 个。日播栏目：《每日文娱播报》《文娱午报》《笑动 2014》《音乐风云榜》；周播栏目：《我爱我家》《光荣绽放》《影视风云》《星夜故事》《我家有明星》《春妮的周末时光》《文化之约》《欢天戏地》《脱口而出》《超级播出季》；编辑类节目《今晚 80 后脱口秀》《综艺麻辣烫》《欢乐微逗秀》《周播节目日播化》和《大戏看北京》精编版。

BTV 科教

北京电视台科教频道坚守“大教育”频道定位，以“点亮智慧人生”为核心理念，秉承“节目内容为王，资源极致使用，市场‘六化’开拓”的总体战略，针对科教节目的框架构成，努力开拓人文、健康和法治节目的创新空间和市场空间。

2014 年，科教频道的节目主要由三大时段构成。一是由《现场说法》《法治进行时》和《第三调解室》（精编版）组成的午间法治时段，其中《法治进行时》3月3日改版后时长由20分钟增至50分钟，此前在该时段播出的时长20分钟的《大家说法》亦并入其中。二是由《非常幽默》《您吃对了吗》和《健康北京》组成的傍晚幽默健康时段，这三个栏目分别从心理减压、日常饮食和医药知识方面诠释健康这一时段的主题。三是由《法治中国60'》《北京记忆》《品味·艺术》《今晚我们相识》《虎口脱险》和《第三调解室》组成的晚间黄金时段，其中《北京记忆》是2月17日新推出的一档访谈节目，开播后逐步完成了对原时段《超级陪审员》的替代，并从5月12日起，每周一至周四20时在BTV科教常规播出；《品味·艺术》是8月1日起，BTV科教每周五20时新推出的一档以拍卖活动为线索、探究收藏文化的周播访谈节目；《法治中国60'》是11月16日起，BTV科教每日19时新推出的由北京、江苏、陕西、云南、重庆、太原等十家电视台的地面频道联合制作的法治资讯栏目，原时段播出的《法治·北京》和《法治·北京周刊》撤销。

此外，科教频道的栏目还有《警法目录》《庭审纪实》和《非常向上》。

BTV 影视

2014年，北京电视台影视剧中心完成了全台7个频道6个首播剧场、6个重播剧场、6个自然重播剧场的频道剧场布局。全台每天播出55集电视剧，全年累计播出超过20000集。

北京卫视的《红星剧场》，每日19时35分播出2集电视剧，以“大戏看北京”的品牌理念，播出主题立意深远、人文含量高、叙事宏大、阵容豪华、制作精湛的“大戏”，并在全国宣传推广这一剧场形象和品牌价值。

北京卫视的《午茶剧场》，每日14时05分播出4集电视剧，精选全国范围内收视较好、反响热烈的电视剧播出。

文艺频道的《炫剧场》，每日20时55分播出2～3集电视剧，主要播出女性气质电视剧，包括都市情感剧、年代剧、古装宫廷剧等，以青年为主要观众群，兼顾中老年女性收视兴趣和需求。

影视频道的《首都剧场》，每日18时55分首播、次日8时重播，每次播出4集电视剧。该剧场根据首都观众的收视品味与兴趣，坚持综合化定位、精品化选剧标准，努力锁定打造第一地面剧场的目标，维护《首都剧场》的黄金品牌价值和影响力。

影视频道的《英雄剧场》，每日17时播出2集。该剧场坚持类型化的定位和思路，围绕“英雄”主题，主打公安、抗战、谍战等类型作品。

影视频道《家和剧场》，每日13时播出5集。该剧场以中老年观众为主要受众群体，重播《首都剧场》播出的精品电视剧，与卫视《午茶剧场》形成差异化排播，力争互补双赢。

科教频道的《正剧场》是依据频道气质与目标观众，以涉案剧构成的下午剧场，有效延伸了频道的优势收视时段。

青年频道的《青春剧场》将原有的上下午和夜间剧场由3集增至4集，扩充了上午和后晚间的电视剧板块。

BTV 财经

北京电视台财经频道是宣传北京经济发展、传递前沿财经资讯的专业财经频道。财经频道以“价值无所不在”为核心理念，凸显专业性和服务性的有效契合，致力于搭建以专业化为发展基础、以权威性为品质保证、以服务性为传播宗旨的面向大众的专业财经媒体平台。

2014 年，财经频道整合节目资源，形成鲜明的“5 +2”编排格局，工作日突出专业属性，休息日凸显娱乐元素。工作日晚间黄金时段着力打造专业财经节目带、财经资讯节目带、经济法制节目带、财富理财节目带四大板块：《天下财经》以证券市场动态为主要内容，打造专业财经节目带；《首都经济报道》关注重要财经资讯，形成财经资讯节目带；《经济法眼》支撑经济法制节目带，从经济的视角解读法律案件、演绎人情法理；《财富故事》《理财》《财富晚间道》形成财富理财节目带，以理财节目带为点状突破、带领频道收视整体上扬。周末晚间以富有娱乐元素的节目《拍宝》《无底价拍卖》《财高八斗》为主，辅以具有专业特色的《财经锋汇》《一周财经综述》《谁在影响我》《北京发布》《数说北京》《税收天地》，在凸显周末轻松娱乐氛围的同时兼顾财经专业品质，共同打造具有高度、深度、广度、温度的“四度”财经频道。

BTV 体育

北京电视台体育频道是北京地区最有影响力的专业体育频道。该频道以转播体育赛事和传播新闻信息为内容，以弘扬积极进取精神、倡导全民健身为宗旨，具有全国影响力的都市体育频道。2005 年实现 24 小时播出，2013 年实现全频道高清播出。

体育频道常年转播中国足球超级联赛、中国篮球联赛（CBA）、美国职业篮球联赛（NBA）、英格兰足球超级联赛等国内外赛事达 5000 小时，并有《天天体育》《足球一百分》《快乐健身一箩筐》《体育议起来》《欢乐二打一》《声声体育》等品牌节目。全年举办海洋沙滩节、“京超”百姓足球等全民参与的大型活动。制作的高水平以及国际比赛信号，经常在世界上几十个国家播出，彰显了 BTV 品牌。

近年来，体育频道抓住北京职业体育大发展的良机，狠抓节目质量，频道收视份额连续四年快速提升，跻身北京地区收视前十名，已成为北京体育迷最喜爱的专业化体育频道。

BTV 生活

北京电视台生活频道以“爱家”“爱北京”“爱生活”为核心理念，以输出正能量、传播主流价值观为导向，以紧扣热点人物、封面故事，传播善意、传递温暖为核心，以生活服务、答疑解惑、消费调查为报道重点，致力于宣传展示北京的时尚感、都市感和现代感。频道以人为本，关注民生，全力打造都市生活频道的第一品牌。自频道成立以来，推出了大量脍炙人口的优秀栏目，这些栏目越来越受到广大电视观众的热爱与追捧。

2014 年，生活频道播出的主要栏目有：《生活 2014》《食全食美》《美食地图》《生活面对面》《幸福厨房》《大城小事》《生活 +》《咱爸咱妈的美好时代》《四海漫游》《我爱我车》《选择》《生活广角》《快乐生活一点通》《健康生活》等。

BTV 青年

2012 年 1 月 1 日正式开播的北京电视台青年频道是全国第一家青年电视频道。青年频道以“弘扬北京精神，做文明有礼的北京人”为核心诉求，将“爱国、创新、包容、厚德”理念融入日常节目生产，弘扬社会主义核心价值观，兼顾社会效益与节目收视，一方面对观众进行正确的舆论引导，另一方面展现北京人的时代面貌，并在此过程中时刻倾听观众的心声，力求对位满足观众的精神需求，凸显青年频道“青年成长坐标，青春动感平台，青年电视伙伴”的价值理念，对包括未成年人在内的广大青年观众进行正能量传播。

青年频道以全天近 5 小时的首播青年节目，锁定 15 至 34 岁青年受众，以三网融合的先进理念和手段，打造北京地区一流的青年电视频道，着力引入青年和国际元素，与 BTV 其他频道形成优势互补，全力凸显 BTV 作为首都媒体和未来城市媒体的应有气质。

2014 年，青年频道栏目设置情况：日播栏目《军情解码》《北京客》《不许不开心》《青年探秘者》；周播栏目《书香北京》《状元榜》；外购栏目《谁在说》《探索》。

BTV 新闻

北京电视台新闻频道是以电视新闻为主要内容的新闻专业频道，其前身为 2011 年 1 月 1 日开播的北京电视台公共·新闻频道。经国家广电总局批准，2012 年开始，BTV 公共·新闻频道改为 BTV 新闻频道。

新闻频道立足于新闻资讯的传播和新闻观点的表达，通过新闻栏目、滚动新闻、新闻直播等多种形式，全面覆盖北京本土、国内、国际新闻资讯。《北京您早》《直播北京》《特别关注》《都市晚高峰》《北京新闻》《红绿灯》《锐观察》《晚间新闻报道》《北京新发现》《这里是北京》等新闻栏目构成频道的主体框架，新闻大型直播节目、精耕细作的新闻专题片等不断作为重头产品登陆，使新闻频道呈现出别具一格、权威大气、架构稳定而又灵活机动的频道气质，其影响力日益凸显，已成为北京市新闻发布的一个主流平台。

BTV 新闻频道 24 小时全天播出，从 2012 年 12 月 28 日开始实现全天候大直播。

频道宣传口号：新北京　闻天下。

BTV KAKU 少儿

北京电视台卡酷少儿频道于 2004 年 9 月 10 日正式开播，是全国第一个上星的动画少儿专业频道。目前已实现在全国 82 个重点大中型城市落地，覆盖人口近 8 亿。频道 4 至 14 岁核心受众收视在北京地区独占鳌头，全龄收视领跑全国动画少儿卫视。

频道屡获国家优秀动画频道特等奖、最佳动画播出机构奖、最具影响力动画媒体奖、最具成长性媒体品牌大奖。

2014 年，卡酷少儿频道播出的主要栏目有：《闪天下》《幼儿园》《男生女生 GO》《剧星派》《卡酷动物园》《七色光》《十分开心》《卡酷全卡通》《谁敢挑战小学生》《终极大脑》等。

BTV 纪实

北京电视台纪实频道以纪录片为龙头，以广泛的纪实节目为主体，传播主流文化价值观，致力于为高知识结构的受众人群提供全球视野的高品质纪实节目。2014 年频道首播近 5.5 个小时，全天播出 20 个小时，是全国首家、北京唯一以高清格式及 5.1 环绕立体声常规播出的专业纪实频道。自 2014 年 6 月 8 日起，纪实频道开始通过卫星进行信号传输，成为继中央电视台纪录频道之后第二家覆盖中国全境的纪实节目专业频道。

2014 年，纪实频道播出的栏目有：《纪实天下》《时尚装苑》《昨天的故事》《影事》《纪录 360》《玩转地球》《纪录片影院》《全景》《口述》《全纪实》《人文地图》等。

BTV—International

北京电视台国际频道（BTV International Channel）依托长城平台，对北美、亚洲、欧洲、拉美、澳大利亚等地播出，是以介绍北京文化为主旨的外宣频道。国际频道的主要特点是：汇聚了北京电视台所有频道的精彩栏目，集中了全台的节目精华，以中文广播为主，英语广播为辅。国际频道没有广告播出，为受众提供了更加流畅的收视体验。

长城平台是由中央电视台、地方电视台和相关境外电视台的频道集成的海外播出平台。经国家广播电影电视总局批准，中国国际电视总公司所属的中视国际传媒有限公司负责长城平台海外落地项目的运营。目前长城平台已经在美国、亚洲、欧洲、加拿大和拉丁美洲落地，并将向大洋洲和世界其他地区扩展。

北京电视台国际频道通过长城平台从多角度展现了中华神韵，较好地展现了当代中国与北京的面貌，为国际受众全方位了解中国与北京，提高国际传播影响力做出了自己的贡献。

优秀栏目

北京卫视优秀栏目

《档案》

2014年，《档案》在保障全年324期节目安全播出的基础上，完成了两个重大选题——系列片《伟大的抗美援朝》和《砥柱中流——伟大的敌后抗战》的制作任务，实现了栏目三大关键性突破。

一是在“重大选题的内容和操作”上实现栏目的第一大突破。在系列片《伟大的抗美援朝》的制作过程中，《档案》团队逐渐找到了一些主流价值观传播的规律和方式，该作品获得“中宣部第十三届精神文明建设‘五个一工程’奖”即是最好的证明。如果说系列片《伟大的抗美援朝》实现了栏目的主题创新和内容创新，那么系列片《砥柱中流——伟大的敌后抗战》则实现了栏目拍摄的形式创新。该系列作品打破了《档案》原有的摄影棚内讲述的基础形态，让讲述人首次走出摄影棚，沿着中国共产党敌后抗战的足迹，走入真实的历史场景，进行大规模实地外拍采访，给观众带来了更为真实的感官体验，同时也丰富了栏目操作重大选题的表现手法。

二是在“应急反应”上实现了第二大突破。前述两个系列共计16集的重大选题，栏目从接到任务到完成播出，前后只有不到半年的时间，这对于栏目来说相当于一个不可能完成的任务。但团队在制片人的领导下，迅速抽调骨干力量，在保障日常节目安全播出的情况下，以极大的关注和极高的效率，圆满完成了两个重大选题的播出任务。可以说，“两大战役”有效地锻炼了栏目的快速反应能力，极大地提升了团队的凝聚精神，为《档案》即将迎来的“大战”之年打下了坚实而有力的基础。

三是在“团队建设”上实现了第三大关键性突破。《档案》栏目编导的平均年龄仅为25岁，但正是这样一支年轻的队伍，通过不断学习专业知识，积极汲取各种营养，在实践中快速成长。节目完成之后，栏目组七人主动要求入党，并坚决表示，一定要发扬党的优良传统，忠实履行新世纪、新阶段一个媒体人所应肩负的历史使命！

2014年，《档案》栏目制作播出的《伟大的抗美援朝》获中宣部第十三届精神文明建设“五个一工程”奖优秀作品奖；《伟大的抗美援朝》获第二十届中国电视纪录片系列片十佳作品奖；特别节目《于丹品味汉字》获第五届全国春节电视文艺节目“春晚奖”创优三等奖和创优最佳视频制作奖；栏目制片人吕军获第十届全国电视制片业十佳电视栏目制片人；特别节目《从一大到十八》被北京市广播影视协会评为2013年度北京市优秀广播电视节目电视新闻类优秀作品。

《身边》

2014年，《身边》栏目在内容上，坚持用纪录片品质的电视语言和手段，同步记录当下发生的新闻事件，讲述发生在百姓身边的好人好事，展现医生、警察等普通劳动者为保障人民生命财产安全无私奉献的职业精神，以及百姓之间一方有难、八方支援、互帮互助的感人故事。节目彰显了道德的力量，为观众树立了一个个平凡而伟大的道德楷模。

《身边》始终坚持：有价值观的收视率才是有价值的收视率。节目通过价值观情怀、时效性事件、普视性话题、纪实化拍摄、精细化品质等多个核心生产要素，不断提升节目的传播力，在寸土寸金卫视的卫视晚间黄金时段，同样取得了优秀的收视表现。最高一期全国33城市收视率达到0.99%，连续两周获得全国同时段排名第一，全国占有率多次达到2.5%以上。在北京本地的表现同样强劲。本地收视率最高达到4%，本地最高占有率达到13.83%。

2014年7月，《身边》又推出一档大型医疗纪实节目《生命缘》，首次将医疗纪实节目的触角延伸到急诊室、抢救室、手术室等生死战场的最前沿；首次在真人纪实类节目中没有编剧、没有导演、没有作秀，呈现的全部是医院里的真人真事，以生死前沿的大爱展现人性，展现医者仁心，还原医患真情。

《生命缘》一经播出，《人民日报海外版》《光明日报》、新华社等中央媒体给予重点报道。市属10余家媒体也纷纷报道《生命缘》。在微博、微信平台，《生命缘》也成为热点话题，引起了网友热议、热评，北京市卫生局领导、业界学者都给予《生命缘》栏目高度好评。

2014年，《身边》栏目获第19届中国电视纪录片年度栏目奖；《生命缘》获中国电视媒体综合实力大型调研年度上星频道优秀节目。

《养生堂》

创办于2009年的《养生堂》，是北京卫视一档日播健康类栏目，在全国观众，特别是中老年观众中，有较高的知名度。其收视率也长期占据了省级卫视同时段及同类型节目第一的位置。

作为一档60分钟的大型演播室健康类栏目，《养生堂》自创办以来秉承了内容科学，专家权威的定位，向观众传递的健康养生知识准确、实用。2010年，该栏目组就成立了健康节目专家顾问团，成员有国家顶级医学专业机构专家、中华医学会各专业委员会主任委员、副主任委员和中医权威专家、院士。同时，主讲嘉宾的遴选上，栏目也一向从严把关。

除了专家权威性的把控外，栏目组从选题的角度、操作方向到具体内容，有严格的考证和信息的筛选、评估流程。首先，《养生堂》作为一档专业性较强的医学健康节目，大多数内容需要专家提供方向和角度，以及大量的一手资料。编导在理解消化这些资料、将其进行翻译和再创作的过程中，也要参考一些同类节目的做法，将有争议的部分与专家反复商讨，凡是专家认为有误、不确定或者偏颇的地方，都要删除。

上《养生堂》节目的专家，大多是三

甲医院的院长、副院长以及科室骨干，这些专家，多年从事临床工作，在实践中救治了大量的患者。在节目中，专家除了讲知识外，更经常引述亲身经历的故事，内容基本上都是医患间相互信任、协作对抗疾病的。这样的故事，真实、感人，对于树立医务工作者正面形象，融洽医患关系，无疑起到了正面的作用。

作为一档电视节目，《养生堂》比较注意尊重电视规律，开播之初，就把目标观众锁定为对健康知识有强烈需求的中老年观众，节目内容也从中医为主发展为中西医并重。在北京卫视播出以来，收视率稳步提升，2014 年，节目在 35 城市收视调查中排在同时段第一位，在同类型节目中也名列前茅。

2014 年，《养生堂》栏目获 2014 传媒中国年度十佳广播电视栏目；2014 年全国十大品牌民生栏目；2014 中国大学生最喜爱的传媒品牌生活服务类电视栏目品牌 TOP10。

《我是大医生》

《我是大医生》是一档全新模式的大型健康服务节目。节目首度将专业医生组建成主持团，打造“医生梦之队”的概念，为国内的健康服务类节目开启了全新的模式。同时，栏目也在国内开创了一种全新的医学互动方式。打破了传统健康服务类栏目的“访谈场”，充分运用化学物理原理以及栏目自主研制出来的各种道具，将复杂的医学知识通过精彩的互动，准确展现。通过这些生动灵活的讲解、关联感极强的互动，向大众传播最具趣味性、实用性、权威性的医学知识；用活跃、直观、综艺的方式，解读健康的奥秘。

2014 年，《我是大医生》最高全国收视率 0.78%，数次排名同时段晚间栏目榜首。收视率平均 0.51%，排名稳居省级卫视前五。双播扩版后，收视平均排名跻身省级卫视前三甲。网络视频单期点击量超 50 万次。深受中老年观众欢迎的同时，也得到年轻观众的追捧。

2014 年，《我是大医生》栏目获 2014 年度全国十大创新民生栏目；2013 至 2014 年度两岸四地最具创新力电视栏目生活服务类大奖；2014 年度北京广播电视台创新奖银奖。

文艺频道优秀栏目

《每日文娱播报》

《每日文娱播报》是一档新闻资讯类栏目，BTV 文艺周一至周日 18 时 45 分首播，节目时长 45 分钟。

《每日文娱播报》自 2002 年创办以来，一直把“文化价值发现者”作为栏目口号，坚持“文化彰显品味”的理念，坚决摒弃低俗报道，抵制虚假新闻，不八卦、不猎奇、不炒作，不以花边新闻吸引观众眼球，始终坚持客观、真实、及时的新闻观，坚持为观众奉献健康、清新的文娱节目。

《每日文娱播报》一直全力打造两个重磅板块《独家对话》和《播报大调查》，并且成系列、有主题地播出。从 2014 年的收视状况来看，两大板块常常成为《每日文娱播报》当日的收视高点。周末两天还推出特别策划，这样的编排让节目信息量更足，也让节目样态更加鲜活多样。

2014年，《每日文娱播报》全年平均收视率为1.92%，同比增长30%。这一年是《每日文娱播报》开播12周年，为此栏目制作了两期宣传片，一期是邀请邓超、周杰伦、黄晓明、赵薇、周迅、范冰冰、李宇春等国内一线男女明星参加拍摄，并于6月份王力宏鸟巢演唱会进行首轮播放；另一期是在北京团市委的大力支持下，全力打造“最美女生”地面活动，走进北京市各大高校，寻找播报青春代言人，扩大了“播报”的影响力。

该栏目曾两次入选全国电视文艺“百家奖”，分别获一等奖和三等奖，还曾获得北京市广播影视奖、北京市优秀广播电视节奖等奖项。

《春妮的周末时光》

《春妮的周末时光》是一档访谈类栏目，BTV文艺每周六19时35分首播，节目时长70分钟。

《春妮的周末时光》是北京电视台文艺频道推出的以主持人命名的栏目。春妮首次尝试以女主人的身份邀请各界明星好友来“家”中做客，围绕亲情、友情、爱情等话题进行轻松聊天，并穿插才艺表演，营造居家氛围，寻找情感共鸣。畅谈理想，描绘时代印记，品味生活感悟，追忆青春年华，梳理万千情丝。栏目不断向社会传达“正能量”，努力在创新、责任、品质、影响四个维度进行创作，在内容、模式、运营创新上或自成一格或引领潮流。

2014年全年平均收视率为1.46%，排在文艺中心周播节目第一名，连续3个月获得中心颁发的收视超标奖，第四季度获得优秀节目奖。《春妮的周末时光》团队除了坚持常规节目的制作外，还主办了“七夕大运河情歌会”、北京市委宣传部主办的“2014北京榜样颁奖盛典”等大型晚会。

《星夜故事》

《星夜故事》是一档综艺谈话类节目，BTV文艺每周四19时35分首播，节目时长50分钟。

《星夜故事》以“北京地气王”阿龙与京城“麻辣讲师”纪连海形成颇具特色的老少配组合，与众多人气明星一起，穿越古今，趣谈京城大小事。

2014年，《星夜故事》在独家策划、故事挖掘、综艺化探索等方向不断创新，策划了《我要上头条——2013年度大事件》《我的偶像邓丽君》《2014上半年年鉴》《世界糖尿病日》等特别节目，取得了良好的社会反响。《奇人总动员》《戏说相声话三国》《奇才异能怪咖秀》《京城往事》等主题节目，也受到观众一致好评。

节目内容京味儿十足，接地气。根据主持人特点打造了“京味儿综艺主持”特色板块。为强化独家品牌，打造独家特色，2014年10月将《老纪讲故事》板块更名为《老纪说》，结合每期节目的不同主题，由纪连海讲述与之相关的历史故事和典故，使节目的厚重感和趣味性得以兼顾。

《脱口而出》

《脱口而出》是一档脱口秀节目，BTV文艺每周五、周六20时50分首播，节目时长30分钟。

《脱口而出》开播于2012年5月1日。栏目以欧美脱口秀节目为范本，“一张口，一个人，一台戏”，讲述北京人身边事，打造北京话语言博物馆。何云伟、李菁、应宁、王玥波、王文林、李鸣宇等相声演员调侃身边的大事小情，把日子说成段子。

栏目用单口相声的艺术表现形式，以相声演员的独特语言风格和艺术功底，对现实生活进行“相声化”的梳理与表现，或讨论热点，或关注民生，或弘扬正气，或针砭时弊。用诙谐的语言，关注热点，温暖人心，针砭时弊，讨论问题，以达到惹人捧腹大笑、寓教于乐的目的。

《脱口而出》以打造“北京话语言博物馆”为目标，用北京话说天下事，以传承北京文化，品味城市变迁，践行北京精神，推进文化自觉。栏目的核心概念是北京话、北京文化、北京精神。

2014年，《脱口而出》成功举办了“与您相约一生一世”相声专场，进一步扩大了栏目的影响力。

《笑动2014》

《笑动2014》是一档语言类节目，BTV文艺每天17时05分首播，节目时长60分钟。

《笑动2014》秉承“把日子过成段子，用笑容启动生活”的宣传口号，始终坚持雅俗共赏的宗旨，精选北京观众喜闻乐见的相声、小品、二人转、情景喜剧，兼顾各门类带有喜剧元素的优秀作品，服务京城观众。

2014年，《笑动2014》相继录制了《中国曲协优秀相声小品专场》系列演出、《方清平解放军歌剧院相声专场》等，同时，还录制和报道了“陕西笑星苗阜王声进京”系列专场演出。为拓展资源，创新节目样态，2012年录制《张广泰回家》，2013年录制《三盗九龙杯》之后，2014年又录制了评书作品《聊斋志异》，形成了“一年一部好书”。

《我家有明星》

《我家有明星》是一档综艺类节目，BTV文艺每周五19时35分首播，节目时长70分钟。

《我家有明星》开播于2012年。栏目坚持“文艺服务生活，传播北京精神”的宗旨，依托北京独有文化资源，打造了一档原创的、差异化的、极具首都特色的励志、圆梦类综艺节目。

2014年，该栏目进行了近30场地面海选活动，不但挖掘了最新鲜的选题素材，还利用地面活动与观众进行面对面的沟通交流，及时在节目中进行调整与改进。

这一年，《我家有明星》推出大型活动《天才宝贝追梦春晚》第二季，做了两项创新性尝试：一项是首次与卡酷卫视联动播出，对拓展栏目品牌、扩大收视人群、提升栏目影响力起到了积极的推动作用。另一项是与京视传媒合作，节目创作与市场化结合的探索又向前迈进了一步。

科教频道优秀栏目

《法治进行时》

《法治进行时》是一档新闻资讯栏目，每日12时在BTV科教频道首播，时长50分钟。自1999年12月27日开播以来，栏目历经15年，安全播出近5000期。该栏目展现了独特的新闻视角、第一时间的现场报道以及真实、鲜活的法治案例，推出了众多家喻户晓的精品，打造了品牌化法治节目。《法治进行时》节目具有新闻信息量大、节奏快的特点，在北京午间时段打造了第一时间发布、独家解读的法治案件信息平台。

2014 年 2 月 18 日，《法治进行时》与北京市公安局和 110 勤务指挥中心合作，推出《北京 110》板块，结合实际案例，为百姓提供 24 小时全市警情分析，并结合具体案件分区域向百姓提供防范提示。

3 月 3 日，《法治进行时》栏目与《大家说法》合并，时长增加为 50 分钟。改版后，栏目着力进行了资源整合，杜绝了过去一个选题，多个栏目重复拍摄、内容同质化的问题，加大了栏目的信息量和时效性，栏目也更加注重服务性，增加了与观众的互动，由过去的案件报道方式，向预防犯罪以及法律服务方面转身。

8 月，栏目编播流程调整为直播流程，多次通过 4G 回传技术，完成当天法院开庭新闻和突发新闻的播出，栏目进一步增加了时效。此外，栏目还陆续推出《119 曝光台》《老赖曝光台》《安监在行动》等板块，得到了观众的好评。

年底，栏目完成了演播室的直播改造和新媒体的各项测试，演播室具备网络、4G 等各类视频连线通路、微博微信文字、语音、图片、视频实时互动，充分做好了演播室直播的准备。

《法治进行时》的收视率、占有率和栏目广告创收连续多年在北京电视台的所有节目中稳居前三位，2014 年，栏目全年平均收视率为 4. 55%，全年广告创收 9000 万元。栏目荣获全国电视法制节目创优“全国十佳栏目”，另外，两名员工荣获北京电视台优秀员工称号。

《现场说法》

《现场说法》是一档栏目剧节目，每日在 BTV 科教频道 11 时 30 分首播，时长 25 分钟。作为科教频道午间法治时段的首档栏目，《现场说法》在遵循电视栏目制作规律的前提下，以单一故事为蓝本，运用影视剧的创作表现手法打造节目。选题均取材于有普法宣传教育意义的真实案例，以反映社会涉法现实生活为主，同时也展示着北京公、检、法、司系统工作中的突出成绩。栏目设置“律师说法”环节，由知名律师对剧中涉及的法律问题进行专业性的评论和解析，并为观众提供实用的法律建议，力求做到用“百姓身边事，牵动众人心”。

2014 年，《现场说法》的平均收视率为 1. 29%，平均收视份额为 8. 97%，在同时段节目中收视率位列前茅。此外，新推出的以“真实采访结合戏剧再现”为节目样态的周日版《现场说法》，也取得了较高收视率及良好的社会反响。在 2014 年，栏目制作的《丈夫的私生子》获第九届全国栏目剧短视频评优年会评析作品二等奖，《看不见的遗嘱》获 2013—2014 年度全国电视法制节目创优评析栏目剧类一等奖。

《第三调解室》

《第三调解室》是北京电视台科教节目中心与北京市司法局合作，于 2011 年 3 月 2 日推出的一档法制类调解节目，每日 20 时 53 分在 BTV 科教频道首播，时长 50 分钟。栏目以法律为准绳、以亲情为基准，通过对民间纠纷的调解，明法析理。参与节目录制的有北京市各区县人民调解员、业界资深律师、心理咨询师等，每年接受栏目调解的当事人上千人次。

《第三调解室》栏目自开播以来，收视成绩一路蹿升，最高单期收视率5.87%，位列当周北京市各栏目收视率排行第四。2014年，栏目组共调解纠纷260多起，调解成功率在70%以上，一些积压了十几年的家庭矛盾，也得到了化解。《第三调解室》既为百姓解决了实际问题，又宣传了相关的法律、法规和国家政策，因而受到了社会的广泛关注和认可，如2011年，栏目制作的《妈妈，再爱我一次》在2010—2011年度全国电视法制栏目创优评析中，获谈话和故事类二等奖；2012年和2013年，在当年的全国电视法制栏目创优评析中，《第三调解室》连续两年被评为全国十佳栏目；2013年，《第三调解室》还被国家司法部评为全国模范调解委员会；2014年，《第三调解室》被北京市司法局评选为北京市人民调解工作先进集体等。

《庭审纪实》

《庭审纪实》是一档纪实类法制专题栏目，每周日13时44分在BTV科教频道首播，时长50分钟。栏目以直播（或准直播）方式记录北京各级法院审理重大案件的庭审过程，深入探访当事人的庭外境况，通过对庭审中涉及的相关法律问题进行的解读，普及法律知识；突出“现场意识”理念，打造北京电视台唯一的庭审直播平台。

栏目自开播以来两年的时间，先后对北京各级法院审理的大要案进行直播、准直播十余次，例如市一中院审理的“大兴摔童案”，市二中院审理的“张晓玲运输毒品案”，朝阳法院审理的“秦火火诽谤案”“歌手李代沫涉毒案”“藏獒伤人案”，东城法院审理的“演员房祖名涉毒案”，海淀法院审理的“演员张默涉毒案”等。

栏目率先尝试多媒体融合，多方位、多角度地进行宣传，如栏目微信公众账号上线，与观众、粉丝零距离互动，随时播发栏目拍摄动态、记者手记；开通微博微信互动平台，与北京市高级人民法院的官方微博“京法网事”及北京市各级人民法院的官方微博进行互动；使用专属二维码，方便观众参与“BTV大媒体”（APP）互动话题；栏目与《北京电视周刊》合作，每周对栏目播出的节目进行预告。

《庭审纪实》在午间同时段栏目排名中，常年名列第一。2014年节目平均收视率为1.49%，平均收视份额为9.6%，并被评为2014年度北京电视台优秀栏目。栏目制作的《歌手李代沫涉毒案庭审纪实》获2013—2014全国电视法制节目创优评析获专题纪录片三等奖，《村民强占新房 村委会村民对簿公堂》获北京电视台2014年度纪录片二等奖。

《健康北京》

《健康北京》是一档演播室访谈栏目，每日18时27分在BTV科教频道首播，时长30分钟。

《健康北京》栏目创办十年来，一直立足于普及和传播专业的医疗医药健康知识，始终倡导宣传科学健康的生活方式，引领观众认识健康、了解健康、把握健康、拥有健康。《健康北京》栏目始终坚持邀请北京市三级甲等医院的权威专家进行病例剖析和解读，帮助电视机前的观众掌握科学的防病知识，在保证权威性、科学性的同时，取得了较好的收视。《健康北京》秉承为人民服务、为百姓送健康的宗旨，不仅成为观众喜爱的权威健康类节目，也得到了业内专业医生的认可和观众的好评。

节目四大亮点：一是专家的权威性独树一帜，有强大的资源优势；二是抓住社会热点，从健康角度解读热点事件；三是设立系列健康题材，解析各大疾病隐患；四是每周健康播报，发布权威最新疫情。

《健康北京》2014 年北京地区收视率为 1.32%，其中单期最高收视率为 3.04%，并多次入围北京地区收视率前 50 名。2014 年在中国广播电视协会“第三届全国广播电视民生影响力调查中”，《健康北京》栏目荣获“电视类 10 强品牌栏目”称号。在北京电视台 2014 年节目评奖中，《健康北京》被评为北京电视台优秀栏目。

财经频道优秀栏目

《理财》

《理财》于 2011 年 1 月开播，是财经频道重点打造的一档以文玩收藏为主要内容的专题节目。节目在成长的过程中不断调整节目制作思路和表现手法，不断探索收藏的新领域和新突破。

除此以外，栏目还进行了一定程度的改革和转型，如体现中国传统雕刻技艺传承的《中国好手艺》，以及展现高端文玩收藏品类的《寻找镇店之宝》系列节目，把节目从服务性、贴近性向文化内容、历史内涵转变。

栏目定位：节目立足于大众视角，通过探访各类文玩品原料产地的开采和加工情况，以及展现全国各地知名文玩收藏市场的交易实况，向普通文玩爱好者普及、介绍收藏知识和收藏技巧。

栏目特色：鲜活、轻松，寓教于乐，呈现丰富、清晰的文玩知识和及时、准确的行业动向，传递正确的文玩收藏理念。

《理财》节目在开播 4 年的时间内，多次获得行业内外人士的肯定，并在 2014 年 5 月被中国广播电视协会评为“社教类十佳栏目一等奖”。多期节目也获得了国家级或市级奖项：《黄金变现门道多》获得中国广播电视协会生活服务类专题节目创优一等奖，《地头赶集，红木捡漏》获得中国广播电视协会创优专题三等奖，《无底价拍卖：文玩杂项巧淘宝》获得北京广播电视台“节目形态创新入围奖”。

《拍宝》

《拍宝》于 2010 年 2 月开播。该栏目深深植根于普通百姓之中，节目形式诙谐轻松、京味厚重、互动性强，出镜藏友全部来自现场海选，现场发挥全部出于本能，摒弃了设计的痕迹，一切呈现都是原汁原味，因此备受艺术品收藏爱好者青睐，收视率始终稳中有升。

栏目定位：弘扬中国传统文化，搭建百姓理财平台。

栏目特色：节目中的所有趣味性、知识性元素皆以弘扬中国传统文化为基础，主持人和鉴赏家在讲解中摆脱泛泛的猎奇、枯燥的说教，在轻松幽默中通过描述古代、现代瓷器、字画、玉石以及众多艺术品的前世今生，让受众了解更多中国传统文化的精髓。

《北京发布》

《北京发布》于2014年1月开播，是财经频道全新推出的服务北京市政府、服务北京产业环境、服务北京创新型企业发展、以经营性为主的专题节目。栏目一方面与政府部门加强合作，配合北京的经济工作，及时发布和解读北京市政府相关部门针对我市战略性新兴产业布局、支持产业发展的政策、资金等内容；另一方面报道北京市创新创业的大环境，以及产业发展中最前沿的技术创新、最具活力的创新创业的案例。

栏目定位：搭建投资界寻找优质项目的顶级平台，搭建创业者展示最新产品的众筹平台，搭建观众参与节目互动的媒体平台，搭建政府发布经济政策的权威平台。

栏目特色：

一是考核模式创新。《北京发布》是经北京电视台编委会批准的财经频道唯一一档以经营为考核目标的周播栏目。栏目主要与北京市政府部门合作，以深度解读北京市经济发展政策，重点报道北京市战略性新兴产业的发展，宣传把北京市建设成全球创新创业中心过程中，涌现出来的创新业态、创新模式、创新人物、创新产品等。

二是管理模式创新。《北京发布》在内容全部是命题作文的前提下，要求全体主创人员深入了解产业政策、关注新闻热点、学习相关产业政策、企业管理知识；深入产业园、高校、科研机构和企事业单位调研，大量参与产业研讨会、展览会，加大前期策划，运用多种先进的制作手段和表现手法。节目虽然收取政府和银行的宣传费用，但仍保持政策性强、新闻度高、紧跟新闻性、可视性强的高品质标准。

三是运作模式创新。《北京发布》以经营为考核目标，与栏目合作的各政府部门签署合作合同、宣传经费管理就是非常重要的一个环节。栏目特此设立专门的主编管理宣传费用的合同签订和资金入账等流程，确保资金及时到位、入台。

体育频道优秀栏目

《欢乐二打一》

体育频道于2014年9月1日开播《欢乐二打一》扑克电视挑战赛，采用国家体育总局编制的《中国二打一扑克比赛规则》（民间称“斗地主”）。节目每周一至周五在BTV体育频道晚18时播出，每期时长45分钟。这档节目的推出，丰富了体育节目中心的赛事节目内容，继《节节高升》之后，它成为了另一个百姓可以直接参与的体育赛事。

《欢乐二打一》的比赛采用了电脑平台的比赛方式，选手通过电脑软件直接进行比赛。这样的比赛模式突破了《节节高升》所采用纸牌竞技的方式，对比赛过程实时录制，让比赛的进程更加直观，电视观众也能从中感受到比赛的紧张和刺激。在包装形态上,《欢乐二打一》也进行了突破和创新,选手比赛实时画面与电脑牌局实现了完美结合。选手在比赛时真实的状态通过先进的包装手段,直接展现牌局界面上,让比赛的过程更加生动真实,电视观众可以更好地欣赏比赛的全过程。

《欢乐二打一》更好地利用了多媒体平台,从选手选拔到节目内容宣传采用了全方位的推广模式,微信公众平台、官方微博、官方网站、海选网站同步上线,让节目在新媒体的环境中更好地生存和发展。节目在播出的同时,观众可以扫描节目中的二维码,用手机下载比赛客户端,就能在手机上随时随地参加比赛。微信公众平台将会成为另外一个节目宣传阵地:每场优秀选手评选、了解比赛咨询、获取比赛客户端下载链接、与其他观众交流观赛心得等等,更多的功能让观众在看比赛的同时更好地参与节目互动,让比赛成为百姓自己的比赛。

《快乐健身一箩筐》

《快乐健身一箩筐》作为一档日播谈话类节目,是北京电视台体育频道自2007年来重点打造的一档非竞技类栏目,也是体育频道生命力最强的栏目之一。《快乐健身一箩筐》栏目是一本无微不至的健身百科全书,旨在引领京城健身时尚和潮流,打造一个权威性的健身、健康平台。如今的《快乐健身一箩筐》中,筐叔、小张、李鹏等外景记者的形象早已深入人心,他们亲临街头巷尾,寻访民间高人、探寻健身秘诀、体验锻炼高招,使栏目在内容上更加贴近百姓,突出全面、细致、生动的特点,以真实、可行、有信服力的健身方式来指导广大电视观众,以最直接、最贴近的形态引领百姓快乐健康的新生活。

主要受众:45岁以上爱好健身、注重健康的中老年观众。

《声声体育》

体育频道于2014年9月1日11时50分,在原午间体育新闻的时段,开播一档新型的资讯栏目——《声声体育》。

与传统体育资讯栏目不同的是,《声声体育》在体育资讯播报的同时,还可随时同电视屏幕前的观众进行互动。这种互动不限于文字,观众还可以通过微信平台,发来音频和视频,节目后台可以在最短的时间内,将这些音频和视频送上播出线,由主持人选择播出,然后加以评论。让观众也成为节目内容生产的一分子。

《声声体育》还在进一步探索新型的互动模式,在重大体育事件发生的同时,带领电视机屏幕前的观众"玩"起来,进而将这种模式推广到《体坛资讯》和《天天体育》两档播出时间更为"黄金"的资讯栏目,增加其活动力。

《天天体育》

《天天体育》栏目定位于服务北京的体育迷,主要受众是京城喜爱体育健身,关心北京各项运动队的观众,年龄层次从小学生到退休的老人。主要内容以新闻、专题为主,特色板块包括《速评》《三言二拍》《集结哨》等,并且随着制作手段的不断丰富,采用新媒体新技术进行的包装手段日渐多样,收视率近几年来一直处于稳中有升的态势。

近年来,各项大赛层出不穷,《天天体育》致力于保有自己特色不变,紧抓北京本土运动队品牌的基础上推陈出新，在新媒体技术的应用上争取有所突破。

《足球 100 分》

创办于2005年的《足球100分》，是北京电视台体育节目中心唯一一档涵盖足球专题与新闻评论的足球直播型节目。栏目立足北京，辐射全国，围绕足坛焦点赛事、风云人物，采用主、分演播室访谈、播报及专题片相结合的方式展开焦点热议，层层深入，力争还原事件之根本，实现纵深调查和深度报道。近年来，栏目更是重点围绕北京国安这支本土球队以及国内联赛展开追踪报道，以分析的专业性、报道的独特性和制作的精良考究而享誉全国同类专业节目。栏目收视率一直保持在1.2%以上。近期，《足球100分》增大新媒体的互动，更加突出球迷、球队和节目的互动性，使其成为北京地区最具关注度的全景展示国内足球的电视平台。

生活频道优秀栏目

《生活 2014》

《生活2014》栏目在BTV生活每天18时29分至19时59分首播，节目时长90分钟。

《生活2014》是一档以民生新闻为主体、资讯与服务相结合的生活资讯类节目。演播室生活区域化设计，大型道具及全媒体新技术综合运用，既不同于以往宣传大政方针的正统新闻，又不同于偏低端、偏市井的民生新闻。节目恪守民生取向，以民生为本，秉承平民视角，关注民生百态，通过权威的内容发布，实实在在的媒体行动，为共建北京服务。即使是舆论监督题材，也立足善意传播，倡导健康积极价值理念。本节目大学以上学历观众比例占42.2%，其中25～34岁的青年观众为20.4%。

从2014年9月29日到10月5日，每天18时45分至19时，《生活2014》采用现场直播的方式与其他五个栏目联动，汇总各地活动情况和数据。这是生活频道的节目首次采用直播形式，也是生活频道生产方式的一次新的提升。

《生活2014》在第三届中国广播电视民生栏目创新峰会上获得“全国广播电视民生栏目影响力制片人”奖；获中国电视欣赏指数生活类节目排名第一；获得“全国具有市场价值电视民生栏目”奖。

《美食地图·一探到底》

《美食地图·一探到底》栏目在BTV生活周一至周五21时08分首播，节目时长30分钟。

《美食地图·一探到底》于2014年5月19日试播，8月18日正式开播，是一档全新的具有调查性质的美食专题节目，旨在调查美食背后的真相。节目汇聚京城美食，以真诚的态度、真实的调查、“真探”的形式，还大众以美食火爆、口味独特的真相；传递美食文化，让爱吃的人更会吃，还要吃得更健康。美食侦探韩非、张婷、火旺通过调查、互动、盲评等手段，挖掘美食背后的真相，告诉观众餐厅的真实情况，菜品的真实味道。栏目口号为：有美食，有侦探，有真相。

《美食地图·一探到底》注重在新媒体平台的宣传与推广，积极在微博与微信推送节目预告、餐厅信息、互动反馈等与节目相关的内容。从2014年11月中旬开始，《美食地图·一探到底》开始尝试有奖互动活动。观众看节目的同时，通过栏目官方微博和96168热线参与互动，可以赢取由栏目提供的免单美食。活动一经展开，立即得到了观众的广泛关注。因为栏目保证活动真实可信、公平公正，参与的人数也越来越多，96168的热线量从每天20多人次，逐步上升到每天200多人次，并呈现持续上升趋势。截止到2014年12月31日，一个半月的时间内，参与观众累计超过五万人次，获奖观众累计224人次，发放奖品价值22000余元。

《美食地图·一探到底》获得北京电视台2014年下半年节目评奖节目创新类二等奖。

《生活面对面》

《生活面对面》栏目在BTV生活周一至周五20时至20时30分首播，节目时长30分钟。

《生活面对面》是一档满足北京人地缘性刚性需求的演播室节目。栏目以为百姓提供服务导向为首要前提，充分体现“生活服务”的理念，用好奇的眼光、独到的角度切入身边的生活百科、健康知识等与百姓息息相关的事务。节目用喜悦的态度解读生活的多彩，真正做到让观众收看后有“解渴”的快感，做到信息有新意、点位细致，全人群覆盖。2014《生活面对面》全年共播出节目222期，平均收视率1.13%，提升幅度12%，在北京同时段排名第六。

《第一房产》

《第一房产》栏目在BTV生活每周日17时10分首播，节目时长45分钟。

《第一房产》是北京电视台第一档经营性房产资讯节目，2014年9月7日首播。节目旨在为购房者与开发商搭建信息沟通平台，突出服务性、贴近性，也强调权威性和专业性。节目采用电视杂志的形式，在45分钟的时间里，分设“楼市圈点”“深度聚焦”“全景看房”“据说楼市”等板块，全方位多层次关注房产市场。2014年9月至12月，栏目自主创收200余万元，共播出17期节目。

《上菜》第二季

《上菜》第二季是一档季播节目，11月8日至2015年1月31日每周六晚20时播出。

美食真人秀《上菜》第二季由北京市旅游委、北京电视台联合出品，这是北京电视台生活频道继《北京味道》之后，倾力打造的致力于传扬北京美食文化特色的精品电视节目。节目以美食美景为主要元素，以北京传统传承和国际化多元相融的美食文化为内核，以餐厅和厨师为故事线索，通过纪实与竞技真人秀相结合的方式，用美食、味道传达出主流价值与情怀。《上菜Ⅱ》设计了“寻味”“练菜”“应战”“美食大会终极赛”的竞技模式，辅以三位重量级评委（北京饭店行政总厨郑秀生、便宜坊副总经理孙立新、美食评论家董克平），100位大众现场评审，形成了一套完整的大型节目形态，并逐步完成一套观众和业界都高度认可的任务型真人秀节目模式。

《上菜Ⅱ》从准备到完成播出，历时约11个月，其中拍摄近8个月时间。节目从美国长滩龙虾节到江苏盱眙小龙虾开渔，从内蒙古锡林郭勒盟到云南西双版纳，从杭州千岛湖到四川宜宾，30人团队，30家餐厅，前往近40地完成菜品的寻访拍摄，累计拍摄5000多个小时视频素材。在播出的13集节目中，单期最高收视率达到1.98%，平均收视率达到1.15%。

青年频道优秀栏目

《军情解码》

《军情解码》2011年1月1日开播。栏目以“揭秘”为核心理念，涵盖军旅文化与战争文化，解析中外历史上的著名战争及政治战、经济战、心理战、文化战、情报战等不为人知的幕后故事，填补目前BTV及全国省级卫视军事栏目设置的盲点。

栏目与中国军方授权机构——新华社军事部以及《世界军事》《中国军人》杂志深度合作，确保选题及内容的高质与安全；以全国百余位顶级军事专家为嘉宾团队，确保表达的权威与精彩；以具有军事情结、人文素养、电视经验的人员组建摄制编辑团队，确保节目制作的品位与效率。

《状元榜》

《状元榜》2000年1月开播，是一档面向中学生的全国性知识竞赛节目，旨在激励青少年的学习热情。栏目全面展示参与者的知识、视野、思维水平、动手能力、表达能力、团队精神等，通过不同类型题目考验的选手就是最终的胜利者。注重学生提出问题和解决问题的能力、创造力和团队协作精神。节目时长50分钟，每年有近260名选手参加，产生至少50位擂主。15年来共制作700余期，在北京、上海、天津等地同步播出，在中学生中产生了广泛影响，也引起家长、老师和社会各方面的热切关注，

《北京客》

《北京客》2011年1月1日开播。《北京客》的名称灵感源自美国著名杂志《纽约客》（*THE NEW YORKER*），包含所有从北京走出去和从各国各地来北京的人。

栏目定位于“对北京在迈向世界城市的进程中，原有文化与世界文化对接、交融过程的时尚化、国际化、故事化表达”。

节目以前沿思想、精英身份、个性行为支撑的深层时尚为主要表达方向，在国内首次提出以“国际化时尚人物Talk Show”为亮点的全新理念，以幽默睿智的风格、轻松欢快的手段，打造时尚文化沙龙。要求嘉宾身为青年领袖或具有成为青年领袖的潜质，节目形态以演播室交流为主，结合专题性拍摄，节目气质体现为健康、知性、轻松，真诚。

节目以受过高等教育的23到35岁观众为目标受众。这部分人群约占北京23岁以上人口的18%，他们有个性、有购买力，且大多具有深夜打开电视的习惯。

新闻频道优秀栏目

《北京新闻》

《北京新闻》拥有35年历史，是北京电视台最重要、收视率最高、影响力最大的新闻栏目，是北京市委、市政府重要的宣传阵地。

《北京新闻》秉承“权威发布政策资讯，悉心关怀百姓冷暖”的栏目宗旨，坚持正确的政治导向，坚持党的路线、方针不动摇，成为展示北京市改革开放、经济发展、社会进步的重要窗口；同时，致力于提高新闻质量和报道水平，创新报道方式，实现“导向正确、宣传有力、收视稳定”目标。它以权威的报道、新颖的内容、全面的资讯，追求时政新闻的严谨性、经济新闻的生动性、社会新闻的思想性，让观众在最短的时间里了解最丰富的内容。

节目时长：30分钟，首播时间：周一至周日18时30分，播出频道：北京卫视、BTV新闻频道。

《特别关注》

《特别关注》是一档以民生新闻为定位的新闻栏目，始终坚持“关注社会发展、贴近百姓生活”的栏目宗旨。力求用特快的速度、特别的视角、特色的电视手段，突出时效性、地域性、服务性的特点，致力于真实客观地诠释新闻事件，理性细致地关注点滴生活。

为百姓排忧解难，倾听百姓心声，报道百姓关心的事、身边的事、困难的事、烦心的事，一直是《特别关注》的栏目特色。该栏目以党和政府的声音引导舆论、以党和政府的观点解疑释惑，成为沟通政府与市民的一座桥梁。《特别关注》陆续推出的子栏目《以辨真伪》《寻找老街坊》等影响深远，深得受众青睐和业界好评。

节目时长：60分钟，首播时间：周一至周日12时，播出频道：北京卫视、BTV新闻频道。

《北京您早》

《北京您早》开播于1991年7月，是国内开办时间最早的早间电视新闻节目。栏目定位于“第一时间看北京、看中国、看世界”。

《北京您早》始终坚持及时丰富、清新朝气的节目理念，它秉承20多年的传统，不断开拓创新，梳理一天大事，提供丰富资讯。通过“夜线出击”“京城大交通”“晨读时光”等板块，提供清晨最适合的新闻早餐。

节目时长：120分钟，首播时间：周一至周日7时，播出频道：北京卫视、BTV新闻频道。

《红绿灯》

《红绿灯》是北京电视台与北京市公安交通管理局合办的一档交通栏目，1997年7月首播，是北京交通管理政策措施的权威发布平台。它关注北京交通事业和百姓出行的方方面面，北京交通所包含和涉及的公交、地铁、城铁、铁路、民航等领域发生的新闻尽在其报道范围之内。在遇有重大、重要交通事件时，《红绿灯》都会在第一时间提供全方位的报道。

节目时长：40 分钟，播出时间：周一至周日 21 时 10 分，播出频道：BTV 新闻频道。

《晚间新闻报道》

《晚间新闻报道》是一档集新闻资讯与观点于为一体的大型综合新闻节目。它将立足“从北京看天下”，深度融合一天之中电视、纸媒、网络媒体、移动媒体的热点新闻，并抽取新闻中的视频、音频、图片及数据进行重新编辑整合，用媒体融合的方式，为观众梳理一天的国际国内热点大事。它突出互动特色，实现网络视频互动和微博互动、短信互动，多元化呈现观点和事实。

节目时长：50 分钟，首播时间：周一至周日 21 时 55 分，播出频道：北京卫视、BTV 新闻频道。

卡酷少儿频道优秀栏目

《幼儿园》

《幼儿园》是一档早间低幼类节目，BTV 卡酷少儿卫视频道周一至周五 7 时至 7 时 30 分播出，节目时长 30 分钟。

该栏目是针对 0 至 6 岁孩子量身定做的音乐类儿童节目，集互动性、创意性、知识性、音乐性为一体，通过早间《起床歌》和“创意手工”等板块组合，使主持人与孩子们身心运动起来，让孩子们在愉快中学到知识，引领他们从小建立正确的价值准则和行为规范。

《闪天下》

《闪天下》是一档少儿综艺秀栏目，BTV 卡酷少儿卫视频道每周三 19 时 30 分至 20 时 05 分播出，节目时长 35 分钟。

这是一个延续节目智慧、欢乐、爆笑风格的儿童栏目，以儿童最喜爱最熟悉的影视、动漫、游戏为素材，以固定演员班底为标志，以重磅级嘉宾即兴表演为爆点的舞台剧栏目。

《剧星派》

《剧星派》是一档动画主题综艺秀节目，BTV 卡酷少儿卫视频道每周一 18 时至 18 时 30 分播出，节目时长 30 分钟。

该栏目紧扣热门动画话题，带领观众“看动画”“说动画”“玩动画”，打造国内一流的动漫产业合作平台。

《卡酷动物园》

《卡酷动物园》是一档动物科普综艺秀栏目，BTV 卡酷少儿卫视频道每周四 18 时至 18 时 30 分播出，节目时长 30 分钟。

该栏目以野生动物为主题，带领小朋友走进动物园，接触大自然，用任务挑战的方式来展示野生动物生活习性，用有趣、娱乐的方式科普动物知识。

《终极大脑》

《终极大脑》是一档科学益智综艺节目，BTV 卡酷少儿卫视频道每周日 18 时 30 分播出。

节目通过爆笑的科学实验讲述常见、有趣的科学原理，结果充满悬念感，既在情理之中，又在意料之外。“爆笑 + 科学”的双重砝码给孩子们带来全新的收看体验。

纪实频道优秀栏目

《纪实天下》

《纪实天下》于2014年2月开播，BTV纪实频道每周六19时35分播出。这个栏目是北京电视台纪实频道节目中心一档30分钟周播纪录片栏目，是纪实频道节目中心2014年唯一的一档完全自主版权、自主创作的纪录片栏目。栏目形态为纪录片，通过发现当下社会、生活中一个个鲜活人物的别样生活，用纪录、纪实的视角和方法，追踪人物故事，展现人物情怀，关注人物命运，讲述人物的“中国梦”，以此串联成当今中国的时代群像。

《时尚装苑》

《时尚装苑》于2014年6月开播，BTV纪实频道每周六20时10分播出。2014年改版后的《时尚装苑》致力打造时尚纪实板块，精选热点事件、焦点人物等主题，以重头篇幅进行深度而专业的呈现，纪实风格的融入把时尚看得更真切透彻。栏目触角涉及时尚的方方面面，涵盖时尚活动、创意设计、生活方式、品牌故事、时尚人物等。

调研报告

真诚精细　探索求新

——关于2014年北京电视台春晚的调查与分析

马年大年初一，2014年北京电视台春晚播出，收获好评。据统计，本次春晚的合计收视率为17.86%，市场份额达46.81%。与去年春晚相比，收视率上升了34%。从33个城市收视统计来看，北京电视台春晚收视率为1.8069%，收视份额为5.2856%，省级卫视排名第一。除此之外，网络点击与互动的数据创下历史新高，各类平台互动的好评率几乎达到95%。网友评价这是一台有激情、有质量、有欢乐、有年味、有品位的艺术盛宴。

原创、求新：梦想照进现实

“中国梦”是一年来的关键词，央视春晚以及各大卫视春晚，几乎无一例外地均以“中国梦”作为年度点睛之笔，描绘时代使命，欢唱中国梦想。2014年北京电视台春晚，以“欢乐北京中国梦”为主题，聚焦对普通人生活的关注，通过讲述朴素动人的北京故事，将宏大叙事转化为温暖的人文关怀，为这台晚会脱颖而出奠定了坚实的原创基础。

百姓故事　感动人心　在晚会的前期筹备阶段，导演组深入民间，广泛采访，挖掘了丰富的百姓故事。北京电视台春晚将这些故事搬上舞台集中展现，在欢乐的主题中融入更多温情元素，使晚会的大众性和情感性完美结合，具有丰富动人的魅力。盲童娅芬阳光般的笑靥和用盲文纸一点点粘起来的画作《北京的春天》让人动容；百岁老人相扶83年的爱情更是令人唏嘘感慨，在老人拿着红梳子为老伴梳头的一刹那，二人之间的温馨美好与观众对他们的祝福一并托出，这种幸福感一直萦绕在每一位观众的心里……正是这些普通老百姓最真实最朴素的故事，给予了观众最真实最温情的审美体验。

普通民众　圆梦春晚　晚会邀请了北京市交谊舞大赛获奖选手、北京市轮椅篮球队和童心合唱团等，并为其量身打造多人表演的大型节目。此外，晚会也不吝为有才华的个人提供“圆梦春晚”的舞台。为了使13岁初中生刘珅演唱的歌剧片段《为艺术为爱情》呈现出更加饱满的艺术效果，导演组特意邀请了青年舞蹈家黎星与他一起实现春晚梦想。

北京电视台在春晚这样的大舞台上，拿出大量篇幅让普通民众参与其中，真正做到了与百姓同在，与人民同乐。

草根系列　逗笑全场　本次春晚还重点打造了一系列“接地气”的草根类型节目。源于普通人的小故事在经过精心加工后展现在舞台上，不仅定位准确、表现力强，同时还形成了节目的内在张力，引导观众在欢笑之余深入思考。郭冬临的小品

《亲人》，以小人物的温暖为主题，讲述了城里人和农村人消除剐蹭车辆误会的小故事，让观众感受到“包容、厚德”的北京精神；小沈阳的小品《真的想回家》延续了一贯的“草根情结”，模拟了一场工地春晚，真人版“植物大战僵尸”是点睛之笔；而随后的思乡曲更是催人泪下。“大北京关注小百姓，大舞台上演小故事”，草根系列既贴近观众的现实生活，也凸显新北京的时代风貌。

混搭、求异：创新增强张力

2014年北京电视台春晚依据观众的审美需求和欣赏心理走混搭和差异化之路，同中求异，异中求新，为晚会的成功提供了可靠的保证。

立足求异　紧接地气　人们看春晚的主要目的就是“图一乐呵”，真正让人开怀大笑的语言类节目才是春晚这一“年夜大餐”的“硬菜”，也是春晚中最令观众期待的节目类型。今年的北京电视台春晚延续其“语言类节目王牌”，占晚会30%以上比例的相声小品和脱口秀亮点颇多，原创性极高的作品获赞“业界良心”。

北京电视台春晚的语言类节目为年轻艺术家们提供平台，使他们能够用新鲜活泼、效果更佳的作品来打动大众、娱乐大众。白凯南等人的相声《花样节奏》边说边跳，在人声盗版碟的伴奏下模仿黛玉葬花的舞蹈，让人捧腹大笑；新生代脱口秀代表人物王自健的相声《我是北京人》让人津津乐道，“我这儿有最难得的‘铁器’：北京市车牌”一时成为最新流行语；相声新秀苗阜和王声的作品《满腹经纶》更是在网上受到热捧，被赞为“近几年来最好的语言类节目”。这些包袱与笑料齐飞的原创节目的集中呈现，为观众带来了既新鲜又兴奋的观赏体验。由此可见，在娱乐段子泛滥的当下，唯有深入体验生活本真，以优秀的原创作品为支撑，才能真正成为“有诚意”的节目，受到观众的真心欢迎。

多元混搭　跨界出新　本次北京春晚的歌舞类节目大打“跨界混搭牌”，形成晚会一大亮点。演员跨界跳芭蕾、歌手吊威亚演杂技、脱口秀主持人说相声、《最美和声》师徒合作……这些节目不仅展现了明星的多面形象，也为整台晚会加入了大量新鲜元素，满足了广大观众求新求变的审美心理。特别是由杨洪基、刘秉义和李光曦三位耄耋之年的艺术家带来的《狂野之心》，获得了非同凡响的演出效果。三位歌唱家童心未泯地演唱了多首流行歌曲，用歌声发起了一场对年龄的逆袭，引起了几代人的共鸣。

致敬青春　重温经典　为纪念芭蕾舞剧《红色娘子军》首演50周年，导演组别出心裁地邀请了新老五代“琼花”饰演者相聚在春晚舞台上，用这个经典节目的历程串起了中国社会进程变化的涟漪，大屏幕上的老照片和专程在排练厅拍摄的视频短片唤醒了观众的情感，勾连起了久远的记忆，集中呈现了生活变化的特殊时刻，弥补了电视晚会互动交流欠佳的弱点，激发了中年以上观众掩埋在内心深处的熟悉感与参与感，使人们感觉仿佛回到了那激情燃烧的岁月。与此同时，晚会还请来几代人年轻时心中的女神“叶塞尼亚”“伊佐拉”和“小鹿纯子”，这些经典角色的扮演者在观众的呼唤声中从舞台中央徐徐升起，风采依旧的她们令人惊喜又感动。

视听求变：细节彰显诚意

除了在主题和内容上锐意创新，北京电视台在晚会的风格形式上也力图有创造性的突破。简约梦幻的舞台、自然生动的串场、多方位的互动……这些诚意十足的细节设置为北京春晚获赞提供了有力的支撑。

舞台格局　返璞归真　从去年11月开始，北京春晚剧组面向全市4岁至12岁的小朋友，发起了题为“描绘北京的春天”的画作征集活动，把孩子们对春天的想象作为春晚舞台设计的灵感来源。最终，春晚舞台在盲童娅芬画作的基础上，融入了西班牙的高迪建筑风格，运用缤纷的色彩和不规则的曲线营造出一种浪漫梦幻的氛围，给人以强烈的视觉冲击。舞台中央设置4小块观众区，使观众能更好地参与节目互动。演员和主持人均被安排坐在台下，在回归联欢晚会本意的同时，也极大地拉近了与观众的距离。同时，晚会也放弃了往年炫彩夺目的舞美思路，回归简约的舞美设计反而更加烘托了欢乐祥和的节日气氛。

全媒体平台　互动播出　近几年来，北京电视台一直致力于构筑全媒体互动平台，积极整合各类媒介资源为北京春晚做前期宣传，如电视和广播跟踪报道、平面媒体广告宣传、门户网站专区搭建以及手机终端新闻推送等多种形式，全力打造春晚营销传播的全方位格局。

在此基础上，2014年北京春晚充分调用各种资源和技术手段，首次进行了全媒体平台互动播出。据统计，北京网络广播电视台BRTN网站、北京IPTV点播量以及微博微信转发互动等，累计吸引超50万人次收看与互动；网站平均同时在线人数是往年春晚最高峰值的3倍以上；BTV大媒体客户端活跃用户是平时的15倍；晚会直播期间，北京电视台新浪和腾讯官方微博同步直播，共发布2352条微博，总转发381276条，总评论82068条，总覆盖量4.23亿人次。

2014年北京电视台春晚在给观众带来欢笑和感动之余，还充分显示了整个春晚团队求新求异的智慧和亲民近民的诚意。这也给我们带来了一个重要启示：保持独创、精心打磨是春晚保持生命力的不二选择。遵循艺术的内在规律，尊重观众的需求与选择，创作出真正贴近生活、有欢笑、有感动、有共鸣的作品是春晚工作者的不懈追求。

（本文作者张雅欣系中国传媒大学电视与新闻学院电视节目研究所所长；毛凌野系中国传媒大学在读研究生）

2014 年北京电视台电视剧收视情况的调查与分析

影视剧中心

2014 年，北京电视台影视剧中心对全年播出电视剧的收视情况做了调查与分析，总体情况是：北京卫视剧场收视率喜获丰收，地面频道剧场收视率呈下降趋势。

一、北京剧场收视率提升

1.《红星剧场》收视突破。

2014 年，《红星剧场》的竞争力大幅提升，全国卫视排名第四位，相较于去年同期提升了 1 位。

2013 和 2014 年 红星剧场排名比较（时段数据）

	频　道	收视率（%）	市场份额（%）		频　道	收视率（%）	市场份额（%）
1	湖南卫视	1.43	3.79	1	湖南卫视	1.05	2.83
2	江苏卫视	0.97	2.57	2	江苏卫视	0.97	2.6
3	浙江卫视	0.85	2.24	3	浙江卫视	0.91	2.43
4	天津卫视	0.73	1.93	4	北京卫视	0.87	2.34
5	北京卫视	0.7	1.84	5	天津卫视	0.81	2.19
6	安徽卫视	0.65	1.71	6	上海东方卫视	0.8	2.16
7	山东卫视	0.61	1.62	7	山东卫视	0.74	1.98
8	上海东方卫视	0.55	1.46	8	江西卫视	0.55	1.47
9	贵州卫视	0.53	1.41	9	贵州卫视	0.52	1.39
10	湖北卫视	0.49	1.29	10	安徽卫视	0.51	1.38

前 3 位分别是湖南卫视、江苏卫视和浙江卫视。北京卫视与前 3 个卫视无论是收视率还是份额上的差距都在缩小，对天津、上海等老对手领先优势在增加。

2014 年，《红星剧场》北京地区的平均收视率是 6.36%，全国 34 城市 0.95%，较去年分别提升了 13% 和 25%，同时也是 2009 年以来最好的收视成绩。

《红高粱》收视率创新高。2014 年，《红星剧场》有两部电视收视率超过了 10%，《红高粱》更是达到 11.09%，是 2009 年北京电视台采用索福瑞数据以来唯一一部收视率过 11% 的电视剧。

2014 年的两个收视高峰分别出现在了年初和年尾，特别是年尾，从《勇敢的心》开始，《红色》《北京无战事》《红高粱》《老农民》等剧叫好又叫座。

在 2014 年的省级卫视电视剧总榜单

中，北京卫视有 3 部电视剧进入了省级卫视的前 20。《红高粱》和《大丈夫》更是历史性地占据了全年电视剧收视排行的前两位。此外，《我的儿子是奇葩》《北平无战事》等剧播出时也多日在省级卫视排名第一。

2013和2014年红星剧场收视率比较（%）

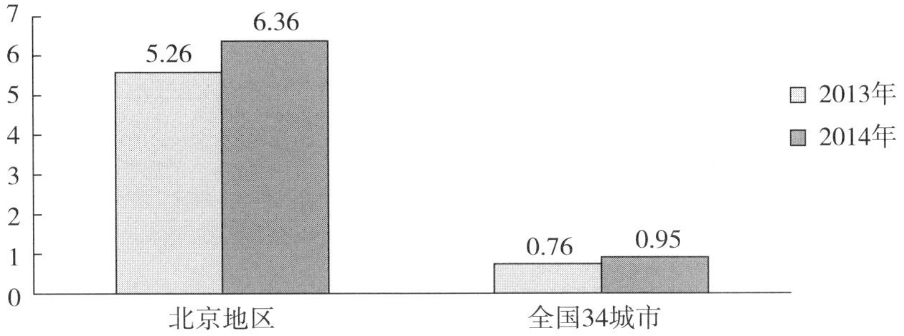

2009年至2014年北京地区收视冠军剧（%）

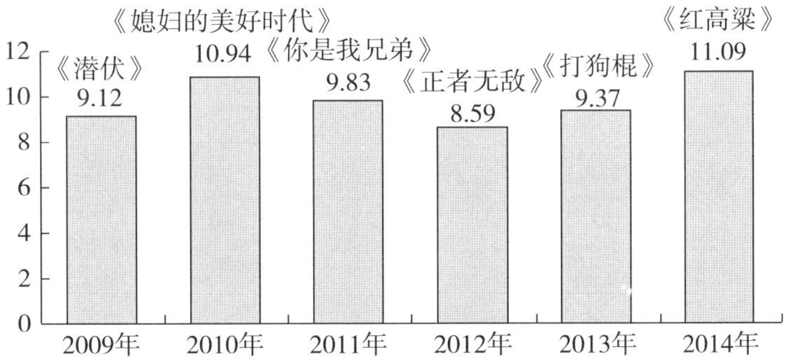

2014年红星剧场各剧收视率（%）

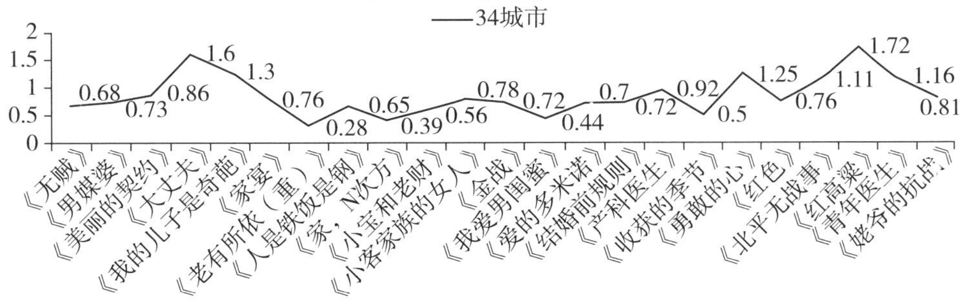

2015 年省级卫视晚间时段电视剧排名前二十

排名	剧目/频道	收视率（%）	市场份额（%）
1	《红高粱》/北京卫视	1.72	4.55
2	《大丈夫》/北京卫视	1.6	4.03
3	《因为爱情有奇缘》/湖南卫视	1.59	4.26
4	《一仆二主》/上海东方卫视	1.57	4.19
5	《红高粱》/山东卫视	1.52	4.06

续表

排名	剧目/频道	收视率（%）	市场份额（%）
6	《宫锁连城》/湖南卫视	1.46	4.01
7	《大丈夫》/浙江卫视	1.45	3.69
8	《杉杉来了》/江苏卫视	1.45	4.1
9	《勇敢的心》/江苏卫视	1.4	3.81
10	《神犬奇兵》/湖南卫视	1.39	3.94
11	《战神》/江苏卫视	1.38	3.78
12	《恋恋不忘》/浙江卫视	1.35	3.83
13	《卫子夫》/浙江卫视	1.35	3.66
14	《勇敢的心》/天津卫视	1.32	3.59
15	《我的儿子是奇葩》/北京卫视	1.31	3.42
16	《爱情公寓四》/安徽卫视	1.26	3.2
17	《勇敢的心》/山东卫视	1.26	3.45
18	《步步惊情》/浙江卫视	1.25	3.44
19	《我爱男闺蜜》/上海东方卫视	1.25	3.38
20	《红高粱》/浙江卫视	1.24	3.31

2. 北京卫视白天剧场收视份额提升。

2014年，北京卫视上午和午茶剧场，虽处于非黄金时段，但收视份额提升，改变了全天收视洼地局面。

2014年，北京卫视白天剧场在全国的收视均有增长，上午剧场全国收视0.18%，较去年提升了20%；午茶剧场收视0.22%，与去年相比增幅为10%。上午剧场全国同时段排名第七位，与去年持平。午茶剧场同时段排名第七位，收视率和份额有小幅上涨。

卫视白天剧场全国收视比较（%）

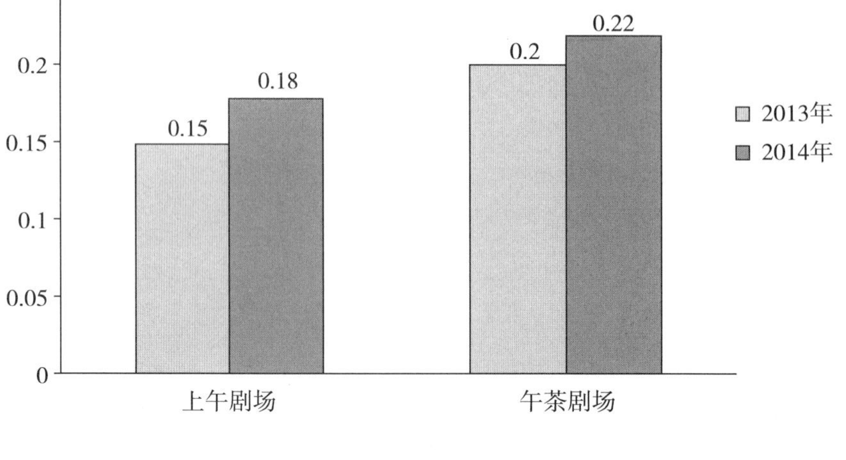

2013 和 2014 年 上午剧场排名比较（时段数据）

	频　道	收视率（%）	市场份额（%）		频　道	收视率（%）	市场份额（%）
1	浙江卫视	0.26	3.07	1	湖南卫视	0.27	2.96
2	湖南卫视	0.24	2.8	2	浙江卫视	0.26	2.81
3	天津卫视	0.22	2.64	3	天津卫视	0.19	2.09
4	江西卫视	0.19	2.25	4	江西卫视	0.19	2.09
5	江苏卫视	0.16	1.89	5	江苏卫视	0.18	1.99
6	上海东方卫视	0.15	1.81	6	山东卫视	0.18	1.97
7	北京卫视	0.15	1.74	7	北京卫视	0.18	1.93
8	湖北卫视	0.15	1.71	8	上海东方卫视	0.16	1.74
9	安徽卫视	0.14	1.64	9	安徽卫视	0.16	1.71
10	山东卫视	0.13	1.49	10	湖南金鹰卡通	0.12	1.35

2013 和 2014 年 午茶剧场排名比较（时段数据）

	频道	收视率（%）	市场份额（%）		频道	收视率（%）	市场份额（%）
1	湖南卫视	0.33	3.25	1	湖南卫视	0.33	3.39
2	浙江卫视	0.27	2.63	2	浙江卫视	0.26	2.68
3	天津卫视	0.25	2.51	3	天津卫视	0.25	2.58
4	江西卫视	0.25	2.5	4	山东卫视	0.23	2.37
5	安徽卫视	0.23	2.25	5	江苏卫视	0.22	2.24
6	江苏卫视	0.2	1.98	6	安徽卫视	0.22	2.21
7	北京卫视	0.2	1.94	7	北京卫视	0.21	2.11
8	山东卫视	0.19	1.91	8	江西卫视	0.2	2.04
9	湖北卫视	0.16	1.62	9	黑龙江卫视	0.18	1.83
10	上海东方卫视	0.16	1.59	10	四川卫视	0.15	1.56

3. 联播剧平台彰显优势。

北京卫视《红星剧场》大部分以联播剧为主，在省级卫视的联播平台中，收视和排名均处于领先位置。特别是进入下半年后，北京卫视培育的品质剧平台，愈发显示出了一线联播平台的突出实力。自《勇敢的心》开始，《红高粱》《青年医生》等剧均获联播第一，逐步树立了联播优势。

红星剧场部分联播剧收视情况（%）

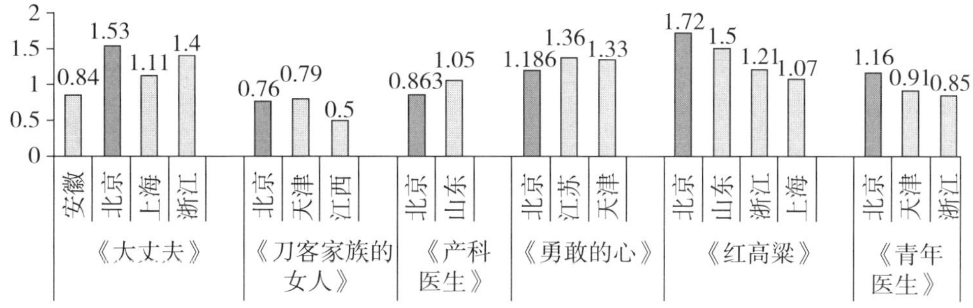

《红星剧场》是北京卫视坚守多年培育起来的品质剧播出平台，在全国树立了良好的品牌形象。多年来该剧场一直保持品质为先、风格稳定，节目类型上以传奇、抗战、都市情感题材剧见长。

二、地面频道剧场以情节剧打遍天下

2014 年，北京电视台影视频道在北京地区的市场份额为 5.78%，较去年下降了 16%，晚间首播剧场收视下滑是造成地面频道剧场份额降低的主要原因。

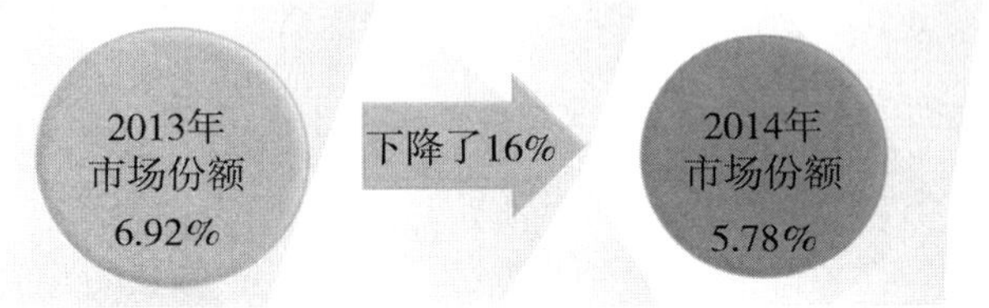

1.《首都剧场》收视情况。

2014 年，影视频道的《首都剧场》依然保持每日播出 4 集的格局，全年共播出了 40 部剧，剧场的平均收视率是 3.32%，这个数字较去年下降了 20%。

纵观全年《首都剧场》出现的两个收视低谷均是播出现实题材电视剧。后来通过改播强情节剧，逐步改善了收视不利的局面。全年《首都剧场》共播出了 8 部现实题材剧，平均收视率是 2.32%，低于情节剧 3.68% 的收视水平。

2014年首都剧场收视走势（%）

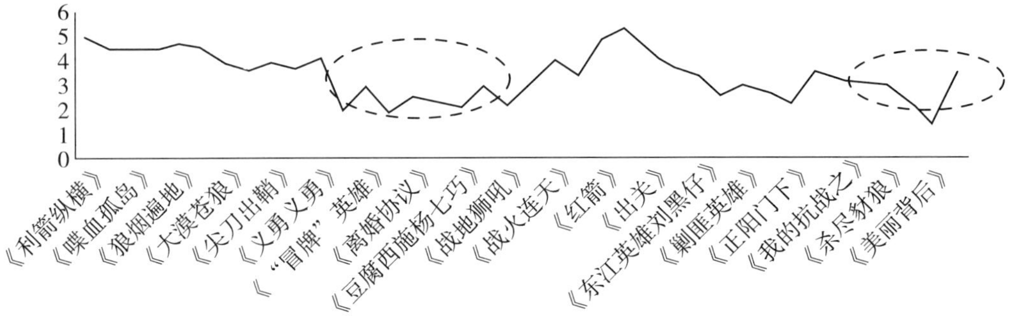

造成这种情况的原因有两个：

一是市场上好剧少。北京卫视 2014 年取得成功，是因为好剧基本上全拿到了，剩下质量比较高的剧也都被央视和全国其他卫视拿走了，留给地面频道的电视剧整体质量较低，缺乏竞争力。

二是北京是兵家必争的收视重地，很多较好的电视剧在北京是限发、拒发，这也使得北京电视台的地面频道电视剧资源贫乏，选拔地面频道电视剧不得不矬子里拔将军，无法与卫视竞争。

2. 其他地面频道电视剧收视情况。

受制于缺乏核心的节目资源，全国的地面电视剧频道收视率普遍处于下降趋势。据收视数据统计，近年来全国地面电视剧频道收视率整体降幅接近两成。

面对危机，各地面频道几乎都选择了利用强情节剧来保证收视，上海东方电影频道、河南都市频道、广东影视几乎全年都在播战争、谍战剧；还在播现实题材剧的齐鲁频道、浙江科技频道、南京新闻综合频道与北京电视台地面频道类似，现实题材剧收视基本垫底。

全国部分地面频道电视剧收视情况一览表（%）

地　区	频　道	2012 全年	2013 全年	2014 全年	两年变化幅度
北京	影视频道	7.68	6.92	5.78	-25%
上海	上海电视剧	7.17	6.71	6.2	-14%
天津	天津影视	5.14	4.27	3.54	-31%
杭州	浙江影视娱乐	5.55	4.36	4.34	-22%
兰州	甘肃文化影视	3.13	3.06	2.65	-15%
济南	山东电视影视	2.27	2.5	2.15	-5%
福州	福建省电视剧	1.81	1.77	1.64	-9%
南宁	广西影视	2.23	1.49	1.47	-34%
西安	陕西广播影视	1.08	0.97	0.89	-18%
成都	四川影视文艺	4	4.25	3.48	-13%

三、北京电视台电视剧播出总量增加

2014 年，北京电视台共播出电视剧 467 部、16578 集（不含自然重播）。其中首播剧 103 部，4436 集，首播剧占播出总量的 27%。

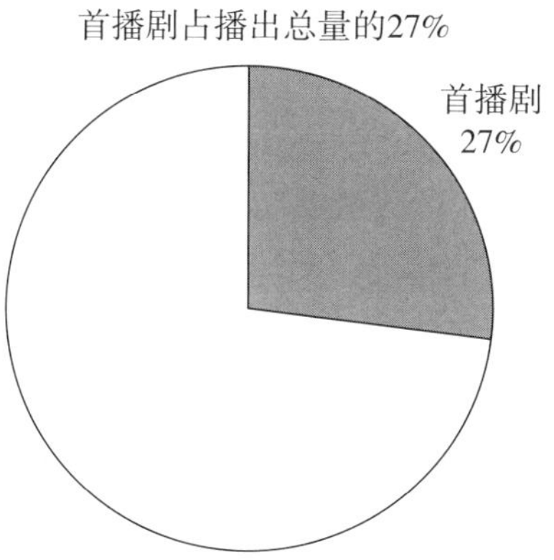

自 2012 年以来，北京电视台电视剧播出总量连年增加，2012 年是 14863 集，2014 年达到 16578 集，其中重播剧数量 3 年里增加了 3000 集，而首播剧数量由 2012 年的 5839 集，减少至 2014 年的 4436 集。

北京卫视首播剧 3 年来基本维持 1800 集左右的总播出量，地面剧 3 年的首播量呈现了明显的降低走势。2014 年地面首播剧为 2605 集，较 2012 年降低了 35%。首播量减少的主要原因是卫视电视剧购买的价格连年上涨，广告商将投放重心转向卫视，地面非黄时段剧场投入大于收入。因此按照卫视优先的战略原则，部分地面剧场通过编排重播剧来维持收视，减少投入。近年来，文艺频道的炫剧场、科教频道的星月剧场、影视频道的英雄剧场重播剧比例逐渐增多。

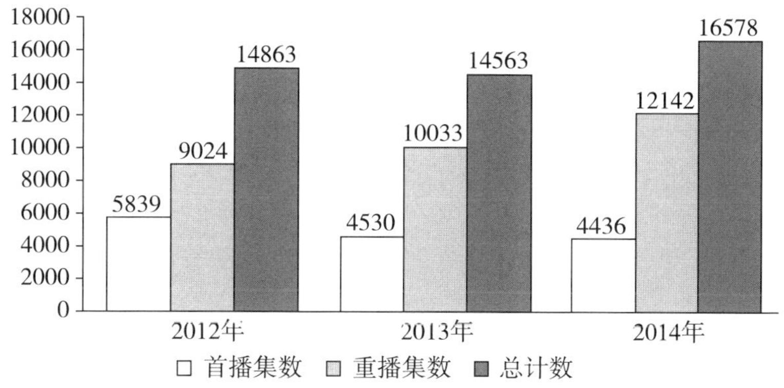

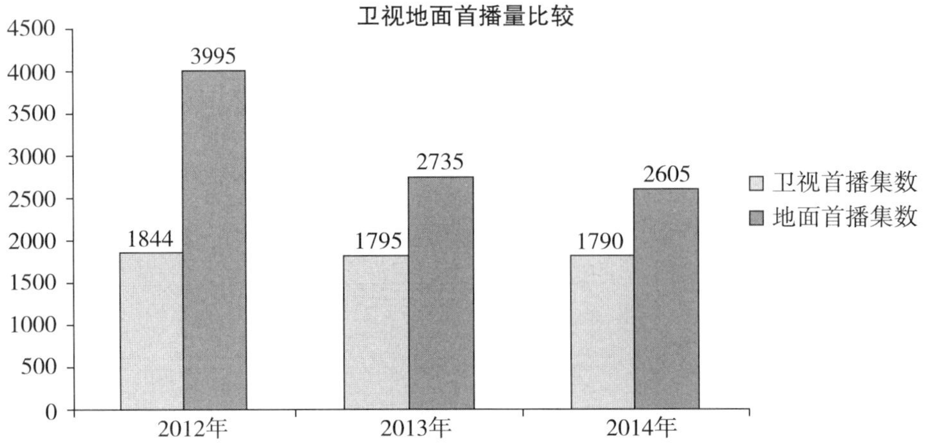

2014 年，影视剧中心完成了全台 6 个首播剧场、6 个重播剧场、6 个自然重播剧场的跨越 7 个频道剧场布局。全台每天播出 55 集电视剧，全年累计电视剧播出量超过 20000 集，占全台 11 个频道播出总量的四分之一。

2014 年，影视剧中心始终坚持各个剧场的定位布局，切实做好个性化编播。文艺频道的炫剧场与广告部密切配合，确定以都市、女性为剧场定位，特色鲜明，广告客户指向明确，实现了编排与广告效益的合理结合。炫剧场目前已经形成了自己的特色，两年来收视率稳定在 0.5% 左右。

科教的正剧场依据频道气质与目标观众，坚持以涉案剧构成下午剧场，有效延伸了频道的优势收视时段。2014 年正剧场平均收视率为 0.48%，整体表现稳定。

青年频道的青春剧场将原有的上下午剧场由 3 集增至 4 集，扩充了上午和后晚间的电视剧板块，避免频道间的同质化竞争。扩版后的青春剧场，晚间时段收视率和收视份额分别达到了 0.19% 和 5.44%，较前两月分别上升了 171% 和 196%。

2014年北京电视台节目收视情况调查

研究发展部

北京卫视节目收视

数据日期：2014年1月1日至12月31日

序号	中心	栏目	首播时间	收视率（%）	占有率（%）
1	新闻	《北京新闻》	周一至周日18：30	5.54	21.48
2	新闻	《特别关注》	周一至周日12：00	2.25	12.58
3	新闻	《北京您早》	周一至周日07：14	1.5	24.32
4	新闻	《这里是北京》	周一、周日17：14	0.68	8.9
1	卫视	《档案》	周一至周五21：26	0.71	4.21
2	卫视	《光阴》	周一至周五24：43左右	0.07	2.39
3	卫视	《养生堂》	周一至周日17：24	2.29	11.55
4	卫视	《天下收藏》	周一22：00	0.69	4.21
5	卫视	《大戏看北京》	周五22：00	1.12	5.8
6	卫视	《我爱中国味》	周四22：00	1.57	5.89
7	卫视	《身边》	周三22：00	1.19	6.73
8	卫视	《杨澜访谈录》	周日22：49	0.62	3.52
9	卫视	《我是大医生》	周二22：00	1.33	7.31

文艺频道节目收视

数据日期：2014年1月1日至12月31日

序号	中心	栏目	首播时间	收视率（%）	占有率（%）
1	文艺	《每日文娱播报》	周一至周日18：45	1.92	6.69
2	文艺	《春妮的周末时光》	周六19：35	1.22	3.46
3	文艺	《音乐风云榜》	周一至周日18：10	1.21	5.12
4	文艺	《星夜故事》	周四19：35	1.11	3.24
5	文艺	《我家有明星》	周五19：35	1.11	3.13
6	文艺	《影视风云》	周三19：35	1.02	2.96

续表

序　号	中　心	栏　目	首播时间	收视率（%）	占有率（%）
7	文艺	《笑动 2014》	周一至周日 17：05	1.01	5.74
8	文艺	《我爱我家》	周 19：35	0.99	2.86
9	文艺	《光荣绽放》	周二 19：35	0.81	2.32
10	文艺	《脱口而出》	周五、周六 21：05	0.81	2.14
11	文艺	《今晚 80 后脱口秀》	周一至周四、周日 21：05	0.6	1.62
12	文艺	《综艺麻辣烫》	周一至周日 16：00	0.49	3.89
13	文艺	《文娱午报》	周一至周日 11：55	0.41	2.36
14	文艺	《好戏连连看》	周二至周日 13：50	0.32	2.83
15	文艺	《欢乐微逗秀》	周一至周日 08：00	0.3	2.21
16	文艺	《文化之约》	周一 23：08	0.21	2.01
17	文艺	《欢天戏地》	周一 15：30	0.21	1.89

科教频道节目收视

数据日期：2014 年 1 月 1 日至 12 月 31 日

序　号	中　心	栏　目	首播时间	收视率（%）	占有率（%）
1	科教	《法治进行时》	周一至周日 12：00	4.39	24.83
2	科教	《第三调解室》	周一至周日 20：53	2.38	1.51
3	科教	《庭审纪实》	周六 13：34	1.42	9.29
4	科教	《现场说法》	周一至周日 11：30	1.26	8.71
5	科教	《健康北京》	周一至周日 18：10	1.18	4.75
6	科教	《警法目录》	周六 13：34	1.16	7.89
7	科教	《北京记忆》	周一、周二 20：00	0.92	2.6
8	科教	《法治中国 60 分》	周一至周日 19：00	0.88	2.59
9	科教	《虎口脱险》	周日 20：00	0.86	2.26
10	科教	《非常幽默》	周一至周日 19：40	0.76	3.72
11	科教	《法治北京》	周一至周日 19：06	0.72	2.31
12	科教	《超级陪审员》	周三、周四 20：00	0.65	1.7
13	科教	《今晚我们相识》	周六 20：00	0.5	1.4
14	科教	《非常向上》	周五 20：00	0.5	1.27
15	科教	《品味·艺术》	周六 20：00	0.49	1.32
16	科教	《晚晴》	周一 09：42	0.09	1.13

财经频道节目收视

数据日期：2014 年 1 月 1 日至 12 月 31 日

序　号	中　心	栏　目	首播时间	收视率（%）	占有率（%）
1	财经	《拍宝》	周六、周日 21：50	1. 17	3. 65
2	财经	《财富晚间道》	周一至周五 22：15，周六、周日 22：45	0. 84	3. 99
3	财经	《理财》	周一至周一 21：20，周六、周日 20：55	0. 81	2. 34
4	财经	《首都经济报道》	周一至周日 18：58	0. 64	2. 05
5	财经	《财富故事》	周一至周五 20：46	0. 53	1. 46
6	财经	《经济法眼》	周一至周五 20：02	0. 37	1. 37
7	财经	《财高八斗》	周日 20：02	0. 31	0. 84
8	财经	《天下财经》	周一至周五 18：15	0. 26	1. 1
9	财经	《数说北京》	周日 12：00	0. 22	1. 1
10	财经	《谁在影响我》	周六 18：13	0. 16	0. 73
11	财经	《问鼎世界》	周日 17：52	0. 14	0. 63
12	财经	《财经锋汇》	周日 18：33	0. 13	0. 58
13	财经	《一周财经综述》	周六 18：33	0. 13	0. 48
14	财经	《北京发布》	周日 18：13	0. 1	0. 43

体育频道节目收视

数据日期：2014 年 1 月 1 日至 12 月 31 日

序　号	中　心	栏目名称	首播时间	收视率（%）	占有率（%）
1	体育	《足球 100 分》	周一 19：35	1. 15	3. 19
2	体育	《欢乐二打一》	周一至周五 17：55	1. 01	4. 36
3	体育	《天天体育》	每日 21：25	0. 92	3. 17
4	体育	《体坛资讯》	每日 18：40	0. 87	3. 09
5	体育	《体育议起来》	周四 19：35	0. 86	2. 5
6	体育	《声声体育》	周一至周日 11：50	0. 31	1. 95
7	体育	《快乐健身一箩筐》	周一至周五 22：20	0. 23	1. 1
8	体育	《足球家》	周四 20：30	0. 2	0. 83
9	体育	《节节高升》	周一至周五 12：30	0. 18	1. 06

生活频道节目收视

数据日期：2014 年 1 月 1 日至 12 月 31 日

序 号	中 心	栏 目	首播时间	收视率（%）	占有率（%）
1	生活	《生活 2014》	周一至周日 18：29	1.64	5.52
2	生活	《生活广角》	周一至周五 22：29，周六、周日 22：41	1.32	6.03
3	生活	《选择》	周一至周五 21：41，周六、周日 21：39，周一至周五 10：29	1.3	3.95
4	生活	《食全食美》	周一至周五 18：00	1.17	5.43
5	生活	《美食地图》	周六、周日 18：00，周六 10：59	1.14	4.85
6	生活	《生活面对面》	周一至周五 20：01	1.13	3.14
7	生活	《快乐生活一点通》	周一至周五 20：34	1	2.69
8	生活	《幸福厨房》	周日 20：01	1	2.68
9	生活	《美食地图—探到底》	周一至周五 21：08	0.89	2.49
10	生活	《生活特供》	周一至周日 13：09	0.82	6.04
11	生活	《生活 +》	周日 20：50，周六 17：12	0.79	2.08
12	生活	《咱爸咱妈的美好时代》	周六 21：05	0.65	1.7
13	生活	《健康生活》	周一至周五 12：42	0.53	3.14
14	生活	《大城小事》	周一至周五 21：08	0.42	1.03
15	生活	《第一房产》	周日 17：12	0.4	2.04
16	生活	《四海漫游》	周三至周五 23：17	0.27	1.88
17	生活	《我爱我车》	周一、周二 23：17	0.19	1.47

青年频道节目收视

数据日期：2014 年 1 月 1 日至 12 月 31 日

序 号	中 心	栏 目	首播时间	收视率（%）	占有率（%）
1	青年	《谁在说》	周一至周日 19：30	1.8	5.2
2	青年	《青年探秘者》	周一至周五 20：28	0.9	2.33
3	青年	《军情解码》	周一至周五、周日 20：30	0.68	2.01
4	青年	《不许不开心》	周一至周五 21：25	0.37	1.07
5	青年	《状元榜》	周日 18：40	0.35	1.29
6	青年	《北京客》	周一至周五 21：59	0.31	1.25
7	青年	《探索》	周一至周六 18：40、周日 17：50	0.27	1.07
8	青年	《书香北京》	周六、周日 22：45	0.22	0.82
9	青年	《手机猜猜猜》	周一至周五 22：33	0.2	0.82

新闻频道节目收视

数据日期：2014 年 1 月 1 日至 12 月 31 日

序　号	中　心	栏　目	首播时间	收视率（%）	占有率（%）
1	新闻	《北京新闻》	周一至周日 18：30	1	3.88
2	新闻	《红绿灯》	周一至周日 21：10	0.98	2.65
3	新闻	《都市晚高峰》	周一至周日 17：00	0.94	5.09
4	新闻	《晚间新闻报道》	周一至周日 07：00	0.68	2.27
5	新闻	《北京新发现》	周一至周日 22：45	0.44	2.01
6	新闻	《有话就说》	周日 20：15	0.41	1.07
7	新闻	《特别关注》	周一至周日 12：00	0.35	1.97
8	新闻	《锐观察》	周一至周六 20：15	0.29	0.79
9	新闻	《这里是北京》	周一至周日 23：10	0.27	1.62
10	新闻	《美丽乡村》	周五、周六 19：50	0.24	0.68
11	新闻	《北京您早》	周一至周日 21：55	0.23	3.61
12	新闻	《北京议事厅》	周日 14：05	0.12	0.8
13	新闻	《红绿灯早直播》	周一至周五 06：30	0.07	2.71
14	新闻	《消费观察》	周六 14：05	0.06	0.45
15	新闻	《极致》	周六 13：25	0.06	0.37
16	新闻	《怎么看》	周四 14：05	0.05	0.44
17	新闻	《都市阳光》	周一、周二 14：05	0.04	0.38
18	新闻	《人才》	周三 14：05	0.04	0.37
19	新闻	《新闻手语》	周一至周日 13：50	0.04	0.34
20	新闻	《党建进行时》	周五 14：05	0.03	0.27

卡酷少儿频道节目收视

数据日期：2014 年 1 月 1 日至 12 月 31 日

序　号	中　心	栏　目	首播时间	收视率（%）	占有率（%）
1	动画	《剧星派》	周一 18：00	0.4	1.8
2	动画	《闪天下》	周六 21：00	0.36	0.93
3	动画	《七色光》	周二 18：00	0.35	1.6
4	动画	《卡酷动物园》	周四 18：00	0.33	1.6
5	动画	《卡酷全卡通》	周一至周五 16：55	0.26	1.96
6	动画	《十分开心》	周一至周五 13：00	0.24	0.74

续表

序 号	中 心	栏 目	首播时间	收视率（%）	占有率（%）
7	动画	《男生女生 GO》	周五 21：00	0. 24	0. 59
8	动画	《谁敢挑战小学生》	周三 18：00	0. 15	0. 97
9	动画	《卡酷幼儿园》	周一至周五 07：00	0. 08	1. 81

纪实频道节目收视

数据日期：2014 年 1 月 1 日至 12 月 31 日

序 号	中 心	栏 目	首播时间	收视率（%）	占有率（%）
1	纪实	《纪实天下》	周六 19：25	0. 08	0. 24
2	纪实	《昨天的故事》	周六、日 12：30	0. 08	0. 22
3	纪实	《玩转地球》	周一至周日 20：00	0. 07	0. 25
4	纪实	《全纪实》	周一至周四 20：55	0. 06	0. 19
5	纪实	《时尚装苑》	待定	0. 06	0. 18
6	纪实	《口述》	周一至周五 19：27	0. 05	0. 32
7	纪实	《影事》	周日 21：00	0. 05	0. 14
8	纪实	《纪录 360》	周日至周四 22：00	0. 04	0. 17
9	纪实	《全景》	周一至周五 18：55	0. 03	0. 15
10	纪实	《人文地图》	周一至周五 18：00	0. 02	0. 21
11	纪实	《纪录片影院》	周五、周六 21：00	—	—

获奖·表彰

2014 年北京电视台节目获奖情况

总编室

序号	奖项名称	届　数	奖项等级	获奖作品或单项个人	部　门
1	中国新闻奖	第 24 届	三等奖	《房山长沟大墓发掘进行时》	新闻节目中心
2	中国新闻奖	第 24 届	三等奖	《都市晚高峰》	新闻节目中心
3	中国电视金鹰奖	第 27 届	电视剧三等奖	《渗透》	影视剧中心
4	中国电视金鹰奖	第 27 届	优秀电视文艺节目	《2014 年北京电视台春节联欢晚会》	文艺节目中心
5	中国电视金鹰奖	第 27 届	电视文艺节目三等奖	《BTV2014 环球春晚》	青少·海外节目中心
6	中国电视金鹰奖	第 27 届	文艺节目导演提名奖	《2014 年北京电视台春节联欢晚会》导演孙仝	文艺节目中心
7	中国电视金鹰奖	第 27 届	电视纪录片三等奖	《人民的艺术》	新闻节目中心
8	中国电视金鹰奖	第 27 届	优秀电视公益广告片	《中国传统节日民俗皮影篇》	总编室
9	“星光公益广告大奖”	第 1 届	星光公益广告大奖	《见义勇为——司马光篇》	广告部
10	北京新闻奖	第 23 届	一等奖	《习总书记赴庆丰　排队点餐取餐自己来》	新闻节目中心
11	北京新闻奖	第 23 届	一等奖	《做人做出品牌：北京儿童医院有个“贾立群”B 超》	新闻节目中心
12	北京新闻奖	第 23 届	一等奖	《正道沧桑——社会主义 500 年》	新闻节目中心
13	北京新闻奖	第 23 届	一等奖	《雅安地震　熊猫安好》	青少·海外节目中心
14	北京新闻奖	第 23 届	二等奖	《北京科普望远镜抵达阿里国家天文台》	新闻节目中心
15	北京新闻奖	第 23 届	二等奖	《八岁女孩　捐髓救父》	新闻节目中心
16	北京新闻奖	第 23 届	二等奖	《中国梦——365 个故事》第一集《在水边》	新闻节目中心
17	北京新闻奖	第 23 届	二等奖	《锐观察》——《空中别墅，违建，必清!》	新闻节目中心

续表

序号	奖项名称	届　数	奖项等级	获奖作品或单项个人	部　门
18	北京新闻奖	第23届	三等奖	《你说的“三个不够”我记下了》	新闻节目中心
19	北京新闻奖	第23届	三等奖	《十年煤改电基本完工26.4万户居民电采暖过冬》	新闻节目中心
20	北京新闻奖	第23届	三等奖	《生活2013》——《真相京客隆超市换标签内幕》	生活节目中心
21	北京新闻奖	第23届	三等奖	《中国首台自主研发大型主机天梭K1今天面市》	新闻节目中心
22	北京新闻奖	第23届	三等奖	《咱爸咱妈的美好时代》	生活节目中心
23	北京新闻奖	第23届	三等奖	《最美女中医教你如何变美丽》	青少·海外节目中心
24	北京新闻奖	第23届	组织策划奖	《12345需求与反馈　听民意解民忧》特别报道	新闻节目中心
25	北京市优秀广播电视节目	2013年度	优秀广播电视作品	《习总书记赴庆丰　排队点餐取餐自己来》	新闻节目中心
26	北京市优秀广播电视节目	2013年度	优秀广播电视作品	《做人做出品牌：北京儿童医院有个“贾立群”B超》	新闻节目中心
27	北京市优秀广播电视节目	2013年度	优秀广播电视作品	《北京科普望远镜抵达阿里国家天文台》	新闻节目中心
28	北京市优秀广播电视节目	2013年度	优秀广播电视作品	《八岁女孩　捐髓救父》	新闻节目中心
29	北京市优秀广播电视节目	2013年度	优秀广播电视作品	《中国梦——365个故事》第一集《在水边》	新闻节目中心
30	北京市优秀广播电视节目	2013年度	优秀广播电视作品	《你说的“三个不够”我记下了》	新闻节目中心
31	北京市优秀广播电视节目	2013年度	优秀广播电视作品	《十年煤改电基本完工26.4万户居民电采暖过冬》	新闻节目中心
32	北京市优秀广播电视节目	2013年度	优秀广播电视作品	《真相——京客隆超市换标签内幕》	生活中心
33	北京市优秀广播电视节目	2013年度	优秀广播电视作品	《房山长沟大墓发掘进行时》	新闻节目中心
34	北京市优秀广播电视节目	2013年度	优秀广播电视作品	《12345需求与反馈　听民意　解民忧　特别报道》	新闻节目中心
35	北京市优秀广播电视节目	2013年度	优秀广播电视作品	《中国首台自主研发大型主机天梭K1今天面市》	新闻节目中心
36	北京市优秀广播电视节目	2013年度	优秀广播电视作品	《烈火雄心　勇者无畏》	科教节目中心

续表

序号	奖项名称	届　数	奖项等级	获奖作品或单项个人	部　门
37	北京市优秀广播电视节目	2013 年度	优秀广播电视作品	《正道沧桑——社会主义 500 年》	新闻节目中心
38	北京市优秀广播电视节目	2013 年度	优秀广播电视作品	《五位百岁老人颐和园听鹂馆做寿》	生活节目中心
39	北京市优秀广播电视节目	2013 年度	优秀广播电视作品	《从一大到十八大》	北京卫视节目中心
40	北京市优秀广播电视节目	2013 年度	优秀广播电视作品	《生活 2013》5 月 12 日、10 月 23 日播出	生活节目中心
41	北京市优秀广播电视节目	2013 年度	优秀广播电视作品	《科学与文学的对话》	北京卫视节目中心
42	北京市优秀广播电视节目	2013 年度	优秀广播电视作品	《空中别墅，违建，必清!》	新闻节目中心
43	北京市优秀广播电视节目	2013 年度	优秀广播电视作品	2013 年 12 月 28 日《都市晚高峰》	新闻节目中心
44	北京市优秀广播电视节目	2013 年度	优秀广播电视作品	《雅安地震　熊猫安好》	青少·海外节目中心
45	北京市优秀广播电视节目	2013 年度	优秀广播电视作品	《最美女中医教你如何变美丽》	青少·海外节目中心
46	北京市优秀广播电视节目	2013 年度	优秀广播电视作品	魏翊东主持作品:《足球·家》——“贝”离	
47	北京市优秀广播电视节目	2013 年度	优秀广播电视作品	国培源主持作品:《有话就说》——“说不出的秘密”	
48	北京市优秀广播电视节目	2013 年度	优秀广播电视作品	刘婧主持作品:《养生堂》——三高攻防药典	
49	北京市优秀广播电视节目	2013 年度	优秀广播电视作品	《快乐家年华》	动画节目中心
50	北京市优秀广播电视节目	2013 年度	优秀广播电视作品	《严歌苓：阅读人生　书写岁月》	青少·海外节目中心
51	北京市优秀广播电视节目	2013 年度	优秀广播电视作品	《2013 年北京电视台春节联欢晚会》	文艺节目中心
52	北京市优秀广播电视节目	2013 年度	优秀广播电视作品	《BTV 2013 环球春晚》	青少·海外节目中心
53	北京市优秀广播电视节目	2013 年度	优秀广播电视作品	《2013BTV 卡酷少儿动画春晚盛装大典》	动画节目中心
54	北京市优秀广播电视节目	2013 年度	优秀广播电视作品	《孝和中国》MV	总编室

续表

序号	奖项名称	届　数	奖项等级	获奖作品或单项个人	部　门
55	北京市优秀广播电视节目	2013 年度	优秀广播电视作品	《中国传统节日民俗皮影》系列宣传片	总编室
56	北京市优秀广播电视节目	2013 年度	优秀广播电视作品	《最美北京》——野鸭湖国家湿地	北京卫视节目中心
57	北京市优秀广播电视节目	2013 年度	优秀广播电视作品	《“月圆梦正圆”2013 北京电视台中秋特别节目》	文艺节目中心
58	北京市优秀广播电视节目	2013 年度	优秀广播电视作品	《追忆似水流年之远去的背影》清明特别节目	文艺节目中心
59	北京市优秀广播电视节目	2013 年度	优秀广播电视作品	《杨钰莹　最好的时光》	北京卫视节目中心
60	北京市优秀广播电视节目	2013 年度	优秀广播电视作品	《李牧穷游中国》	青少·海外节目中心
61	北京市优秀广播电视节目	2013 年度	优秀广播电视作品	《神十探秘》	科教节目中心
62	北京市优秀广播电视节目	2013 年度	优秀广播电视作品	《脱口而出》之《婚前婚后》《婆媳那点事》	文艺节目中心
63	北京市优秀广播电视节目	2013 年度	优秀广播电视作品	《水乡古镇的戏剧梦》	纪实频道节目中心

（截至 2014 年 12 月 31 日）

2014 年北京电视台技术获奖情况

技术设备管理部

“王选新闻科技奖”优秀论文奖

序　号	项目名称	主要完成人	获奖等级
1	《北京电视台体育高清制播网技术亮点》	孙海峰、李勇、尹航	一等奖
2	《北京电视台智能化无人数据中心的设计与实现》	季民	一等奖
3	《基于大数据采集、处理和关联技术的北京电视台可视化智能监控系统的设计与实践》	冯新春、苏爽	一等奖
4	《BTV 体育外场系统》	尹航、李勇	二等奖
5	《北京电视台高清转播车的 3D 节目制作》	许沛然	二等奖
6	《北京电视台基于云架构的全媒体节目生产平台》	柴焱、李玥	二等奖

续表

序　号	项目名称	主要完成人	获奖等级
7	《RDS 技术在北京市有线广播村村通工程中的应用》	康维海、康庄、邢艳芳	三等奖
8	《基于高标清全台网络化制播体系管理维护模式的研究与实践》	毕江、王学奎、栾花	三等奖
9	《媒体转型期下的技术应对策略初探》	王立冬、张宁	三等奖
10	《网络财务系统的信息安全及对策》	张永毅、杨梅、雷羽	三等奖

第七届“王选新闻科技奖”人才奖——杰出人才奖

序　号	姓　名
1	毕　江

金帆奖

序号	类别		名称	主要完成人	等级
1	标清	新闻	《北京新闻》	王浩、冯耀华、黄可、邓菲	二等奖
2			《特别关注》	孙辉、白爱华、孙燕、柴炎	二等奖
3		专题	《这里是北京》重走中轴线：什刹海的为什么	何旭、徐靖、于旖旎、高剑虹	二等奖
4			《壮音连山》	许鹏、翟海云、姚银壮 毕郑阳	三等奖
5		综合文体	《2014 年北京电视台春节联欢晚会》	郑星、张博、陈媛媛、薛频、董时章、刘燕伟	一等奖
6			《2014 中国时尚大典》	张鹏程、姚东生、生硕、雷羽、贾贺翔、杨梓江	三等奖
7	高清	电视剧	《渗透》	孙一鑫、刘进、王顺林、宋颖、王安琪、宋明防	二等奖
8		体育	《中超　北京国安—广州恒大》	叶志云、郝纪、刘来生、张宁、杜波、李鹏	一等奖
9			《CBA 北京—新疆》	康金萍、李颖、徐沛然、陈志军、张来宝、李伟刚	二等奖
10		专题	《指尖上的挑战——世界最大手绘唐卡诞生始末》	赵宏伟、陈立强、赵新生、崔歌平	二等奖
11			《一个法国人的红楼梦》	候婷婷、樊玉、穆彧、张胜男	三等奖
12		综艺	《北京电视台 2014 环球春晚》	鲁高潮、董明玥、郭丽宏、祝子龙、刘晓光、王宇	二等奖
13			《第四届北京国际电影节闭幕式暨颁奖典礼》	谢大威、郭丽宏、刘笛、刘海涛、张保军、李明嘉	二等奖

续表

序号	类别		名称	主要完成人	等级
14	高清音频	音频体育	《中超　北京国安—广州恒大》	马捷、李沛、李皓、孙宏伟	三等奖
15			《CBA 北京—新疆》	张磊、齐伟、李存健、杨桂明	三等奖
16		音频专题	《指尖上的挑战——世界最大手绘唐卡诞生始末》	范强、姚银壮、曹霏、王克	一等奖
17			《一个法国人的红楼梦》	陈嘉超、范强、李琳、左云彩	二等奖
18		音频综艺	《北京电视台 2014 环球春晚》	杨宣军、张志杰、汪亚洲、张晓山	二等奖
19			《最美和声》第一季（第三期）	吴铮、姚银壮、叶晋卿、王嘉	三等奖
20	视频图形	视频短片	《北京电视台 35 周年宣传片》	程军、贺文林、张宇明	二等奖
21			《正道沧桑——社会主义 500 年》	黄锐、欧阳三明、王都都	三等奖
22		视频片头	《影视风云》	李源、郭强、秦冬阳	二等奖
23			《大引擎》	王祎、董晨阳、刘宇	三等奖
24	灯光设计制作灯光综艺		《2014 北京电视台春节联欢晚会》	史献宇、邵京娜、王立冬	一等奖
25			《第四届北京国际电影节闭幕式暨颁奖典礼》	陈烁、李普川、孙圆鑫	二等奖
26	美术设计制作美术综艺		《第四届北京国际电影节闭幕式暨颁奖典礼》	石悦、宁春礼、冯德健	一等奖
27			《北京电视台 2014 环球春晚》	石悦、王工、金雯	二等奖
28	播出技术质量		刘宏亚、徐志军、杜艳红、杨建英、董秀琴、石峰、武文举、王志华、刘威、张宏斌、邹斌、张焱、谢苏文、冯新春、李昕鹏		二等奖
29	金帆综合大奖		田方、毕江、郑星、刘晓光、王方、朱雨稼、林平、周旭辉、王晓龙、王喆		

中国电影电视技术学会中国电影电视青年科技奖

序　号	姓　名
1	赵　博

关于表彰 2014 年度获奖节目的决定

各中心、部、室：

2014 年，北京电视台全体采编人员立足“首善媒体，大美品质”内容生产定位，贯彻落实习近平总书记文艺工作座谈会重要讲话精神，坚持文化引领，深入践行“走转改”，创新舆论引导方式，扎实推进 BTV 品牌建设，制作推出了一系列有筋骨、高品质、贴地气、讲情怀的精品节目，以优质内容打造首都文化品牌。

根据《北京电视台节目评奖办法（试行）》（京视发〔2012〕67 号），我台先后举办了 2014 年上半年、下半年节目评奖会，经台内外评委认真评审，共评选出 161 个获奖节目。经党委扩大会研究决定，对 2014 年度获奖节目予以表彰奖励。其中，获得一等奖的节目，节目净时长在 50 分钟（含）以下的各奖励 3 万元，节目净时长在 50 分钟以上的各奖励 4 万元；二等奖各奖励 2 万元；三等奖各奖励 1 万元；单项奖、个人奖各奖励 6000 元，不分等级的奖项按照一等奖奖金标准奖励。

2014 年度获奖作品名单如下（以部门排序）：

一、电视新闻类

一等奖（8 个）：

《雨儿胡同听民声：我们把心里话说给总书记听》（新闻节目中心）

《带孩看病突发心梗　儿童医院紧急救治》（新闻节目中心）

《锐观察》——京津冀，大棋局需要大局观！（新闻节目中心）

《聚焦 APEC：百种宣传品免费取阅〈习近平谈治国理政〉最受欢迎》（新闻节目中心）

《陈建国北京圆梦记》（新闻节目中心）

《红绿灯》——地铁票价调整的背后（新闻节目中心）

《家国梦岁月情——新中国成立 65 周年抒怀》（现场直播）（新闻节目中心）

《生活 2014》——“改变·无止境”2014 生活微行动新年特别节目（组织策划）（生活节目中心）

二等奖（12 个）：

《中关村创业大街开街　中国首个创业生态系统形成》（新闻节目中心）

《南水北调中线行》（新闻节目中心）

《特别关注》（新闻编排 2014. 3. 8）（新闻节目中心）

《针扎女婴手术 3 小时完毕　12 根钢针全部取出》（新闻节目中心）

《锐观察》——黑客来了，你该怎么办？（新闻节目中心）

《军情解码》——中国军情　最新一艘 056 型护卫舰将部署西沙？（青少·海外节目中心）

《军情解码》——探秘解放军单兵装备（青少·海外节目中心）

《每日文娱播报》——著名歌唱家王昆去世（文艺节目中心）

《天天体育》——李娜：笑着说再见（体育节目中心）

《生活 2014》——北师大“天使之路”探索　乌鸦之谜（生活节目中心）

《生活 2014》——过年　留守在养老院里的老人（生活节目中心）

《生活 2014》——记者卧底　免费讲座真相（生活节目中心）

三等奖（20 个）：

《国内首单生猪价格指数保险理赔兑现》（新闻节目中心）

《微信传递正能量　爱心温暖“卖花大爷”》（新闻节目中心）

《这里是北京》——不睡觉的书店（新闻节目中心）

《北京房山唐刘济墓 2013 年考古成果新闻发布会》（现场直播）（新闻节目中心）

《有话就说》——找个好保姆真的这

么难？（新闻节目中心）

《北京首家“政府托底型”养老院试运行》（新闻节目中心）

《保安独下泔水井　救人后牺牲》（新闻节目中心）

《联动实施应急减排措施　六省区市共创APEC蓝天》（新闻节目中心）

大型航拍系列报道《绿满京华》（新闻节目中心）

《北京新闻》（新闻编排2014.11.11）（新闻节目中心）

《特别关注》——《寻找老街坊》大杂院生活的日子里（组织策划）（新闻节目中心）

《档案》——南京大屠杀死难者国家公祭日特别节目：抗损调研　用确凿的历史事实说话（卫视节目中心）

《每日文娱播报》——田连元车祸后续报道（文艺节目中心）

《法治进行时》——春节突发命案　刑警无悔追踪（科教节目中心）

《首都经济报道》——允诺高收益收藏品代卖公司人去楼空（财经节目中心）

《财经锋汇》——养老金并轨　动真格（财经节目中心）

《首都经济报道》——圆明园换书大会　千人淘换二手书（财经节目中心）

《天天体育》——来自工体的“繁星”（体育节目中心）

《小范探两会》（新媒体发展中心）

《电视先锋榜》——电影《天河》拍摄　讲述南水北调工程（总编室）

二、电视社教类

一等奖（6个）：

《档案》——伟大的抗美援朝（卫视节目中心）

《档案》——砥柱中流　伟大的敌后抗战（卫视节目中心）

《生命缘》（系列片）（卫视节目中心）

《一个法国人的红楼梦》（青少·海外节目中心）

《北京记忆》——陈景润是这样的人（科教节目中心）

《幸福厨房》特别节目——看遍百味北京城　共享一碗炸酱面（生活节目中心）

二等奖（14个）：

《养生堂》周末版——破解糖尿病的蛛丝马迹（卫视节目中心）

《书香北京》——外交家话交流　开启成功的钥匙（青少·海外节目中心）

《直击幕后之戏里戏外：婚姻保卫战》（青少·海外节目中心）

《书香北京》——看唐太宗如何治理盛世唐朝（青少·海外节目中心）

《北京记忆》——流动的中南海　毛主席专列（科教节目中心）

《庭审纪实》——村民强占新房　官民对簿公堂（科教节目中心）

《大引擎》（5）（财经节目中心）

《快乐收藏——首届民间收藏知识大会》（财经节目中心）

《快乐健身一箩筐》——你早北京（体育节目中心）

《体育议起来》——前路（体育节目中心）

《生活+》——怎么省钱怎么来（生活节目中心）

《生活+》——跟钱较上劲儿（生活节目中心）

《大漆》（纪实频道节目中心）

《纪实天下》——即将消逝的大棚车（纪实频道节目中心）

三等奖（20个）：

《我爱中国味》——五胞胎的生日会（卫视节目中心）

《生命缘》——告诉你一个真实的生命缘（卫视节目中心）

《中国梦——365个故事》之生命线（新闻节目中心）

《一路同行·感谢有你——北京电视台成立35周年》特别报道（新闻节目中心）

《这里是北京》——抗日记忆（新闻节目中心）

《中国梦365个故事》之蓬蒿戏（新闻节目中心）

《直击幕后——神秘女人为何纠缠我十年》（青少·海外节目中心）

《完美婚礼》（青少·海外节目中心）

《第三调解室》——老三的委屈（科教节目中心）

《北京记忆》——我和西哈努克40年（科教节目中心）

《理财》——暗战之明眼辨南红（财经节目中心）

《食全食美》——三厨鼎立话端午（生活节目中心）

《生活2014》——恐惧　当我感染了艾滋病（生活节目中心）

《生活2014》——奇妙“路”制：身边的“粉”会爆炸吗？（生活节目中心）

《纪实天下》——国门线上的缉毒先锋（纪实频道节目中心）

《纪实天下》——正乙祠里的男旦演员（纪实频道节目中心）

《纪实天下》——特殊的机场守护者（纪实频道节目中心）

《纪实天下》——养老院里的小家长（纪实频道节目中心）

《时尚装苑》——化鱼骨为神奇（纪实频道节目中心）

《影事》——日本兵眼中的中国抗战（下）（纪实频道节目中心）

三、电视文艺类

一等奖（8个）：

《大戏看北京》——南水北调　天河之水地上来（卫视节目中心）

《2014BTV环球春晚》（青少·海外节目中心）

《2014北京电视台春节联欢晚会》（文艺节目中心）

《影视风云》——《东方红》传奇五十年（上）（文艺节目中心）

《2014北京喜剧幽默大赛》晋级赛第五场（文艺节目中心）

《“为爱情点赞”北京大运河七夕情歌会》（文艺节目中心）

26集3D系列动画片《戚继光》（动画节目中心）

《卡酷动物园》（动画节目中心）

二等奖（8个）：

《最美和声》第一期“为你和声”（卫视节目中心）

《书香北京》——被“误读”的唐朝女性（青少·海外节目中心）

《文化之约》——石挥（文艺节目中心）

《脱口而出》——名著翻拍（文艺节目中心）

《文化之约》——王昆　我的抗战记忆（文艺节目中心）

《熊出没之夺宝熊兵》（动画节目中心）

《卡酷幼儿园》——小孩叨叨叨（动画节目中心）

《朗朗读书声》公益广告片（广告部）

三等奖（14 个）：

《崔哥来了》——劝你不要来美国（青少·海外节目中心）

《北京客》——新年应该怎样过（青少·海外节目中心）

《星夜故事》——曹云金的“板砖大会”（文艺节目中心）

《盛世升平——群星反串闹元宵》（文艺节目中心）

《文娱午报》——老有所依（文艺节目中心）

《每日文娱播报》——天国情人邓丽君（文艺节目中心）

《春妮的周末时光》——揭开孔雀精灵的神秘面纱（文艺节目中心）

《光荣绽放》——“牛眼”看世界牛犇（文艺节目中心）

《京张心连心携手申冬奥》（文艺节目中心）

《欢天戏地》——《寻找国粹小明星》2014 年度颁奖典礼（文艺节目中心）

《淮南子传奇第二季》（长篇动画片）（动画节目中心）

《2014BTV 卡酷少儿动画春晚“剧星盛典”》（动画节目中心）

《剧星派》——卡酷十周年特别节目：卡酷风云榜之主持榜（动画节目中心）

《文明旅游》系列公益广告（总编室）

四、境外播出类

一等奖（1 个）：

《第四届北京国际电影节闭幕式红毯仪式》、《第四届北京国际电影节颁奖典礼》（青少·海外节目中心）

二等奖（2 个）：

《北京客》——中国女人眼中的阿富汗（青少·海外节目中心）

《2014 水立方杯海外华裔青少年歌曲大赛决赛》（青少·海外节目中心）

三等奖（2 个）：

美国中文电视英语频道《新闻报道》（*Sino Vision News Report*）——顶级餐厅亲民价格北京餐厅周（青少·海外节目中心）

美国中文电视英语频道《新闻报道》（*Sino Vision News Report*）——中国医疗队赴西非抗击埃博拉（青少·海外节目中心）

五、宣传片类

一等奖（2 个）：

《北京电视台建台 35 周年宣传片》（青少·海外节目中心）

《新开始　新梦想》2015 新年宣传片（总编室）

二等奖（4 个）：

《我是大医生》节目宣传片（卫视节目中心）

电视剧《红高粱》系列宣传片（影视剧中心）

《快乐健身系列宣传片——花毽篇》（体育节目中心）

《预防煤气中毒》系列公益宣传片（总编室）

三等奖（7 个）：

《用爱筑起一道“坚墙”》（科教节目中心）

《快乐健身一箩筐》——快乐健身系列公益宣传片（体育节目中心）

《北京电视台纪实频道上星宣传片》（纪实频道节目中心）

《北京网络广播电视台——明星篇》（上、下）（新媒体发展中心）

《我爱北京的蓝天》创意征集大赛系列公益宣传片（总编室）

《中国人　中国梦》国旗篇（总编室）

《“时代楷模”——贾立群》（总编室）

六、节目创新类

一等奖（2个）：

《我是大医生》（卫视节目中心）

《720度全景APEC——绚丽焰火扮靓北京上空》（新媒体发展中心）

二等奖（4个）：

《“敬·爱传递”　五一快闪》（新闻节目中心）

《军情解码》——甲午推想（第一期）（青少·海外节目中心）

《美食地图·一探到底》（生活节目中心）

《2013年“青春的纪录”环太平洋大学生微纪录作品大赛》（纪实频道节目中心）

三等奖（5个）：

《法治中国60’》（科教节目中心）

《声声体育》（体育节目中心）

《成语豪杰争霸战》（动画节目中心）

《闪天下》——舞台剧《美女与野兽》（动画节目中心）

《“筑梦有我——为美丽北京加油”主持人公益新闻行动》（总编室）

七、栏目奖（8个）

《养生堂》（卫视节目中心）

《晚间新闻报道》（新闻节目中心）

《书香北京》（青少·海外节目中心）

《每日文娱播报》（文艺节目中心）

《笑动2014》（文艺节目中心）

《健康北京》（科教节目中心）

《财富晚间道》（财经节目中心）

《卡酷动物园》（动画节目中心）

八、单项奖

最佳导演奖（4个）：

刘晓彤（作品：《案藏玄机》——爱比死更冷）（卫视节目中心）

孙仝（作品：《2014北京电视台春节联欢晚会》）（文艺节目中心）

吴英东（作品《闪天下》——舞台剧《冰雪女王》）（动画节目中心）

李严（作品：26集3D系列动画片《戚继光》）（动画节目中心）

最佳摄像奖（4个）：

王一霖、潘赛拓（作品：《书香北京》——大明皇陵传奇之旅第三期外拍片、明十三陵之定陵地宫）（青少·海外节目中心）

肖鹏、安洋（作品：《书香北京》——走进大美承德）（青少·海外节目中心）

石健（作品：《2014北京电视台春节联欢晚会》）（文艺节目中心）

张悦（作品：《法治进行时》——山火肆掠　多警种联合扑救）（科教节目中心）

最佳电视艺术论文奖（4个）：

《实现精准覆盖，巩固核心受众——北京卫视黄金时段剧场购播设想》（影视剧中心）

《促进国产纪录片跨文化传播的策略》（研究发展部）

《北京电视台的新媒体发展之路》（研究发展部）

《质朴亲情的偶像化生产——媒体奇观逻辑下〈爸爸去哪儿〉文本解读》（研究发展部）

最佳歌曲作品奖（2个）

《八集大型电视文献纪录片〈梦的家园〉主题曲MV——美丽人生》（动画节目中心）

26集3D系列动画片《戚继光》主题曲——《啸烽烟》（动画节目中心）

希望以上获奖作品的主创人员珍惜荣誉，再接再厉，努力创作更多无愧于我们这个伟大时代的精品力作。全台干部职工要以受表彰者为榜样，开拓创新，勇担责任，为进一步提升北京电视台传播力、公信力和影响力而努力奋斗！

北京电视台

2015年2月11日

关于表彰2014年“十佳员工”的决定

各中心、部、室：

2014年是北京电视台建台三十五周年，也是全面深化改革的起始之年。在广大干部职工的共同努力下，北京电视台在新闻宣传、内容生产、经营管理、服务保障、队伍建设等方面取得了一系列新的成绩，得到了上级领导和社会各界的高度评价，为今后一个时期的发展打下了重要基础。在此过程中，全台涌现出了一大批甘于奉献、素质过硬、业绩突出、作风优良、群众公认的先进个人。

为鼓励先进、宣传典型、营造氛围，根据我台2014年“十佳员工”评选活动的安排，在广泛推荐、严格评审的基础上，经党委扩大会研究决定，对获得“十佳员工”和“优秀员工”称号的20名同志予以表彰，并分别给予“十佳员工”每人3万元、“优秀员工”每人2万元的奖励。

希望受到表彰的同志珍惜荣誉、再接再厉，继续发挥良好作风、保持良好状态，积极发挥好模范带头作用。希望全台干部职工以受到表彰的同志为榜样，学习他们立足本职、无私奉献的敬业精神，学习他们奋勇拼搏、敢于担当的优秀品质，学习他们锐意进取、开拓创新的卓越理念，共同努力为北京电视台改革发展做出新的更大贡献！

附件：表彰人员名单

北京电视台

2015年1月27日

附件：

“十佳员工”名单

1. 王学奎　　信息网络管理部
2. 王　倩　　生活节目中心
3. 叶晋卿　　总工程师办公室
4. 孙　仝　　文艺节目中心
5. 李金明　　行政部
6. 李晓亭　　办公室

7. 吴犁犁　卫视节目中心
8. 沈　澜　青少·海外节目中心
9. 张　妍　新闻节目中心
10. 邵京娜　制作部

“优秀员工”名单

1. 王　冰　制作部
2. 王　进　播出部
3. 王　卓　科教节目中心
4. 刘井元　科教节目中心
5. 江明慧　人事部
6. 罗　旭　青少·海外节目中心
7. 金　蕾　新闻节目中心
8. 赵　欣　新闻节目中心
9. 殷　鹏　动力部
10. 高艺溦　党委办公室

关于表彰2014年度考核优秀人员的决定

各中心、部、室：

2014年全台广大干部职工爱岗敬业，锐意进取，扎实工作，为我台事业发展做出了积极贡献，涌现出了一大批先进个人。为鼓励先进，鼓舞士气，经研究决定，对在2014年度考核中被评为优秀的518名同志给予通报表彰（姓名按姓氏笔画排序，不分先后）。

万　宁　万　臻　于　煊　于　旻　于　莉　于莉莉　于　菲　于旖旎　门尚勇　马　迟　马树军　马银平　马　婷　马　巍　云　笛　尹　冰　尹　言　尹颉君　毛晓冬　牛月华　王一鸣　王少华　王文卓　王文献　王　冉　王未央　王申为　王亚琳　王　宇　王志华　王　进　王　凯　王学奎　王　岩　王建国　王忠立　王　昕　王　欣　王欣欣　王知律　王若仪　王金春　王奕奕　王　峥　王　彦（总编室）　王　彦（卫视）　王昱斌　王洪涛　王　倩　王　晓　王晓东　王晓龙　王晓佳　王　烨　王　祥　王　速　王　啸　王雪非　王喜宗　王　晶　王　琨　王　琳　王新华　王瑶瑶　王　瑾　王　磊　王耀萱　车　洁　邓　力　付　珅　付　骁　代　晓　冯雪屏　冯熙雯　冯　澈　古　强　史晓松　史　慎　叶晋卿　未立广　田　玥　田　洋　白艳军　白　磊　石　云　石　笑　石晶晶　石璐娃　艾　国　买剑平　任卫民　任战辉　任效松　关　杉　刘五洋　刘井义　刘井元　刘占胜　刘　宇　刘　君　刘　京　刘　佳　刘国强　刘　青　刘非非　刘玲玲　刘　茜　刘恩国　刘晓光　刘　莹　刘　琥　刘　斌　刘　超　刘雅婷　刘雯雯　刘　微　刘新同　刘　溦　刘　薇　吉彬彬　吕　丹　吕　敬　孙　兵　孙广生　孙　岩（生活）　孙　岩（生活）　孙　岩（研发）　孙元元　孙建华　孙圆鑫　孙　诺　孙　游　孙鹏飞　孙　燕　成　诚　成　强　朱一静　朱　业　朱沿延　朱　剑　朱晓梅　朱　嘉　毕小兵　祁　玥　祁　英　纪　梦　纪　然　许小净　许广亮　许云龙　许　栋　许　茜　邢志国　闫　伟　闫　欣　闫　焓　齐　伟　齐　成　齐建彤　齐若凡　何羿嚣　何雪松　何雷宇　余天华

余　文　佟美佳　励嘉霖　吴小改　吴志勇
吴国华　吴雨霏　吴秋辰　吴重柳　吴　瑕
宋　伟　宋　扬　宋　峥　宋恒宇　宋海滨
宋　毅　张　佳　张文天　张文杰　张兰岚
张　弘　张永刚　张亚军　张　冲　张宇青
张　帆　张宏斌　张远芳　张　岦　张　昕
张英楠　张　虎　张　迪　张　勃　张　洋
张秋菡　张晓达　张晓沁　张晓鲁　张高琦
张晨晖　张梦寒　张　爽　张　硕　张晶晶
张　琪　张　琳　张　皓　张　赓　张　辉
张　勤　张　颖　张　鹏　张　澜　张　璋
张　蕊　张燕民　张　默　张　璐　李　洋
李　斌　李　力　李文慧　李月章　李长云
李东巍　李亚红　李　伟　李光军　李多莉莎
李存建　李　成　李　旭　李有成　李　臣
李劲松　李　妍（生活）　李　妍（卫视）
李　志　李杨微　李京海　李　佳　李其遥
李国平　李　岩（体育）　李　岩（青海）
李　昂　李　昊　李　苑　李　亮　李娜娜
李　昱　李峪华　李　晓　李晓玥　李晓雁
李海峰　李　硕　李菲菲　李博羿　李媛媛
李　楠　李　蓓　李　鹏（文艺）　李　鹏（制作）　李　鹏（制作）　李　毅　李　磊
李　蕾　李藏宇　杜　冰　杜　芳　杜　研
杜艳红　杜　愚　杨文华　杨　东　杨　玉
杨　光　杨名上　杨安晶　杨　旸　杨　苗
杨　威　杨　洋　杨　健　杨　瑒　杨蔚莨
杨慧颖　杨　璐　杨璐斯　汪亚洲　汪　红
汪苏苏　沈　澜　狄高进　肖　鹏　肖黎明
芮　浩　苏　力　谷军岭　谷　华　轩文利
辛　宁　邵京娜　陆　平　陆　明　陈一力
陈　卫　陈　宁　陈　军　陈　庆　陈　欢
陈　纬　陈　栩　陈铁刚　陈　啸　陈　竟
陈　铮　陈　歌　单志勤　周久兰　周　宇
周旭辉　周　轩　周海川　周海峰　周笑飞
周　琼　周　颖　周　潇　宗燕红　尚　宁
林　平　林国泰　林　杰　欧阳三明
欧阳莎琳　欧晓霄　武文举　武　岳
武柏江　直　矗　罗　丹　罗　宾　苑秋宝
范为新　范　强　郑天尧　郑兆强　郑　欣
郑　星　郑　琳　郑鹏飞　金美娜　侯国强
侯　毅　侯　爵　姚大禹　姚京明　姜　瑾
柏　松　段　平　段　言　段　峥　胡　阳
胡知奂　胡　静　負宏艳　赵文涓　赵　军
赵存存　赵江怀　赵宏伟　赵　岩　赵　欣
赵英杰　赵金春　赵修明　赵　晨　赵　硕
赵跃东　赵　雪　赵雪莲　赵景瑞　赵　辉
赵新月　赵　蓓　赵　静　郝　洪　郝骁凡
郝　霖　钟晓红　唐乐平　唐冬梅　唐晓燕
夏　羽　夏斯禹　夏晶瑜　夏　瑛　姬　虹
姬婷婷　徐　薇　徐宜华　徐　威　徐春梅
徐　倩　徐悦钧　徐梦奇　徐　滔　徐　靖
柴济东　桑朝晖　海　仑　秦冬阳　聂　焱
袁　进　贾元真　贾永福　贾　旭　贾　芸
郭　妍　郭　连　郭　畅　郭英男　郭春晓
郭笑梅　郭菲菲　郭跃进　郭　彭　郭燕生
陶小群　顾云鹏　顾亚涛　高　存　高　扬
高丽京　高志坚　高婉梅　高　源　高　燕
商　鹏　商　璐　崔丽珍　崔歌平　常　达
常　烁　晨　曲　曹一巍　曹　征　曹　威
曹晓磊　曹婷婷　曹　颜　曹　蕾　曹　霏
梁　伟　梁　炜　章文博　章　玫　阎　石
黄　帅　黄　羽　黄　佳　黄亮亮　黄　洋
黄　锐　储光照　彭可君　彭玉帝　彭　莹
彭喜平　彭　鹏　彭　澎　曾言音　曾　珍
焦　峰　焦　燕　程圣淋　程　贺　葛　震
董二兵　董如环　董秀琴　蒋双洁　蒋　虎
谢　巍　韩　梅　韩志远　韩　桐　鲁　昭
楚　健　蒲文苑　路伦一　翟　娜　臧佳音
蔡洪涛　裴宗青　谭小颖　潘　浩　潘　续
颜　匀　颜　葵　穆　彧　薄　非　薛世锋
薛　涛　薛润洁　薛　菁　霍　雯　魏　齐

魏 祺 魏静祥 瞿 恬

以上受到表彰的同志要珍惜荣誉、再接再厉，为推动我台科学发展做出新的更大贡献。希望全台广大干部职工向他们学习，不断解放思想，开拓创新，真抓实干，为开创我台科学发展的新局面而努力奋斗！

北京电视台
2015 年 2 月 5 日

关于表彰“2014 年度播音主持作品专家奖”获奖作品主持人的决定

各中心、部、室：

为鼓励我台主持人爱岗敬业、创新进取，根据《北京电视台“年度播音主持作品专家奖”评选办法》（京视发〔2010〕58 号），经专家评委对 38 件参评作品进行公开、公平、公正评审，共评出 9 件“2014 年度播音主持作品专家奖”获奖作品。经党委扩大会研究决定，对获奖作品主持人予以表彰，并对每人分别予以 2 万元奖励。获奖名单如下：

1. 张小童（张富丽）
《第三调解室——谁来陪伴 90 岁老妈》

2. 刘洪悦（悦悦）
《养生堂——老来不做“小糖人”2》

3. 聂一菁
《家国梦　岁月情——国庆 65 周年抒怀》

4. 汪洋
《四海漫游——古巴普通人的生活》

5. 邬晔纬
《直播北京——珠海航展特别节目》

6. 曹扬
《影视风云——郭兰英从艺 80 年》

7. 李杨薇《冰雪北京　诚邀五环——2015 北京新年倒计时直播》

8. 李晶《一赛季　一生情》

9. 孙扬《北京您早——晨读时光》

希望受到表彰的主持人保持敬业、专业、创新、发展的职业精神，深入践行“走转改”，创作出更多百姓喜闻乐见的优秀作品。全台主持人要以他们为榜样，爱岗敬业，认真学习钻研播音主持业务，多出精品节目，为提升北京电视台品牌影响力做出贡献。

北京电视台
2015 年 2 月 12 日

节目播出时间表

2014年北京电视台节目编排方案

总编室

北京卫视节目编排方案

（2014年3月18日起执行）

时 间	星期一	星期二	星期三	星期四	星期五	星期六	星期日	周末时间
6：00：00	广宣时段1’						广宣时段3’	6：00：00
6：01：00	《法治进行时》（卫视版）18’							6：03：00
6：19：00	广宣时段1’						广宣时段4’	6：21：00
6：20：00	《养生堂》精华版35’					《SK状元榜》35’	《电视先锋榜》30’	6：25：00
6：55：00	早间气象服务2’							6：55：00
6：57：00	广宣时段3’（含广告一）							6：57：00
7：00：00	《北京您早》120’					《北京您早》90’		7：00：00
9：00：00	广宣时段4’（含广告二）							8：30：00
9：04：00	《这里是北京》（少儿版）25’（周六/周日40’）							8：34：00
9：29：00	广宣时段4’（含广告三）							9：14：00
9：33：00	电视剧场第一集45’							9：18：00
10：18：00	广宣时段4’（含广告四）							10：03：00
10：22：00	电视剧场第二集45’							10：07：00
11：07：00	广宣时段4’（含广告五）							10：52：00
11：11：00	《电视剧》第三集45’					《周日季播节目》精华版60’	《周六季播节目》精华版60’	10：56：00
11：56：00	广宣时段4’（含广告六）							11：56：00
12：00：00	《特别关注》58’							12：00：00
12：58：00	午间气象服务2’							12：58：00
13：00：00	广宣时段6’（含广告七）							13：00：00
13：06：00	《军情解码》（卫视午间版）48’							13：06：00
13：54：00	广宣时段6’（含广告八）							13：54：00
14：00：00	《午茶剧场》第一集45’							14：00：00

续表

<table>
<tr><th>时间</th><th>星期一</th><th>星期二</th><th>星期三</th><th>星期四</th><th>星期五</th><th>星期六</th><th>星期日</th><th>周末时间</th></tr>
<tr><td>14：45：00</td><td colspan="7">广宣时段6’（含广告九）</td><td>14：45：00</td></tr>
<tr><td>14：51：00</td><td colspan="7">《午茶剧场》第二集45’</td><td>14：51：00</td></tr>
<tr><td>15：36：00</td><td colspan="7">广宣时段6’（含广告十）</td><td>15：36：00</td></tr>
<tr><td>15：42：00</td><td colspan="7">《午茶剧场》第三集45’</td><td>15：42：00</td></tr>
<tr><td>16：27：00</td><td colspan="7">广宣时段6’（含广告十一）</td><td>16：27：00</td></tr>
<tr><td>16：33：00</td><td colspan="7">《午茶剧场》第四集45’</td><td>16：33：00</td></tr>
<tr><td>17：18：00</td><td colspan="7">广宣时段6’55”（含广告十二）</td><td>17：18：00</td></tr>
<tr><td>17：24：55</td><td colspan="7">《养生堂》60’</td><td>17：24：55</td></tr>
<tr><td>18：24：55</td><td colspan="7">广宣时段5’05”（含广告十三）</td><td>18：24：55</td></tr>
<tr><td>18：30：00</td><td colspan="7">《北京新闻》、天气预报30”（含天气预报前广告十四、天气预报后广告十五）</td><td>18：30：00</td></tr>
<tr><td>19：00：00</td><td colspan="7">转播中央台《新闻联播》30’</td><td>19：00：00</td></tr>
<tr><td>19：30：00</td><td colspan="7">广宣3’45”（广告3’40” +剧宣5”）</td><td>19：30：00</td></tr>
<tr><td>19：33：45</td><td colspan="7">《红星剧场》第一集41’30”</td><td>19：33：45</td></tr>
<tr><td>20：15：15</td><td colspan="7">广宣时段10’05”（广告10’ +剧宣5”）</td><td>20：15：15</td></tr>
<tr><td>20：25：20</td><td colspan="7">《红星剧场》第二集41’30”</td><td>20：25：20</td></tr>
<tr><td>21：06：50</td><td colspan="5">广宣时段8’10”（广告8’ +剧宣10”）</td><td colspan="2">广宣时段8’10”（广告7’+公宣1’ + 频宣10”）</td><td>21：06：50</td></tr>
<tr><td>21：15：00</td><td colspan="5">《高收视重播剧》37’55”</td><td rowspan="3">4月12日起《最美和声》90’</td><td rowspan="3">2月16日起《私人订制》90’</td><td rowspan="3">21：15：00</td></tr>
<tr><td>21：52：55</td><td colspan="5">广宣时段7’05”（广告5’ +剧宣5” +公宣2’）</td></tr>
<tr><td>22：00：00</td><td>《天下收藏》50’</td><td>《我是大医生》50’</td><td>《身边》50’</td><td>《我爱中国味》50’</td><td>《大戏看北京》75’</td></tr>
<tr><td>22：50：00</td><td colspan="5">广宣时段6’（广告4’ +公宣1’ +频宣1’）</td><td colspan="2">广宣时段5’</td><td>22：45：00</td></tr>
<tr><td>22：56：00</td><td colspan="5">《档案》（新闻节目）50’（周五23：21）</td><td>《身边精华版》30’</td><td>《杨澜访谈录》30’</td><td>22：50：00</td></tr>
<tr><td>23：46：00</td><td colspan="7">广宣时段4’</td><td>23：20：00</td></tr>
<tr><td>23：50：00</td><td colspan="3">《黄金栏目带自然重播》50’</td><td>《春妮的周末时光》50’</td><td>《大戏看北京》自然重播</td><td rowspan="3">《周六季播节目》重播90’</td><td rowspan="3">《周日季播节目》重播90’</td><td rowspan="3">23：24：00</td></tr>
<tr><td>0：40：00</td><td colspan="5">广宣时段3’</td></tr>
<tr><td>0：43：00</td><td colspan="5">《光阴》40’</td></tr>
<tr><td>1：33：00</td><td colspan="7">《晚间气象服务》2’</td><td>0：54：00</td></tr>
<tr><td>1：35：00</td><td colspan="7">《好梦剧场》</td><td>0：56：00</td></tr>
<tr><td>6：00：00</td><td colspan="7">结束　接次日</td><td>6：00：00</td></tr>
</table>

文艺频道节目编排方案

（2014 年 11 月 16 日起执行）

时间	星期一	星期二	星期三	星期四	星期五	星期六	星期日	时间
6：00	广宣时段 2’（宣传 1’ +公益 1’ +《百姓文化录》3’）							6：00
6：05	《笑动 2014》（重播）60’							6：05
7：05	广宣时段 5’（宣传 1’ +公益 1’ +广告 2’ +宣传 1’）							7：02
7：10	《我是大医生》（精编版）45’							7：10
7：55	广宣时段 5’（《百姓文化录》3’ + 广告 2’）							7：55
8：00	《欢乐微逗秀》（首播）20’							8：00
8：20	广宣时段 5’（宣传 1’ +广告 2’ +公益 1’ +宣传 1’）							8：20
8：25	周播节目日播联播 50’（重播）							8：25
9：15	广宣时段 5’（宣传 1’ +广告 3’ +宣传 1’）							9：15
9：20	《大戏看北京（精编版）》（重播）50’						《欢天戏地》50’（重播）	9：20
10：10	广宣时段 5’（宣传 1’ +广告 2’ +公益 1’ +宣传 1’）							10：10
10：15	《电视先锋榜》30’	《文化之约》（编辑版）30’						10：15
10：45	广宣时段 5’（宣传 1’ +广告 2’ +公益 1’ +宣传 1’）							10：45
10：50	《笑动 2014》（重播）60’							10：50
11：50	广宣时段 5’（宣传 1’ + 广告 3’ +宣传 1’）							11：50
11：55	《文娱午报》30’							11：55
12：25	《百姓文化录》3’（首播）+广宣时段 5’（宣传 1’ +广告 3’ +宣传 1’）							12：25
12：33	《今晚 80 后脱口秀》（重播）20’					《脱口而出》（重播）20’		12：33
12：53	广宣时段 5’（宣传 1’ +广告 3’ +宣传 1’）							12：53
12：58	周播节目日播联播 50’							12：58
13：48	广宣时段 2’（广告 2’）							13：48
13：50	《欢天戏地》50’	《大戏看北京》（精编版）50’						13：50
14：40	广宣时段 5’（宣传 1’ +广告 2’ +公益 1’ +宣传 1’）							14：40
14：45	季播节目 70’（重播）	《欢乐微逗秀》20’				《我家有明星》70’（重播）	《春妮的周末时光》70’（重播）	14：45
15：05		《我爱我家》50’（重播）	《光荣绽放》50’（重播）	《影视风云》50’（重播）	《星夜故事》50’（重播）			
15：55	《百姓文化录》3’ +广宣时段 2’（广告 2’）							15：55
16：00	《综艺麻辣烫》（重播）60’							16：00
17：00	广宣时段 5’（宣传 1’ +广告 3’ +宣传 1’）							17：00

续表

<table>
<tr><th>时间</th><th>星期一</th><th>星期二</th><th>星期三</th><th>星期四</th><th>星期五</th><th>星期六</th><th>星期日</th><th>时间</th></tr>
<tr><td>17：05</td><td colspan="7">《笑动 2014》60’</td><td>17：05</td></tr>
<tr><td>18：05</td><td colspan="7">广宣时段 5’（宣传 1’ ＋广告 3’ ＋宣传 1’）</td><td>18：05</td></tr>
<tr><td>18：10</td><td colspan="7">《音乐风云榜》30’</td><td>18：10</td></tr>
<tr><td>18：40</td><td colspan="7">广宣时段 5’（宣传 30” ＋广告 4’ ＋宣传 30”）</td><td>18：40</td></tr>
<tr><td>18：45</td><td colspan="7">《每日文娱播报》45’</td><td>18：45</td></tr>
<tr><td>19：30</td><td colspan="7">广宣时段 5’（宣传 30” ＋广告 4’ ＋宣传 30”）</td><td>19：30</td></tr>
<tr><td>19：35</td><td>《我爱我家》50’</td><td>《光荣绽放》50’</td><td>《影视风云》50’</td><td>《星夜故事》50’</td><td rowspan="2">《我家有明星》70’</td><td rowspan="2">《春妮的周末时光》70’</td><td rowspan="2">季播节目 70’</td><td>19：35</td></tr>
<tr><td>20：25</td><td colspan="4">广宣时段 5’（宣传 1’ ＋广告 3’ ＋公益 30” ＋宣传 30”）</td><td>20：25</td></tr>
<tr><td>20：30</td><td colspan="4">《今晚 80 后脱口秀》20’</td><td colspan="3">广宣时段 5’</td><td>20：45</td></tr>
<tr><td>20：50</td><td colspan="4">广宣时段 5’（宣传 30” ＋广告 2’ ＋回放 30” ＋剧宣 30” ＋广告 1’ ＋宣传 30”）</td><td colspan="2">《脱口而出》20’</td><td>《今晚 80 后脱口秀》20’</td><td>20：50</td></tr>
<tr><td>20：55</td><td colspan="4">《炫剧场》第一集 45’</td><td colspan="3">广宣时段 5’（宣传 30” ＋广告 2’ ＋回放 30” ＋剧宣 30” ＋广告 1’ ＋宣传 30”）</td><td>21：10</td></tr>
<tr><td>21：40</td><td colspan="4">广宣时段 5’（广告 1’ ＋剧宣 30” ＋预告 30” ＋广告 1’ ＋回放 30” ＋剧宣 30” ＋广告 1’）</td><td colspan="3">《炫剧场》第一集 45’</td><td>21：15</td></tr>
<tr><td>21：45</td><td colspan="4">《炫剧场》第二集 45’</td><td colspan="3">广宣时段 5’（广告 1’ ＋剧宣 30” ＋预告 30” ＋广告 1’ ＋回放 30” ＋剧宣 30” ＋广告 1’）</td><td>22：00</td></tr>
<tr><td>22：30</td><td colspan="4">广宣时段 5’（广告 1’ ＋剧宣 30” ＋预告 30” ＋广告 1’ ＋回放 30” ＋剧宣 30” ＋广告 1’）</td><td colspan="3">《炫剧场》第二集 45’</td><td>22：05</td></tr>
<tr><td>22：35</td><td colspan="4">《炫剧场》第三集：正片 45’</td><td colspan="3">广宣时段 5’（广告 1’ ＋宣传 1’ ＋剧宣 30” ＋预告 30” ＋宣传 2’）</td><td>22：50</td></tr>
<tr><td>23：20</td><td colspan="4">广宣时段 5’（宣传 2’ ＋剧宣 30” ＋预告 30” ＋广告 1’ ＋宣传 1’）</td><td colspan="3" rowspan="3">《每日文娱播报》（重播）45’</td><td rowspan="3">22：55</td></tr>
<tr><td>23：25</td><td>《文化之约》30’</td><td colspan="3" rowspan="2">《每日文娱播报》（重播）45’</td></tr>
<tr><td>23：55</td><td>《每日文娱播报》</td></tr>
<tr><td>0：10</td><td>00：40 广宣时段 5’</td><td colspan="3">广宣时段 5’（宣传 2’ ＋广告 2’ ＋宣传 1’）</td><td colspan="3">广宣时段 5’（含广告 2’）</td><td>23：40</td></tr>
<tr><td>0：15</td><td>00：45《综艺麻辣烫》60’</td><td colspan="3">《综艺麻辣烫》60’</td><td colspan="3">《综艺麻辣烫》60’</td><td>23：45</td></tr>
</table>

续表

时间	星期一	星期二	星期三	星期四	星期五	星期六	星期日	时间
1：15	1：45《百姓文化录》3’	《百姓文化录》（重播）3’			《百姓文化录》（重播）3’			0：45
1：18	1：48《我爱我家》50’（重播）	《光荣绽放》50’（重播）	《影视风云》50’（重播）	《星夜故事》50’（重播）	《我家有明星》70’（重播）	《春妮的周末时光》70’（重播）	季播节目70’（重播）	0：48 1：18
2：08	2：38《欢乐微逗秀》20’	《欢乐微逗秀》（重播）20’			《欢乐微逗秀》20’（重播）			1：58
2：28		《今晚80后脱口秀》（重播）20’			《脱口而出》20’（重播）		《今晚80后脱口秀》20’（重播）	2：18
2：48	2：58 广宣时段2’	广宣时段2’（宣传1’ +公益1’）			广宣时段2’			2：38
2：50	3：00结束	2：50结束			2：40结束			2：40

科教频道节目编排方案

（2014年8月1日起执行）

时间	星期一	星期二	星期三	星期四	星期五	星期六	星期日	周末时间
6：00：00	开播晨曲1’							6：00：00
6：01：00	频道宣传1’ +公共宣传1’ +公益宣传1’							6：01：00
6：04：00	《现场说法》25’（自然重播）							6：04：00
6：29：00	《法治进行时》50’（自然重播）							6：29：00
7：19：00	《第三调解室》50’（自然重播）							7：19：00
8：09：00	频道宣传1’ +公共宣传1’ +广告2’ +公益宣传1’							8：09：00
8：14：00	《星月剧场》45’（自然重播）							8：14：00
8：59：00	广告2’ +公益宣传1’							8：59：00
9：02：00	《星月剧场》45’（自然重播）							9：02：00
9：47：00	频道宣传1’ +广告2’ +公益宣传1’							9：47：00
9：51：00	《晚晴》20’	《健康北京》自然重播50’						9：51：00
10：11：00	《电视先锋榜》30’							10：11：00
10：41：00	频道宣传1’ +广告2’ +公益宣传1’							10：41：00
10：45：00	《法治·北京》精编版40’							10：45：00
11：25：00	频道宣传30” +公共宣传30” +广告4’							11：25：00
11：30：00	《现场说法》25’							11：30：00

续表

时 间	星期一	星期二	星期三	星期四	星期五	星期六	星期日	周末时间
11：55：00	广告5’							11：55：00
12：00：00	《法治进行时》50’							12：00：00
12：50：00	广告4’							12：50：00
12：54：00	《第三调解室》精编版 50’							12：54：00
13：44：00	《正剧场》一集45’					《警法目录》50’	《庭审纪实》50’	13：44：00
14：29：00	广告2’ +公益宣传1’					广告2’		14：34：00
14：32：00	《正剧场》二集45’					《正剧场》一集45’		14：36：00
15：17：00	频道宣传1’ +广告1’ +公益宣传1’					广告1’ +公益宣传1’		15：21：00
15：20：00	《正剧场》三集45’					《正剧场》二集45’		15：23：00
16：05：00	广告2’ +公益宣传1’					广告1’		16：08：00
16：08：00	《正剧场》四集45’					《正剧场》三集45’		16：09：00
16：53：00	频道宣传1’ +广告2’ +公益宣传1’					公益宣传1’ +广告2’		16：54：00
16：57：00	《虎口脱险》精编版40’	《北京记忆》精编版40’				《非常向上》45’	《今晚我们相识》精编版40’	16：57：00
17：37：00	频道宣传30” +公共宣传30” +广告2’							17：37：00
17：40：00	《非常幽默》30’（周六25’）							17：40：00
18：10：00	《健康北京》50’							18：10：00
19：00：00	频道宣传1’ +公共宣传1’ + 广告3’ +公益宣传1’							19：00：00
19：06：00	《法治·北京》50’					《法治·北京》60’		19：06：00
19：56：00	频道宣传30” +公共宣传30” + 广告3’							20：06：00
20：00：00	《北京记忆》50’				《品味艺术》50’	《今晚我们相识》50’	《虎口脱险》50’	20：10：00
20：50：00	频道宣传30” +公共宣传30” +广告2’							21：00：00
20：53：00	《第三调解室》50’							21：03：00
21：43：00	频道宣传30” + 广告1’ + 上集回放30” +广告2’							21：53：00
21：47：00	《星月剧场》一集45’							21：57：00
22：32：00	广告1’ +下集预告30” +广告1’ +上集回放30” +广告1’							22：42：00
22：36：00	《星月剧场》二集45’							22：46：00
23：21：00	频道宣传30” + 广告2’ +下集预告30” +公共宣传1’							23：31：00
23：25：00	《法治进行时》50’（自然重播）							23：35：00
00：15：00	《第三调解室》50’（自然重播）							00：25：00
01：05：00	公共宣传1’ +公益宣传1’							01：15：00

续表

时 间	星期一	星期二	星期三	星期四	星期五	星期六	星期日	周末时间
01：07：00	《北京记忆》50’重播				《非常向上》45’（重播上周）	《今晚我们相识》50’（自然重播）	《虎口脱险》50’（自然重播）	01：17：00
01：57：00	《非常幽默》30’ 重播（周六25’）							02：07：00
02：27：00	结束夜曲1’							02：37：00

影视频道节目编排方案

（2014年1月1日起执行）

时间	周一至周日	时长
6：34：00	重播《英雄剧场－1》 正片45’	0：45：00
7：19：00	广宣时段5’10”（频宣5”、广告3’、下集预告30”、预告剧宣30”、公益宣传1’、频宣5”）	0：05：10
7：24：10	重播《英雄剧场－2》 正片45’	0：45：00
8：09：10	广宣时段6’10”（频宣5”、下集预告30”、预告剧宣30”、公益宣传1’、广告4’、频宣5”）	0：06：10
8：15：20	重播《首都剧场－1》正片43’30”	0：43：30
8：58：50	广宣时段4’40”（频宣5”、下集预告30”、广告4’、频宣5”）	0：04：40
9：03：30	重播《首都剧场－2》 正片42’30”	0：42：30
9：46：00	广宣时段9’40”（频宣5”、广告5’、下集预告30”、广告4’、频宣5”）	0：09：40
9：55：40	重播《首都剧场－3》 正片42’30”	0：42：30
10：38：10	广宣时段9’40”（频宣5”、广告5’、下集预告30”、广告4’、频宣5”）	0：09：40
10：47：50	重播《首都剧场－4》 正片43’30”	0：43：30
11：31：20	广宣时段5’40”（频宣5”、广告5’、下集预告30”、频宣5”）	0：05：40
11：37：00	《电影时间》正片95’30”（中插广告30”、广告1’30”、频宣15”、广告30”、广告1’30”）	1：39：45
13：16：45	广宣时段7’10”（频宣5”、公益宣传1’、公宣1’、广告2’、频宣3’05”）	0：07：10
13：23：55	★《家和剧场－1》 正片45’	0：45：00
14：08：55	广宣时段8’10”（频宣5”、广告3’、下集预告30”、预告剧宣30”、公益宣传1’、公宣1’、广告2’、频宣5”）	0：08：10
14：17：05	★《家和剧场－2》 正片45’	0：45：00
15：02：05	广宣时段8’10”（频宣5”、广告3’、下集预告30”、预告剧宣30”、公益宣传1’、公宣1’、广告2’、频宣5”）	0：08：10

续表

时间	周一至周日	时长
15：10：15	★《家和剧场－3》　正片45’	0：45：00
15：55：15	广宣时段8’10”（频宣5”＋广告3’＋下集预告30”＋预告剧宣30”＋公益宣传1’＋公宣1’＋广告2’＋频宣5”）	0：08：10
16：03：25	★《家和剧场－4》　正片45’	0：45：00
16：48：25	广宣时段11’10”（频宣5”＋广告3’＋下集预告30”＋预告剧宣30”＋公益宣传1’＋公宣1’＋广告5’＋频宣5”）	0：11：10
16：59：35	★《英雄剧场－1》　正片45’	0：45：00
17：44：35	广宣时段15’10”（频宣5”＋广告4’＋下集预告30”＋频宣1’＋广告3’＋预告剧宣30”＋公益宣传1’＋公宣1’＋广告4’＋频宣5”）	0：15：10
17：59：45	★《英雄剧场－2》　正片45’	0：45：00
18：44：45	广宣时段10’20”（频宣5”＋广告3’35”＋上集回放30”＋频宣1’＋公益宣传1’＋公宣1’＋广告3’05”＋频宣5”）	0：10：20
18：55：05	★《首都剧场－1》　正片43’30”	0：43：30
19：38：35	广宣时段13’40”（频宣5”＋广告2’＋下集预告30”＋公宣1’30”＋广告4’＋公益宣传1’＋频宣1’＋上集回放30”＋广告3’05”）	0：13：40
19：52：15	★《首都剧场－2》　正片42’30”	0：42：30
20：34：45	广宣时段13’15”（频宣5”＋广告3’05”＋下集预告30”＋公益宣传1’＋广告3’＋频宣2’＋上集回放30”＋广告3’05”）	0：13：15
20：48：00	★《首都剧场－3》正片42’30”	0：42：30
21：30：30	广宣时段14’45”（频宣5”＋广告3’05”＋下集预告30”＋公宣1’30”＋广告5’＋公益宣传1’＋频宣1’＋上集回放30”＋广告2’05”）	0：14：45
21：45：15	★《首都剧场－4》正片43’30”	0：43：30
22：28：45	广宣时段13’35”（频宣5”＋广告3’＋下集预告30”＋公益宣传1’＋广告2’＋频宣3’＋广告4’）	0：13：35
22：42：20	★《电影时间》 正片95’30”（中插广告1’30”＋广告1’30”＋频宣15”＋广告30”＋广告30”）	1：39：45
0：22：05	广宣时段4’10”（频宣5”＋广告4’＋频宣5”）	0：04：10
0：26：15	重播《英雄剧场－1》　正片45’	0：45：00
1：11：15	广宣时段4’10”（频宣5”＋广告2’＋下集预告30”＋预告剧宣30”＋公益宣传1’＋频宣5”）	0：04：10
1：15：25	重播《英雄剧场－2》　正片45’	0：45：00
2：00：25	广宣时段3’35”（频宣5”＋广告1’＋下集预告30”＋预告剧宣30”＋公益宣传1’＋频宣30”）	0：03：35
2：04：00	★《星光剧场－1》　正片45’	0：45：00
2：49：00	★《星光剧场－2》　正片45’	0：45：00
3：34：00	★《星光剧场－3》　正片45’	0：45：00
4：19：00	★《星光剧场－4》　正片45’	0：45：00
5：04：00	★《星光剧场－5》　正片45’	0：45：00
5：49：00	★《星光剧场－6》　正片45’	0：45：00
6：34：00	结束 接次日	0：00：00

财经频道节目编排方案

（2014 年 10 月 18 日起执行）

时 间	星期一	星期二	星期三	星期四	星期五	星期六	星期日	周末时间
6：00	频宣 4’ ＋公宣 3’ ＋公益 1’							
6：08	《北京发布》20’	《天下财经》40’					《谁在影响我》20’	
	《财经锋汇》25’	频宣 2’ ＋公宣 1’ ＋公益 1’ ＋广告 1’					《一周财经综述 》25’	
6：53	《首都经济报道》60’							
7：53	《微财经》1 2’							
7：55	频宣 2’ ＋公宣 1’ ＋公益 1’ ＋广告 1’							
8：00	《数说北京》30’	《财富故事》30’（重播）（周日重四）						
8：30	《微财经》2 2’							
8：32	频宣 1’ ＋公宣 1’ ＋公益 1’ ＋广告 1’							
8：36	《微理财》5’ ×2							
8：46	《理财》50’							
9：36	《微财经》1 2’							
9：38	频宣 1’ ＋公宣 2’ ＋公益 1’ ＋广告 1’							
9：43	《财富晚间道》60’ 1（日重四、一重五）							
10：43	《财富晚间道》60’ 2（日重四、一重五）							
11：43	《微财经》2 2’							
11：45	频宣 2’ ＋公宣 1’ ＋公益 1’ ＋广告 1’							
11：50	《经济法眼》40’					频宣 5’ ×2		11：50
12：30	《微财经》2 2’					《税收天地》30’	《数说北京》30’	12：00
12：32	频宣 1’ ＋公益 1’ ＋广告 1’					《微财经》2 2’ ＋公宣 1’＋公益 1’ ＋广告 1’		12：30
12：35	《电视剧场》第一集 上集回放 1’ ＋广告 1’ 30” ＋正片 45’ ＋广告 30” ＋下集预告 1’							
13：24	《电视剧场》第二集 上集回放 1’ ＋广告 1’ 30” ＋正片 45’ ＋广告 30” ＋下集预告 1’							
14：13	《电视剧场》第三集 上集回放 1’ ＋广告 1’ 30” ＋正片 45’ ＋广告 30” ＋下集预告 1’							
15：02	广告 1’							
15：03	《拍宝》50’		《法眼精编》50’	《财高八斗》50’	《法眼精编》50’	《拍宝》50’		
15：53	频宣 2’ ＋公益 2’ ＋广告 1’							

续表

时间	星期一	星期二	星期三	星期四	星期五	星期六	星期日	周末时间
15：58	《电视先锋榜》30’	《财富故事》30’（重播）（周日重五）				《财经锋汇》25’＋频宣5’	《财富故事》30’	
16：28	公宣1’＋广告1’							
16：30	《微理财》5’×2							
16：40	《理财》50’							
17：30	公益1’＋广告1’							
17：32	《经济法眼》40’					《谁在影响我》20’	《问鼎世界》20’	17：32
						《问鼎世界》20’	《问鼎世界》20’	17：52
18：12	频宣1’＋广告2’					广告1’		18：12
18：15	《天下财经》40’					《谁在影响我》20’	《北京发布》20’	18：13
18：55	公益1’＋广告2’					《一周财经综述》25’	《财经锋汇》25’	18：33
18：58	《首都经济报道》60’							18：58
19：58	频宣1’＋公益1’＋广告2’					频宣1’＋公益1’＋广告2’		19：58
20：02	《经济法眼》40’					《经济法眼精编》50’	《财高八斗》50’	20：02
20：42	频宣1’＋公益1’＋广告2’							
20：46	《财富故事》30’					公益1’＋广告2’		20：52
21：16	频宣1’＋公益1’＋广告2’					《理财》周末版50’		20：55
21：20	《微理财》5’×2							
21：30	《理财》50’					频宣2’＋公宣1’＋广告2’		21：45
22：20	频宣1’＋公宣1’＋公益1’＋广告2’					《拍宝》50’		21：50
22：25	《财富晚间道》60’					频宣2’＋公宣1’＋广告2’		22：40
						《财富晚间道》40’（周末）		22：45
23：25	频宣2’＋公益1’＋广告2’							
23：30	《北京新闻》30’							
0：00	《电视购物》150’							
2：30	结束							

体育频道节目编排方案

（2014年1月1日起执行）

时间	周一	周二	周三	周四	周五	周六	周日
6：00	广宣时段10'（含公宣2'）						
6：10	《BTV赛场》105'（含赛中频宣5'）						
7：55	广宣时段5'（含公宣1'）						
8：00	《天天体育》50'（重播昨日）						
8：50	广宣时段10'（含公宣2'）						
9：00	《电视先锋榜》	《中超集锦》	《英超集锦》	《西甲集锦》	《篮球风情》	《武术搏击王者争霸赛》	《电视先锋榜》
9：50	广宣时段5'（含公宣1'）						
9：55	《BTV赛场》107'（含赛中广宣7'）			直播：NBA	《BTV赛场》107'	周末直播时段 中超/中甲/CBA/NBA/ 英超/西甲/ 等国内外体育赛事	
11：42	广宣时段8'（含公宣1'）						
11：50	《新闻评论》节目30'（首播）						
12：20	广宣时段10'（含公宣2'）						
12：30	《节节高升》50'（首播）						
13：20	广宣时段10'（含公宣2'）						
13：30	《BTV赛场》107'（含赛中广宣7'）						
15：17	广宣时段8'（含公宣2'）						
15：25	《新闻评论》节目30'（重播）						
15：55	广宣时段10'（含公宣3'）						
16：05	《BTV赛场》107'（含赛中广宣7'）						
17：52	广宣时段8'（含公宣1'）						
18：00	《快乐健身一箩筐》（重播）						
18：30	广宣时段10'（含公宣2'）						
18：40	《体坛资讯》50'						
19：30	广宣时段5'						
19：35	《足球100分》	《BTV赛场》105'	《BTV赛场》105'	《体育议起来/足球家》	《BTV赛场直播》CBA、中超		
21：20	广宣时段5'						
21：25	《天天体育》50'						
22：15	广宣时段5'（含公宣1'）						
22：20	《快乐健身一箩筐》（首播）						
22：50	广宣时段10'（含公宣2'）						
23：00	《中超集锦》	《英超集锦》	《西甲集锦》	《德甲集锦》	《武术搏击王者争霸赛》		

续表

<table>
<tr><th>时间</th><th>周一</th><th>周二</th><th>周三</th><th>周四</th><th>周五</th><th>周六</th><th>周日</th></tr>
<tr><td>23：50</td><td colspan="3">广宣时段 10’（含公宣 2’）</td><td></td><td></td><td colspan="2" rowspan="5">周末直播时段
中超/中甲/CBA/NBA/
英超/西甲/
等国内外体育赛事</td></tr>
<tr><td>0：00</td><td colspan="4">《天天体育》50’（重播）</td><td>《篮球风情》</td></tr>
<tr><td>0：50</td><td colspan="5">广宣时段 10’（含公宣 2’）</td></tr>
<tr><td>1：00</td><td colspan="4">《BTV 赛场》105’（含赛中频道宣传 5’）</td><td>《体坛荟萃》
A/B</td></tr>
<tr><td>2：45</td><td colspan="5">《BTV 赛场》100’</td></tr>
<tr><td>4：25</td><td colspan="7">《天天体育》50’（重播）</td></tr>
<tr><td>5：15</td><td colspan="7">《中超集锦》等</td></tr>
<tr><td>5：45</td><td colspan="7">欣赏</td></tr>
<tr><td>6：00</td><td colspan="7">结束 接次日</td></tr>
</table>

生活频道节目编排方案

（2014 年 11 月 15 日起执行）

<table>
<tr><th>时间</th><th>周一</th><th>周二</th><th>周三</th><th>周四</th><th>周五</th><th>周六</th><th>周日</th></tr>
<tr><td>6：00</td><td colspan="7">开始曲、频道宣传 3’ +公宣 2’ +公益宣传 1’ +广告 3’</td></tr>
<tr><td>6：09</td><td colspan="5">《健康生活》20’（重播）</td><td colspan="2" rowspan="3">《大城小事》30’（重播）</td></tr>
<tr><td>6：31</td><td colspan="5">频道宣传 1’ +公宣 1’ +公益宣传 1’ +广告 2’</td></tr>
<tr><td>6：34</td><td rowspan="3">《四海漫游》
20’
（重播）</td><td colspan="2" rowspan="3">《我爱我车》20’
（重播）</td><td colspan="2" rowspan="3">《四海漫游》20’
（重播）</td></tr>
<tr><td>6：39</td><td colspan="2">频道宣传 1’ +公益宣传 1’ +
广告 3’</td></tr>
<tr><td>6：44</td><td rowspan="3">《美食地图·
一探到底》
30’（重播）</td><td rowspan="3">《咱爸咱妈的
美好时代》30’
（重播）</td></tr>
<tr><td>6：54</td><td colspan="5">频道宣传 1’ +公宣 1’ +公益宣传 1’ +广告 3’</td></tr>
<tr><td>7：00</td><td rowspan="3">《电视
先锋榜》
30’</td><td colspan="4" rowspan="3">《美食地图·一探到底》30’（重播）</td></tr>
<tr><td>7：14</td><td colspan="2">频道宣传 1’</td></tr>
<tr><td>7：15</td><td colspan="2" rowspan="3">《生活广角》45’（重播）</td></tr>
<tr><td>7：30</td><td colspan="5">频宣 1’ +公益宣传 1’ +广告 1’</td></tr>
<tr><td>7：33</td><td colspan="5">《食全食美》27’（重播）</td></tr>
<tr><td>8：00</td><td colspan="7">频宣 1’ +公宣 1’ +公益宣传 1’ +广告 3’</td></tr>
<tr><td>8：06</td><td colspan="5">《生活广角》45’（重播）</td><td>《生活》+
《家装》
攻略版 45’
（重播）</td><td>《生活》+45’
（重播）</td></tr>
<tr><td>8：51</td><td colspan="7">频宣 1’ +公益宣传 1’ +广告 3’ +生活气象 2’</td></tr>
<tr><td>8：58</td><td colspan="7">《生活》2014 90’（重播）</td></tr>
</table>

续表

<table>
<tr><th>时间</th><th>周一</th><th>周二</th><th>周三</th><th>周四</th><th>周五</th><th>周六</th><th>周日</th></tr>
<tr><td>10：28</td><td colspan="5" rowspan="2">频宣 1’ +公益宣传 1’ +广告 3’</td><td colspan="2">频宣 2’ +公益宣传 1’ +广告 1’</td></tr>
<tr><td>10：32</td><td rowspan="4">《幸福厨房》45’（重播）</td><td rowspan="2">《美食地图一探到底》30’（重播周五）</td></tr>
<tr><td>10：33</td><td colspan="5" rowspan="5">《选择精编》75’（首播）</td></tr>
<tr><td>11：02</td><td>频宣 1’ +公益 1’ +广告 3’</td></tr>
<tr><td>11：07</td><td rowspan="5">《美食真人秀》节目《上菜（2）》（重周六）60’</td></tr>
<tr><td>11：17</td><td>频宣 1’ +公益 1’ +广告 3’</td></tr>
<tr><td>11：22</td><td rowspan="3">《美食地图 · 一探到底》精编 45’ 版（首）</td></tr>
<tr><td>11：48</td><td colspan="5">频宣 1’ +广告 3’</td></tr>
<tr><td>11：52</td><td colspan="5" rowspan="5">《生活面对面》精编（首播）50’</td></tr>
<tr><td>12：07</td><td colspan="2">频宣 1’</td></tr>
<tr><td>12：08</td><td colspan="2">《美食地图》27’（重播）</td></tr>
<tr><td>12：35</td><td colspan="2">频宣 1’</td></tr>
<tr><td>12：36</td><td colspan="2" rowspan="3">《大城小事》30’（首播）</td></tr>
<tr><td>12：42</td><td colspan="5">《健康生活》20’（首播）</td></tr>
<tr><td>13：02</td><td colspan="5" rowspan="2">频宣 1’ +公宣 1’ +生活气象 2’ +广告 3’</td></tr>
<tr><td>13：06</td><td colspan="2">广告 3’</td></tr>
<tr><td>13：09</td><td colspan="5">《生活特供》85’（首播）</td><td colspan="2" rowspan="3">《生活特供》92’（首播）</td></tr>
<tr><td>14：34</td><td colspan="5">公宣 1’ +公益宣传 1’ +广告 4’</td></tr>
<tr><td>14：40</td><td colspan="5" rowspan="3">《生活面对面》30’（重播）</td></tr>
<tr><td>14：41</td><td colspan="2">频宣 1’ +公益宣传 1’ +广告 3’</td></tr>
<tr><td>14：46</td><td rowspan="3">《美食真人秀》节目《上菜（2）》（重播上周六）60’</td><td rowspan="3">《美食真人秀》节目《上菜（2）》（重播周六）60’</td></tr>
<tr><td>15：10</td><td colspan="5">频宣 1’ +公益宣传 1’ +广告 4’</td></tr>
<tr><td>15：16</td><td colspan="5" rowspan="3">《选择》45’（重播）</td></tr>
<tr><td>15：46</td><td colspan="2">频宣 1’ +公宣 1’ +公益宣传 1’ +广告 3’</td></tr>
<tr><td>15：52</td><td colspan="2" rowspan="4">《生活广角》精编 75’（首播）</td></tr>
<tr><td>16：01</td><td colspan="5">频宣 1’ +公宣 1’ +公益宣传 1’ +广告 4’</td></tr>
<tr><td>16：08</td><td colspan="5" rowspan="2">《生活广角》精编 75’（首播）</td></tr>
<tr><td>17：02</td></tr>
<tr><td>17：07</td><td colspan="5">公益宣传 1’ +广告 3’</td><td colspan="2">公宣 1’ +公益宣传 1’ +广告 3’</td></tr>
<tr><td>17：12</td><td colspan="5" rowspan="4">《快乐生活一点通》30’（重播）</td><td rowspan="4">《生活 + 家装》攻略版 45’（首播）</td><td rowspan="4">《第一房产》45’（首播）</td></tr>
<tr><td>17：23</td></tr>
<tr><td>17：27</td></tr>
<tr><td>17：47</td></tr>
</table>

续表

<table>
<tr><th>时间</th><th>周一</th><th>周二</th><th>周三</th><th>周四</th><th>周五</th><th>周六</th><th>周日</th></tr>
<tr><td>17：57</td><td colspan="7">频宣 1’ +广告 2’</td></tr>
<tr><td>18：00</td><td colspan="5">《食全食美》27’（首播）</td><td colspan="2">《美食地图》27’（首播）</td></tr>
<tr><td>18：27</td><td colspan="7">广告 2’</td></tr>
<tr><td>18：29</td><td colspan="7">《生活》2014 90’（首播）</td></tr>
<tr><td>19：59</td><td colspan="7">频宣 30” +公益宣传 30” +广告 1’</td></tr>
<tr><td>20：01</td><td colspan="5">《生活面对面》30’（首播）</td><td rowspan="5">《美食真人秀》节目《上菜（2）》（首）60’</td><td rowspan="3">《幸福厨房》45’（首播）</td></tr>
<tr><td>20：31</td><td colspan="5">广告 3’</td></tr>
<tr><td>20：34</td><td colspan="5" rowspan="4">《快乐生活一点通》30’（首播）</td></tr>
<tr><td>20：46</td><td>频宣 30” +公益宣传 30” +广告 3’</td></tr>
<tr><td>20：50</td><td rowspan="5">《生活+》45’（首播）</td></tr>
<tr><td>21：01</td><td rowspan="2">频宣 30” +公益宣传 30” +广告 3’</td></tr>
<tr><td>21：04</td><td colspan="5" rowspan="2">频宣 30” +公益宣传 30” +公宣 1’ +广告 2’</td></tr>
<tr><td>21：05</td><td rowspan="2">《咱爸咱妈的美好时代》30’（首播）</td></tr>
<tr><td>21：08</td><td colspan="5" rowspan="2">《美食地图·一探到底》30’（首播）</td></tr>
<tr><td>21：35</td><td colspan="2" rowspan="2">频宣 30” +公益宣传 30” +广告 3’</td></tr>
<tr><td>21：38</td><td colspan="5" rowspan="2">频宣 30” +公益宣传 30” +广告 2’</td></tr>
<tr><td>21：39</td><td colspan="2" rowspan="4">《选择》60’（首播）</td></tr>
<tr><td>21：41</td><td colspan="5">《选择》45’（首播）</td></tr>
<tr><td>22：26</td><td colspan="5">广告 4’</td></tr>
<tr><td>22：30</td><td colspan="5" rowspan="3">《生活广角》45’（首播）</td></tr>
<tr><td>22：39</td><td colspan="2">广告 3’</td></tr>
<tr><td>22：42</td><td colspan="2" rowspan="3">《生活广角》45’（首播）</td></tr>
<tr><td>23：15</td><td colspan="5">频宣 30” +公益宣传 30” +广告 2’</td></tr>
<tr><td>23：18</td><td colspan="2" rowspan="3">《我爱我车》20’（首播）</td><td colspan="3" rowspan="3">《四海漫游》20’（首播）</td></tr>
<tr><td>23：27</td><td colspan="2">频宣 1’ +广告 3’</td></tr>
<tr><td>23：31</td><td rowspan="2">《第一房产》45’（重播）</td><td>《美食地图》精编版 10’（首播）</td></tr>
<tr><td>23：38</td><td colspan="5">广告 3’</td><td rowspan="4">《生活》2014（重播）90’</td></tr>
<tr><td>23：41</td><td colspan="5" rowspan="3">《生活》2014（重播）90’</td><td rowspan="2">《美食地图》精编 10’版（重播上周日）</td></tr>
<tr><td>0：16</td></tr>
<tr><td>0：26</td><td rowspan="2">《生活》2014（重播）90’</td></tr>
<tr><td>1：11</td><td colspan="5">《生活广角》45’（重播）</td><td></td></tr>
<tr><td>1：56</td><td colspan="7">公宣 1’ +公益宣传 1’ +节目预告、结束语 2’</td></tr>
<tr><td>2：00</td><td colspan="7">结束</td></tr>
</table>

青年频道节目编排方案

（2014年1月1日起执行）

时间	星期一	星期二	星期三	星期四	星期五	星期六	星期日	周末时间
6：00	《国际频道》精选60’					《青春快乐季》30’	《电视先锋榜》30’	6：00
						重播：《书香北京》45’		6：30
7：00	广告3’+频宣30”+公益1’							7：15
7：05	重播：《军情解码》50’							7：20
7：55	广告3’+公宣30”+频宣30”+公益1’							8：10
8：00	重播：《谁在说》55’							8：15
8：55	广告3’+公宣30”+频宣1”30”							9：10
9：00	重播：《青春剧场》1 45’							9：15
9：45	广告3’+公宣30”+频宣1’30”+公益1’							10：00
9：50	重播：《青春剧场》2 45’							10：05
10：35	广告2’+频宣1’30”+公益1’							10：50
10：40	重播：《青春剧场》3 45’							10：55
11：25	广告3’+公宣30”+频宣1’30”							11：40
11：30	重播：《军情解码》50’							11：45
12：20	广告3’+公宣30”+频宣30”+公益1’							12：35
12：25	重播：《谁在说》55’							12：40
13：20	广告3’+公宣30”+频宣1’30”							13：35
13：25	《重播：SK状元榜》45’	重播：《探索》45’						13：40
14：10	广告2’+频宣1’+公益1’							14：25
14：14	重播：《不许不开心》30’					《青春快乐季》15’（垫播）		14：29
14：44	广告2’+频宣30”+公益1’					重播：周末季播节目75’		14：44
14：48	重播：《手机猜猜猜》30’							
15：18	广告2’+公宣30”+频宣30”+公益1’							
15：22	重播：《探索》45’							
16：07	广告2’+频宣1’+公益1’							15：59
16：13	重播：《电视先锋榜》30’	重播：《北京客》30’					重播：《SK状元榜》45’	16：00
16：43	广告3’+频宣1’+公益1’							16：45
16：46	重播：《谁在说》55’							16：50
17：41	广告3’+频宣1’+公益1’							17：45

续表

时间	星期一	星期二	星期三	星期四	星期五	星期六	星期日	周末时间
17：46	重播：《军情解码》50'						《探索》45'（外购）	17：50
18：36	广告2' +频宣1' +公益1'							18：35
18：40	《探索》45'（外购）						《SK状元榜》45'	18：40
19：25	广告3' +公宣30" +频宣30" +公益1'							19：25
19：30	《谁在说》55'（外购）							19：30
20：25	广告3' +公宣30" +频宣1' 30"							20：25
20：30	《军情解码》50'							20：30
21：20	广告3' +公宣30" +频宣1' 30"							21：20
21：25	《不许不开心》30'					周末季播节目75'		21：25
21：55	广告3' +公益1'							
21：59	《手机猜猜猜》30'							
22：29	广告3' +公益1'					广告3' +频宣1' +公益1'		22：40
22：33	《北京客》30'					《书香北京》45'		22：45
23：03	广告3' +公宣30" +频宣1' 30"							23：30
23：08	《午夜青春剧场》1 45'							23：35
23：53	广告3' +频宣1' +公益1'							0：20
23：58	《午夜青春剧场》2 45'							0：25
0：43	广告3' +公宣30" + 频宣1' 30"							1：10
0：48	《午夜青春剧场》3 45'							1：15
1：33	广告3' +公宣30" + 频宣1' 30"							2：00
1：38	重播：《不许不开心》30'					结束		2：05
2：08	结束							

新闻频道节目编排方案

（2014年1月1日起执行）

时间	星期一	星期二	星期三	星期四	星期五	星期六	星期日
6：00	广宣5'（含公益）					《北京议事厅》20'	《这里是北京》20'
6：05	《这里是北京》重播20'						
6：25	广宣5'（含公益）					6：20 《红绿灯》40'	
6：30	《红绿灯－早直播》直播30'						
7：00	《北京您早》120'（卫视周一至周五并机直播至9：00，周六日并机直播至8：30）						
9：00	《直播北京》（1）（9：00—11：55）175'（直播）（含公益）						
	中插《红绿灯》40'						
	中插《北京新发现》（周一至周五）《美丽乡村》（周六日）重播20'						

续表

时间	星期一	星期二	星期三	星期四	星期五	星期六	星期日
	中插广宣时段，4段2’（含公益）						
11：55	宣传2’ +广告3’						
12：00	《特别关注》58’（并机直播）						
12：58	广告2’						
13：00	《北京新发现》重播20’						《极致》重播20’
13：20	宣传3’ +广告2’（含公益）						电视先锋榜30’
13：25	《这里是北京》重播20’					《极致》重播20’	
13：45	宣传3’ +广告2’（含公益）						
13：50	《新闻手语》首播10’						
14：00	宣传3’ +广告2’（含公益）						
14：05	《都市阳光2期》首播20’		《人才》首播20’	《怎么看》首播20’	《党建进行时》首播20’	《消费观察》首播20’	《北京议事厅》首播20’
14：25	宣传2’ +广告3’（含公益）						
14：30	《有话就说》	《锐观察》重播50’					
15：20	宣传2’ +广告3’（含公益）						
15：25	《晚间新闻报道》重播45’						
16：10	宣传2’ +广告3’（含公益）						
16：15	《红绿灯》重播40’						
16：55	宣传2’ +广告3’						
17：00	《都市晚高峰》85’（直播）						
	中插《旅游天气预报》3’						
18：25	广告5’						
18：30	《北京新闻》25’（并机直播）						
18：55	《天气预报》5’（首播）						
19：00	《直播北京》（2）直播（周日至周四，70’；周五周六，50’）						
	周五、周六19：50—20：10《美丽乡村》首播20’						
	中插《空气质量播报》3’						
	中插广宣时段，2段2’（含公益）						
20：10	广告2’						
20：12	《看气象》3’（首播）						
20：15	《锐观察》（直播）50’						《有话就说》50’
21：05	宣传2’ +广告3’						
21：10	《红绿灯》40’（直播）						
21：50	宣传2’ +广告3’（含公益）						
21：55	《晚间新闻报道》45’（直播）						

续表

时间	星期一	星期二	星期三	星期四	星期五	星期六	星期日
22：40	宣传 2’ +广告 3’						
22：45	《北京新发现》20’（首播）						
23：05	宣传 2’ +广告 3’						
23：10	《这里是北京》20’（首播）						
23：30	广告 3’						
23：33	《红绿灯》40’（重播）						
0：13	《锐观察》50’（重播）						《有话就说》50’
1：03	《晚间新闻报道》45’（重播）						
1：48	《红绿灯》40’（重播）						
2：28	全天结束						

卡酷少儿频道节目编排方案

（2014 年 5 月 5 日起执行）

	星期一	星期二	星期三	星期四	星期五	星期六	星期日
6：00	《蹦蹦跳跳》第 1 集 25’（含宣传 1 3’）						
6：25	广宣时段 2 5’（公益 1’）						
6：30	《蹦蹦跳跳》第 2 集 25’（含宣传 3 3’）						
6：55	广宣时段 4 5’						
7：00	《卡酷幼儿园》25’（含宣传 5 3’）					《超级大连播》第 1 集 25’（含宣传 5 3’）	《电视先锋榜》
7：25	广宣时段 6 10’【7’（酷讯） +3’】						广宣时段 6 5’
7：30							
7：35	《环球剧场》第 3 集 25’（含宣传 7 3’）					《超级大连播》第 2 集 25’（含宣传 7 3’）	
8：00	广宣时段 8 3’						
8：03	《环球剧场》第 4 集 25’（含宣传 9 3’）					《超级大连播》第 3 集 25’（含宣传 9 3’）	
8：28	广宣时段 10 3’						
8：31	《环球剧场》第 5 集 25’（含宣传 11 3’）					《超级大连播》第 4 集 25’（含宣传 11 3’）	
8：56	广宣时段 12 4’（公益 1’）						
9：00	《环球剧场》第 6 集 25’（含宣传 13 3’）					《超级大连播》第 5 集 25’（含宣传 13 3’）	

续表

	星期一	星期二	星期三	星期四	星期五	星期六	星期日
9：25	广宣时段 14 5’						
9：30	《环球剧场》第 7 集 25’（含宣传 15 3’）					《超级大连播》第 6 集 25’（含宣传 15 3’）	
9：55	广宣时段 16 5’						
10：00	《环球剧场》第 8 集 25’（含宣传 17 3’）					《超级大连播》第 7 集 25’（含宣传 17 3’）	
10：25	广宣时段 18 5’						
10：30	《环球剧场》第 9 集 25’（含宣传 19 3’）					《超级大连播》第 8 集 25’（含宣传 19 3’）	
10：55	广宣时段 20 5’						
11：00	《环球剧场》第 10 集 25’（含宣传 21 3’）					《超级大连播》第 9 集 25’（含宣传 21 3’）	
11：25	广宣时段 22 5’（公益 1’）						
11：30	《环球剧场》第 11 集 25’（含宣传 23 3’）					《超级大连播》第 10 集 25’（含宣传 23 3’）	
11：55	广宣时段 24 5’						
12：00	《环球剧场》第 12 集 25’（含宣传 25 3’）					《超级大连播》第 11 集 25’（含宣传 25 3’）	
12：25	广宣时段 26 5’						
12：30	《环球剧场》第 13 集 25’（含宣传 27 3’）					《超级大连播》第 12 集 25’（含宣传 27 3’）	
12：55	广宣时段 28 5’						
13：00	《十分开心》10’					《超级大连播》第 13 集 23’（含宣传 29 1’）	
13：10	广宣时段 29 13’【6’ +7’（酷讯）】－宣 30 撤销						
13：23	《环球剧场》第 14 集 26’（含宣传 31 4’）					广宣时段 30 3’	
13：26						《超级大连播》第 14 集 23’（含宣传 31 1’）	
13：49	广宣时段 32 6’						
13：55	《环球剧场》第 15 集 25’（含宣传 33 3’）					《超级大连播》第 15 集 25’（含宣传 33 3’）	
14：20	广宣时段 34 5’						
14：25	《环球剧场》第 16 集 25’（含宣传 35 3’）					《超级大连播》第 16 集 25’（含宣传 35 3’）	
14：50	广宣时段 36 5’						
14：55	《环球剧场》第 17 集 25’（含宣传 37 3’）					《超级大连播》第 17 集 25’（含宣传 37 3’）	

续表

<table>
<tr><th></th><th>星期一</th><th>星期二</th><th>星期三</th><th>星期四</th><th>星期五</th><th>星期六</th><th>星期日</th></tr>
<tr><td>15：20</td><td colspan="7">广宣时段 38 5’</td></tr>
<tr><td>15：25</td><td colspan="5">《环球剧场》第 18 集 25’（含宣传 39 3’）</td><td colspan="2">《超级大连播》第 18 集 25’（含宣传 39 3’）</td></tr>
<tr><td>15：50</td><td colspan="7">广宣时段 40 5’</td></tr>
<tr><td>15：55</td><td colspan="5">《环球剧场》第 19 集 25’（含宣传 41 3’）</td><td colspan="2">《超级大连播》第 19 集 25’（含宣传 41 3’）</td></tr>
<tr><td>16：20</td><td colspan="7">广宣时段 42 5’</td></tr>
<tr><td>16：25</td><td colspan="5">《环球剧场》第 20 集 25’（含宣传 43 3’）</td><td colspan="2">《超级大连播》第 20 集 25’（含宣传 43 3’）</td></tr>
<tr><td>16：50</td><td colspan="5">广宣时段 44 5’</td><td colspan="2" rowspan="2">广宣时段 44 10’【3’ +7’】</td></tr>
<tr><td>16：55</td><td colspan="5">《卡酷全卡通》5’</td></tr>
<tr><td>17：00</td><td colspan="7">《中国创造》幼儿版第 1 集 25’（含宣传 45 3’）</td></tr>
<tr><td>17：25</td><td colspan="7">广宣时段 46 5’</td></tr>
<tr><td>17：30</td><td colspan="4">《中国创造》幼儿版第 2 集 25’（含宣传 47 3’）</td><td rowspan="3">季播节目 55’（含宣传 47 3’ 48 3’ 49 3’）</td><td rowspan="3">《闪天下》55’（含宣传 47 3’ 48 3’ 49 3’）</td><td rowspan="2">《中国创造》幼儿版第 2 集 25’（含宣传 47 3’）</td></tr>
<tr><td>17：55</td><td colspan="4">广宣时段 48 5’</td></tr>
<tr><td>18：00</td><td>《剧星派》25’（含宣传 49 3’）</td><td>《七色光》25’（含宣传 49 3’）</td><td>《谁敢挑战小学生》25’（含宣传 49 3’）</td><td>《卡酷动物园》25’（含宣传 49 3’）</td><td>广宣时段 48 5’
《中国创造》幼儿版第 3 集 25’（含宣传 49 3’）</td></tr>
<tr><td>18：25</td><td colspan="7">广宣时段 50 5’</td></tr>
<tr><td>18：30</td><td colspan="7">《中国创造》少儿版第 1、2 集 55’（含宣传 51 3’ 52 3’ 53 3’）</td></tr>
<tr><td>19：25</td><td colspan="7">广宣时段 54 5’</td></tr>
<tr><td>19：30</td><td colspan="7">《酷片酷映》第 1 集 25’（含宣传 55 3’）</td></tr>
<tr><td>19：55</td><td colspan="7">广宣时段 56 5’</td></tr>
<tr><td>20：00</td><td colspan="7">《酷片酷映》第 2 集 25’（含宣传 57 3’）</td></tr>
<tr><td>20：25</td><td colspan="7">广宣时段 58 5’</td></tr>
<tr><td>20：30</td><td colspan="7">《酷片酷映》第 3 集 25’（含宣传 59 3’）</td></tr>
<tr><td>20：55</td><td colspan="7">广宣时段 60 5’（公益 1’）</td></tr>
<tr><td>21：00</td><td colspan="7">《酷片酷映》第 4 集 25’（含宣传 61 3’）</td></tr>
<tr><td>21：25</td><td colspan="7">广宣时段 62 5’</td></tr>
<tr><td>21：30</td><td colspan="7">《合家欢》第 1 集 25’（含宣传 63 3’）</td></tr>
<tr><td>21：55</td><td colspan="7">广宣时段 64 5’</td></tr>
<tr><td>22：00</td><td colspan="7">《合家欢》第 2 集 25’（含宣传 65 3’）</td></tr>
</table>

续表

	星期一	星期二	星期三	星期四	星期五	星期六	星期日
22：25	广宣时段66 5’（公益1’）						
22：30	《合家欢》第3集25’（含宣传67 3’）						
22：55	广宣时段68 5’（公益1’）						
23：00	《合家欢》第4集25’（含宣传69 3’）						
23：25	广宣时段70 5’（公益1’）						
23：30	《合家欢》第5集25’（含宣传71 3’）						
23：55	广宣时段72 5’						
0：00	剧场重播						
6：00	结束 接次日						

纪实频道节目编排方案

（2014年1月1日起执行）

时　间	周一至周五	周　六	周　日	周末时间
6：00	频道宣传5’			6：00
6：05	《这里是北京》60’			6：05
7：05	频道宣传4’（公益宣传1’）			7：05
7：10	《全纪实》（精选 人文）60’			7：10
8：10	频道宣传4’（公益宣传1’）			8：10
8：15	《人文地图》重播30’			8：15
8：45	★《人文地图》30’			8：45
9：15	频道宣传1’（公益宣传1’）			9：15
9：17	★《口述》30’			9：17
9：47	频道宣传2’（公益宣传1’）			9：47
9：50	《这里是北京》重播纪实晚间版60’		《时尚装苑》/电视先锋榜重播60’	9：50
10：50	《微纪录》5’ +节目预告3’ +公益宣传2’			10：50
11：00	《档案》纪实版50’重播			11：00
11：50	频道宣传3’（公益宣传2’）			11：50
11：55	《纪录360》50’			11：55
12：45	频道宣传3’（公益宣传2’）			12：45
12：50	《玩转地球》50’			12：50
13：40	《微纪录》5’ +节目预告3’ +公益宣传2’			13：40
13：50	《全纪实》（精选）1 60’			13：50
14：50	频道宣传3’（公益宣传2’）			14：50
14：55	《全纪实》（精选）2 60’			14：55
15：55	频道宣传3’（公益宣传2’）			15：55

续表

<table>
<tr><th>时　间</th><th>周一至周五</th><th>周　六</th><th>周　日</th><th>周末时间</th></tr>
<tr><td>16：00</td><td colspan="3">《纪录360》/《玩转地球》/《纪录片影院》（精选）50’</td><td>16：00</td></tr>
<tr><td>16：50</td><td colspan="3">频道宣传1’（公益宣传2’公宣时段2’）</td><td>16：50</td></tr>
<tr><td>17：00</td><td colspan="3">《纪录360》/《玩转地球》/《纪录片影院》（精选）50’</td><td>17：00</td></tr>
<tr><td>17：50</td><td colspan="3">微纪录5’＋节目预告4’＋公宣时段1’</td><td>17：50</td></tr>
<tr><td>18：00</td><td colspan="3">★《这里是北京》纪实晚间版60’</td><td>18：00</td></tr>
<tr><td>19：00</td><td colspan="3">频道宣传5’</td><td>19：00</td></tr>
<tr><td>19：05</td><td colspan="3">★《全纪实》60’</td><td>19：05</td></tr>
<tr><td>20：05</td><td colspan="3">频道宣传5’</td><td>20：05</td></tr>
<tr><td rowspan="2">20：10</td><td rowspan="2">★《玩转地球》50’</td><td>★《时尚装苑》30’</td><td rowspan="2">★《影事》50’</td><td rowspan="2">20：10</td></tr>
<tr><td>★《时尚生活》20’</td></tr>
<tr><td>21：00</td><td colspan="3">频道宣传10’（《微纪录》＋节目预告）</td><td>21：00</td></tr>
<tr><td>21：10</td><td>★《档案》50’纪实版</td><td>★《纪实天下》30’</td><td rowspan="3">★《纪录片影院》90’</td><td>21：10</td></tr>
<tr><td>22：00</td><td colspan="2">频道宣传4’公宣时段1’</td><td>21：40</td></tr>
<tr><td rowspan="3">22：05</td><td rowspan="3">★《纪录》360</td><td>★《全纪实》人物版30’</td><td rowspan="3">21：45</td></tr>
<tr><td>频道宣传4’＋公宣时段1’</td><td>频道宣传12’</td></tr>
<tr><td>★《纪录》360</td><td>《时尚生活》20’（重昨）</td></tr>
<tr><td>22：55</td><td colspan="2">频道宣传4’＋公宣时段1’</td><td>频道宣传3’</td><td>23：12</td></tr>
<tr><td>23：00</td><td>★全景</td><td colspan="2">★《昨天的故事》30’</td><td>23：15</td></tr>
<tr><td>23：30</td><td colspan="3">频道宣传2’</td><td>23：45</td></tr>
<tr><td rowspan="2">23：32</td><td colspan="2" rowspan="2">《档案》重早上</td><td>《档案》重早上</td><td rowspan="2">23：47</td></tr>
<tr><td>频道宣传10’</td></tr>
<tr><td>0：22</td><td colspan="3">《全纪实》重当天首播</td><td>0：47</td></tr>
<tr><td>1：22</td><td colspan="3">《玩转地球》重中午</td><td>1：47</td></tr>
<tr><td>2：12</td><td colspan="3">频道宣传5’</td><td>2：37</td></tr>
<tr><td>2：17</td><td colspan="3">结束</td><td>2：42</td></tr>
</table>

长城（美国/亚洲/欧洲/加拿大/拉美/马来西亚/澳大利亚）平台国际频道节目编排方案

（2014年1月6日起执行）

<table>
<tr><th>北京时间</th><th>时长</th><th>星期一</th><th>星期二</th><th>星期三</th><th>星期四</th><th>星期五</th><th>星期六</th><th>星期日</th></tr>
<tr><td>6：00</td><td>0：50</td><td>《锐观察》25’</td><td colspan="4" rowspan="2">《北京新闻》50’</td><td colspan="2">《锐观察》25’</td></tr>
<tr><td>6：50</td><td></td><td>《四海漫游》17’</td><td colspan="2">《四海漫游》17’</td></tr>
<tr><td>6：50</td><td>0：03</td><td colspan="7">节目导视B1 3’</td></tr>
<tr><td>6：53</td><td>0：22</td><td>《美食地图》22’</td><td colspan="5">《食全食美》22’</td><td>《美食地图》22’</td></tr>
</table>

续表

<table>
<tr><th>北京时间</th><th>时长</th><th>星期一</th><th>星期二</th><th>星期三</th><th>星期四</th><th>星期五</th><th>星期六</th><th>星期日</th></tr>
<tr><td>7：15</td><td>0：17</td><td colspan="7">《这里是北京》17’</td></tr>
<tr><td>7：32</td><td>0：02</td><td colspan="7">节目导视 A1 2’</td></tr>
<tr><td>7：34</td><td>0：50</td><td colspan="7">《养生堂》50’</td></tr>
<tr><td>8：24</td><td>0：02</td><td colspan="7">节目导视 A2 2’</td></tr>
<tr><td>8：26</td><td>0：25</td><td rowspan="4">国际频道季播节目80’</td><td colspan="5">《北京客》25’</td><td rowspan="4">国际频道季播节目80’</td></tr>
<tr><td>8：51</td><td>0：25</td><td colspan="5">《档案》25’</td></tr>
<tr><td>9：16</td><td>0：02</td><td colspan="5">节目导视 B3 2’</td></tr>
<tr><td>9：18</td><td>0：25</td><td colspan="5">《财富故事》25’</td></tr>
<tr><td>9：43</td><td>0：02</td><td colspan="7">节目导视 B4 2’</td></tr>
<tr><td>9：45</td><td>0：45</td><td colspan="7">《健康北京》45’</td></tr>
<tr><td>10：30</td><td>0：02</td><td colspan="7">节目导视 A1 2’</td></tr>
<tr><td>10：32</td><td>0：42</td><td>《SK 状元榜》42’</td><td>《天下收藏》42’</td><td>《我是大医生》42’</td><td>《幸福厨房》42’</td><td>《我爱中国味》42’</td><td>《非常向上》42’</td><td>《今晚我们相识》42’</td></tr>
<tr><td>11：14</td><td>0：01</td><td colspan="7">节目导视 A3 1’</td></tr>
<tr><td>11：15</td><td>0：42</td><td>《书香北京》42’</td><td colspan="5">《军情解码》42’</td><td>《书香北京》42’</td></tr>
<tr><td>11：57</td><td>0：03</td><td colspan="7">节目导视 B2 3’</td></tr>
<tr><td>12：00</td><td>0：25</td><td colspan="5">《每日文娱播报》25’</td><td>《不许不开心》25’</td><td>《不许不开心》25’</td></tr>
<tr><td>12：25</td><td>0：03</td><td colspan="7">节目导视 B1 3’</td></tr>
<tr><td>12：28</td><td>0：50</td><td>《锐观察》25’</td><td colspan="5" rowspan="2">《北京新闻》50’</td><td>《锐观察》25’</td></tr>
<tr><td>13：18</td><td></td><td>《四海漫游》17’</td><td>《四海漫游》17’</td></tr>
<tr><td>13：18</td><td>0：02</td><td colspan="7">节目导视 A2 2’</td></tr>
<tr><td>13：20</td><td>0：17</td><td colspan="7">《这里是北京》17’</td></tr>
<tr><td>13：37</td><td>0：01</td><td colspan="7">节目导视 A3 1’</td></tr>
<tr><td>13：38</td><td>0：45</td><td>《欢天戏地》45’</td><td>《我爱我家》45’</td><td>《光荣绽放》45’</td><td>《影视风云》45’</td><td>《星夜故事》45’</td><td>《我家有明星》45’</td><td>《春妮的周末时光》45’</td></tr>
<tr><td>14：23</td><td>0：02</td><td colspan="7">节目导视 B4 2’</td></tr>
<tr><td>14：25</td><td>1：00</td><td colspan="5">《BTV 国际频道节目精选》60’</td><td>《青年季播》</td><td>《青年季播》</td></tr>
<tr><td>15：25</td><td>0：03</td><td colspan="7">节目导视 B1 3’</td></tr>
<tr><td>15：28</td><td>0：45</td><td colspan="7">《健康北京》45’</td></tr>
<tr><td>16：13</td><td>0：02</td><td colspan="7">节目导视 B3 2’</td></tr>
<tr><td>16：15</td><td>0：25</td><td colspan="5">《每日文娱播报》25’</td><td>《不许不开心》25’</td><td>《不许不开心》25’</td></tr>
<tr><td>16：40</td><td>0：17</td><td colspan="7">《北京新发现》17’</td></tr>
</table>

续表

北京时间	时长	星期一	星期二	星期三	星期四	星期五	星期六	星期日
16：57	0：03	节目导视 C1 3'						
17：00	0：22	《食全食美》22'					《美食地图》22'	
17：22	0：03	节目导视 B2 3'						
17：25	0：25	《快乐生活一点通》25'					《手机猜猜猜》25'	
17：50	0：03	节目导视 B1 3'						
17：53	0：17	《这里是北京》17'						
18：10	0：03	节目导视 C2 3'						
18：13	0：50	《养生堂》50'						
19：03	0：02	节目导视 A1 2'						
19：05	0：42	《天下收藏》42'	《我是大医生》42'	《幸福厨房》42'	《我爱中国味》42'	《非常向上》42'	《今晚我们相识》42'	《SK 状元榜》42'
19：47	0：02	节目导视 C3 2'						
19：49	0：25	《北京客》25'					国际频道季播节目 80'	国际频道季播节目 80'
20：14	0：25	《档案》25'						
20：39	0：02	节目导视 B3 2'						
20：41	0：25	《财富故事》25'						
21：06	0：02	节目导视 C4 2'						
21：08	0：42	《军情解码》42'					《书香北京》42'	
21：50	0：50	《北京新闻》50'				《锐观察》25'		
22：40						《四海漫游》17'		
22：40	0：03	节目导视 B2 3'						
22：43	0：17	《北京新发现》17'						
23：00	0：45	《我爱我家》45'	《光荣绽放》45'	《影视风云》45'	《星夜故事》45'	《我家有明星》45'	《春妮的周末时光》45'	《欢天戏地》45'
23：45	0：02	节目导视 A2 2'						
23：47	0：22	《食全食美》22'					《美食地图》22'	
0：09	0：25	《快乐生活一点通》25'					《手机猜猜猜》25'	
0：34	0：02	节目导视 B3 2'						
0：36	0：17	《这里是北京》17'						
0：53	0：50	《养生堂》50'						
1：43	0：02	节目导视 B4 2'						
1：45	0：42	《天下收藏》42'	《我是大医生》42'	《幸福厨房》42'	《我爱中国味》42'	《非常向上》42'	《今晚我们相识》42'	《SK 状元榜》42'
2：27	0：02	节目导视 A1 2'					国际频道季播节目 80'	国际频道季播节目 80'
2：29	0：25	《北京客》25'						
2：54	0：25	《档案》25'						
3：19	0：02	节目导视 A2 2'						
3：21	0：25	《财富故事》25'						

续表

北京时间	时长	星期一	星期二	星期三	星期四	星期五	星期六	星期日
3：46	0：02	节目导视 B3 2’						
3：48	0：17	《北京新发现》17’						
4：05	0：45	《我爱我家》45’	《光荣绽放》45’	《影视风云》45’	《星夜故事》45’	《我家有明星》45’	《春妮的周末时光》45’	《欢天戏地》45’
4：50	0：02	节目导视 B4 2’						
4：52	0：42	《军情解码》42’					《书香北京》42’	
5：34	0：25	《每日文娱播报》25’					《不许不开心》25’	
5：59	0：01	节目导视 A3 1’						
6：00	0：00	结束　接次日						

广告价目表

2014年北京电视台广告价目表

广告部

北京卫视广告价目表

A类栏目广告价格表（1月至4月执行）

频道	栏目名称	栏目首播时间	刊例价（单位：元）	
			15秒	5秒
北京卫视	《北京您早》	周一至周日 07：00	8000	4000
北京卫视	《特别关注》	周一至周日 12：00	25000	12500
北京卫视	《军情解码》卫视版	周一至周日 13：06	20000	10000
北京卫视	《养生堂》	周一至周日 17：25	30000	15000
北京卫视	《档案》	周一至周四 22：56 周五 23：16	40000	20000
北京卫视	《天下收藏》	周一 22：00	40000	20000
北京卫视	《我是大医生》	周二 22：00	40000	20000
北京卫视	《身边》	周三 22：00	40000	20000
北京卫视	《我爱中国味》	周四 22：00	40000	20000
北京卫视	《大戏看北京》	周五 22：00	40000	20000
北京卫视	《杨澜访谈录》	周日 22：50	20000	10000
北京卫视	《这里是北京》卫视版	周一至周五 9：04 周六日 08：34	6000	3000

备注：2014年北京卫视晚间栏目销售实行买一赠一政策。

（1）凡购买1条《档案》中插的广告客户，可获得北京卫视除《红星剧场》时段（Aa05至Aa09/Aa13/Aa14）外时段广告相应秒数的1条广告赠播。

（2）凡购买1条22点档栏目、《大戏看北京》中插的广告客户，可获得北京卫视B类时段相应秒数的1条广告赠播（季播节目除外）。

（3）在栏目中使用赠播或错漏补播的客户，不获得上述广告赠播。

（4）上述广告赠播资源限2014年12月31日前使用完毕。

A 类时段广告价格表（1 月至 4 月执行）

段位	播出时间	段位描述	刊例价（单位：元）		广告时长（分）
			15 秒	5 秒	
Aa01	11：55～12：00	《档案》午间版后，特别关注前	12000	6000	4
Aa02	13：00～13：05	《特别关注》后	12000	6000	4
Aa03	17：18～17：25	《午茶剧场》后，《养生堂》前	12000	6000	4
Aa04	18：25～18：30	《养生堂》后，《北京新闻》前	30000	15000	5
Aa05	19：30～19：33	《红星剧场》1 集前，《新闻联播》后	70000	35000	2.5
Aa06	19：33～19：35	《红星剧场》1 集上集回放后	70000	35000	2
Aa07	20：17～20：23	《红星剧场》1 集后，下集预告短片前	60000	30000	6
Aa08	20：26～20：32	《红星剧场》2 集上集回放后	60000	30000	6
Aa09	21：14～21：17	《红星剧场》2 集后，下集预告短片前	45000	22500	3
Aa10	21：19～21：23	《红星剧场》后，《档案》前	30000	15000	4
Aa11	21：56～21：59（周一至五）	《档案》后，《天下收藏》等前	20000	10000	4
Aa12	22：51～22：56	《天下收藏》等栏目后，《军情解码》前	10000	5000	4
Aa13	21：23 左右（播出三集时）	《红星剧场》3 集上集回放后	35000	17500	2
Aa14	22：00 左右（播出三集时）	《红星剧场》3 集后，下集预告短片前	25000	12500	2

备注：2014 年北京卫视晚间红星剧场实行买一赠一政策。

（1）凡在《红星剧场》晚间时段（Aa05 至 Aa09/Aa13/Aa14）购买 1 条广告的客户，可获得北京卫视 B 类时段相应秒数的 1 条广告赠播。

（2）在《红星剧场》晚间时段使用赠播或错漏补播的客户，不获得上述广告赠播。

（3）上述广告赠播资源限 2014 年 12 月 31 日前使用完毕。

B 类时段广告价格表（1 月至 4 月执行）

段位	播出时间	段位描述	刊例价（单位：元）		广告时长（分）
			15 秒	5 秒	
Ba01	06：57～07：00	《北京您早》前	5000	2500	3
Ba02	09：00～09：05（周六、日 8：30～8：35 左右）	《这里是北京》少儿版前	6000	3000	3
Ba03	09：29～09：33（周六、日 9：14～9：18 左右）	《上午剧场》1 集前	6000	3000	4
Ba04	10：18～10：22（周六、日 10：03～10：07 左右）	《上午剧场》2 集前	6000	3000	4

续表

段位	播出时间	段位描述	刊例价（单位：元）		广告时长（分）
			15 秒	5 秒	
Ba05	11：07～11：11（周六、日 10：52～10：56 左右）	《上午剧场》3 集前，周末季播节目前	6000	3000	4
Ba06	13：56～14：02	《午茶剧场》1 集前	8000	4000	4
Ba07	14：47～14：53	《午茶剧场》1 集 2 集间	8000	4000	4
Ba08	15：38～15：43	《午茶剧场》2 集 3 集间	8000	4000	4
Ba09	16：28～16：33	《午茶剧场》3 集 4 集间	8000	4000	4
Ba10	23：46～23：50（周六、日 23：20～23：24 左右）	《档案》等栏目后	5000	2500	4

A 类栏目广告价格表（5 月 1 日起执行）

频道	栏目名称	栏目首播时间	刊例价（单位：元）	
			15 秒	5 秒
北京卫视	《北京您早》	周一至周日　07：00	8000	4000
北京卫视	《特别关注》	周一至周日　12：00	25000	12500
北京卫视	《军情解码》卫视版	周一至周日　13：06	20000	10000
北京卫视	《养生堂》	周一至周日　17：25	38000	19000
北京卫视	《档案》	周一至周四　22：56　周五　23：16	40000	20000
北京卫视	《天下收藏》	周一　22：00	40000	20000
北京卫视	《我是大医生》	周二　22：00	40000	20000
北京卫视	《身边》	周三　22：00	40000	20000
北京卫视	《我爱中国味》	周四　22：00	40000	20000
北京卫视	《大戏看北京》	周五　22：00	40000	20000
北京卫视	《杨澜访谈录》	周日　22：50	20000	10000
北京卫视	《这里是北京》卫视版	周一至周五　9：04　周六、日 08：34	6000	3000

备注：2014 年北京卫视晚间栏目销售实行买一赠一政策。

（1）凡购买 1 条《档案》中插的广告客户，可获得北京卫视除《红星剧场》时段（Aa05 至 Aa10）外时段广告相应秒数的 1 条广告赠播。

（2）凡购买 1 条 22 点档栏目、《大戏看北京》中插的广告客户，可获得北京卫视 B 类时段相应秒数的 1 条广告赠播（季播节目除外）。

（3）在栏目中使用赠播或错漏补播的客户，不获得上述广告赠播。

（4）上述广告赠播资源限 2014 年 12 月 31 日前使用完毕。

A 类时段广告价格表（5 月 1 日起执行）

段位	播出时间	段位描述	刊例价（单位：元）		广告时长（分）
			15 秒	5 秒	
Aa01	11：55～12：00	《档案》午间版后，《特别关注》前	12000	6000	4
Aa02	13：00～13：05	《特别关注》后	12000	6000	4
Aa03	17：18～17：25	《午茶剧场》后，《养生堂》前	12000	6000	4
Aa04	18：25～18：30	《养生堂》后，《北京新闻》前	30000	15000	5
Aa05	19：30～19：33	《红星剧场》1 集前，《新闻联播》后	80000	40000	2.5
Aa06	19：33～19：35	《红星剧场》1 集上集回放后	80000	40000	2
Aa07	20：17～20：23	《红星剧场》1 集后，预告前	70000	35000	6
Aa08	20：26～20：32	《红星剧场》2 集上集回放后	70000	35000	6
Aa09	21：14～21：17	《红星剧场》2 集后，下集预告短片前	45000	22500	3
Aa10	21：19～21：23	《红星剧场》3 集前，周末季播前	38000	19000	4
Aa11	21：56～21：59（周一至五）	《天下收藏》等前	25000	12500	4
Aa12	22：51～22：56	《档案》前	15000	7500	4

备注：2014 年北京卫视晚间《红星剧场》实行买一赠一政策（5 月 1 日起）。

（1）凡在《红星剧场》晚间时段（Aa05 至 Aa09）购买 1 条广告的客户，可获得北京卫视 B 类时段相应秒数的 1 条广告赠播。

（2）在《红星剧场》晚间时段使用赠播或错漏补播的客户，不获得上述广告赠播。

（3）上述广告赠播资源限 2014 年 12 月 31 日前使用完毕。

B 类时段广告价格表（5 月 1 日起执行）

段位	播出时间	段位描述	刊例价（单位：元）		广告时长（分）
			15 秒	5 秒	
Ba01	06：57～07：00	《北京您早》前	5000	2500	3
Ba02	09：00～09：05（周六、日 8：30～8：35 左右）	《这里是北京》少儿版前	6000	3000	3
Ba03	09：29～09：33（周六、日 9：14～9：18 左右）	《上午剧场》1 集前	6000	3000	4
Ba04	10：18～10：22（周六、日 10：03～10：07 左右）	《上午剧场》2 集前	6000	3000	4
Ba05	11：07～11：11（周六、日 10：52～10：56 左右）	《上午剧场》3 集前，周末季播节目前	6000	3000	4
Ba06	13：56～14：02	《午茶剧场》1 集前	8000	4000	4

续表

段位	播出时间	段位描述	刊例价（单位：元）		广告时长（分）
			15 秒	5 秒	
Ba07	14：47～14：53	《午茶剧场》1 集 2 集间	8000	4000	4
Ba08	15：38～15：43	《午茶剧场》2 集 3 集间	8000	4000	4
Ba09	16：28～16：33	《午茶剧场》3 集 4 集间	8000	4000	4
Ba10	23：46～23：50 （周六、日 23：20～23：24 左右）	《档案》等栏目后	5000	2500	4

文艺频道广告价格表

A 类栏目广告价格表

频　道	栏目名称	栏目首播时间	刊例价（单位：元）		
			30 秒	15 秒	5 秒
BTV 文艺	《音乐风云榜》	18：10	35000	21000	10500
BTV 文艺	《每日文娱播报》	18：45	58000	34800	17400
BTV 文艺	《文娱午报》	11：55			
BTV 文艺	《我爱我家》	周一　19：35	25000	15000	7500
BTV 文艺	《光荣绽放》	周二　19：35	25000	15000	7500
BTV 文艺	《影视风云》	周三　19：35	30000	18000	9000
BTV 文艺	《我家有明星》	周五　19：35	25000	15000	7500
BTV 文艺	《春妮的周末时光》	周六　19：35	35000	21000	10500
BTV 文艺	《超级播出季》	周日　19：35	25000	15000	7500
BTV 文艺	《脱口而出》	周五、六　20：30	20000	12000	6000
BTV 文艺	《今晚 80 后脱口秀》	周日至周四　20：30	20000	12000	6000

B 类栏目广告价格表

频　道	栏目名称	栏目首播时间	刊例价（单位：元）		
			30 秒	15 秒	5 秒
BTV 文艺	《笑动 2014》	17：05	12000	7200	3600
BTV 文艺	《欢天戏地》	周一　15：30	8000	4800	2400
BTV 文艺	《文化之约》	10：10	8000	4800	2400

A 类时段广告价格表

段位	频道	播出时间	刊例价（单位：元）			广告时长（分）
			30 秒	15 秒	5 秒	
Ab01	BTV 文艺	18：05 ~ 18：10	18000	10800	5400	3
Ab02	BTV 文艺	18：40 ~ 18：45	25000	15000	7500	4
Ab03	BTV 文艺	19：30 ~ 19：35《每日文娱播报》后	32000	19200	9600	4
Ab04	BTV 文艺	20：25 ~ 20：30	15000	9000	4500	3
Ab05	BTV 文艺	《炫剧场》1 集前 20：50	18000	10800	5400	2
Ab06	BTV 文艺	《炫剧场》1 集上集回放 20：53	18000	10800	5400	2

B 类时段广告价格表

段位	频道	播出时间	刊例价（单位：元）			广告时长（分）
			30 秒	15 秒	5 秒	
Bb01	BTV 文艺	7：05 ~ 7：10	4000	2400	1200	2
Bb02	BTV 文艺	7：30 ~ 7：35	4000	2400	1200	2
Bb03	BTV 文艺	7：58 ~ 8：08	6000	3600	1800	3
Bb04	BTV 文艺	8：58 ~ 9：03	6000	3600	1800	3
Bb05	BTV 文艺	10：05 ~ 10：10	6000	3600	1800	1
Bb06	BTV 文艺	10：40 ~ 10：50	6000	3600	1800	4
Bb07	BTV 文艺	11：50 ~ 11：55	12000	7200	3600	3
Bb08	BTV 文艺	12：25 ~ 12：30	12000	7200	3600	3
Bb09	BTV 文艺	12：50 ~ 12：55	8000	4800	2400	3
Bb10	BTV 文艺	13：20 ~ 13：30	5000	3000	1500	3
Bb11	BTV 文艺	14：20 ~ 14：25	5000	3000	1500	3
Bb12	BTV 文艺	15：25 ~ 15：30	5000	3000	1500	3
Bb13	BTV 文艺	16：20 ~ 16：25	5000	3000	1500	3
Bb14	BTV 文艺	17：00 ~ 17：05	6000	3600	1800	3
Bb15	BTV 文艺	《炫剧场》2 集前 21：42	15000	9000	4500	1
Bb16	BTV 文艺	《炫剧场》2 集上集回放 21：44	15000	9000	4500	1
Bb17	BTV 文艺	《炫剧场》2 集下集预告 22：30	10000	6000	3000	1

续表

段　位	频　道	播出时间	刊例价（单位：元）			广告时长（分）
			30 秒	15 秒	5 秒	
Bb18	BTV 文艺	《炫剧场》3 集前 22：32	10000	6000	3000	1
Bb19	BTV 文艺	《炫剧场》3 集上集回放 22：34	10000	6000	3000	1
Bb20	BTV 文艺	23：20～23：23	10000	6000	3000	1
Bb21	BTV 文艺	0：08～0：10	6000	3600	1800	1
Bb23	BTV 文艺	《炫剧场》1 集下集预告 21：40	15000	9000	4500	1

原《爱笑会议室》《最佳现场》取消

科教频道广告价格表

A 类栏目广告价格表

频道	栏目名称	栏目首播时间	刊例价（单位：元）		
			30 秒	15 秒	5 秒
BTV 科教	《法治进行时》	周一至周日　12：00	75000	45000	22500
BTV 科教	《警法目录》	周六　13：34	20000	12000	6000
BTV 科教	《庭审纪实》	周日　13：34	15000	9000	4500
BTV 科教	《北京记忆》	周一、二　20：00	20000	12000	6000
BTV 科教	《超级陪审员》	周三、四　20：00	20000	12000	6000
BTV 科教	《非常向上》	周五　20：00	20000	12000	6000
BTV 科教	《今晚我们相识》	周六　20：00	20000	12000	6000
BTV 科教	《虎口脱险》	周日　20：00	20000	12000	6000
BTV 科教	《第三调解室》	周一至周日　20：53	30000	18000	9000

B 类栏目广告价格表

频道	栏目名称	栏目首播时间	刊例价（单位：元）		
			30 秒	15 秒	5 秒
BTV 科教	《晚晴》	周一　09：42	6600	3960	1980
BTV 科教	《非常幽默》	周一至周日　17：40	12000	7200	3600

A 类时段广告价格表

段位	频道	播出时间	刊例价（单位：元）			广告时长（分）
			30 秒	15 秒	5 秒	
Ac01	BTV 科教	11：55～12：00	39000	23400	11700	5
Ac02	BTV 科教	12：50～12：54	39000	23400	11700	4

B 类时段广告价格表

段位	频道	播出时间	刊例价（单位：元）			广告时长（分）
			30 秒	15 秒	5 秒	
Bc01	BTV 科教	8：09～8：14	5000	3000	1500	2
Bc02	BTV 科教	8：59～9：02	5000	3000	1500	2
Bc03	BTV 科教	9：47～9：51	5000	3000	1500	2
Bc04	BTV 科教	10：41～10：45	5000	3000	1500	2
Bc05	BTV 科教	11：25～11：30	11000	6600	3300	4
Bc06	BTV 科教	14：29～14：32（周一至五）	6000	3600	1800	2
Bc07	BTV 科教	周六、日《正剧场》1 集前	6000	3600	1800	2
Bc08	BTV 科教	15：17～15：20（周一至五）	6000	3600	1800	1
Bc09	BTV 科教	周六、日《正剧场》2 集前	6000	3600	1800	1
Bc10	BTV 科教	16：05～16：08（周一至五）	6000	3600	1800	2
Bc11	BTV 科教	周六、日《正剧场》3 集前	6000	3600	1800	1
Bc12	BTV 科教	16：53～16：57	8000	4800	2400	2
Bc13	BTV 科教	17：37～17：40	13000	7800	3900	2
Bc14	BTV 科教	19：00～19：06	13000	7800	3900	3
Bc15	BTV 科教	19：56～20：00	13000	7800	3900	3
Bc16	BTV 科教	20：50～20：53	12000	7200	3600	2
Bc17	BTV 科教	《星月剧场》1 集剧前	10000	6000	3000	1
Bc18	BTV 科教	《星月剧场》1 集剧上集回放	10000	6000	3000	2
Bc19	BTV 科教	《星月剧场》1 集剧下集预告	8000	4800	2400	1
Bc20	BTV 科教	《星月剧场》2 集剧前	7000	4200	2100	1
Bc21	BTV 科教	《星月剧场》2 集剧上集回放	8000	4800	2400	1
Bc22	BTV 科教	《星月剧场》2 集剧下集预告	5000	3000	1500	2

影视频道广告价目表

A 类时段广告价格表

段位	频道	播出时间	刊例价（单位：元）			广告时长（分）
			30 秒	15 秒	5 秒	
Ad01	BTV 影视	《首都剧场》1 集上集回放	20000	12000	6000	3
Ad02	BTV 影视	《首都剧场》1 集下集预告	41000	24600	12300	2
Ad03	BTV 影视	《首都剧场》2 集前	40000	24000	12000	4
Ad04	BTV 影视	《首都剧场》2 集上集回放	41000	24600	12300	3
Ad05	BTV 影视	《首都剧场》2 集下集预告	46000	27600	13800	3
Ad06	BTV 影视	《首都剧场》3 集前	45000	27000	13500	3
Ad07	BTV 影视	《首都剧场》3 集上集回放	46000	27600	13800	3
Ad08	BTV 影视	《首都剧场》3 集下集预告	46000	27600	13800	3
Ad09	BTV 影视	《首都剧场》4 集前	45000	27000	13500	5
Ad10	BTV 影视	《首都剧场》4 集上集回放	46000	27600	13800	2
Ad11	BTV 影视	《首都剧场》4 集下集预告	30000	18000	9000	3

B 类时段广告价格表

段位	频道	播出时间	刊例价（单位：元）			广告时长（分）
			30 秒	15 秒	5 秒	
Bd01	BTV 影视	重播《英雄剧场》1 集下集预告	4000	2400	1200	3
Bd02	BTV 影视	重播《首都剧场》1 集剧前	6000	3600	1800	4
Bd03	BTV 影视	重播《首都剧场》2 集剧前	6000	3600	1800	4
Bd04	BTV 影视	重播《首都剧场》2 集下集预告	6000	3600	1800	5
Bd05	BTV 影视	重播《首都剧场》3 集剧前	6000	3600	1800	4
Bd06	BTV 影视	重播《首都剧场》3 集下集预告	6000	3600	1800	5
Bd07	BTV 影视	重播《首都剧场》4 集剧前	6000	3600	1800	4
Bd08	BTV 影视	重播《首都剧场》4 集下集预告	6000	3600	1800	5
Bd09	BTV 影视	《家和剧场》1 集前	6000	3600	1800	2
Bd10	BTV 影视	《家和剧场》1 集下集预告	6000	3600	1800	3

续表

段位	频道	播出时间	刊例价（单位：元）			广告时长（分）
			30 秒	15 秒	5 秒	
Bd11	BTV 影视	《家和剧场》2 集前	6000	3600	1800	2
Bd12	BTV 影视	《家和剧场》2 集下集预告	6000	3600	1800	3
Bd13	BTV 影视	《家和剧场》3 集前	6000	3600	1800	2
Bd14	BTV 影视	《家和剧场》3 集下集预告	6000	3600	1800	3
Bd15	BTV 影视	《家和剧场》4 集前	6000	3600	1800	2
Bd16	BTV 影视	《家和剧场》4 集下集预告	6000	3600	1800	3
Bd17	BTV 影视	《英雄剧场》1 集前	10000	6000	3000	5
Bd18	BTV 影视	《英雄剧场》1 集下集预告	15000	9000	4500	4
Bd19	BTV 影视	《英雄剧场》2 集前	15000	9000	4500	7
Bd20	BTV 影视	《英雄剧场》2 集后	20000	12000	6000	3.5
Bd21	BTV 影视	《电影时间》前	30000	18000	9000	6
Bd22	BTV 影视	晚间重播《英雄剧场》1 集前	5000	3000	1500	4
Bd23	BTV 影视	晚间重播《英雄剧场》1 集下集预告	5000	3000	1500	2
Bd24	BTV 影视	晚间重播《英雄剧场》2 集下集预告	5000	3000	1500	1

重播《首都剧场》集前套

类别	段位描述	播出时间	30 秒价格（元）	15 秒价格（元）	5 秒价格（元）	套播时长
B	重播《首都剧场》1 集剧前	周一至周日　08：00 左右	22000	13200	6600	4 分钟
	重播《首都剧场》2 集剧前	周一至周日　09：00 左右				
	重播《首都剧场》3 集剧前	周一至周日　09：45 左右				
	重播《首都剧场》4 集剧前	周一至周日　10：40 左右				

重播《首都剧场》下集预告套

类别	段位描述	播出时间	30 秒价格（元）	15 秒价格（元）	5 秒价格（元）	套播时长
B	重播《首都剧场》2 集下集预告	周一至周日　09：45 左右	16000	9600	4800	5 分钟
	重播《首都剧场》3 集下集预告	周一至周日　10：40 左右				
	重播《首都剧场》4 集下集预告	周一至周日　11：30 左右				

《家和剧场》集前套

类别	段位描述	播出时间	30 秒价格（元）	15 秒价格（元）	5 秒价格（元）	套播时长
B	《家和剧场》1 集前	周一至周日　13：15 左右	13000	7800	3900	2 分钟
	《家和剧场》2 集前	周一至周日　14：10 左右				
	《家和剧场》3 集前	周一至周日　15：00 左右				
	《家和剧场》4 集前	周一至周日　15：50 左右				

《家和剧场》下集预告套

类别	段位描述	播出时间	30 秒价格（元）	15 秒价格（元）	5 秒价格（元）	套播时长
B	《家和剧场》1 集下集预告	周一至周日　14：10 左右	13000	7800	3900	3 分钟
	《家和剧场》2 集下集预告	周一至周日　15：00 左右				
	《家和剧场》3 集下集预告	周一至周日　15：50 左右				
	《家和剧场》4 集下集预告	周一至周日　16：40 左右				

财经频道广告价目表

A 类栏目广告价格表

频道	栏目名称	栏目首播时间	刊例价（单位：元）		
			30 秒	15 秒	5 秒
BTV 财经	《首都经济报道》	周一至周日　18：58	22000	13200	6600
BTV 财经	《经济法眼》	周一至周五　20：02	20000	12000	6000
BTV 财经	《拍宝》	周六、日　21：50	25000	15000	7500
BTV 财经	《理财》	周一至周五　21：20（周六、日 20：55）	20000	12000	6000

B 类栏目广告价格表

频道	栏目 B 类	栏目首播时间	刊例价（单位：元）		
			30 秒	15 秒	5 秒
BTV 财经	《数说北京》	周日　12：00	10000	6000	3000
BTV 财经	《天下财经》	周一至周五　18：15	10000	6000	3000
BTV 财经	《谁在影响我》	周六　18：13	10000	6000	3000
BTV 财经	《一周财经综述》	周六　18：33	12000	7200	3600
BTV 财经	《财经锋汇》	周日　18：33	12000	7200	3600
BTV 财经	《财高八斗》	周日　20：02	15000	9000	4500
BTV 财经	《财富晚间道》	周一至周五　22：15（周六、日　22：45）	15000	9000	4500

A 类时段广告价格表

段位	频道	播出时间	刊例价（单位：元）			广告时长（分）
			30 秒	15 秒	5 秒	
Ae01	BTV 财经	18：12～18：15	8000	4800	2400	2
Ae02	BTV 财经	18：55～18：58（周一至周五）	16000	9600	4800	2
Ae03	BTV 财经	19：58～20：02	20000	12000	6000	2
Ae04	BTV 财经	20：42～20：46（周六、日　20：52～20：55）	16000	9600	4800	2
Ae05	BTV 财经	21：16～21：20（周六、日　21：45～21：50）	12000	7200	3600	2
Ae06	BTV 财经	22：10～22：15（周六、日　22：40～22：45）	10000	6000	3000	2
Ae07	BTV 财经	23：25～23：30	8000	4800	2400	2

B 类时段广告价格表

段位	频道	播出时间	刊例价（单位：元）			广告时长（分）
			30 秒	15 秒	5 秒	
Be01	BTV 财经	06：48～06：53（周二至周六）	3000	1800	900	1
Be02	BTV 财经	07：25～07：30	5000	3000	1500	1
Be03	BTV 财经	08：22～08：27	5000	3000	1500	1
Be04	BTV 财经	10：49～10：53	5000	3000	1500	1
Be05	BTV 财经	11：55～12：00	5000	3000	1500	1
Be06	BTV 财经	12：42～12：45（周六、日　12：30～12：35）	8000	4800	2400	1

续表

段位	频道	播出时间	刊例价（单位：元）			广告时长（分）
			30 秒	15 秒	5 秒	
Be08	BTV 财经	《下午剧场》1 集上集回放	5000	3000	1500	1.5
Be09	BTV 财经	《下午剧场》1 集下集预告	5000	3000	1500	0.5
Be10	BTV 财经	《下午剧场》2 集上集回放	5000	3000	1500	1.5
Be11	BTV 财经	《下午剧场》2 集下集预告	5000	3000	1500	0.5
Be12	BTV 财经	《下午剧场》3 集上集回放	5000	3000	1500	1.5
Be13	BTV 财经	《下午剧场》3 集下集预告	5000	3000	1500	0.5
Be14	BTV 财经	16：06～16：08	5000	3000	1500	1
Be15	BTV 财经	16：38～16：40	5000	3000	1500	1
Be16	BTV 财经	17：30～17：32	8000	4800	2400	1
Be17	BTV 财经	15：12～15：16	5000	3000	1500	1

生活频道广告价目表

A 类栏目广告价格表

频道	栏目名称	栏目首播时间	刊例价（单位：元）		
			30 秒	15 秒	5 秒
BTV 生活	《生活 2014》	周一至周日　18：29	32000	19200	9600
BTV 生活	《生活面对面》	周一至周五　20：01	25000	15000	7500
BTV 生活	《季播节目——开门见喜》	周六　20：01	25000	15000	7500
BTV 生活	《幸福厨房》	周日　20：01	25000	15000	7500
BTV 生活	《快乐生活一点通》	周一至周五　20：34	32000	19200	9600
BTV 生活	《生活＋》	周日　20：50	29000	17400	8700
BTV 生活	《选择》	周一至周五　21：41　周六、日　21：39	30000	18000	9000

B 类栏目广告价格表

频道	栏目名称	栏目首播时间	刊例价（单位：元）		
			30 秒	15 秒	5 秒
BTV 生活	《健康生活》	周一至周五　12：45	10000	6000	3000
BTV 生活	《生活特供》	周一至周日　13：10	10000	6000	3000
BTV 生活	《生活＋家装攻略版》	周六　17：12	10000	6000	3000

续表

频道	栏目名称	栏目首播时间	刊例价（单位：元）		
			30 秒	15 秒	5 秒
BTV 生活	《食全食美》	周一至周五　18：00	25000	15000	7500
BTV 生活	《咱爸咱妈的美好时代》	周六　21：05	27000	16200	8100
BTV 生活	《生活广角》	周一至周五　22：29　周六、日　22：41	24000	14400	7200
BTV 生活	《我爱我车》	周一、二　23：17	15000	9000	4500

A 类时段广告价格表

段位	频道	播出时间	刊例价（单位：元）			广告时长（分）
			30 秒	15 秒	5 秒	
Ag01	BTV 生活	17：57～18：00	15000	9000	4500	2
Ag02	BTV 生活	18：27～18：29	20000	12000	6000	2
Ag03	BTV 生活	19：59～20：01	22000	13200	6600	1
Ag04	BTV 生活	20：31～20：34（周一至周五）	22000	13200	6600	3
Ag05	BTV 生活	21：01～21：05（周六）/20：46～20：50（周日）	22000	13200	6600	3
Ag06	BTV 生活	21：01～21：08（周一至周五）	20000	12000	6000	2
Ag07	BTV 生活	21：38～21：41（周六、日　21：35）	16000	9600	4800	2（周六、日 3）

B 类时段广告价格表

段位	频道	播出时间	刊例价（单位：元）			广告时长（分）
			30 秒	15 秒	5 秒	
Bg01	BTV 生活	06：29～06：34（周一至周五）/06：39～06：44（周六、日）	3000	1800	900	2（周六、日 3）
Bg02	BTV 生活	06：54～07：00（周一至周五）	3000	1800	900	3
Bg05	BTV 生活	10：28～10：32	6000	3600	1800	3（周六、日 1）
Bg06	BTV 生活	11：17～11：23（周六、日）	6000	3600	1800	3
Bg07	BTV 生活	11：48～11：52（周一至周五）/12：06～12：11（周六、日）	8000	4800	2400	3
Bg08	BTV 生活	13：02～13：09（周一至周五）	8000	4800	2400	3
Bg10	BTV 生活	14：34～14：40（周一至周五）	8000	4800	2400	4
Bg11	BTV 生活	15：10～15：16（周一至周五）/14：41～14：46（周六、日）	8000	4800	2400	4（周六、日 3）

续表

段位	频道	播出时间	刊例价（单位：元）			广告时长（分）
			30 秒	15 秒	5 秒	
Bg13	BTV 生活	15：46～15：52（周六、日）	5000	3000	1500	3
Bg14	BTV 生活	16：01～16：08（周一至周五）	5000	3000	1500	4
Bg15	BTV 生活	17：02～17：12（周六、日）	5000	3000	1500	3
Bg16	BTV 生活	17：23～17：27（周一至周五）	5000	3000	1500	3
Bg17	BTV 生活	22：26～22：29（周六、日 22：39）	16000	9600	4800	3（周六、日 2）
Bg18	BTV 生活	23：14～23：17（周六、日 23：26）	10000	6000	3000	2（周六、日 3）
Bg19	BTV 生活	23：37～23：40（周一至周五）	7000	4200	2100	3
Bg21	BTV 生活	01：55～02：00	4000	2400	1200	1
Bg25	BTV 生活	06：00～06：09	3000	1800	900	3
Bg26	BTV 生活	07：30～07：33（周一至周五）	3000	1800	900	1
Bg27	BTV 生活	08：00～08：06	3000	1800	900	3
Bg28	BTV 生活	08：51～08：58	6000	3600	1800	3

青年频道广告价目表

A 类栏目广告价格表

频道	栏目名称	栏目首播时间	刊例价（单位：元）		
			30 秒	15 秒	5 秒
BTV 青年	《谁在说》	周一至周日 19：30	24000	14400	7200
BTV 青年	《军情解码》	周一至周日 20：30	18000	10800	5400

B 类栏目广告价格表

频道	栏目名称	栏目首播时间	刊例价（单位：元）		
			30 秒	15 秒	5 秒
BTV 青年	《探索》	周一至周六 18：40　周日 17：50	17000	10200	5100
BTV 青年	《不许不开心》	周一至周五 21：25	10000	6000	3000
BTV 青年	《周末季播节目》	周六、日 21：25	12000	7200	3600
BTV 青年	《北京客》	周一至周五 21：59	10000	6000	3000
BTV 青年	《手机猜猜猜》	周一至周五 22：33	10000	6000	3000
BTV 青年	《书香北京》	周六、日 22：30	10000	6000	3000

B 类时段广告价格表

段位	频道	播出时间	刊例价（单位：元）			广告时长（分）
			30 秒	15 秒	5 秒	
Bh01	BTV 青年	07：00～07：20	3000	1800	900	3
Bh02	BTV 青年	07：55～08：15	3000	1800	900	3
Bh03	BTV 青年	重播《青春剧场》1 集剧前	4000	2400	1200	3
Bh04	BTV 青年	重播《青春剧场》2 集剧前	4000	2400	1200	3
Bh05	BTV 青年	重播《青春剧场》3 集剧前	4000	2400	1200	2
Bh06	BTV 青年	11：25～11：45	5000	3000	1500	3
Bh07	BTV 青年	12：20～12：40	5000	3000	1500	3
Bh08	BTV 青年	13：20～13：40	5000	3000	1500	3
Bh09	BTV 青年	14：10～14：25	5000	3000	1500	2
Bh10	BTV 青年	14：44～14：48（周一至周五）	5000	3000	1500	2
Bh11	BTV 青年	15：18～15：22（周一至周五）	5000	3000	1500	2
Bh12	BTV 青年	15：59～16：13	5000	3000	1500	2
Bh13	BTV 青年	16：43～16：50	7000	4200	2100	3
Bh14	BTV 青年	17：41～17：50	7000	4200	2100	3
Bh15	BTV 青年	18：36～18：40	7000	4200	2100	2
Bh16	BTV 青年	19：25～19：30	8000	4800	2400	3
Bh17	BTV 青年	20：25～20：30	10000	6000	3000	3
Bh18	BTV 青年	21：20～21：25	10000	6000	3000	3
Bh19	BTV 青年	21：55～21：59（周一至周五）	10000	6000	3000	3
Bh20	BTV 青年	22：29～22：33	8000	4800	2400	3
Bh21	BTV 青年	《青春剧场》1 集剧前	5000	3000	1500	3
Bh22	BTV 青年	《青春剧场》2 集剧前	5000	3000	1500	3
Bh23	BTV 青年	《青春剧场》3 集剧前	5000	3000	1500	3
Bh24	BTV 青年	01：33～02：05	5000	3000	1500	3

新闻频道广告价目表

A 类栏目广告价格表

频道	栏目名称	首播时间	刊例价（单位：元）		
			30 秒	15 秒	5 秒
BTV 新闻	《都市晚高峰》	周一至周日　17：00	10000	6000	3000
BTV 新闻	《红绿灯》	周一至周日　21：10	23000	13800	6900
BTV 新闻	《晚间新闻报道》	周一至周日　21：55	15000	9000	4500

B 类栏目广告价格表

频道	栏目名称	首播时间	刊例价（单位：元）		
			30 秒	15 秒	5 秒
BTV 新闻	《红绿灯－早直播》	周一至周五 6：30	5000	3000	1500
BTV 新闻	《新闻手语》	周一至周日 13：50	5000	3000	1500
BTV 新闻	《北京议事厅》	周日 14：05	8000	4800	2400
BTV 新闻	《美丽乡村》（原《京郊大地》）	周五、六 19：50	8000	4800	2400
BTV 新闻	《锐观察》	周一至周六 20：15	10000	6000	3000
BTV 新闻	《有话就说》	周日 20：15	8000	4800	2400
BTV 新闻	《北京新发现》	周一至日 22：45	10000	6000	3000
BTV 新闻	《这里是北京》	周一至日　23：10	10000	6000	3000

B 类时段广告价格表

段位	频道	首播时间	刊例价（单位：元）			广告时长（分）
			30 秒	15 秒	5 秒	
Bj01	BTV 新闻	周一至周五 6：00～6：05	3000	1800	900	2
Bj02	BTV 新闻	周一至周五 6：25～6：30	3000	1800	900	2
Bj03	《直播北京》（上午时段）	9：00～11：55	4000	2400	1200	4 段，各 2
Bj04	BTV 新闻	11：55～12：00	4000	2400	1200	3
Bj05	BTV 新闻	12：58～13：00	5000	3000	1500	2
Bj06	BTV 新闻	周一至周六 13：20～13：25	4000	2400	1200	2

续表

段位	频道	首播时间	刊例价（单位：元）			广告时长（分）
			30 秒	15 秒	5 秒	
Bj07	BTV 新闻	周一至周六 13：45～13：50	4000	2400	1200	2
Bj08	BTV 新闻	14：00～14：05	4000	2400	1200	2
Bj09	BTV 新闻	14：25～14：30	4000	2400	1200	3
Bj10	BTV 新闻	15：20～15：25	4000	2400	1200	3
Bj11	BTV 新闻	16：10～16：15	4000	2400	1200	3
Bj12	BTV 新闻	16：55～17：00	6000	3600	1800	3
Bj13	BTV 新闻	18：25～18：30	10000	6000	3000	5
Bj14	《直播北京》（晚间时段）	19：00～20：10	6000	3600	1800	3 段，各 2
Bj15	BTV 新闻	20：10～20：12	8000	4800	2400	2
Bj16	BTV 新闻	21：05～21：10	8000	4800	2400	3
Bj17	BTV 新闻	21：50～21：55	10000	6000	3000	3
Bj18	BTV 新闻	22：40～22：45	7000	4200	2100	3
Bj19	BTV 新闻	23：05～23：10	5000	3000	1500	3
Bj20	BTV 新闻	23：30～23：33	5000	3000	1500	3

备注：BTV 新闻频道每天的《直播北京》节目播出状态为直播，串播方式采用栏目串播方式，提前一周出单，允许使用资源赠播，因直播内容不同，每天具体播出时间有所不同。

纪实频道广告价目表

纪实频道价格表

	段位描述	播出时间	刊例价（单位：元）			套播时长（分）
			30 秒	15 秒	5 秒	
套播一	《人文地图》栏目中	周一至周五 18：00～18：30	5000	3000	1500	3
	《全景》栏目中	周一至周五 18：55～19：25				
套播二	《口述》+《纪实天下》+《全纪实人物版》栏目中	周一至周五 19：27～19：57	5000	3000	1500	3
		周六、日 19：25～19：55				
	《玩转地球》栏目中	周一至周日 20：00～20：50				
套播三	《昨天的故事》栏目中	周六、日 12：30～13：00	5000	3000	1500	3
	《纪录片影院》栏目中	周五、六 21：00～22：30				
套播四	《全纪实》+《影事》栏目中	周一至周四 20：55～21：55	5000	3000	1500	5
		周日 21：00～21：50				
	《纪录 360》栏目中	周日至周四 22：00～23：40				

大事记

2014年北京电视台大事记

一月

1日 北京电视台生活节目中心推出的《改变 无止境》跨年公益特别节目开启全年生活微行动。依托于品牌栏目《生活2014》，以“一点改变创造无限可能”为主旨，策划六大主题，通过呼吁人们一系列微小行动改变，让社会变得更加美好、生活更加温馨。

3日 市委宣传部常务副部长王海平、副巡视员王珏等来北京电视台听取2014年春节联欢晚会整体框架和具体节目设置汇报。北京电视台台长赵多佳、副总编辑艾冬云及文艺节目中心负责人参加。

4日 北京电视台顺利完成房山长沟大墓发掘直播工作。直播分为两个阶段进行，第一阶段以主持人访谈为主，辅以专题片插播；第二阶段，直播大墓发掘新闻发布会。

5日 北京电视台新闻节目中心驻援建和田指挥部两名记者完成任务回京。至此，北京电视台圆满完成了驻和田、玉树、拉萨指挥部为期三年的援建报道工作。

6日 2014年北京电视台春节联欢晚会新闻发布会举行。北京电视台副总编辑艾冬云及文艺节目中心、广告部等部门负责人参加。2014年北京电视台春节联欢晚会主旨为“欢乐北京中国梦”。

7日 北京广播电视台纪委书记王伟及党委办公室、媒体管理部、纪检监察部、工会等部门负责人组成考核组，对北京电视台2013年思想政治工作进行考核。北京电视台党委副书记、常务副台长窦晓东汇报工作，党委副书记、纪委书记彭司海出席会议。北京电视台相关部门负责人及中层干部代表、党员群众代表20余人参加。

8日 市广电局科技处处长陈煜一行5人来北京电视台开展安全播出管理体系审核。北京电视台副总工程师毕江及相关技术部门负责人、安全播出联络员接待陪同。

同日 北京电视台体育节目中心召开世界杯节目研讨会，拉开了“世界杯年”节目筹办的序幕。副总编辑朱江及体育节目中心、广告部、制作部相关负责人和市体彩中心、昌荣广告公司等单位负责人参会。

同日 北京网络广播电视台全球开播，开播仪式在北京电视台新媒体工作基地举行。国家新闻出版广电总局和市有关部门负责人参加。市委常委宣传部部长李伟出席仪式并讲话。来自世界各国合作媒体记者、新华社全球记者站记者等100多位全球媒体工作者通过与网站同步上线的“BTV大媒体”客户端，纷纷发来实时现场报道和祝福。

8日至9日 北京电视台新闻节目中心召开2013年第四季度优秀新闻作品评奖会，副总编辑艾冬云及新闻节目中心相关负责人、有关栏目制片人、采访科组长、业务骨干，以及中国广播电视学会专家组、中国新闻奖广播电视组、北京市新闻工作者协会相关专家参会。

10 日 北京电视台《2014 环球春晚》成功录制，国务院新闻办、外交部新闻司、国家新闻出版广电总局、市外办、市侨办、市外宣办、市文化局、市广电局等单位的领导及北京电视台赵多佳、窦晓东、彭司海、朱江等台领导参加。俄罗斯大使、法国大使、阿根廷大使、南非公使、冰岛公使、澳大利亚文化参赞及来自美国、以色列等国的外籍嘉宾出席。

14 日 政协北京市第十二届委员会第二次会议开幕，北京电视台卫视频道、新闻频道于当日 15 时并机直播大会开幕盛况。北京电视台党委书记、台长赵多佳作为市政协委员出席大会开幕式。

同日 由北京电视台和时尚传媒集团共同打造的2013 中国时尚大典暨“2013 中国时尚大典年度特别发布”在北京电视台 BTV 大剧院成功录制。北京电视台党委副书记、常务副台长窦晓东，党委副书记、纪委书记彭司海，副总编辑朱江，副台长李岭涛以及时尚传媒集团董事长刘江等出席。刘晓庆、郭涛父子、吴莫愁、倪妮、李玉刚等艺术家和明星亮相晚会现场。

同日 《2013 北京喜剧幽默大赛》总结交流会召开。北京电视台文艺节目中心相关负责人，本届大赛导演、策划团队，济南电视台、天津电视台、北京人民广播电台等相关人员参加会议。

15 日 北京电视台台属企业北京北视英特维文化传播有限公司召开新一届股东会和董事会，选举产生了公司新一届董事会成员、新任监事和新一届经营班子。窦晓东同志和田方同志分别主持了股东会与董事会，公司各股东代表、新任董监事和新任经营班子成员参加会议。

16 日 上午市十四届人大二次会议开幕式结束后，市委常委、宣传部部长李伟到北京电视台“两会”演播室和北京网络广播电视台交互平台慰问了工作人员。

19 日 由北京电视台总编室策划、京视传媒公司承办的首届“明日之星”——走进 BTV 播音主持冬令营开营。30 位怀揣梦想的中学生首次走进北京电视台，开始冬令营 BTV 发现之旅。

20 日 市人大常委会主任杜德印在市委常委、宣传部部长李伟、市人大常委会副主任梁伟、市人大常委会秘书长赵义陪同下，来到 BTV“两会”演播室和大会新闻中心慰问了参加“两会”报道的编辑、记者。北京电视台党委书记、台长赵多佳，副总编辑艾冬云参加慰问活动。

同日 北京电视台推出《新春走基层》系列报道。该报道每天一集，每集 3 分钟左右，除在《北京新闻》首播之外，还在《北京您早》《特别关注》《晚间新闻报道》等栏目重播，有力营造了昂扬向上、团结和谐、热烈喜庆的舆论氛围。

21 日 市外宣办主任王惠一行来北京电视台就“如何不断增强中国的国际话语权”进行调研，并与北京电视台台长赵多佳、副总编辑朱江及青少·海外节目中心相关负责人围绕市外宣办与北京电视台及青少·海外节目中心如何更好地开展外宣合作进行座谈交流。

21 日至 22 日 2014 年北京电视台春节联欢晚会成功录制。晚会积极响应中央厉行节俭的号召，以“为百姓服务、全民大联欢”为宗旨，突出“欢乐北京中国梦”主题。

22日至23日 北京电视台2013年下半年节目评奖会举行，从178个参评作品中评出9大奖项、83个优秀作品。北京电视台领导赵多佳、朱江、艾冬云、徐滔及来自中国记协、中广协、市记协、中国社科院、中国人民大学、中国传媒大学和中央电视台等单位的多位专家学者担任评委。

26日 北京电视台体育频道直播2014年澳大利亚网球公开赛，直播时间超过100小时，收视率首次在国际性重要体育赛事转播时超越央视。

27日 北京广播电视台党委书记刘志远带领北京广播电视台办公室、技术部等部门负责人来北京电视台检查春节期间安全播出工作，重点对播出部13层机房、制作部8层新闻演播区、信息网络管理部16层主干机房、动力部主配电机房、转传部转播车库等地进行了检查。北京电视台台长赵多佳、总工程师田方、副总工程师毕江及相关部门负责人陪同检查。

同日 由北京视协、北京电视台共同发起成立的“中国视协电视编剧专业委员会”（简称“编剧专委”）筹备领导小组在北京电视台召开筹备工作会议，北京电视台台长赵多佳主持会议。

28日 北京电视台党委书记、台长赵多佳与中国银行北京市分行副行长臧新军一行就续签战略合作框架协议、广告投放及优势互补、合作共赢等内容进行座谈，北京电视台副台长王澎及广告部、计财部、办公室负责人参加。

29日晚 市委常委、宣传部部长李伟来北京电视台看望慰问春节前夕坚守岗位的编辑记者和有关工作人员。市委副秘书长、宣传部副部长严力强，北京广播电视台党委书记刘志远，北京电视台党委书记、台长赵多佳陪同慰问。

本月 北京电视台纪实频道节目中心新视听组拍摄的纪录片《追梦中国——海的故事》荣获SONY第三届精英100扶植计划35mm十强奖。

本月 北京电视台《2014 BTV卡酷少儿动画春晚》播出。本届动画春晚围绕“送动画”“忆动画”“炫动画”的主题，打造了8场主题晚会、2场大型狂欢盛典，创下了多个第一和唯一：规模最大、时间跨度最长、动画角色和观众表演最多、互动形式最丰富。

二月

1日 北京电视台纪实频道首档完全自制的纪录片节目《纪实天下》开播。

11日 北京电视台“2014年工作会议”在BTV大剧院召开。会议传达学习了全市宣传部长会议精神，总结了2013年工作并对2014年工作进行全面部署，表彰了第二届“观众喜爱的主持人”和2013年“十佳”系列员工。北京电视台党委书记、台长赵多佳作工作报告，北京广播电视台党委书记刘志远出席会议并讲话，北京广播电视台党委办公室、运营管理部、媒体管理部、技术部、财务部等五个部门负责人参加会议。北京电视台党委副书记、常务副台长窦晓东主持会议，北京电视台领导班子成员、副科级（副制片人）以上干部，党支部（党总支）书记、副书记、委员，团支部书记、工会小组长，受表彰人员及职工代表约1000人参加会议。北京电视台内网对会议进行了全程视频直播。

同日 北京电视台新闻节目中心每天

推出 50 分钟《红绿灯》特别节目《生命瞬间之警视》，横跨大年初一至初七 19 时的黄金时段。

12 日 市委副秘书长、宣传部副部长严力强来北京电视台听取北京卫视《档案》栏目组“抗美援朝”主题系列节目工作汇报。北京电视台台长赵多佳、副总编辑徐滔参加。

12 日至 17 日 “第三届高雄灯会艺术节暨北京特色周”在台湾高雄香蕉码头举办，28 家北京老字号带着知名产品来到宝岛台湾。北京电视台新闻节目中心派出两名记者随团采访，《北京新闻》《北京您早》《都市阳光》等栏目播发新闻 3 条，专题 1 个。

14 日 北京电视台党的群众路线教育实践活动总结大会召开。市委教育实践活动第 26 督导组组长董颖、副组长钟岩、督导组全体成员和北京广播电视台党委办公室有关负责人出席会议，北京电视台领导班子成员、中层干部，在台工作的市级人大代表、政协委员和部分群众代表 130 余人参加会议。党委书记、台长赵多佳作总结报告，董颖代表市委督导组讲话，党委副书记、常务副台长窦晓东主持会议。

16 日 北京卫视大型电视真人秀栏目《私人订制》开播，第一期节目《我要当老板》由李诚儒、方青卓、白凯南和栗坤四位明星组成“梦想订制团”，帮助一位名叫孙浩的“北漂”保安实现“老板梦”。

17 日至 5 月 8 日 北京电视台科教节目中心推出《北京记忆》逐步替代原时段的《超级陪审员》；5 月 12 起，每周一至四 20 时《北京记忆》实现常规化播出。

19 日 北京电视台新闻节目中心在《北京新闻》栏目中推出系列报道《践行社会主义核心价值观》，采用典型人物报道和事件报道的方式，宣传社会主义核心价值观的基本内容，普及社会主义核心价值观的重大作用和战略意义，每天一集，每集 3 分钟，并配发编后话。

23 日 《光明日报》在第二版显著位置，以《为您“一辨真伪”》为题详细介绍了北京电视台新闻节目中心《特别关注》栏目制作的《一辨真伪》系列专栏。文章写道，《一辨真伪》辟谣平台以“担当社会责任、提高媒介素养、维护网络健康”为宗旨，在打击网络谣言专项战役中战功赫赫。

26 日 由中国广播电视协会主办、中广协播音主持委员会和北京电视台承办的 2013 年度中国播音主持“金话筒奖”颁奖典礼在北京电视台大剧院举行。国家新闻出版广电总局党组副书记、副局长聂辰席，党组成员、纪检组组长李秋芳，中国广播电视协会会长张海涛，副会长雷元亮、王莉莉、张丕民，市委常委、宣传部部长李伟，市新闻出版广电局局长李春良，北京广播电视台党委书记刘志远、副台长苏仁先，北京电视台台长赵多佳等，以及李瑞英、宋世雄、于芳、敬一丹、王刚、张宏民、倪萍等著名播音员、主持人出席典礼，来自全国各地的播音员、主持人代表 500 多人参加。共有 47 位获奖者摘得全国播音主持行业最高荣誉——“金话筒奖”，其中，北京电视台王晓佳主持的《北京新闻》获电视播音主持作品奖，罗旭获电视播音员主持人奖。

同日 北京市发改委委托北京市工程咨询公司人员组成审核组，对北京电视台高清一期项目决算工作进行实地调查并座谈。北京电视台副总工程师毕江，高清项目组、计财部、总工办、技术设备管理部相关同志及各部固定资产管理员参加。

26日至27日 北京电视台组织召开了“青年创新工作站”初评会，38个申报集体的项目负责人分别介绍了申报项目的创新点、人才培养计划、预期成果和经费预算，北京电视台领导和相关部门负责人组成的初评委员会结合申报项目的创新性、实用性和可行性进行了认真评审。经台党委扩大会研究，批准15个青年集体为“北京电视台青年创新工作站”创建集体，其中节目创新工作站创建集体6个，技术创新工作站创建集体4个，管理创新工作站创建集体3个，营销创新工作站创建集体2个。

27日 由北京节能环保中心与北京电视台共同主办的“节能低碳 清洁空气——我爱北京的蓝天”公益宣传创意征集大赛在北京电视台41层阳光大厅举行启动仪式。国家发改委能源研究所研究员郁聪，北京节能环保中心主任陈光明、副主任魏玉瑞，北京电视台台长赵多佳、副台长王澎，环保人士潘石屹等出席仪式，40余家媒体记者参与报道。

本月 北京电视台体育频道圆满完成索契冬奥会的报道工作，前方报道团队在17天赛期里，一共向《体坛资讯》《天天体育》两档新闻节目提供了40条新闻报道，完成了和《天天体育》的五档视频连线，其中有三期和刚刚完赛的短道速滑间隔不到一个小时，最短时间、最及时地传递了赛场内外的消息。

同月 由北京市委宣传部、市社工委、首都精神文明办、市慈善义工协会等共同举办的第二届“中国梦·义工情——寻找北京最美慈善义工”活动颁奖大会在北京市委党校礼堂举行，20个义工团体和个人获“最美”称号，北京电视台主持人爱心团获“北京最美慈善义工十大榜样团体”。

三月

3日 北京电视台《法治进行时》栏目全新改版，将原《法治进行时》《大家说法》合二为一。改版后，栏目每天播出时长为50分钟，并新增“北京110”“快问快答”等板块。

3日和5日 全国“两会”分别开幕。北京电视台新闻中心、制作部联合派出了20多人组成的报道团队全程参与报道。

同日 台长赵多佳、副台长李岭涛一行到门头沟区斋堂镇北京电视台影视拍摄基地调研，并慰问长期留守基地的同志，办公室、行政部负责人陪同调研。

8日清晨 获知马航客机失联的消息后，北京电视台迅速启动应急报道机制，成为全国首家对该消息进行直播报道的电视媒体，早于央视新闻频道30余分钟。截至14日上午，累计发稿243条，前方直播连线44次，3G/4G回传新闻71条，报道时长380分钟，报道时间148小时。

10日 北京电视台正式启动岗位价值评估工作。

10日至17日 以抗美援朝战争为主题的系列节目《伟大的抗美援朝》在北京卫视频道《档案》栏目播出。该系列节目由北京电视台卫视节目中心与中国社会科学院、国防大学、解放军军事科学院、中央档案馆等单位联合制作，讲述了从以毛泽东同志为代表的中共中央做出“抗美援朝，保家卫国”的正确决策到抗美援朝战争取得胜利的历史过程，阐释了这一伟大胜利对于新中国经济建设、发展与和平稳定的国内环境的重要推动作用，以及对当时第三世界人民反帝反霸争取民族独立和解放运动的积极影响。

12 日 在北京市档案学会六届四次理事会暨北京市档案学会文化艺术档案工作学术委员会成立大会上，北京电视台成为市档案学会文化艺术档案工作学术委员会首届会员单位。

13 日 北京电视台党委中心组举行扩大学习会，邀请中共中央党校谢春涛教授结合习近平总书记关于党的建设重要论述作辅导报告。北京电视台党委书记、台长赵多佳主持会议，台领导班子成员和全台中层干部约 100 人参加学习。

15 日 北京电视台新闻频道、北京网络广播电视台联合新华社北京分社、新华社新媒体中心共同打造的新闻调查节目——《真相》在 BTV 新闻频道 19 时的《直播北京》栏目中播出，并在北京网络广播电视台同步亮相。节目每周日播出，每期 10～15 分钟。

18 日 以“中国梦·美丽梦”为主题的大型公益活动在北京电视台举行，栗坤担任“美丽使者”，与来自基层岗位的“三八红旗手”分享交流美丽梦想，为她们提供形象设计方案和京视传媒的系列培训课程。北京市妇联副主席常红岩、北京电视台总编室相关负责人及数十家首都媒体参加了活动。

19 日 北京电视台《最美和声》栏目召开新闻发布会，宣布栏目于 4 月 19 日全国首播，著名音乐人韩红担任总导演，陶喆、黄绮珊、萧敬腾等任导师。

21 日 市委书记郭金龙同志在中宣部《新闻阅评》第 68 期（2014 年 3 月 18 日）《北京卫视〈伟大的抗美援朝〉以史服人》一文上作出批示：请市委常委阅。

25 日 中国记协主席田聪明一行到北京电视台新媒体基地参观调研，北京电视台台长赵多佳陪同。田聪明详细了解了北京电视台新媒体建设情况，对北京电视台新媒体工作予以充分肯定，特别提出应建设强大的数据库，走融合发展之路，并就在中国新闻奖中增设互联网新闻奖项等问题征求了意见。

30 日 2013 至 2014 赛季 CBA 联赛大幕落下。本赛季北京电视台体育频道首次实现了客场高清信号的传送，北京金隅队 25 场客场比赛中有 19 场比赛实现了高清信号回传。

31 日 外交部公共外交办公室处长宫宇峰带领外交部“媒体应对培训班”一行来北京电视台参观交流。北京电视台办公室、总编室、总工办相关人员陪同。培训班学员约 40 人，主要为外交部处级外交官。学员们现场观摩了《养生堂》《星夜故事》等节目的录制过程，与节目负责人就节目可视性、服务性、文艺性、教育性、面临的竞争与压力、节目制作特点等方面进行了交流，并观看了北京电视台制作的 3D 电视节目展示片。

本月 由中国健康促进协会主办，北京卫视《养生堂》栏目和钙尔奇协办的 2014 年“骨动中国”大型公益活动正式启动。活动将覆盖全国 27 个省区市中的 190 个城市，为 50 万人次免费测量骨密度，并向民众普及骨质疏松预防知识，提供骨质疏松防治方案。

本月 北京电视台体育节目中心派记者赴英国报道全英羽毛球公开赛。

四月

2日 北京电视台台长赵多佳、副台长李岭涛一行到门头沟区斋堂镇，与门头沟区委书记韩子荣、区长王洪钟等就斋堂镇开发建设工作进行调研座谈。北京电视台办公室、行政部负责人参加座谈。

同日 第十二届全国人大常委、内务司法委员会副主任委员、中国社会科学院原副院长李慎明，全国政协委员、中国社会科学院信息情报研究院院长张树华带领“居安思危”课题小组一行来北京电视台，就中国社科院与北京卫视《档案》栏目合作拍摄《苏联解体与历史虚无主义》系列纪录片事宜进行座谈交流。台长赵多佳、副总编辑徐滔及栏目负责人、主创团队相关人员参加。

同日 市政府台湾事务办公室副巡视员杜德平一行来北京电视台向新闻节目中心赠送锦旗，感谢北京电视台新闻节目中心赴台湾报道组生动报道第三届高雄灯会艺术节暨北京特色周活动，为两岸文化交流发挥了积极作用。副总编辑艾冬云代表北京电视台接受了锦旗。

4日 北京电视台召开电视系列片《伟大的抗美援朝》座谈会。第十二届全国人大常委、内务司法委员会副主任委员、中国社会科学院原副院长李慎明，中宣部文艺局局长汤恒，国家新闻出版广电总局宣传司巡视员、副司长田玉红，人民日报文艺部主任刘玉琴，北京市委宣传部常务副部长王海平，北京电视台台长赵多佳、副总编辑徐滔等参加。与会领导专家对该片传递的正能量与价值观进行了深入研讨，就其在制作方面获得的成功经验进行了总结和剖析。

10日至13日 每天11时至12时，北京电视台新闻频道《直播北京》栏目推出“花开平谷·乐动北京”第16届北京平谷国际桃花音乐节直播报道，得到了平谷区领导的好评。

15日 由国家新闻出版广电总局和商务部联合举办的“纳米比亚新闻媒体官员研修班”一行30人到北京电视台新媒体工作基地参观交流，媒体发展中心相关负责人陪同。

16日 BTV建台35周年系列宣传报道活动暨“心语小亭”启动仪式在东城区史家胡同博物馆举行，标志着北京电视台35周年台庆系列活动正式启动。北京电视台新闻节目中心曹一楠、生活节目中心高燕、卫视节目中心刘婧等三位观众熟悉喜爱的主持人与50余名社区居民互动交流。

17日 由北京电视艺术家协会主办的“北京视协电视精品工程项目创作交流年会”在北京电视台举行。中国文联、中国视协、市委宣传部、市新闻出版广电局、市文联、北京视协领导赵化勇、张显、程蔚东、张彦民、范宗钗、武和平、王珏、刘开阳、孙向东、康宁、霍志静、尤小刚等出席，影视界专家、影视工作者、编剧、导演，各电视台、各影视制作机构代表300余人参加，中国视协副主席、北京视协副主席、北京电视台台长赵多佳参加会议。

19日 2014《最美和声》作为今年第二季度全国唯一的卫视黄金档音乐选秀类节目，于每周六晚21时18分在北京卫视频道播出，并在优酷土豆网络视频平台同步更新。歌坛实力唱将黄绮珊、孙楠、陶喆、萧敬腾联袂组成导师团，著名音乐人韩红首次跨界担任总导演。

20 日至 23 日 每天 10 时至 12 时，北京电视台新闻频道对 2014 年北京国际车展进行了全方位、多角度的直播报道，为观众带来最新的车展资讯。

21 日 北京冬季奥运会申办委员会新闻宣传部部长王惠带领冬奥申委相关部、处领导一行来北京电视台调研，就 2022 年京张冬奥会申办工作和宣传工作等事项进行座谈。北京电视台台长赵多佳、副总编辑朱江、副总编辑艾冬云及新闻节目中心、体育节目中心、青少·海外节目中心相关负责人参加。

22 日 由北京市环境保护宣传中心与北京电视台新闻节目中心“牵手蓝天”共同推出的“我是环保明星——北京市首届环保明星评选活动”正式启动。同时，北京电视台主持人王业与青年词曲作者董贞创作并共同演唱的环保主题歌曲《微笑蓝天》MV 在北京市环境保护宣传中心推出，这也是北京市第一支环保主题歌曲。

23 日 第四届北京国际电影节闭幕式暨颁奖典礼在北京电视台 BTV 大剧院成功举办。中央有关部门和北京市领导童刚、李伟、杨晓超、黄宏、陆益民等同志出席。张宏森、侯玉兰、王海平、丁力、崔耀中、李春良、王惠、刘志远等领导参加，北京电视台台长赵多佳、总工程师田方、副总编辑朱江、副台长李岭涛等也参加相关活动。闭幕式主题为“致敬电影，致敬电影人”。

24 日 2013 年度播音主持作品专家奖获奖作品（主持人）表彰暨获奖作品讲评会在北京电视台召开。中广协播音主持委员会副理事长、“专家奖”评委、央视著名主持人敬一丹和北京电视台台长赵多佳向 10 位获奖者颁发了证书。

同日 国家新闻出版广电总局《北京市广播影视媒体资料共享模式的研究和应用》科研项目专家验收鉴定会在北京电视台举行。会议由国家新闻出版广电总局科技司副司长孙苏川主持，国家新闻出版广电总局科技委副主任杜百川担任验收专家组组长，国家新闻出版广电总局科技司和中国电影电视技术学会的专家任委员，北京市广电局科技处处长陈煜、北京电视台总工程师田方、副总工程师毕江参加。项目研究成果获得了委员会的一致认可。

26 日 由北京电视台文艺节目中心《欢天戏地》栏目举办的“我是国粹小明星”活动举行选拔仪式。

28 日 北京电视台与央视市场研究股份有限公司（CTR）联合主办的“首都经济发展与营销传播 2014 峰会”在 BTV 大剧院举行。峰会聚焦首都经济发展所带来的市场机遇，探讨品牌传播面临的市场挑战与机遇，解读市场趋势变化及其背后动机，分析区域强势媒体对企业营销的作用和意义。CTR 总裁陈若愚、中国传媒大学广告学院院长黄升民、清华大学新闻与传播学院常务副院长尹鸿等多位专家及迈势中国媒体投资负责人贾力、加多宝集团品牌管理部副总经理王月贵等 300 余名广告营销传播精英人士参会。北京电视台台长赵多佳发表了题为“新时代·新跨越·新出发”的致辞。

同日 意大利互动传媒集团董事长布鲁诺·博加雷利、瑞星思达（中国）投资控股有限公司副总裁梁兴及北广传媒高清电视有限公司相关人员一行来北京电视台参观访问，与北京电视台台长赵多佳、副总编辑朱江及总编室、经营管理部、动画节目中心负责人等座谈交流。

本月 北京电视台制作部组织召开2014年技术工作会议，以“新技术、新标准、新思维”为主题，围绕如何对内强化管理、对外创新思维等进行交流研讨。台长赵多佳、总工程师田方及副总工程师毕江、各技术部门负责人和有关人员参加。

本月 “青春的纪录”——2014年环太平洋大学生微纪录作品大赛启动仪式暨2013年获奖作品颁奖仪式在北京电视台新媒体演播室举行。作为第四届北京国际电影节主要单元之一，“青春的纪录”——环太平洋大学生微纪录作品大赛面向中国两岸四地及环太平洋地区在校大学生展开，活动主要包括环太平洋大学生微纪录作品征集，以及优秀纪录片校园巡展、优秀选题竞标大会、纪录片大师讲堂、纪录片训练营、大学生纪录片论坛、大学生纪录片公社等6项配套活动。市政府新闻办主任王惠、市外办副主任向萍、团市委副书记杨海滨、中视协电视纪录片学术委员会会长刘效礼及澳大利亚纪录片基金会执行董事Susan Mackinnon、班夫艺术中心电影及媒体中心执行董事Kerry Stauffer和美国、俄罗斯、南非驻华使馆使节等出席活动，副总编辑艾冬云参加。

本月 由北京节能环保中心与北京电视台共同主办的“我爱北京的蓝天”公益宣传创意征集大赛高校赛区复赛在中国传媒大学举行，从数十件报名作品中选出的11部创意文案参与评选。北京服装学院深呼吸团队苗延斌的《末日》、中央美院设计学院第八工作室的《低碳节能绿色出行》和《净化污染　绽放蓝天》，北京电影学院李明浩的《失控》、中国传媒大学孙泗淇和孙玮超的《换灯泡》以及吕振男、俞逆思、张辰的3 *days*等6部作品入围创意文案奖。

五月

3日 北京电视台建台35周年系列报道《一路同行　感谢有你》在新闻频道开播，并在BRTN网站同步亮相。系列报道共14集，每集8分钟，在频道全天各档新闻栏目中播出，通过“新闻立台”“春晚回忆”“优秀栏目”“我在现场”“BTV人的精神”“真实记录”“国际视野”“体育精神”“电视剧记忆”“铁肩担道义”“技术之美”“奖述BTV”等14个主题，多角度、全方位回顾和展现北京电视台建台35年来的光辉历程。

5日 市委宣传部副部长严力强在北京电视台主持召开专题会，传达中央领导对《伟大的抗美援朝》系列节目的批示，听取《档案》栏目组关于拟推出的大型系列节目《敌后》的汇报，并进一步提出工作要求。北京电视台副总编辑徐滔及《档案》栏目组主创人员参加。

8日 《12345需求与反馈》暨“听民意　解民忧”特别报道座谈会在北京电视台召开。会议对“听民意　解民忧”特别报道中涌现出的优秀新闻节目进行表彰奖励，鼓励记者再接再厉，将报道进一步做好、做实、做到群众的心坎里去。市政府副秘书长、信访办主任薄钢，市信访办督办专员王传颂及各区县、委办局、公共服务企事业单位和记者、市民代表出席会议，北京电视台台长赵多佳参加。

12日上午 北京电视台新台址综合业务楼一层大厅，洋溢着喜庆、热烈的气氛。随着主持人王业的宣布，北京电视台建台35周年台史展正式揭幕。市委常委、宣传部部长李伟，中国文学艺术界联合会原副主席、党组副书记李牧，中国文学艺术界联合会副主席、中国电视艺术家协会主席赵化勇，市委宣传部常务副部长王海平，市新闻出版广电局党组书记、局长李春良，市新闻工作者协会主席刘牧雨，北京广播电视台党委书记刘志远，北京广播电视台党委副书记、常务副台长、北京人民广播电台党委书记、台长席伟航，北京广播电视台纪委书记王伟，北京广播电视台副台长苏仁先等领导出席仪式。北京电视台台领导班子成员和离退休老同志，各中心、部、室、台属企业负责人和职工代表，BTV 热心观众和合作伙伴等参加活动。北京广播电视台台长、北京电视台台长赵多佳致辞。

同日 国家新闻出版广电总局广播电视计量检测中心对北京电视台图文包装播出网项目进行验收。

14 日 北京电视台新媒体中心——中国人民大学新闻学院“台校新人培养行动”启动仪式在北京电视台新媒体基地举行。

15 日 北京电视台制作部与中国传媒大学信息工程学院签署产学研合作协议，双方将以演播室高速无线网络系统建设项目为契机，开展深入交流与合作，集中优势资源将其打造为精品示范工程。

17 日 由北京电视台新闻节目中心、新媒体中心（BRTN）和中国人民大学联合举办的“牵手蓝天”之“我是环保明星”现场征集活动在中国人民大学启动。

28 日 北京电视台与市环保局、华夏银行联合主办的“筑梦有我——为美丽北京加油”北京电视台主持人大型年度公益新闻行动启动仪式在庆丰公园举行，北京电视台台长赵多佳出席仪式并讲话。

同日 北京电视台直播第三届京交会，本次直播共 5 天，8 场。直播依托 BRTN 网络电视台，增加了互动元素。

29 日 北京电视台 2014 年世界杯广告项目销售会在北京电视台 41 层阳光大厅举办，体育节目中心、广告部负责人和近 30 家企业参加，现场成功销售 9 个广告项目，共涉及 23 家企业。

30 日 市委常委、宣传部部长李伟和副市长程红等领导到北京电视台第三届京交会现场演播室检查指导直播工作并看望慰问京交会直播工作人员，北京电视台台长赵多佳陪同。市领导来到导播区和直播间，询问直播的整体设计、工作流程、信号传输等内容，了解北京网络广播电视台参与直播互动的情况，与编导、主持人亲切交流，并对北京电视台京交会宣传报道和直播工作给予充分肯定。

本月 由北京电视台策划制作的 26 集 3D 动画系列片《戚继光》亮相中国国际动漫节。

六月

1 日 北京电视台文艺节目中心《我家有明星》栏目在北京国瑞购物中心举办 2014 年“天才宝贝追梦春晚”的首场地面选拔活动。

6 日 北京电视台召开纪实频道上星播出新闻发布会，宣布北京纪实频道于 6 月 8 日 6 时开始上星播出。国家新闻出版广电总局党组成员、副局长田进，北京市委常委、宣传部部长李伟，国家新闻出版广电总局传媒机构管理司司长陶世明，北京市新闻出版广电局党组书记、局长李春良，北京广播电视台台长、北京电视台台长赵多佳及国家新闻出版广电总局、北京市委宣传部、北京广播电视台等单位领导出席。北京电视台领导班子成员及相关部门负责人、业界专家和合作机构代表等参加。

7日 北京电视台新版宣传片在天安门广场大屏幕播出。宣传片自每日早7点至晚7点，与其他省市形象宣传片和公益广告一起循环播放。这也是天安门广场大屏幕自2010年设立以来首次播放媒体宣传片。

9日 市发改委文化创新发展专项资金项目绩效评价工作组一行对北京电视台高清二期项目实施情况进行评估。北京电视台总工程师田方、副总工程师毕江及总工办、计财部、高清项目组有关人员参加。

同日 北京电视台新闻节目中心直播第八届“中国北京国际节能环保展”。

10日 “我爱北京的蓝天”公益宣传片创意征集大赛颁奖活动在北京展览馆举行。活动由北京电视台联合北京节能环保中心共同举办，是“第八届中国北京国际节能环保展览会”阐释主题的重要单元。

11日 北京电视台与北京市高级人民法院签署《深入开展法制宣传合作协议》，正式建立长期战略合作关系。市高级人民法院党组成员、政治部主任安凤德，市高院新闻办主任郭京霞等出席签署仪式，北京电视台副总编辑徐滔及相关部门负责人等参加。

同日 浙江省委常委、宣传部部长葛慧君带队到北京电视台新媒体发展中心调研媒体融合发展经验成果及北京电视台新媒体高科技应用设备情况和四大业务平台的最新进展等，北京市委宣传部副部长张淼及北京电视台台长赵多佳等陪同调研。

13至14日 《脱口而出》——“与您相约一生一世”相声专场在北京保利剧院上演。市委常委、统战部部长牛有成出席观看首场演出，北京电视台台长赵多佳、副总编辑朱江、艾冬云等陪同观看。本次演出是北京电视台文艺频道《脱口而出》栏目开播两周年之际，栏目首度走出演播室，创新尝试以市场化运营考验电视栏目接受度，并答谢广大电视观众厚爱的创新之举。

16日 北京电视台召开频道独立经营改革领导小组办公室第一次全体会议。台长赵多佳主持会议并做动员部署。

同日 北京广播电视台台长、北京电视台台长赵多佳，北京广播电视台副台长苏仁先，北京电视台总工程师田方接待“发展中国家主流媒体部级研讨班”一行来北京电视台参观访问，并就内容生产和技术设备等情况进行座谈交流。

17日 市总工会政法卫生文化工会主席原再会，副主席徐闻、安丽等领导来北京电视台，对包括北京电视台在内的四家单位进行“职工之家示范单位”达标验收工作，听取了各单位有关负责人汇报，实地察看了北京电视台“职工之家”附属设施，充分肯定了各单位“职工之家”的特色和亮点，对今后的工作提出了具体要求，并颁发了“职工之家示范单位”牌匾。

19日 由北京市旅游委与北京电视台联合主办，BTV生活频道承办的“吃在北京·北京味道——2013我最喜爱的北京旅游美食评选”颁奖活动举行，国家旅游局、市政府、市旅游委等有关委办领导及北京电视台副总编辑朱江出席活动现场。同时，首个“BTV 生活年度主题美食日”正式启动。

同日 安哥拉新闻部部长一行来北京电视台参观访问，北京电视台总工程师田方会见来宾并就节目生产和技术设备等情况进行座谈交流，中国电子进出口总公司、北京市新闻出版广电局、北京北广科技股份有限公司相关人员参加活动。

20 日 北京电视台体育频道播出的《激战世界杯》直播节目中，前方主持人首次利用当地的 4G 无线网络，成功完成了一次视频连线直播节目。

23 日 北京电视台迎来 2014 年度“港澳台大学生暑期实习活动”首批成员，中科协青少年科技中心交流处领导带领香港大学生一行 17 人来台，与办公室相关负责人及有关部门负责同志会面。

26 日 北京电视台与青海广播电视台协作举办的《青海国际水与生命音乐之旅——2014 世界防治荒漠化和干旱日主题音乐会》在青海省贵德县完满落下帷幕。

27 日 北京电视台召开庆祝中国共产党成立 93 周年大会，台领导班子成员，各党总支、党支部负责人，受表彰的先进集体代表和优秀个人及新党员等 200 余人参加。党委副书记、常务副台长窦晓东主持大会。党委书记、台长赵多佳作题为《凝聚改革共识，形成改革合力，全面推进落实深化改革各项任务》的报告。

28 日 2014 年“北京海洋沙滩狂欢节”在朝阳公园正式开幕。开幕当天吸引了新华社、人民日报等 20 多家媒体来到海沙节现场进行采访报道。

同月 北京电视台圆满完成第八届北京国际节能环保展览会现场直播。直播共两天，每天 75 分钟，全面展现了本届节能环保展盛况，倡导大众积极提升节能环保意识。

本月 尼日尔国家电视台台长赛义杜·乌斯曼一行来北京电视台参观访问，并就北京电视台节目、技术、经营等方面的基本情况和数字化、新媒体等方面的教育培训及合作交流进行调研。

七月

1 日 北京卫视《这里是北京》栏目播出。北京电视台报送“金帆奖”参评纪录片《指尖上的挑战：世界最大手绘唐卡诞生始末》。

7 日 今天是中国人民抗日战争全面爆发 77 周年纪念日，北京电视台推出一系列纪念性节目和报道，主要包括以下内容：一、新闻栏目及时报道社会各界纪念活动，并做好网上抗战纪念馆专题纪念活动和“勿忘国耻、圆梦中华”诗词楹联征集活动；《这里是北京》栏目推出三期系列片《追寻抗日足迹、寻找北京记忆》，《档案》栏目播出 5 集特别节目《游击队之歌》，《北京记忆》栏目推出特别节目《抗日战争中的双雄》；影视、科教等频道播出抗战题材优秀影视作品。

同日 北京电视台《晚间新闻报道》联合公安部禁毒局、北京市公安局禁毒总队推出特别节目《亮剑斩毒瘤》。

8 日 北京电视台 30 余名党员参加了北京电视台与朝阳区建外街道办事处及多家单位共同举办的 2014 年“我承诺——不闯红灯”系列公益活动启动仪式。

9 日 北京电视台举行党委中心组（扩大）学习会，邀请中喜会计师事务所总审计师孙立萍作《剖析审计问题，促进内部管理》专题报告。北京电视台党委书记、台长赵多佳及台领导班子成员、中层干部、节目制片人、台属企业负责人和财务相关工作人员近300人参加学习。党委副书记、纪委书记彭司海主持会议。

14日 北京电视台2014巴西世界杯报道圆满结束。在巴西世界杯期间，北京电视台提前筹划，积极应对，通过赛事转播、现场报道、特别节目、特殊编排、网台互动等方式，打造富有BTV特色的世界杯系列节目，为广大观众带来精彩的足球盛宴，在收视和广告收入方面取得了良好成效。

15日 国家新闻出版广电总局宣传司副司长戈晨、宣传司文艺处副处长姜华等一行来北京电视台调研中国梦主题重点动画片《戚继光》项目进展及相关工作情况，北京电视台副总编辑徐滔及动画节目中心有关人员参加。

18日 由北京电视台卡酷少儿频道和文艺频道携手打造的季播大型儿童综艺秀《天才宝贝 追梦春晚》在两频道周末黄金时段播出。节目以“我是零零后，我要上春晚”为口号，以登上BTV春晚和动画春晚为圆梦主线，面向全国及海外选拔、包装极具艺术天分的“天才宝贝”，为其提供更多元的梦想舞台。

19日 北京电视台党委副书记、常务副台长窦晓东同志主持召开专题会议，传达学习市委宣传部关于文化创新发展专项资金使用管理整改工作会议精神，研究部署北京电视台整改工作。副台长王澎同志传达了市委宣传部会议精神，与会各相关部门对做好北京电视台整改工作进行了深入研究。

23日至24日 北京电视台召开2014年上半年节目评奖会，来自国家新闻出版广电总局、中国记协、人民日报社、市记协、市广播影视协会、中国人民大学、中国传媒大学等单位的领导、专家和北京电视台台长赵多佳、副总编辑朱江、艾冬云、徐滔等参加。评奖会从204件参评作品中评选出77件优秀作品，分颁七大类奖项。

同日 以“京张心连心，携手申冬奥”为主题的第18届“京张心连心”大型文艺演出在张家口市崇礼县举行。市委宣传部常务副部长王海平、市体育局副局长王艳霞等领导观看了演出。北京电视台总编室、文艺节目中心负责人参加。

24日 北京广播电视台纪委书记王伟，北京电视台党委副书记、纪委书记彭司海及相关部门负责人接待上海广播电视台、上海文化广播影视集团有限公司纪委书记唐余琴等一行来北京电视台参观交流，并就加强业务监管和风险防控等问题进行座谈。

25日 北京电视台党委副书记、纪委书记彭司海，总工程师田方，副总编朱江来到“海洋沙滩狂欢节”活动现场，慰问工作在海沙节一线的员工。北京电视台体育节目中心主任焦少波向台领导介绍了目前海沙节的节目生产、活动运营以及整体经营的情况。

26日 北京电视台大型医疗纪实类季播节目《生命缘》在北京卫视首播，取得了良好的收视效果和社会反响。

27日 北京电视台文艺频道推出大型视频互动益智类综艺季播节目《超级观众》。该节目以电视观众和网络受众为“大观众群”进行互动式传播，汇集趣味性强的经典影视剧和网络视频资源，将其转化为可视的益智游戏，掀起头脑风暴。

29日至30日 北京电视台新闻频道直播了在北京延庆举行的世界葡萄大会活动。全面展现世界葡萄大会盛况，向观众介绍丰富的现场活动及新型葡萄栽培技术、优质葡萄酒种类等相关资讯。

31日 北京电视台在人民大会堂金色大厅召开北京卫视广告独立运营暨北京京视卫星传媒有限责任公司成立新闻发布会，并现场发布了《造梦者》《我是演说家》《勇敢的心》和《中国艺术范》四档下半年即将推出的全新季播节目。北京广播电视台党委书记刘志远，北京广播电视台台长、北京电视台台长赵多佳，北京电视台党委副书记彭司海、副总编辑朱江、副台长王澎、副总编辑徐滔及相关部门负责人，北京京视卫星传媒有限责任公司负责人和来自全国各地的广告客户、媒体记者等600余人参加。

同日 北京电视台《北京您早》节目推出了系列报道“文化北京　暑期之旅”。由主持人引领观众走进北京的20家文化场馆，包括博物馆、剧场剧院、图书馆、书店等。

八月

2日 北京电视台文艺频道播出《2014北京大运河“为爱情点赞”七夕歌会》。歌会前期在通州区文化馆录制，市委宣传部、市委党的群众路线教育活动第九督导组、首都文明办、市文联、通州区委、区人大、区政府、区政协有关领导观看了演出，北京电视台副总编辑艾冬云及相关部门负责人参加。

5日 北京电视台与视达众乐（北京）传媒有限公司正式签约，北京电视台将派出制作团队承担2016年里约奥运会乒乓球项目公共信号制作任务。这是国内省级电视台首次赴国外参与国际重大赛事公共信号制作。北京广播电视台台长、北京电视台党委书记、台长赵多佳和视达众乐（北京）传媒有限公司总裁马国力代表双方签约。北京电视台总工程师田方、副总编辑朱江及相关部门负责人参加签约仪式。

同日 驻国家新闻出版广电总局监察局副局长徐灵芳一行来北京电视台就大型节目（活动）立项、预算、制作、审批过程中的风险防控等进行调研。北京广播电视台及北京电视台相关部门领导参加。

8日 2015年BTV《环球春晚》演出季新闻发布会在北京电视台41层阳光大厅举行，宣布2015年BTV《环球春晚》演出季正式启动，并对脱口秀《崔哥来了》、尤雅创意钢琴秀《88键游世界》等演出季节目进行现场推介。

同日 北京电视台接待来自云南腾冲的25名“乡村中国梦——青年英才成长爱心素质拓展计划”成员参观，他们包括当地青年学生、教师、村官和致富带头人。

10日、18日 北京电视台体育节目中心主持人团队在北京国安队的两个主场比赛日，来到北京工人体育场比赛现场，开展了以“爱我工体，文明观赛”为主题的公益活动。

12日 北京电视台召开工会第四届会员代表大会。北京广播电视台工会主席王伟、副主席罗霄出席会议。北京电视台台领导班子全体成员及各部门和台属企业工会会员代表参加。党委副书记、常务副台长窦晓东主持会议。会议审议通过了第三届工会委员会工作报告、财务报告及经费审查报告。与会同志遵照《工会法》有关章程，采取无记名投票方式选举产生了第四届工会委员会委员和经费审查委员会委员。

13 日 北京市宣传系统老干部志愿服务工作现场会在北京电视台召开。市委宣传部常务副部长王海平、市老干部局副巡视员刘冰出席会议。市宣传系统各单位主管领导和相关负责人，北京广播电视台台长、北京电视台台长赵多佳，党委副书记、常务副台长窦晓东及老干部志愿服务团代表 80 余人参加。

同日 由北京电视台体育节目中心和转传部共 24 人组成的 BTV 青奥会转播团队奔赴南京，为 2014 年南京青奥会的举重和射箭项目制作公共信号。于 8 月 28 日圆满完成任务返京。

18 日 北京电视台选派的 6 名业务骨干到达新疆和田，并于当天参加了“北京电视台专家赴和田电视台培训开班仪式”，为和田电视台开展第二批专业技能培训工作。

19 日 市文化局副局长王珠陪同台湾友松娱乐股份有限公司一行 5 人来北京电视台参观交流并与文艺节目中心洽谈综艺节目合作事宜，双方将在综艺节目模式、制作团队方面开展深入合作。

21 日 北京电视台召开创建全台“微信电视”动员大会。台长赵多佳、副台长李岭涛及全台各节目中心负责人和有关人员参加。

同日 北京电视台召开《北京新闻》播音员选拔专家评审会。北京电视台台长赵多佳和来自中央电视台、中国传媒大学、中国人民大学等单位的专家对试镜播音员进行评审。近期，北京电视台将在时政新闻报道、主持人选拔、新闻包装等方面对《北京新闻》进行改进。

同日 “筑梦有我——为美丽北京加油”之“华夏梦·环卫情”公益活动在北京电视台举行。活动邀请 100 个环卫工人家庭共 240 余人来台参观，并在国家大剧院欣赏了精彩的亲子舞台剧。

26 日 北京电视台副总编辑朱江、副台长李岭涛接待承德广播电视台党组副书记、总编辑杨正义一行来北京电视台参观交流，并就深入开展“生态承德·美丽承德”宣传活动和“聚焦承德”采访活动相关事宜进行座谈。

27 日 市新闻出版广电局副局长杨培丽率局检查组来北京电视台检查安全播出工作。北京电视台总工程师田方、副总工程师毕江及有关技术部门负责人分别作专题汇报，详细介绍北京电视台安全播出自查情况。

同日 北京电视台新闻频道开始五天四夜直播泳渡台湾海峡活动。

28 日 北京电视台与市国税局、地税局共同签署税务普法类电视栏目《税收天地》联合制作战略合作协议。三方将从电视节目制作、税收舆论环境营造、纳税知识培训和人员交流等方面展开全方位合作。

同日 北京电视台副总编辑朱江带领青少·海外节目中心负责人及《书香北京》栏目主创人员一行到市劳动人民文化宫，与市总工会宣教部副部长黄秀芳、市劳动人民文化宫主任李鹏等洽谈共同打造“太庙国学讲堂”《书香北京》系列特别节目的战略合作规划。

29 日 北京电视台举行党委中心组学

习会，学习习近平总书记等领导同志关于推动媒体融合发展的重要讲话精神，研究北京电视台贯彻落实举措。党委书记、台长赵多佳主持学习，台领导班子成员及相关部门负责人参加。

同日 北京广播电视台检查组来北京电视台开展执行中央八项规定情况专项检查。检查组成员包括北京广播电视台相关部门和北京人民广播电台、歌华有线公司、歌华文化集团等单位相关负责人。北京电视台党委副书记、纪委书记彭司海作了关于北京电视台执行中央八项规定情况的专题汇报，党委办公室、办公室、监察审计办公室、人事部、计划财务部、行政部、经营管理部负责人参加会议。

31日 北京电视台文艺频道播出《春天的故事——纪念邓小平同志诞辰110周年交响音乐会》

九月

1日 在北京卫视《档案》栏目播出北京市委宣传部与北京电视台联合制作的10集大型系列纪录片《砥柱中流——伟大的敌后抗战》

同日 北京电视台体育频道推出《欢乐二打一》扑克电视挑战赛，播出时间每周一至周五18时，每期时长45分钟。这是继《节节高升》之后，体育频道另一档群众可直接参与的体育赛事类节目。

同日 北京电视台体育频道在原午间体育新闻的时段，开播一档全新形式的资讯栏目——《声声体育》。

3日 市长王安顺高度评价《听民意 解民忧》特别报道。王安顺市长在看了市信访办和北京电视台《北京新闻》节目共同主办的“听民意 解民忧”活动情况汇报之后，在汇报首页上写下批示“是听取意见的渠道，是接受教育的平台，是转变作风的监督站，是密切联系群众的好形式，办好，用好，促进工作”。

8日 由北京电视台倾力打造的《月来悦开心——2014北京电视台中秋特别节目》先后在文艺频道和北京卫视播出。

14日 北京电视台文艺频道与卡酷少儿卫视合力打造的第二季《我家有明星》之“天才宝贝追梦春晚”收官之作“宝贝盛典”在北京电视台800平方米演播厅完成录制。

16日 由承德市委宣传部、承德广播电视台与北京电视台联合举办的“聚焦承德”采访活动媒体见面会在承德举行。承德市常务副市长李晋宇、承德市委宣传部部长张庆祥等领导出席见面会，北京电视台副总编辑朱江、副台长李岭涛及办公室、总编室、新闻节目中心、财经节目中心、青少·海外节目中心负责人参加。

18日 北京电视台新闻节目中心与北京市互联网信息办公室、首都互联网协会联合召开评议会，就北京电视台“一辨真伪”专栏进行深入交流研讨。中宣部新闻局、中国社科院、中国传媒大学、北京市科学技术研究院等有关单位领导、专家出席会议，北京电视台副总编辑朱江参加。

同日 北京市民政局与北京电视台联合推出大型新闻公益行动“陪伴是最好的礼物”活动启动仪式在北京电视台举行，市民政局副局长李红兵、北京电视台总工程师田方及“神舟十号”航天员张晓光、时代楷模贾立群等来自社会各界的爱心人士出席活动。

19日 北京电视台与中国传媒大学联合建立的中国传媒大学·北京电视台新媒

体产学研基地揭牌仪式举行。北京电视台台长赵多佳与中国传媒大学校长苏志武共同为基地揭牌。北京电视台总工程师田方及中国传媒大学有关领导参加揭牌仪式。

19日至10月4日 第17届亚运会在韩国仁川举行。北京电视台体育中心派出14人的报道团队赴韩国进行全面报道，并在体育频道每天选择有中国选手参加的重要比赛进行直播。本次亚运会使用了4G背包，记者可以在比赛现场附近，第一时间将赛场环境、选手采访、观众反应相关内容呈现给观众。

20日 由北京电视台文艺节目中心《每日文娱播报》栏目承办的"最美女生"大型校园选拔活动，在北京师范大学正式启动，BRTN对本次活动进行了全程直播。

21日 北京电视台体育节目中心帮助中网公司完成在北京国家网球中心新闻发布厅举行的李娜退役新闻发布会公用信号制作工作。此次李娜退役新闻发布会共有74个国家和地区的122家媒体机构进行了现场直播。

22日 受北京市2014APEC筹备工作领导小组委托，北京电视台承担制作的"2014亚太经合组织领导人会议周"新闻中心官方网站正式上线。

24日 巴西利亚外国记者协会主席马丁内斯先生率巴西新闻代表团来北京电视台参观交流，与台长赵多佳等领导就进一步加强媒体合作，更好地把中国和北京的经济社会发展变化传播到拉美国家及促进两国文化交流等进行了座谈。

25日 俄罗斯通讯与大众传媒部副部长沃林先生一行来北京电视台参观访问，并与北京电视台总工程师田方等相关人员就演播室技术系统控制及新闻直播过程中的技术配合等进行座谈。

28日 北京电视台召开国庆65周年直播动员大会，台长赵多佳、总工程师田方、副总编辑朱江、副台长李岭涛出席会议，相关部门负责人及有关人员近300人参加。

本月 北京电视台召开国内首部中国梦主题三维动画片《戚继光》媒体发布会。国家新闻出版广电总局宣传司司长高长力、市新闻出版广电局副局长丁百之、市委宣传部精品办主任霍志静、北京电视台副总编辑徐滔及相关传媒公司负责人等出席活动。新华社、人民日报、光明日报等近50家主流媒体记者参加。

本月 北京电视台卡酷少儿卫视召开动画大电影《铠甲勇士之雅塔莱斯》新闻发布会。该片根据系列剧《铠甲勇士》改编，由卡酷少儿卫视参与出品，将于10月1日在全国各大院线上映。

十月

1日6时至18时 北京电视台在北京卫视、新闻频道、国际频道和BRTN网络广播电视台同步播出大型直播报道《家国梦　岁月情——新中国成立65周年抒怀》，为国庆65周年献礼。

4日 由北京电视台卫视频道和能量传播公司共同打造的大型原创新锐语言竞技真人秀节目《我是演说家》首期播出。

5日 拳击真人秀《勇敢的心》登陆北京卫视。

6日 《BTV2015环球春晚》演出季活动第二站——《尤雅88键游世界》创意钢琴秀剧场演出在民族文化宫举行。演出融合东西方艺术特色，演绎传统经典与现代旋律，为观众奉献了一场妙趣横生的音乐盛宴，引发热烈反响。

7日 “筑梦有我——为美丽北京加油”大型公益新闻行动走进798艺术区，举行“小小艺术家 爱在798”创意展示与义卖活动。本次活动由北京妇女儿童发展基金会与北京电视台联合发起。

10日 国内首部中国梦主题三维动画片《戚继光》在北京电视台卡酷少儿卫视向全国独家播出。动画片共26集，每集13分钟。

14日 历时5天的2014年环北京职业公路自行车赛顺利闭幕。北京电视台转播团队连续第四年顺利完成北京市政府交给的任务，对本届环京赛进行全面报道，同时以专业的电视信号提供，受到了组委会和国际自行车联盟的高度评价。本届环京赛五个赛段，体育频道都进行了现场直播，并安排了每赛段50分钟的集锦。此外，三档体育新闻节目《天天体育》《体坛资讯》《声声体育》节目，也都辟出专栏进行报道。

15日 国家新闻出版广电总局财务司副司长张红梅、中央电视台总会计师董为民及财政部教科文司、中央电视台财务管理中心等单位领导和相关同志到北京电视台就财务工作进行专项调研，并与北京电视台台长赵多佳、副台长李岭涛等就预算管理、会计核算、资产管理、版权管理、政府采购、合同管理、产业管理等问题进行座谈。

15日至17日 北京电视台记者站新闻业务培训班在北京电视台黄金海岸培训中心举办，人事部、新闻节目中心和区县、委办局87家记者站的一线编辑记者60余人参加了培训。

17日 北京电视台召开党委中心组学习会，学习贯彻习近平总书记10月8日在党的群众路线教育实践活动总结大会上的重要讲话精神。党委书记、台长赵多佳主持学习会，台领导班子成员参加学习。

21日 共青团北京电视台第六次代表大会召开，北京电视台团委换届工作圆满完成。近50名来自全台各部门、台属企业的团代表共聚一堂，总结过去、谋划未来。党委副书记、常务副台长窦晓东，北京广播电视台团委书记李洪兴等出席会议。

23日 市委宣传部副部长严力强在北京电视台主持召开专题会，听取北京卫视《档案》栏目组下一阶段重大题材项目调研、创作思路及制作规划等情况的汇报。台长赵多佳、副总编辑徐滔及相关部门负责人和《档案》栏目组主创人员参加。

24日 首都文明办副主任卜秀均率宣传系统首都文明单位考察组一行来到北京电视台，听取了北京电视台等8家单位首都文明单位创建工作的情况汇报，并对北京电视台职工阅览室等精神文明宣传教育场地进行了实地考察。北京电视台党委副书记、常务副台长窦晓东参加汇报会。

28日 全国法治节目联合体合作项目《法治中国60′》启动新闻发布会在北京电视台举行。公安部国际合作局副巡视员李莉、最高人民检察院机关党委副书记张秀杰、司法部法制宣传教育司副司长李志路、最高人民法院新闻局综合处处长王斌及北京市政法委、市公安局、市人民检察院、市高级人民法院、市司法局等单位的领导，中广协法制节目工作委员会和9家电视台的有关负责人出席。

29日 市经信委、市网信办、市公安局和市通管局四家单位有关领导来台对北京电视台承接的APEC会议周新闻中心网站和掌上新闻中心系统进行信息安全检查并举行专题会，北京电视台总工程师田方参加会议。

本月 北京电视台体育节目中心《快乐健身一箩筐》栏目，播出了以“全民健身好榜样，传递社会正能量”为主题的大型节目。

十一月

2日 北京电视台体育节目中心圆满完成本赛季中国足协超级联赛转播报道任务。今年转播许多场比赛，采用了最先进、最全面、最完善的转播设备，最多达17讯道。同时今年新引进了网口摄像机、超高速等6台大倍率摄像机，2台无线摄像机，DELTA在线包装系统和AMISCO数据统计等。经过多年努力，BTV足球转播团队越来越成熟，在中国的足球转播领域占有了一席之地，代表了中国足球转播的最高水平。

3日 北京电视台《北京新闻》栏目启用陆放、孙扬、李杨薇、邬晔纬四位80后主播。他们与现任主持人王业、杨硕、王小佳、聂一菁共同为观众呈现更亲切的表述和更清新的风格，进一步提升《北京新闻》的传播力与影响力。

4日 北京电视台召开节目创优研讨会，学习贯彻习近平总书记在文艺工作座谈会上的重要讲话精神，落实市委常委、宣传部部长李伟关于北京市学习贯彻习近平总书记文艺座谈会重要讲话精神工作部署的指示要求，总结研讨创作经验，激发创优活力，营造创新氛围，为明年内容生产打开生动局面。市委宣传部副部长严力强出席会议，北京电视台台长赵多佳，副总编辑朱江，副台长王澎，副总编辑艾冬云、徐滔及总编室、研发部、各节目中心负责人等120余人参会。

5日 由北京电视台和承德广播电视台共同主办的《“聚焦承德”采访活动优秀作品评选》讲评会在北京电视台举行，共评选出一等奖3名、二等奖2名、三等奖6名。北京电视台副总编辑朱江、承德广播电视台总编辑杨正义及北京电视台、承德广播电视台有关部门负责人参加。

同日 北京电视台新闻节目中心推出大型航拍系列报道《绿满京华》，节目共7集，每集3分钟。节目配合APEC会议的召开，展现北京近年来城市面貌的新变化，反映北京生态文明建设新成效。

8日 北京电视台生活频道户外美食竞技真人秀《上菜Ⅱ》开播。

13日 在央视—索福瑞媒介研究有限公司2014TV客户峰会上，按照央视—索福瑞电视用户委员会章程，经过所有参加峰会的电视台投票选举，北京电视台入选央视—索福瑞电视用户委员会，并由用户委员会的所有成员推选为央视—索福瑞电视用户委员会主席台，这是北京电视台首次当选为主席台。

同日 北京电视台召开《2014北京喜剧幽默大赛》媒体见面会，天津电视台、济南电视台、成都电视台、长春电视台、石家庄电视台五家合作电视台相关负责人及北京电视台副总编辑艾冬云、文艺节目中心有关负责人、《2014北京喜剧幽默大赛》节目主创团队和嘉宾代表等出席。

14日 北京电视台卡酷传媒公司与法国欧漫达高动漫集团举行中法动画合作项目《汉字怪物》《隐匿城》签约仪式。法国欧漫达高动漫集团主席Vincent Montagne

（孟泰屹）先生等集团高管一行4人、北京电视台卡酷传媒公司总经理李果及原创动画主要负责人参加。

18日　北京电视台新闻频道聚焦2014珠海航展，探秘航展，报道组一行6人，7天的时间里从珠海航展报道组共回传新闻31条，其中包括专题策划5个共9条，盘点性新闻7条，2条北京电视台独家专访飞行表演队。

20日　故宫博物院院长单霁翔、副院长娄伟一行来北京电视台参观交流。北京电视台长赵多佳、副总编艾冬云和新闻节目中心负责同志与故宫博物院的来宾进行了交流和座谈。

23日　《养生堂》健康中国行主题活动在南京举行。北京电视台卫视节目中心、京视传媒有限公司及中国保健行业协会、江苏享佳健康公司的负责人出席活动并为《养生堂》第二套系列光盘《专家教你护心脑》首发揭幕。

25日　北京电视台党委书记、台长赵多佳，党委副书记、常务副台长窦晓东与新疆和田地区广电局党组副书记、局长陈勇，和田地区广电局副局长、和田电视台台长王炎，北京电视台在和田地区广电局挂职副局长翟涛等进行座谈，洽谈对口帮扶工作事宜。

28日　市委常委、宣传部部长李伟及副部长严力强、张淼等到北京电视台新媒体工作基地调研。北京广播电视台党委书记刘志远，北京广播电视台台长、北京电视台台长赵多佳参加。

同日　“天涯共此时·北京卫视2015年媒体资源暨广告招商推广签约会”举行。签约会宣布北京卫视2014年收视工作以省级卫视排名第四的好成绩完美收官，同时还公布了北京卫视2015年的全新规划。来自600余家广告商、合作伙伴，百余家媒体的800余人参加了签约会。红星、汤臣倍健、伊利、玖玖爱、碧生源等品牌的签约代表现场认购了北京卫视2015年部分广告资源，首轮认购总金额达10亿元。

十二月

2日　由市纪委、市委宣传部联合主办，北京电视台新闻节目中心承办的《廉洁颂——北京廉政故事》主题教育活动在BTV大剧院录制。市委常委、市纪委书记叶青纯，市委常委、宣传部部长李伟和中纪委宣传部、市纪委有关领导及北京电视台党委书记、台长赵多佳等参加。

3日　市委宣传部常务副部长王海平在北京电视台主持召开工作专题会，听取2015年北京电视台春节联欢晚会筹备情况汇报。北京电视台台长赵多佳、副总编辑艾冬云及文艺节目中心负责人、春晚主创人员等进行了汇报。市委宣传部新闻处处长金鹏、文化处处长杨建英、精品办主任霍志静等领导参加。

4日　市委常委、宣传部部长李伟主持召开专题会，听取北京电视台和北京人民广播电台经营情况汇报。市委宣传部常务副部长王海平，市委宣传部副部长严力强、张淼，北京市新闻出版广电局局长李春良，北京广播电视台党委书记刘志远等参加。北京电视台台长赵多佳及副台长王澎、副总编辑徐滔参会并汇报了北京电视台经营情况。

5日　北京电视台台长赵多佳主持召开党委扩大会，传达市委常委、宣传部部长李伟在经营工作专题会上的讲话精神，对加快推进北京电视台经营工作多元化发展、提高节目团队生产制作能力、增强开源节流意识等作出具体部署。

同日 北京电视台召开第四届职工代表大会第一次会议，审议并通过了《北京电视台职工住房补贴实施办法的补充说明》和《北京电视台职工住房补贴申请审核表》。

6日 由北京电视台、市环保局、华夏银行联合主办的“筑梦有我——为美丽北京加油”北京电视台主持人大型年度公益新闻行动收官仪式举行。北京电视台长赵多佳，副总编辑朱江、艾冬云及市环保局、华夏银行有关领导和北京电视台主持人、公益行动受助人、参与公益新闻行动的民间团体代表等出席。

8日 晚7时30分，“2014北京喜剧幽默大赛”在BTV大剧院正式鸣锣开赛，进入了决赛的录制阶段。

9日 北京电视台信息系统运维管理体系顺利通过由中国电子技术标准化研究院组织的ITSS通用要求符合性现场评估，成为全国广电行业第一家通过该标准认证的单位。

同日 《人民日报》第15版刊登时评《别让戚继光继续堵枪眼》，充分肯定北京电视台历史题材动画片《戚继光》遵守艺术传播规律，极具感染力，让现实的、历史的动画片题材现于荧屏。

14日 以“加快媒体融合发展，构建现代传播体系”为主题的第九届中国北京国际文化创意产业博览会主场活动圆满落幕。北京电视台随北京广播电视台一同参展，主要展示内容生产和技术创新成果，及重点宣传推介优秀节目、大型活动，与观众形成良好的互动交流。

15日 北京电视台在《北京新闻》《特别关注》《北京您早》《晚间新闻报道》《锐观察》等新闻栏目中开辟专栏播出“行进中国·精彩故事”走转改大型主题采访活动。

同日 按照中宣部、市委宣传部的统一部署，《记者好形象　社会正能量》专栏在《北京新闻》开播。首集播出的《郭现的“山海经”》，以北京市产业结构调整为大背景，以首钢老厂区第一个改造项目西十筒仓项目为切入口，通过主人公经历展现了北京经济社会的发展变化。

16日 市委宣传部副部长严力强在北京电视台主持召开专题会议，听取北京卫视节目中心《档案》栏目2015年筹拍的三部重大题材项目《长征》《解放》和《西藏》的进展情况汇报。北京电视台卫视节目中心负责人及《档案》栏目负责人、编导等参会。

18日 北京电视台召开党委中心组（扩大）学习会，邀请门头沟区人民检察院党组书记、检察长杨淑雅作关于如何预防职务犯罪的专题报告。北京电视台领导班子成员、副科级（副制片人）以上干部、台属企业负责人和纪检相关工作人员300余人参加学习。党委副书记、常务副台长窦晓东主持会议。

22日 60集大型史诗巨制《老农民》登陆北京卫视。

26日 “美丽乡村　筑梦有我”大型公益活动在顺义区马坡镇石家营村启动。市委常委、统战部部长牛有成，市委常委、宣传部部长李伟出席启动仪式，副市长林克庆主持活动LOGO发布。中华全国新闻工作者协会、北京市委农工委、北京市农委、北京广播电视台、北京农商银行等活动主办方领导及嘉宾出席。北京电视台台长赵多佳、副总编辑朱江及总编室组织的北京电视台60余名主持人和编辑记者参加了启动仪式。

28日 北京四条地铁新线开通，公交和地铁票制票价调整。北京电视台新闻频道进行了长达4小时的直播报道《开向2015的地铁》。

30日 海淀、石景山、门头沟和房山四区常委、宣传部部长在北京电视台共同就大型纪录片《大西山》（暂定名）的创作思路举行研讨会。北京电视台台长赵多佳、副总编艾冬云及新闻中心有关负责同志及《大西山》剧组主创人员参加了研讨会。总导演王淳华汇报了《大西山》的整体创作情况。该记录片初步策划12集，每集30分钟，预计于2016年春节播出。

31日晚 北京电视台圆满完成直播《冰雪北京　诚邀五环——2015北京新年倒计时活动》。

本月 市委常委、宣传部部长李伟率北京市经贸文化参观团一行赴台湾参加京台科技论坛活动。北京电视台台长赵多佳随行，并与台湾旺旺中时媒体集团总裁蔡绍中先生代表双方签署了战略合作协议。市委常委、宣传部部长李伟，市委宣传部副部长张森，市文化局局长陈冬，市新闻出版广电局局长李春良等领导出席签约仪式。

索　引

索 引

汉语拼音索引

B

C

D

G

H

J

K

L

Y

Z

数字索引

英文字母索引